52주 스터디

웨스트민스터 신앙고백 해설

52주 스터디
웨스트민스터 신앙고백 해설

© 생명의말씀사 2025

2025년 6월 25일 1판 1쇄 발행

펴낸이 | 김창영
펴낸곳 | 생명의말씀사

등록 | 1962. 1. 10. No.300-1962-1
주소 | 서울시 종로구 경희궁1길 6 (03176)
전화 | 02)738-6555(본사) · 02)3159-7979(영업)
팩스 | 02)739-3824(본사) · 080-022-8585(영업)

지은이 | 김홍만

기획편집 | 정설아, 장주연
디자인 | 김혜진
인쇄 | 영진문원
제본 | 다온바인텍

ISBN 978-89-04-02105-5 (03230)

저작권자의 허락 없이 이 책의 일부 또는 전체를
무단 복제, 전재, 발췌하면 저작권법에 의해 처벌을 받습니다.

> 52주 스터디

웨스트민스터 신앙고백 해설

김홍만

THE WESTMINSTER
CONFESSION OF FAITH

성경적 가르침을 체계적으로 담은
웨스트민스터 신앙고백서,
더욱 쉽고 자세하며
명쾌한 해설로 만나다.

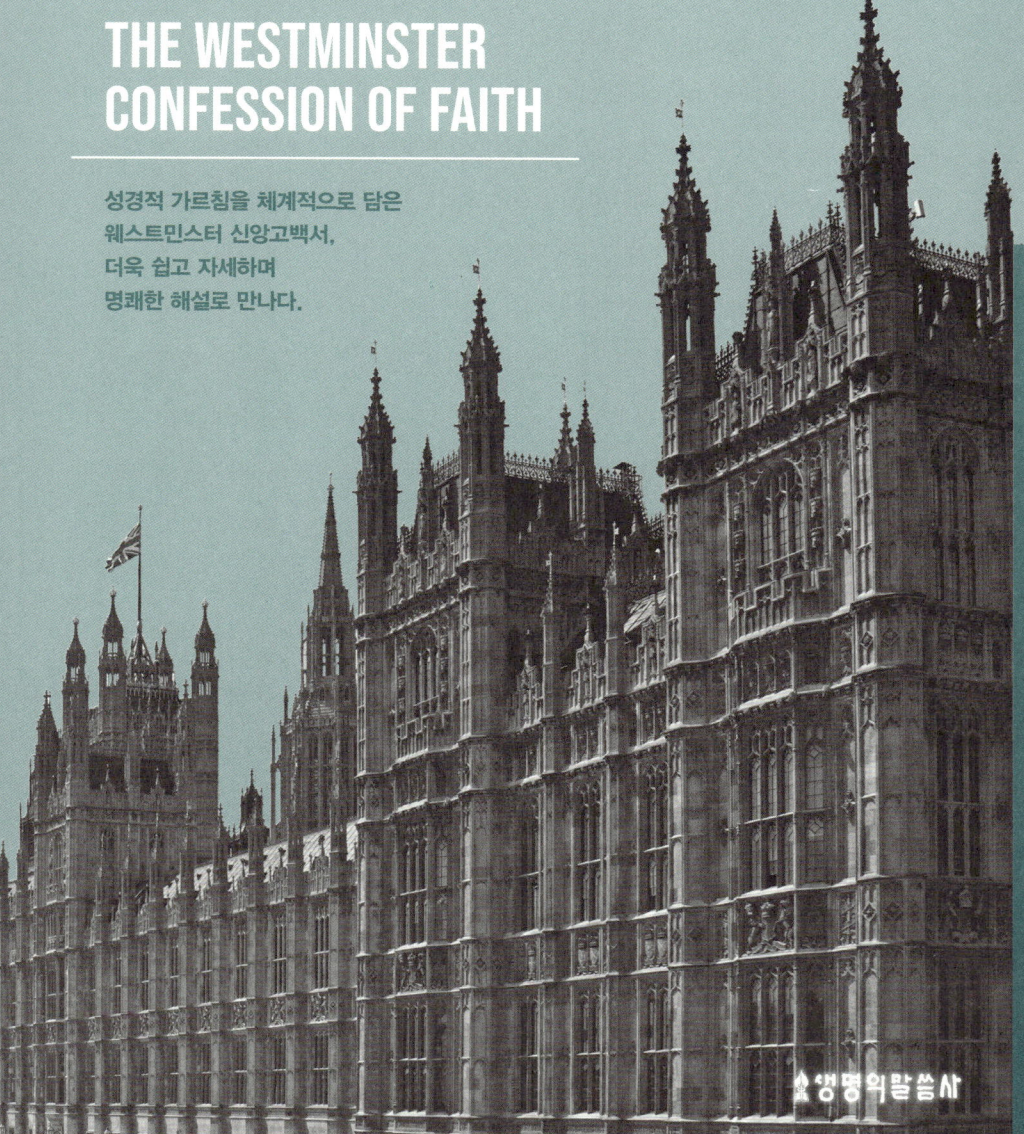

생명의말씀사

서문

신학의 목적인 하나님 앞에서 경건한 삶으로 나아가기를

웨스트민스터 신앙고백서(The Westminster Confession of Faith, WCF)는 개혁신학에서 가장 중요한 신앙고백 문서 중 하나입니다. 17세기(1646년)에 영국과 스코틀랜드 신학자와 목회자들이 모인 웨스트민스터 총회에서 작성되었습니다. 웨스트민스터 신앙고백서는 성경 교리에 대해 명확하고 체계적인 요약을 제공하고, 교리의 통일성과 순수성을 보존하며, 가르침과 설교 및 교회 규칙의 기준을 세우기 위해 작성되었습니다. 또한 교회 정치와 예배의 기초를 확립하고, 종교 개혁을 위한 언약 문서 역할을 하며, 신자들을 교육하기 위해 작성되었습니다. 웨스트민스터 총회는 신앙고백서를 작성하여 교회는 물론이거니와 국가를 신앙으로 개혁하고자 했습니다.

웨스트민스터 신앙고백서는 작성된 이후로 장로교회의 표준문서 역할을 했습니다. 이후 회중교회에 영향을 미쳐서 웨스트민스터 신앙고백서와 문구까지도 거의 똑같은 사보이선언(1658년)이 나오게 되었고, 침례교회는 전도 부분을 강조하고 정치 제도를 수정하여 런던신앙고백서(1689년)를 작성했습니다. 이렇게 웨스트민스터 신앙고백서는 개혁교회의 표준문서로도 교회사 속에서 그리고 오늘날까지 영향을 미치고 있습니다.

웨스트민스터 신앙고백서에 대한 해설은 19세기에 이르러서 출판되었는데, 찰스 핫지(Charles Hodge)의 아들인 아키발드 핫지(Archibald Hodge)가

웨스트민스터 신앙고백서 주석을 출판했습니다. 이 작품은 신앙고백서를 신학적으로 그리고 논리적으로 주석한 책입니다. 그리고 19세기 스코틀랜드 목사인 로버트 쇼(Robert Shaw)는 신앙고백서를 강해 형식으로 출판했습니다. 20세기에 이르러서는 제럴드 윌리엄슨(Gerald Williamson)이 신앙고백서의 해설을 출판했는데, 이 책은 구원론 부분을 구원의 서정으로만 풀어서 웨스트민스터 신앙고백서가 강조하는 성령의 유효한 부르심과 그리스도와의 연합 교리를 온전히 설명하지 못했습니다. 이 작품들 모두가 웨스트민스터 신앙고백서의 청교도 신학과 역사적 배경을 온전히 담지는 못했습니다.

웨스트민스터 신앙고백서는 청교도들이 신학적으로 매우 함축적이면서 정교하게 작성해 놓은 문서입니다. 따라서 신앙고백서의 각 절의 문장은 해석에 있어서 정교해야 하며, 충분해야 합니다. 청교도들이 중요한 교리들의 그 모든 내용을 정확하게 설명하기 위해 작성한 문서이기 때문입니다. 그러나 이러한 내용이 지금까지의 주석서와 해설서에는 충분히 반영되지 않았습니다.

이에 청교도를 33년 이상 연구해 왔으며, 웨스트민스터 총회 회원들인 청교도들이 왜 이렇게 문장을 구성했으며, 특정 용어들을 사용한 이유와 목적을 숙지한 필자가 각 문장이 함축하고 있는 내용들을 거의 빠뜨리지 않고 쉽게 설명했습니다. 더욱이 필자는 표준문서인 웨스트민스터 신앙고백서를 이 시대에 적용하기 위해 고백서 자체가 가지고 있는 성경 구절 외에 훨씬 많은 성경 구절을 추가로 인용했습니다. 아울러 현대 독자들이 성경의 중요한 교리들을 더욱 쉽고 구체적으로 이해하고 적용할 수 있도록 작성했습니다.

필자는 2017년 『52주 스터디 웨스트민스터 소요리문답』(생명의말씀사)을 출판했으며, 2018년에는 『진리 분별』(좋은땅)이라는 제목으로 웨스트민스터 신앙고백서를 신학적으로 해설했습니다. 2022년에는 『Q&A 웨스트민스터 소요리문답』(생명의말씀사)을 출판했고, 웨스트민스터 대요리문답서의 십계명과 주기도문 부분을 『52주 스터디 십계명과 주기도문』(생명의말씀사)이라는 제목으로 출판했습니다.

필자는 웨스트민스터 표준문서에 관하여 이미 여러 권의 저서를 출판했습니다. 특별히 웨스트민스터 신앙고백서를 진리 분별을 위한 목적으로 신학적인 관점에서 출판한 바 있습니다. 하지만 웨스트민스터 신앙고백서를 깊이 강론하고 적용하는 기존의 책은 없기에, 신앙고백서의 신학적(교리적) 주제를 52개로 분류하고, 그 분류된 주제를 349개 주제로 더욱 세분화해 성경의 제반 교리를 다루되, 52주 스터디 형식으로 해설과 강론 및 적용을 넣어서 본서를 출판했습니다.

본서는 신앙고백서의 주요한 내용을 하나도 빠뜨리지 않고 다루며, 논쟁이 되는 주제에 대해서도 명쾌한 해설과 적용을 넣었습니다. 더욱이 교회에서 그룹으로 교리 공부를 할 수 있도록 구성했는데, 분량을 조정하면 2-3년에 걸쳐서 스터디할 수 있습니다. 물론 개인적으로 교리를 체계적으로 깊이 공부하고자 본서를 활용할 수 있는데, 이를 위해 마치 필자가 곁에서 설명하고 가르쳐 주듯 기술했습니다.

한국 기독교와 신학계에 개혁신학의 조직신학 서적들이 이미 있지만, 대부분 너무 신학적이고 논리적이어서 신학의 본질인 경건과 간극이 큰 부분이 없지 않습니다. 본서를 통해 신학의 목적인 하나님 앞에서 경건한 삶으로 나아가기를, 신자와 교회의 경건에 본서가 귀한 도구가 되기를 바랍니다.

김홍만 목사(Ph.D)
한국청교도연구소 소장
Southwestern Reformed Seminary 교수

CONTENTS

| 서문 | 신학의 목적인 하나님 앞에서 경건한 삶으로 나아가기를 | 4 |

1주	성경의 권위	11
2주	성경과 성령	17
3주	하나님의 속성	26
4주	삼위일체 하나님	32
5주	하나님의 영원한 작정	39
6주	예정(선택)	47
7주	창조	57
8주	섭리	65
9주	인간의 죄에 대한 하나님의 섭리	72
10주	원죄	80
11주	죄와 형벌	87
12주	언약의 하나님	94
13주	행위 언약과 은혜 언약	102
14주	은혜 언약	108
15주	구속 언약	117
16주	그리스도의 신성과 인성	125
17주	그리스도의 구속 사역	133
18주	그리스도의 구속 사역의 적용	139
19주	자유의지	146
20주	유효한(효과적인) 부르심	155
21주	선택받은 유아의 중생과 유효한 부르심이 없는 경우들	163
22주	이신칭의	171
23주	칭의의 목적	179
24주	양자 됨	188
25주	성화의 근거와 구성 요소	195
26주	성화의 불완전성	203

27주	구원의 믿음의 성질	211
28주	구원의 믿음의 실제적 특징들	219
29주	생명에 이르는 회개의 증거들	227
30주	회개의 방식	236
31주	믿음의 증거로서의 선행	244
32주	은혜로 인한 선행	253
33주	성도의 견인	263
34주	구원의 확신	273
35주	구원의 확신을 얻는 수단	281
36주	율법	289
37주	도덕법	298
38주	그리스도인의 자유	308
39주	예배의 방식	319
40주	예배의 구성 요소와 드리는 날	328
41주	합당한 맹세와 서원	338
42주	시민 공직자	347
43주	결혼과 이혼	354
44주	교회	364
45주	성도의 교통	375
46주	성례	383
47주	세례	391
48주	주의 성찬	400
49주	교회의 권징	409
50주	대회와 총회	417
51주	사후 상태와 죽은 자의 부활	423
52주	최후 심판	430

THE WESTMINSTER
CONFESSION OF FAITH

1.1 자연의 빛(light of nature)과 창조와 섭리의 사역이 하나님의 선하심과 지혜와 능력을 확실하게 나타내어 아무도 핑계할 수가 없다(롬 2:14-15, 1:19-20; 시 19:1-3; 롬 1:32, 2:1). 그러나 그러한 것들은 구원에 필요한 하나님과 그분의 뜻을 아는 지식을 충분하게 보여 주지 못한다(고전 1:21, 2:13-14). 그래서 주께서는 여러 시대에 그리고 여러 가지 방식으로 자신을 계시하시고(히 1:1) 자신의 교회에 자신의 뜻을 선포하기를 기뻐하셨으며, 그 후에는 진리를 더 잘 보존하고 전파하기 위해서, 육신의 부패와 사탄과 세상의 악에 대비해 교회를 더욱 견고하게 하며 위로하기 위해서 바로 그 진리를 온전히 기록해 두는 것을 기뻐하셨다(잠 22:19-21; 눅 1:3-4; 롬 15:4; 마 4:4, 7, 10; 사 8:19-20). 이는 성경이 가장 필요하게 된 이유다(딤후 3:15; 벧후 1:19). 하나님이 자기 백성에게 자신의 뜻을 직접 계시해 주시던 과거의 방식들은 지금 중단되었다(히 1:1-2).

• 해설 •

1. 자연 계시

하나님이 모든 만물을 창조하신 것과 그것을 운영하시는 섭리는 하나님의 존재, 능력, 지혜의 증거입니다(시 19:1). 특히 우주의 아름다움, 질서, 복잡성은 우주를 설계하고 유지하시는 신성하신 창조주를 가리킵니다. 광활한 우주를 포함하는 자연 세계는 하나님의 목적이 있는 디자인의 반영으로 보아야 합니다. 물리학 법칙부터 생물학적 생명의 복잡성에 이르기까지 자연의 아름다움과 디자인은 종종 사람들에게 주변 세계에 대한 창조주의 손길을 볼 수 있게 해줍니다. 우주의 질서와 조화는 하나님이 의도를 가지고 모든 것을 움직이게 하시는 데서 나옵니다. 더욱이 하나님은 만드신 것을 지속적으로 돌보시고 인도하십니다. 하나님의 섭리는 세상과 그 안에 있는 모든 것이 유지되는 방식과 고난과 불확실성 속에서도 하나님의 지혜에 따라 사건들이 전개되는 방식에서 나타납니다. 따라서 자연 계시를 통해서 하나님을 알 수 있음에도 불구하고 하나님을 예배하지 아니하고 섬기지 않는 자들은 하나님을 몰랐다고 핑계할 수 없습니다(롬 1:20).

2. 자연 계시의 불충분성

자연 계시는 자연, 창조된 세계, 도덕 질서를 통해 창조주 하나님이 계시다는 것과 그분의 능력과 영원한 본성과 지혜의 측면을 알 수 있게 합니다. 그러나 자연 계시는 구원에 필요한 구체적인 지식을 제공하지 않습니다. 구원에 필요한 구체적인 지식은 오직 성경으로 얻을 수 있습니다. 이것을 특별 계시라고 부릅니다. 성경에서는 그리스도의 구원의 방식을 가르쳐 줍니다. 그래서 바울은 구원을 받기 위해 복음을 듣는 것의 중요성을 강조했습니다(롬 10:9-17). 자연 계시가 구원의 핵심인 그리스도를 통해 하나님과 화해하는 방법을 알려 주지는 않기 때문에 구원이 어떻게 이루어지는지를 말하는 특별 계시가 필요합니다.

3. 진리의 기록

하나님의 계시를 글로 기록하는 가장 중요한 이유는 신성한 메시지를 보존하기 위해서입니다. 모세오경이 기록되기 이전에 구전 전통은 필수적이었지만, 모세부터 기록함으로써 하나님의 계시의 진리를 충실하게 보존하고 변경이나 오류 없이 전할 수 있게 되었습니다. 기록된 성경은 하나님의 메시지가 특정 시간, 장소 또는 문화에 국한되지 않도록 보장합니다. 다른 시대나 지리적 지역에 사는 사람들이 접근할 수 있으므로 미래 세대가 동일하게 신성한 진리에 접근할 수 있습니다.

기록된 말씀은 하나님의 권위의 모든 무게를 지닌 것으로 간주되어 신앙과 실천의 기초적인 지침으로 확립됩니다. 예수님은 기록된 성경을 언급하셨습니다(마 5:17-18). 본질적으로, 기록된 성경을 통한 신성한 진리의 계시는 하나님의 메시지가 항상 모든 사람에게 순수하고, 일관되고, 접근 가능한 상태로 유지되도록 보장합니다. 그것은 신앙에 대한 권위 있고 신뢰할 수 있는 기초를 확립하여 개인과 교회의 삶을 인도합니다.

1.2 성경, 즉 기록된 하나님의 말씀에는 지금 구약과 신약에 있는 다음과 같은 책들이 모두 포함된다.

구약	신약
창세기 출애굽기 레위기 민수기 신명기 여호수아 사사기 룻기 사무엘상 사무엘하 열왕기상 열왕기하 역대상 역대하 에스라 느헤미야 에스더 욥기 시편 잠언 전도서 아가 이사야 예레미야 예레미야애가 에스겔 다니엘 호세아 요엘 아모스 오바댜 요나 미가 나훔 하박국 스바냐 학개 스가랴 말라기	마태복음 마가복음 누가복음 요한복음 사도행전 로마서 고린도전서 고린도후서 갈라디아서 에베소서 빌립보서 골로새서 데살로니가전서 데살로니가후서 디모데전서 디모데후서 디도서 빌레몬서 히브리서 야고보서 베드로전서 베드로후서 요한일서 요한이서 요한삼서 유다서 요한계시록

이 모든 책은 믿음과 삶의 규칙이 되도록 하나님의 영감으로 주어졌다
(눅 16:29, 31; 엡 2:20; 딤후 3:16; 계 22:18-19).

• 해설 •
4. 성경이라고 부름
'성경'이라고 부르기도 하고, '기록된 하나님의 말씀'이라고도 부릅니다. 그런데 성경은 구약과 신약으로 구성되어 있는데, 이 칭호가 유래한 원래 용어는 '언약'입니다. 성경은 하나님이 인간과 언약적 관계를 맺기를 기뻐하셔서, 언약적 계약을 담고 있기 때문에 언약이라 불립니다. 한편으로 유언자 그리스도의 마지막 유언과 증거를 담고 있기 때문에 언약이라 불립니다. 구약과 신약이라는 용어는 다른 언약을 가리키는 것이 아니라 같은 언약의 다른 경륜을 가리키는 것입니다.

1.3 일반적으로 '외경'이라고 불리는 책들은 신적 영감으로 된 것이 아니며, 성경의 정경(正經)의 일부가 아니며, 따라서 하나님의 교회 안에서 아무 권위가 없고, 또한 다른 사람의 저작물보다 다르게 승인된 것도 아니며 사용할 수 있는 것도 아니다(눅 24:27, 44; 롬 3:2; 벧후 1:21).

• 해설 •
5. 외경
외경은 무지와 미신의 지배 아래 있던 암흑시대에 교황주의자들에 의해

도입되었습니다. 외경은 유대인들에 의해서도 인정받지 못했습니다. 우리 주님 그리스도와 사도들에 의해 인용되지도 않았고, 심지어 요세푸스나 초기 기독교 작가들의 영감받은 책 목록에 포함되지도 않았습니다. 외경의 가장 큰 문제점은 서로 충돌되는 내용을 담고 있다는 것입니다.

1.4 우리가 반드시 믿어야 하며 순종하기 위한 성경의 권위는 어떤 사람이나 교회의 증언에 달린 것이 아니라 성경의 저자이시며 진리 자체이신 하나님께 전적으로 의존한다. 따라서 성경의 권위는 받아들여져야 하는데, 이는 하나님의 말씀이기 때문이다(벧후 1:19-21; 딤후 3:16; 요일 5:9; 살전 2:13).

• 해설 •

6. 성경의 권위

성경의 권위에 대한 주요 근거는 성경이 하나님의 영감을 받아 기록되었다는 것입니다. 성경은 성령의 인도를 받은 인간 저자에 의해 기록되었다고 가르칩니다. 즉, 인간이 본문을 쓰는 도구 역할을 했지만, 내용의 궁극적인 출처는 하나님 자신이십니다(딤후 3:16). 성경은 무오(목적에 실패할 수 없고, 특히 신앙과 실천에 있어서 가르치는 내용에 오류가 없음)합니다.

성경의 권위는 또한 하나님이 자신과 자신의 뜻을 인류에게 계시하신 주요 수단으로서의 역할에 기초합니다. 성경을 통해 하나님은 자신의 성격, 목적, 구원 계획을 전달하시는데, 이는 하나님이 누구시고 인간이 하나님과 어떻게 관계를 맺고 살 수 있는지를 이해하는 데 필수적입니다. 성경이 권위가 있는 것은 예수님이 자주 히브리 성경(구약성경)을 인용하시고 그 권위를 확언하셨다는 데서 알 수 있습니다(마 5:17). 복음서, 서신서를 포함한 신약성경의 기록은 사도들과 그들의 동료들이 썼는데, 그들은 그리스도를 대신하여 가르치도록 하나님으로부터 사명을 받고 영감을 받았습니다(벧후 3:2).

성경의 권위는 또한 정경화 과정과 관련이 있으며, 이를 통해 교회는 성경의 특정 책들을 성령의 감동으로 기록된 권위 있는 책으로 인정했습니다. 성경을 구성하는 책(정경)은 성령이 어떤 본문이 진정으로 영감을 받았고 신적 권위를 가지고 있는지 분별하도록 인도하신다는 믿음에 따라 교회 공의회에서 식별했습니다.

성경의 권위는 또한 다양한 책과 저자를 통해 전달되는 일관되고 통일된 메시지에 달려 있습니다. 수 세기 동안 많은 저자가 썼음에도 불구하고 성경은 예수 그리스도를 통한 하나님의 구원 계획을 중심으로 기록되었습니다. 이러한 일관성과 통일성은 성경이 단일하며 신성하신 저자로부터 영감을 받았다는 증거입니다. 성경에는 특히 예수 그리스도의 삶과 사명에서 성취된 수많은 예언이 들어 있습니다. 다양한 선지자와 저자들을 통해 주어진 이러한 예언의 성취는 성경이 성령의 감동으로 기록되었다는 신뢰성과 권위를 더해 줍니다.

성경의 권위는 또한 성령의 내적 증거에 의해 확인됩니다. 성경을 읽고 연구할 때 성령은 사람들이 성경에 담긴 진리를 이해하고 적용하도록 도우십니다(고전 2:13-14). 성령은 믿는 사람들의 마음속에서 성경의 진리를 확인시켜 성경을 살아 있고 강력한 말씀으로 만드십니다. 성경은 개인을 확신시키고, 위로하고, 가르치고, 인도하여 하나님과 더 깊은 관계를 맺게 하는 힘이 있습니다.

1.5 우리는 교회의 증거에 의하여 감동과 권유를 받아 성경을 높이 평가하고 존경하게 된다(딤전 3:15). 그리고 천상의 내용들과 교리의 효력, 문체의 장엄함, 모든 부분이 일치하며, 전체의 범위가 하나님께 모든 영광을 돌리며, 사람이 구원받는 유일한 방법을 완전히 밝혀 주며, 비교할 수 없는 탁월한 많은 것과 전체적인 완전성은 성경이 하나님의 말씀이라는 것을 충분하게 입증해 주는 논거들이다. 그러나 성경의 무오한 진리와 신적 권위에 대해서 우리가 완전하게 납득하고 확신하는 것은 우리의 심령 속에서 말씀으로 그리고 말씀과 함께 증거하시는 성령의 내적 사역으로부터 온 것이다(요일 2:20, 27; 요 16:13-14; 고전 2:10-12; 사 59:21).

• 해설 •

1. 성경이 하나님의 말씀인 내적 증거

성경이 하나님의 말씀이라는 내적 증거는 성경 자체 내에서 신적인 기원을 가지고 있는 것입니다. 성경은 1,500년 이상, 40여 명의 다른 저자들에 의해, 다른 장소, 시간, 문화에서 쓰였지만 모순 없이 통일된 메시지를 유지합니다. 다양성에도 불구하고, 하나의 지속적인 메시지를 전합니다. 그 메시지는 하나님이 예수 그리스도를 통해 자기 백성을 구원하시는 것입니다.

성경에는 정확하게 성취된 수백 개의 예언이 들어 있으며, 특히 예수 그리스도에 관한 예언이 그렇습니다. 예를 들어, 이사야 53장은 예수님이 태어나시기 700여 년 전에 그리스도가 겪을 고난과 속죄를 예언했습니다. 미가 5장 2절은 베들레헴에서 메시아가 태어나실 것을 예언했습니다. 예수님은 구약의 신성한 권위를 확언하셨습니다(마 5:18; 눅 24:44). 예수님은 자신이 한 말이 결코 없어지지 않을 것이라고 예언하셨습니다(마 24:35). 이러한 내적 증거는 성경이 단순히 인간의 책이 아니라 성령의 감동으로 기록된 하나님의 말씀임을 강력히 증거합니다.

2. 성경이 하나님의 말씀인 외적 증거

성경이 하나님의 말씀인 외적 증거로 우선적으로 말할 수 있는 것은 성경의 수많은 예언이 역사 속에서 성취되었다는 것입니다. 그리고 성경에 언급된 많은 역사적 사건, 장소 및 인물은 바빌로니아, 로마, 이집트와 같은 고대 문명의 외부 역사 기록에 의해 확인됩니다. 더욱이 성경은 과학적 사실이 발견되기 오래전부터 그것을 설명합니다. 예를 들어, 레위기 17장 11절은 육체의 생명이 피에 있다고 말하는데, 이는 현대 의학으로 확인된 사실입니다. 성경은 다른 어떤 고대 책보다 더 많은 고대 사본을 가지고 있어 정확성을 보장합니다. 이러한 것들은 성경의 진실성과 신적 기원에 대해 외적으로 증거합니다.

그리고 성경이 하나님의 말씀인 외적 증거로서 빼놓을 수 없는 것은 성경은 삶을 바꾸는 힘이 있다는 것입니다. 역사상 수백만 명의 사람들이 성경을 통해서 새 생명을 얻었고 믿음, 소망, 거룩함으로 인도함을 받았다고 증언했습니다(히 4:12). 이러한 외부적인 증거(성취된 예언이나 역사적 정확성 등)가 믿음을 뒷받침할 수 있지만, 궁극적인 확신은 성령의 내적 증거에서 나옵니다.

3. 성령의 내적 증거

성령은 성경이 틀림없는 진리이며 그 신성한 권위에 대하여 완전한 확신을 갖게 하십니다. 성령의 이러한 사역을 '조명'(illumination)이라고 부릅니다. 성령은 신자들이 성경을 하나님의 말씀으로 인식하고 이해하고 신뢰할 수 있게 해주십니다. 성령은 성경이 하나님의 말씀임을 내적으로 확증해 주십니다(요일 2:20, 5:6; 요 16:13-14). 성령은 마음과 생각을 열어 주십니다. 성령이 없다면 사람들은 성경의 진리에 대해 영적으로 눈멀게 됩니다(고전 2:14). 성령은 영적 눈멂을 제거하고 이해할 수 있게 해주십니다. 성령은 마음속에서 역사하시어 성경을 하나님의 계시로 믿는 믿음을 생산하십니다(롬 10:17). 성령은 하나님의 말씀의 진리를 볼 수 있는 빛을 주십니다(고후 3:16). 성령은 성경이 하나님에게서 왔다는 깊고 흔들리지 않는 확신을 주십니다(살전 1:5). 성령은 신자들에게 성경의 신성한 권위와 진리를 비추시고, 확신시키십니다.

1.6 하나님 자신의 영광과 인간의 구원, 믿음과 생활을 위하여 필요한 모든 것에 관한 하나님의 전체 뜻은 성경에 분명하게 기록되어 있거나, 혹은 선하고 필요한 결론들은 성경에서 추론될 수 있다. 그래서 성령의 새로운 계시에 의해서든지 혹은 인간들의 전통에 의해서든지 아무것도 어느 때를 막론하고 성경에 추가될 수 없다(딤후 3:15-17; 갈

1:8-9; 살후 2:2). 그러나 말씀으로 계시되어 있는 것들을 이해해 구원에 이르기 위해서는 하나님의 성령의 내적 조명이 필요하다는 것을 인정한다(요 6:45; 고전 2:9-12). 그리고 하나님께 드리는 예배와 교회의 정치에 관해서 인간의 행동과 사회에 공통된 상황들이 있는데, 자연의 빛과 그리스도인의 신중함에 의해서 정리되어야 하며, 말씀의 일반적 원칙에 따라야 하고, 이는 항상 준수되어야 한다(고전 11:13-14, 14:26, 40).

• 해설 •

4. 성경의 계시의 범위

성경은 구원을 위한 하나님의 완전하고 최종적인 계시를 담고 있습니다. 성경은 사람들이 하나님을 알고 영생을 얻는 데 필요한 모든 것을 계시합니다(딤후 3:15-17). 성경에 계시된 것 이상의, 구원을 위한 추가 계시는 필요하지 않습니다. 성경은 하나님이 그분 자신에 대해 우리가 알기를 원하시는 것을 계시합니다. 성경은 하나님의 거룩, 사랑, 정의, 자비, 주권을 계시합니다(출 34:6-7). 성경은 하나님에 대한 모든 것을 나타내지는 않지만, 하나님이 이 세상에서 우리가 알기를 원하시는 모든 것을 나타냅니다.

성경에는 의로운 삶을 위한 하나님의 명령이 들어 있습니다. 성경은 개인, 가족, 사회에 대한 도덕적, 윤리적 지침을 제공합니다(미 6:8). 성경은 역사를 통해 하나님의 구원 계획을 나타냅니다. 구약성경은 하나님의 창조, 타락, 이스라엘과의 언약, 구세주의 약속을 나타내며, 신약성경은 예수 그리스도에 대한 예언의 성취, 그리스도의 삶, 죽음, 부활, 그리고 교회의 설립을 계시합니다. 성경은 미래의 사건을 계시합니다. 성경은 그리스도의 재림과 최후의 심판을 계시합니다(계 22:12). 따라서 성경은 충분하며, 우리가 완전히 이해하지 못할 수 있지만 믿음과 순종에 필요한 모든 것을 가지고 있습니다. 성경에 있는 신성한 계시의 범위는 구원을 위해 완전하고, 경건한 삶을 위해 충분하며, 모든 믿음의 문제에 권위가 있습니다. 하나님이나 우주에 대한 모든 것을 밝히지는 않지만, 우리가 알고, 믿고, 순종하는 데 필요한 모든 것을 담고 있습니다.

5. 성령의 내적 조명

성령의 내적 조명의 역사는 성령이 사람의 마음과 생각을 열어 복음의 진리를 이해하고 받아들이고 응답하도록 하시는 일을 말합니다. 인간의 죄성 때문에 사람들은 자연스럽게 하나님의 일에 눈이 멀었습니다(고전 2:14; 엡 2:1). 성령의 역사 없이는 사람들은 영적 어둠 속에 머물러 있습니다. 그래서 성령은 우선 죄를 깨닫게 하시고(요 16:8), 은혜의 필요성을 알게 하십니다. 그리고 성령은 복음의 진리와 의미를 볼 수 있게 하십니다(눅 24:45). 오직 성령의 깨달음으로만 예수 그리스도 안에서 구원의 은혜에 이를 수 있습니다. 성령의 조명은 사람이 예수 그리스도 안에서 구원의 은혜를 이해하고, 믿고, 받아들이는 데 필수적입니다.

6. 예배의 규칙인 성경

예배는 기독교 생활의 핵심이며, 하나님은 우리가 하나님을 어떻게 예배해야 하는지에 대한 명확한 지침을 주셨습니다. 우리의 예배는 하나님의 계시에 따라야 합니다. 우리는 개인적인 선호도나 전통에 따라 예배 방식을 결정하지 않고, 하나님이 그분의 말씀에서 명령하신 대로 결정합니다(신 12:32). 예배는 성경에 근거해야 하며, 성령의 인도를 받아야 하며, 하나님의 영광에 초점을 맞춰야 합니다.

1.7 성경에 있는 모든 것은 그 자체가 모두 같은 정도로 단순한 것이 아니며, 모든 사람에게 같은 정도로 분명한 것도 아니다(벧후 3:16). 그러나 구원을 위해서 필수적으로 알려진 것들과 믿고 지켜야 할 것들은 성경의 이곳과 저곳에 아주 분명하게 계시되어 있고 밝혀져 있기 때문에 유식한 사람뿐만 아니라 무식한 사람일지라도 통상적인 방법을 적당하게 사용하면 그것들을 충분히 이해할 수 있다(시 119:105, 130).

• 해설 •

7. 성경의 단순성과 명확성

성경은 구원에 필요한 것들이 너무나 분명하게 계시되어 있어서 학식이 없는 사람들, 즉 신학 교육을 받지 않은 사람들도 은혜의 통상적 수단(말씀을 읽고, 듣고, 전파하는 것)을 통해 충분히 이해할 수 있습니다. 성경은 하나님의 구원에 대한 계시가 하나님을 찾는 모든 사람에게 명확하고 이해될 수 있다고 말합니다(시 19:7; 요 20:31). 디모데후서 3장 15절은 어린아이나 교육받지 못한 사람조차도 성경을 통해서 구원의 메시지를 이해할 수 있음을 확증합니다.

1.8 히브리어로 기록된 구약성경(히브리어는 옛날 하나님의 백성이 사용한 언어였다)과 헬라어로 기록된 신약성경(헬라어는 신약성경이 기록될 당시 가장 일반적으로 모든 민족에게 알려진 언어였다)은 하나님에 의해 직접 영감되었고, 또한 하나님의 특별한 보호와 섭리에 의해 모든 세대에서 순전하

게 보존되어서 권위가 있다(마 5:18). 따라서 모든 신앙 논쟁들에서 교회는 최종적으로 성경에 호소해야 한다(사 8:20; 행 15:15; 요 5:39, 46). 하나님의 모든 백성은 성경에 대한 권리와 관심을 가지고 있으며, 하나님을 경외하는 마음으로 성경을 읽고 연구하도록 명령받았지만(요 5:39), 성경의 원어를 모든 사람이 아는 것은 아니다. 따라서 성경은 성경이 전수(傳受)된 각 나라의 자국어로 번역되어야 한다(고전 14:6, 9, 11-12, 24, 27-28). 그래서 하나님의 말씀이 모든 사람에게 풍성히 거하게 하여, 그들이 하나님을 바른 방법으로 예배할 수 있게 하며(골 3:16), 성경이 주는 인내와 위로를 통하여 소망을 가질 수 있게 해야 한다(롬 15:4).

• 해설 •

8. 성경의 최종적 권위

모든 신앙과 교리 문제에 대한 최종 호소는 오직 성경에 해야 합니다. 성경은 영감을 받은 무오한 하나님의 말씀입니다. 성경은 단순히 인간의 말이 아니라 하나님 자신의 계시이므로 모든 신앙 문제에 대한 최고 권위가 됩니다. 성경은 진리의 궁극적인 기준입니다(요 17:17). 신앙과 교리적 논쟁에서 무엇이 진실인지를 판단하는 최종적이고 변하지 않는 기준이 있어야 합니다. 그 기준은 하나님의 말씀이지, 인간의 전통이나 의견이 아닙니다. 인간의 권위와 전통은 오류가 있을 수 있습니다. 신조, 신학자, 신앙고백서가 도움이 될 수 있지만, 오류가 없는 것은 아니며 항상 성경으로 판단해야 합니다. (교회 역사, 신앙고백, 신학은 가치 있지만, 항상 하나님의 말씀으로 시험해 보아야 합니다.) 믿음과 경건에 필요한 모든 것은 오직 성경에서만 찾을 수 있으므로, 성경은 신앙적, 교리적 논쟁에서 최종적인 기준이 됩니다. 예수님과 사도들은 모두 전통이나 인간의 권위가 아닌 성경에 호소하여 논쟁을 해결했습니다(마 4:4, 22:29; 행 18:28). 그리스도가 성경을 최종 권위로 사용하셨으므로 우리도 그래야 합니다.

1.9 성경 해석의 무오한 법칙은 성경 자체다. 따라서 어떤 성경 구절의 참되고 완전한 의미에 대하여 의문이 생긴 때에는(참되고 완전한 의미는 여럿이 아니라 오직 하나다) 보다 분명하게 말하고 있는 다른 구절로 연구되고 알려져야 한다(벧후 1:20-21; 행 15:15-16).

• 해설 •
9. 성경 해석 방법

성경을 해석하는 무오한 규칙은 성경이 성경을 해석해야 한다는 것입니다. 이를 '신앙의 유추' 또는 '성경이 성경을 해석한다는 것'(Sacra Scriptura sui ipsius interpres)이라고도 합니다. 이 원칙은 성경의 명확한 구절을 사용하여 불분명한 구절을 해석해야 하며, 영감을 받고 통일된 하나님의 말씀인 성경은 스스로 모순되지 않는다는 것을 의미합니다. 왜냐하면 성경은 성령의 감동으로 기록되었기 때문입니다(벧후 1:20-21). 성령이 모든 성경의 저자이시므로 성경의 어떤 부분도 다른 부분과 모순될 수 없습니다. 따라서 모호한 구절은 명확한 구절을 통해 이해해야 합니다.

1.10 신앙에 대한 모든 논쟁을 종결하며, 교회 회의의 모든 신조와 고대 교부들의 의견과 인간의 교리들과 거짓 영들을 시험하고, 우리가 안주해야 할 선언을 하는 최상의 재판관은 성경 안에서 말씀하시는 성령 외에 아무도 없다(마 22:29, 31; 엡 2:20; 행 28:25).

• 해설 •

10. 최상의 재판관

모든 교리적 논쟁, 교회 협의회의 논의, 사람들의 의견에 대한 최고 재판관은 하나님 자신이시며, 하나님은 성경을 통해 말씀하십니다. 하나님의 말씀은 오류가 없으므로 모든 교리적 논쟁에 대한 최종 기준이 되어야 합니다. 하나님의 신성한 말씀인 그리스도 자신(요 1:1)이 모든 교리와 교회 결정에 대한 최종 재판관이십니다. 그리스도는 교회에 교훈을 주기 위해 주신 말씀을 통해 통치하십니다. 성경과 모순되는 모든 공의회, 신조 또는 가르침은 거부해야 합니다. 성경에 영감을 불어넣으신 성령은 또한 믿는 사람들이 교리 문제를 올바르게 판단하도록 조명해 주십니다(요 16:13). 성령의 인도는 결코 성경과 모순되지 않고 오히려 성경을 확증합니다.

3주 | 하나님의 속성

2.1 살아 계시고 참되신 하나님은(살전 1:9; 렘 10:10) 오직 한 분만이 계신다(신 6:4; 고전 8:4, 6). 하나님은 존재와 완전성에서 무한하시고(욥 11:7-9, 26:14), 가장 순결한 영이시며(요 4:24), 눈에 보이지 않으시고(딤전 1:17), 몸과 지체가 없으시며(신 4:15-16; 요 4:24; 눅 24:39), (사람과 같은) 성정이 없으시고(행 14:11, 15), 변함이 없으시며(약 1:17; 말 3:6), 광대하시고(왕상 8:27; 렘 23:23-24), 영원하시며(시 90:2; 딤전 1:17), 측량할 수 없으시고(시 145:3), 전능하시며(창 17:1; 계 4:8), 지극히 지혜로우시고(롬 16:27), 지극히 거룩하시며(사 6:3; 계 4:8), 지극히 자유로우시고(시 115:3), 지극히 절대적이시며(출 3:14), 자신의 변함없고 가장 의로운 뜻의 계획에 따라(엡 1:11) 자신의 영광을 위하여(잠 16:4; 롬 11:36) 모든 것을 행하시고, 가장 사랑이 많으시며(요일 4:8, 16), 은혜로우시고, 긍휼이 많으시며, 오래 참으시고, 인자와 진실이 많으시며, 불의와 범법과 죄를 용서하시고(출 34:6-7), 자기를 부지런히 찾는 자들에게는 상을 주시며(히 11:6), 동시에 가장 정의로우시고, 그분의 심판은 무서우며(느 9:32-33), 모든 죄를 미워하시며(시 5:5-6), 형벌받을 자를 결코 사면하지 않으신다(나 1:2-3; 출 34:7).

• 해설 •

1. 오직 한 분이신 하나님

성경은 분명히 오직 한 분의 참 하나님이 계시다고 가르칩니다. 하나님은 본질과 존재에 있어서 하나이시라는 것을 의미합니다. 성경은 다른 실제 신의 존재를 부인하면서 오직 한 분의 참 하나님이 계시다고 반복해서 선언합니다(신 6:4; 사 45:5-6; 고전 8:4). 성경은 오직 한 분의 하나님이 계시고 다른 모든 것은 거짓 신 또는 우상이라고 말합니다. 물론 성경은 복수형으로 "신들"에 대해 말하지만, 그것은 우상, 거짓 신 또는 거짓으로 신이라고 불리는 존재를 언급합니다(시 96:5; 렘 10:10-11; 고전 10:20). 성경은 때때로 특정 존재들을 제한적이거나 비유적인 의미로 "신"이라고 부르지만, 그들은 진정으로 신성하지 않습니다. 출애굽기 7장 1절에서 하나님은 모세를 바로에게 신과 같이 되게 했다고 말씀하셨는데, 이것은 모세가 실제로 신성했던 것이 아니라 하나님의 대표자였음을 의미합니다. 이 경우 "신"은 실제 신이 아니라 인간 재판관이나 대표자를 말합니다.

2. 영이신 하나님

예수님이 "하나님은 영이시다"라고 말씀하셨을 때(요 4:24), 그분은 하나님의 본성에 대한 근본적인 것을 계시하신 것입니다. 성경은 하나님의 본질이 물리적인 것이 아니라 영적이라고 일관되게 가르칩니다. 하나님은 육체적이지 않으십니다. 하나님은 인간의 몸이나 물질적 형태를 가지고 있지 않으십니다. 하나님은 보이지 않으십니다. 인간의 눈으로 하나님을 볼 수 없습니다(딤전 1:17). 하나님은 편재하십니다. 그분은 특정한 장소에 국한되지 않으시고 모든 곳에 계십니다(렘 23:24). 이것은 하나님이 형상 또는 지상의 위치에 국한되지 않으신다는 것을 의미합니다. 하나님은 물리적 세계를 초월하십니다. 물론 육신으로 오신 예수님은 보이지 않는 하나님을 나타내십니다(요 1:14).

3. 하나님의 공유적(communicable) 속성

하나님의 공유적 속성은 하나님이 어느 정도 인간과 공유하시는 특성입니다. 하나님은 이러한 속성을 완벽하게 소유하고 계시지만, 인간은 하나님의 형상으로 만들어졌기 때문에 제한적이고 불완전한 방식으로 이러한 속성을 반영합니다(창 1:26-27).

1) 하나님의 존재와 관련된 속성으로, 하나님은 영이십니다(요 4:24). 그래서 인간은 영적인 본성을 가지고 있어 하나님과 관계를 맺을 수 있습니다. 그다음으로 지혜입니다. 하나님은 항상 최선을 알고 행하십니다(롬 16:27; 약 1:5). 인간은 지혜를 가질 수 있지만 하나님께 구해야 합니다(잠 2:6). 하나님의 존재와 관련된 속성으로 지식이 있습니다. 하나님은 모든 것을 아십니다(시 147:5). 인간은 지식에서 자랄 수 있지만 모든 것을 아는 것은 아닙니다.

2) 하나님의 도덕적 속성과 관련하여, 거룩함이 있습니다. 하나님은 완전히 순수하시고 죄에서 분리되어 있습니다(사 6:3). 우리는 하나님이 거룩하신 것처럼 거룩하도록 부르심을 받았습니다(벧전 1:16). 하나님은 사랑이십니다(요일 4:8). 우리는 하나님이 먼저 우리를 사랑하셨기 때문에 다른 사람을 사랑할 수 있습니다(요일 4:19). 하나님은 완벽하게 선하십니다(시 34:8). 우리는 선행을 할 수 있지만, 오직 하나님의 은혜를 통해서만 가능합니다(엡 2:10). 하나님은 자비로우시고, 합당하지 않은 은혜를 베푸십니다(엡 2:4-5). 우리는 자비를 베풀도록 부르심을 받았습니다(눅 6:36).

또한 하나님의 공의와 의로움이 있습니다. 하나님은 항상 옳은 일을 하십니다(신 32:4). 우리는 정의를 추구하고 의롭게 살라는 명령을 받았습니다(미 6:8). 하나님의 진실성이 있습니다. 하나님은 거짓말을 하실 수 없습니다(딛 1:2). 우리는 사랑 안에서 진실을 말하도록 부르심을 받았습니다(엡 4:15).

3) 하나님의 주권과 관련된 속성으로서, 인내심이 있습니다. 하나님은 노하기를 더디 하십니다(출 34:6). 우리는 다른 사람에게 인내심을 갖도록 부르심을 받았습니다(골 3:12). 또한 하나님의 신실함이 있습니다. 하나님은 항상 약속을 지키십니다(애 3:22-23). 우리는 우리의 헌신에 신실해야 합니다(고전 4:2).

4) 인간이 하나님의 속성을 공유했다 하더라도 하나님과 인간의 주요 차이점이 있습니다. 하나님은 이러한 속성을 완벽하게 가지고 계시지만, 인간은 죄로 인해 불완전하게 반영합니다. 예수 그리스도와 성령을 통해 신자들은 하나님의 속성을 더욱 온전히 반영하도록 변화됩니다(고후 3:18). 하나님의 공유 가능한 속성은 우리가 그분의 형상으로 만들어졌으며 신자로서 우리는 거룩함, 사랑, 자비, 진실, 의로움을 통해 우리 삶에서 그분의 성품을 반영하기 위해 노력해야 함을 보여 줍니다.

4. 하나님의 비공유적(incommunicable) 속성

하나님의 비공유적 속성은 하나님만의 고유한 속성이며 인간과 공유할 수 없습니다. 이러한 속성은 하나님을 완전히 초월적이고 무한하며 주권적이신 분으로 구별합니다. 하나님은 스스로 존재하시고 누구에게도 의존하지 않으십니다(출 3:14; 요 5:26). 생명을 위해 하나님께 의지하는 인간과 달리 하나님은 자신의 존재 근원이십니다.

하나님의 불변성입니다. 하나님은 그분의 존재, 성격 또는 약속이 결코 변하지 않습니다(말 3:6; 히 13:8). 인간은 끊임없이 변하지만, 하나님은 영원히 완벽하게 일관되게 계십니다. 하나님의 무한함입니다. 하나님은 전능하시고, 전지하시고, 무소부재하셔서 모든 면에 무한하십니다. 공간에 얽매인 인간과 달리 하나님은 어디에나 계십니다. 인간은 지식이 제한되어 있지만, 하나님은 모든 것을 완벽하게 아십니다. 하나님께는 모든 것이 가능합니다. 하나님은 자신의 본성과 일치하는 모든 것을 하실 수 있습니다. 그러나 인간은 제한된 능력을 가지고 있습니다.

하나님의 영원성입니다. 하나님은 시작도 없고 끝도 없습니다(시 90:2; 계 1:8). 인간은 시작이 있고 시간 안에 존재하지만, 하나님은 시간 밖에 존재하십니다. 하나님의 주권입니다. 하나님은 모든 것에 대한 절대적인 권한을 가지고 계십니다(사 46:10; 단 4:35). 하나님은 모든 것을 완전히 통제하고 계십니다. 감정적으로 불안정할 수 있는 인간과 달리 하나님의 사랑, 정의, 자비는 완벽하게 일정합니다. 하나님의 전달 불가능한 속성은 그분이 완전히 독특하시고 변하지 않으시며, 창조된 모든 존재보다 무한히 위대하시다는 것을 보여 줍니다.

5. 용서하시는 하나님

일반 계시로 창조주 하나님을 알 수 있지만, 반드시 특별 계시를 통해서만 알 수 있는 하나님의 속성이 있습니다. 그것은 용서하시는 하나님의 속성입니다. 왜냐하면 하나님은 입법자이며 재판관이기도 하시기 때문입니다(약 4:12; 사 45:22). 하나님은 모든 사람에게 도덕법을 주셔서 그 법을 지키도록 하셨습니다. 그리고 하나님의 법을 지키지 않는 자들을 판단하여 심판하는 일을 하십니다. 하나님은 아담과 하와를 만드시고, 도덕법을 마음에 새겨 주셔서 그 법을 지키게 하셨습니다. 더욱이 선악을 알게 하는 나무의 열매를 먹지 말라고 명령하셨습니다. 그것을 어길 경우, 죽는다고 말씀하셨습니다. 그런데 아담과 하와가 하나님의 명령을 어기고 타락했습니다. 그러나 하나님은 죄지은 아담과 하와를 찾아가 죄의 용서를 받을 방법을 알려 주셨습니다(창 3:15). 죄를 용서하시는 하나님의 속성은 반드시 성경, 특별 계시를 통해서 알 수 있습니다. 그래서 예수님은 "영생은 곧 유일하신 참 하나님과 그가 보내신 자 예수 그리스도를 아는 것이니이다"(요 17:3)라고 말씀하셨습니다.

6. 하나님을 찾고 구하는 자들

하나님은 성경을 통해 자신을 계시하셨습니다. 성경으로써 우리는 하나님의 속성들을 알게 됩니다. 이렇게 성경을 통하여 하나님을 알게 되면 반드시 하나님을 찾게 되어 있습니다. 창조주이신 하나님을 예배해야 한다는 것을 알게 되어 있으며, 하나님으로부터 은혜를 받아야 한다는 것을 깨닫게 됩니다. 특별히 사람이 하나님을 알게 되면 자신이 죄인이라는 사실을 깨닫게 되어서, 하나님의 용서가 필요하다는 것을 인지하게 됩니다. 따라서 사람이 하나님을 알게 되면 하나님을 찾게 됩니다(롬 3:11). 구약성경에서는 이방인들도 하나님을 아는 지식을 갖게 되어서 하나님을 찾게 된다고 말합니다(왕상 8:41; 슥 8:20-22). 물론 하나님은 자신을 찾는 사람들이 있는가를 살펴보십니다. 그런데 하나님은 은혜를 얻고자 하나님을 찾는 자들에게 상을 베푸십니다(히 11:6). 따라서 하나님을 아는 지식은 머리로만 아는 것이 아니라 하나님을 사모하여 찾고 구하는 것이 증거로 나타나야 합니다.

4주 | 삼위일체 하나님

2.2 하나님은 스스로 모든 생명(요 5:26)과 영광(행 7:2)과 선함(시 119:68)과 행복(딤전 6:15)을 가지고 계신다. 하나님은 홀로 자기 안에서 그리고 자신에 대해서 완전히 충족하시어, 자신이 만드신 피조물의 도움을 필요로 하지 않으시고(행 17:24-25), 그들에게서 어떤 영광을 구하지 않으시며(욥 22:2-3), 오히려 그들 안에서, 그들을 통해, 그들에게 영광을 나타내실 뿐이다. 하나님만이 모든 존재하는 것의 근원이시며, 모든 것이 그분에게서 나오고, 그분으로 말미암아 있으며, 그분에게로 돌아간다(롬 11:36). 하나님은 모든 것 위에 절대적인 주권을 가지고 계셔서 그것들을 가지고, 그것들을 위해 혹은 그것들 위에 자신이 기뻐하는 대로 행하신다(계 4:11; 딤전 6:15; 단 4:25, 35). 모든 것이 그분의 눈에 열려 있으며 나타나고(히 4:13), 그분의 지식은 무한하며, 무오하고, 피조물에 의존하지 않으신다(롬 11:33-34; 시 147:5). 따라서 하나님께는 우연이나 불확실한 것이 없다(행 15:18; 겔 11:5). 그분의 모든 계획과 모든 사역과 모든 명령에 있어서 그분은 가장 거룩하시다(시 145:17; 롬 7:12). 천사들과 사람들과 모든 다른 피조물은 그분이 기쁘게 요구하시는 예배나 봉사나 순종을 그분께 마땅히 드려야 한다(계 5:12-14).

• 해설 •

1. 하나님의 절대적 독립성

하나님은 절대적으로 독립적이시며, 자신의 존재, 영광 또는 복을 위해 어떤 것에도, 어떤 사람에게도 의존하지 않으십니다. 이것을 '하나님의 자존성'이라고 합니다. 하나님은 완전히 자립적이시며 자신의 본성으로 존재하십니다. 하나님은 스스로 존재하십니다(출 3:14). 하나님의 존재는 어떤 것에 의해 야기되지 않습니다. 그분은 항상 존재하셨고 항상 존재하십니다.

하나님의 영광은 피조물에 따라 증가하거나 감소하지 않습니다(사 42:8; 롬 11:36). 피조물들이 하나님의 영광을 반영하지만, 그것에 더하는 것은 아닙니다. 하나님은 그 자신 안에서 무한히 영광스러우십니다. 하나님은 그 자신 안에서 완벽하게 행복하십니다. 하나님은 영원히 기쁨이 넘치시며, 성취되기 위해 자신 밖에서 아무것도 필요로 하지 않으십니다(딤전 6:15; 행 17:25). 하나님의 기쁨과 완전함은 피조물에 달려 있지 않습니다. 그분은 그 자신 안에서 영원히 복되십니다. 하나님은 모든 것에 대해 독립성을 가지고 계십니다. 하나님은 아무것도 필요로 하지 않으십니다. 차라리 모든 것이 하나님께 달려 있습니다(골 1:16-17; 욥 41:11). 하나님은 자신의 존재, 영광, 기쁨을 위해 어떤 것에도 의존하지 않으십니다.

2. 하나님과 모든 피조물과의 관계

모든 존재는 인간, 천사, 심지어 무생물까지도 존재, 목적, 유지를 위해 하나님께 절대적으로 의존합니다. 왜냐하면 창조주로서의 하나님이시어서 모든 것이 하나님에게서 나오기 때문입니다. 모든 존재는 하나님께 존재를 빚지고 있습니다(요 1:3). 하나님은 무(無)에서 모든 것을 창조하셨습니다(ex nihilo). 즉, 하나님의 뜻 없이는 어떤 존재도 존재하지 않습니다. 하나님은 모든 만물을 보존하시고 유지하십니다. 모든 피조물은 생명을 위해 끊임없이 하나님께 의존합니다(골 1:17; 히 1:3). 하나님의 끊임없는 보존 능력이 없다면 모든 것은 존재하지 않을 것입니다.

하나님은 모든 만물의 주권자이십니다. 하나님은 모든 것을 다스리십니다. 그분의 권위 바깥에 있는 것은 없습니다(시 103:19). 사람들이 하나님을 인정하든 인정하지 않든, 하나님은 모든 것의 최고 통치자이십니다. 따라서 동물이나 무생물과 달리 인간은 하나님의 성품을 반영하도록 창조되었기 때문에 하나님을 경배하고, 사랑하고, 하나님께 순종해야 합니다. 불신자와 악인들조차도 하나님의 통치 아래 있습니다. 하나님을 반대하는 자들도 궁극적으로는 하나님의 공의와 심판에 복종할 것입니다.

3. 하나님의 완전한 지식

하나님께는 불확실한 것이 없습니다. 하나님은 우리의 자발적인 행동과 겉보기에 무작위적인 사건을 포함하여 모든 것에 대한 완벽하고 완전한 지식을 가지고 계십니다. 이는 그분의 전지전능함과 주권적인 결정 때문입니다. 하나님은 모든 것이 일어나기 전에 아십니다. 하나님은 미래를 완전하고 완벽하게 아십니다(사 46:9-10; 시 139:4). 하나님은 어떤 것에도 놀라지 않으십니다. 우리는 사물을 불확실하게 볼 수 있지만, 하나님은 영원부터 그것을 아십니다. 하나님은 우리가 자유롭게 행동하더라도 우리가 내릴 모든 선택을 아십니다(잠 16:9; 요 6:64). 우리가 어떤 선택을 하더라도 하나님은 이미 우리가 무엇을 선택할지 아십니다.

하나님의 지식은 우리의 결정을 강요하지 않고, 완벽하고 틀림없습니다. 따라서 우연히 일어나는 일은 없습니다. '사고'조차도 하나님은 아십니다. 우리에게 무작위로 보이는 것도 하나님의 계획 중 일부입니다(잠 16:33). 우연적이거나 예측할 수 없는 것처럼 보이는 사건조차도 하나님은 온전히 알고 다스리십니다. 하나님의 지식은 수동적이지 않습니다. 그분은 인간의 책임을 허용하시면서도 모든 것을 적극적으로 정하고 다스리십니다.

4. 하나님께 대한 우리의 의무

하나님은 우리의 창조주, 유지자, 주권자이시므로 모든 지적인 피조물, 즉 인간과 천사는 그분께 완전한 경배, 사랑, 순종, 경의를 표해야 합니다. 모든 피조물은 하나님을 유일하고 참되고 살아 계신 하나님으로 경배해야 합니다(계 4:11). 경배는 오직 하나님께만 드려야 합니다. 우상, 사람 또는 다른 어떤 것에 드려서는 안 됩니다. 모든 피조물은 하나님을 사랑해야 합니다(신 6:5). 하나님을 사랑하는 것은 선택 사항이 아닙니다. 모든 지적인 존재의 가장 큰 의무입니다. 하나님의 피조물은 하나님의 명령에 복종해야 합니다(전 12:13). 순종은 단순히 규칙을 따르는 것이 아니라 하나님에 대한 사랑과 신뢰의 표시입니다.

하나님을 경외하고 거룩한 두려움을 가져야 합니다(시 96:9; 히 12:28). 하나님은 가볍게 대우받아서는 안 되는 분이십니다. 그분은 무한히 영광스럽고 거룩하십니다. 모든 피조물은 하나님을 온전히 의지해야 합니다(잠 3:5-6; 사 26:4). 하나님은 모든 생명과 선함의 근원이시므로 우리는 하나님을 온전히 신뢰해야 합니다. 모든 피조물은 하나님의 선하심에 감사해야 합니다(살전 5:18; 시 107:1). 우리가 가진 모든 좋은 것은 하나님으로부터 오므로 우리는 하나님께 끊임없이 감사해야 합니다.

2.3 하나님의 단일한 신성 안에 영원하시고 본질과 능력이 동일하신 삼위 하나님, 곧 성부와 성자와 성령이 존재하신다(요일 5:7; 마 3:16-

17, 28:19; 고후 13:13). 성부는 아무에게도 속하지 않으시고, 나시거나 나오지 않으시며, 성자는 성부에게서 영원히 나셨고(요 1:14, 18), 성령은 성부와 성자에게서 영원히 나오신다(요 15:26; 갈 4:6).

• 해설 •

5. 삼위일체 하나님

한 분의 신성한 신격 안에는 세 가지 뚜렷한 인격이 있습니다(여기서 '인격' 혹은 '위격'이라는 용어는 사람에게 적용될 때처럼 별개의 개인을 나타내지 않습니다. 다만 우리 언어에서 가장 좋은 용어로 사용되어 신격의 신비로운 구별을 표현하는 데 사용됩니다). 아버지, 아들 예수 그리스도, 성령, 이 세 인격은 본질적으로 하나이지만, 인격성은 다릅니다. 이것이 삼위일체 교리입니다.

성경은 또한 한 분의 신격 안에 세 가지 뚜렷한 인격이 있음을 밝힙니다(마 28:19; 고후 13:13). 세 인격의 구별에서, 아버지는 모든 것의 근원이 되시며(고전 8:6), 아들(예수 그리스도)은 영원한 말씀이 육신이 되셨으며(요 1:1, 14), 성령은 믿는 자들 안에 거하시는 보혜사이자 인도자이십니다(요 14:26). 아버지, 아들, 성령은 권능과 영광이 동등하지만 역할은 다릅니다. 아버지는 아들을 보내셨습니다(요 5:37). 아들은 구원을 이루십니다(요 6:38). 성령은 구원을 적용하시고 믿는 자들 안에 거하십니다(롬 8:9). 삼위일체 교리는 순수한 이성적 사고로 깨달아지는 것이 아닙니다. 진정으로 구원의 은혜(회심)를 경험하게 되면 삼위 하나님의 구속의 영광을 찬양하게 되어 있습니다(롬 16:27).

6. 삼위의 동등하심

성경은 아들(예수 그리스도)과 성령이 참으로 하나님이시며, 권능과 영광에 있어서 아버지와 동등하시다고 분명히 가르칩니다. 아들(예수 그리스도)은 참으로 하나님이십니다(요 1:1; 딛 2:13). 예수님은 신성한 속성을 가지고 계십니다(골 2:9; 히 1:3). 예수님은 하나님으로 경배받으십니다(마 14:33; 빌 2:10-11). 예수님은 창조에 대한 권능을 가지고 계십니다(요 1:3; 골 1:16). 예수님은 하나님께만 속해 있는 권리로 죄를 용서하십니다(막 2:5-7). 따라서 예수님은 단순한 선지자나 창조된 존재가 아니라 아버지와 하나이신 진정한 하나님이십니다.

성령은 참으로 하나님이십니다. 성령은 하나님이라 불리십니다(행 5:3-4). 성령은 신성한 속성을 가지고 계십니다. 성령은 전지하시며(고전 2:10-11), 무소부재(모든 곳에 계심)하십니다(시 139:7). 성령은 창조의 사역을 하셨습니다(욥 33:4). 성령은 거룩하게 하시고 생명을 주십니다(고전 6:11; 롬 8:11). 성령은 하나님처럼 말씀하십니다(히 3:7-9). 성령은 단순한 힘이나 영향력이 아닙니다. 그분은 인격체이시며 하나님이십니다.

아들과 성령은 아버지와 동등하십니다. 아버지, 아들, 성령은 하나의 하나님으로 함께 언급됩니다(마 28:19; 고후 13:13). 삼위일체의 각 인격을 "주"라고 부릅니다(성부[사 63:16], 성자[렘 23:6], 성령[삼하 23:2-3]). 각 위는 구원에 관여하십니다. 성부는 성자를 보내셨고(요 3:16), 성자는 구속하시며(엡 1:7), 성령은 거듭나게 하십니다(딛 3:5). 따라서 성자와 성령은 하나님이십니다. 그 권능, 영광과 본질이 성부와 동등합니다.

7. 영원한 나오심(eternal process)과 필리오케(*Filioque*) 교리

하나님 아버지로부터 아들(예수 그리스도)의 영원한 나심은 종종 아들의 영원한 발생(eternal generation) 교리로 불립니다. 이 교리는 아들이 아버지로부터 영원히 나오셨다고 가르칩니다(요 1:1-2). 아들은 아버지로부터 신성한 생명을 소유하고 계시지만 창조된 방식으로 소유하신 것이 아니라 영원히 아버지로부터 나오셨습니다. 이것은 시간적이지 않습니다(시작된 적이 없습니다). 그것은 삼위일체 내의 영원한 관계입니다. 이 서술에서 '영원'(eternal)이라는 단어가 반드시 있어야 그리스도가 피조되신 분이 아니라는 것을 나타냅니다. 즉, 예수님은 영원 전부터 아버지와 함께 계셨으며, 그분의 영광을 공유하셨습니다(요 17:5). 예수님은 아버지의 완벽한 표현이시며, 빛이 근원에서 나오는 것과 매우 흡사합니다. 시작이 없지만 영원히 근원에서 나오십니다(히 1:3). 따라서 "하나님의 아들"이라는 칭호는 창조되었다는 의미가 아니라 아버지로부터 영원히 나오셨다는 의미입니다.

"필리오케"는 니케아 신조에 추가된 신학적 구절로, 성령이 성부와 성자로부터 나오신다고 명시합니다. 이 교리는 서방(로마 가톨릭) 교회와 동방 정교회 사이의 주요 신학적 논쟁 중 하나가 되었고, 1054년 대분열로 이어지게 되었습니다. 필리오케 조항의 의미는 성령이 성부만이 아니라 성부와 성자로부터 나오신다는 것입니다. 성경에서 아버지와 아들이 성령을 보내셨습니다(요 14:26, 15:26; 행 2:33; 갈 4:6). 그래서 성령은 아버지와 아들 둘 다에게 속하십니다(롬 8:9).

영원한 발생과 필리오케 교리가 중요한 것은 삼위 하나님의 구속에 있어서의 관계를 뜻하기 때문입니다. 아들이 십자가에서 죽으심으로 구속 사역을 행하신 것은 성부가 선택하신 자들을 구속하시기 위해서입니다(엡 1:7). 또한 성령이 아버지와 아들에 의해 보내심을 받은 것은 성부가 선택하신 자에게 실제로 구원이 일어나게 하기 위해 아들이 흘린 피를 실제로 유효하게 적용하시기 위해서입니다(히 9:14). 따라서 우리의 구원을 이해하기 위해서는 아버지와 아들의 관계를 아는 것이 중요하며(요 17장), 실제로 구원의 체험을 확인하기 위해서는 아버지와 아들이 성령을 보내신 것을 알아야 합니다(요일 5:6-8). 따라서 진정한 구원의 은혜를 체험했다면(벧전 1:2), 마땅히 삼위 하나님의 구속 방식과 은혜를 찬양할 것입니다(고전 1:24, 31).

5주 | 하나님의 영원한 작정

3.1 하나님은 영원으로부터 가장 지혜롭고 자기 자신의 뜻의 거룩한 계획에 의하여 자유롭고 불변하게 일어날 어떤 일들도 정하셨다(엡 1:11; 롬 11:33; 히 6:17; 롬 9:15, 18). 그러나 이와 같은 방식으로 모든 일을 정해 놓으셨지만, 하나님은 죄의 조성자가 아니시며(약 1:13, 17; 요일 1:5), 피조물들로 그들의 의지를 거슬러 강제로 행하게 하지 않으시며, 자유나 제2원인들의 우발성을 제거시키지 않으시고, 오히려 확립하신다(행 2:23; 마 17:12; 행 4:27-28; 요 19:11; 잠 16:33).

• 해설 •

1. 하나님의 작정

하나님의 작정은 그분이 모든 일을 정하신 영원한 계획과 목적을 말합니다. 이 교리는 하나님의 주권적 뜻 밖에서는 아무 일도 일어나지 않으며, 그분의 작정은 그분의 완벽한 지혜, 권능, 선함에 근거한다는 것을 강조합니다. 하나님의 작정은 영원한데, 창조 전에 정해졌습니다. 하나님의 작정은 포괄적인데, 위대한 사건에서 가장 작은 세부 사항까지 모든 것을 포함합니다. 하나님의 작정은 변할 수 없습니다. 아무것도 하나님의 목적을 바꾸거나 좌절시킬 수 없습니다. 하나님의 작정은 하나님의 영광을 위한 것입니다. 하나님이 정하신 모든 것은 궁극적으로 그분의 이름을 찬양하는 데 도움이 됩니다. 따라서 하나님의 주권적 뜻은 절대적이며 반드시 이루어질 것입니다(사 46:9-10). 모든 일은 하나님의 신성한 계획에 따라 일어납니다(엡 1:11). 아무도 하나님의 작정에 저항하거나 의문을 제기할 수 없습니다(단 4:35).

하나님의 작정에는 구원과 하나님 백성의 선을 위한 그분의 계획이 포함됩니다(롬 8:28-30). 하나님의 작정에는 창조, 섭리, 구원, 심판이 포함됩니다. 하나님은 우주를 창조하기로 작정하셨으며(창 1:1), 모든 것을 통치하고 유지하시고(히 1:3), 그리스도를 통해 백성을 구속하기로 작정하셨습니다(엡 1:4-5). 하나님은 죄를 처벌하고 정의를 내리기로 작정하셨습니다(계 20:12-15).

하나님의 작정이 중요한 이유는 하나님이 모든 것을 통제하고 계시다는 것을 확신시켜 주기 때문입니다. 심지어 고난조차도 그분의 목적에 부합합니다. 하나님의 작정은 구원이 안전하다는 것을 보장합니다. 하나님의 백성을 위한 그분의 계획은 실패하지 않을 것입니다. 하나님의 작정은 우리에게 하나님을 신뢰하고 경배하라고 요구합니다. 하나님은 모든 것을 자신의 영광을 위해 일하시기 때문입니다.

2. 하나님은 죄의 조성자가 아니시다

하나님은 죄의 조성자가 아니십니다. 죄와 관련된 사건을 포함하여 일어나는 모든 일을 주권적으로 정하셨지만, 하나님은 죄의 조성자가 아니십니다(약 1:13; 요일 1:5). 하나님은 순전히 거룩하시며 그 안에 악이 없습니다. 하나님은 공의롭고 정직하시며, 잘못이 없으십니다(신 32:4). 하나님은 죄를 싫어하시고 죄를 승인하지 아니하십니다(합 1:13). 다만, 하나님은 죄를 허락하시지만, 죄를 일으키지 않으십니다. 하나님은 주권적으로 죄를 허락하시지만, 누군가에게 죄를 짓도록 직접 일으키거나 강요하지 않으십니다. 오히려 하나님은 자신의 더 큰 목적의 일부로서 죄를 허락하십니다. 예를 들어, 요셉의 형들은 요셉을 팔아서 죄를 지었지만, 하나님은 더 큰 목적을 위해 그것을 사용하셨습니다(창 50:20). 예수님의 십자가 처형은 하나님의 계획의 일부였지만, 그분을 죽인 자들은 여전히 그들의 죄에 대한 책임이 있었습니다(행 2:23). 하나님은 선한 목적을 위해 악한 행동을 사용하실 수 있습니다(롬 8:28).

3. 하나님의 작정과 인간의 자유의지와 제2원인

하나님의 작정은 인간의 자유의지를 파괴하지 않습니다. 인간은 실제 선택을 하지만, 그 선택은 하나님의 영원한 계획의 일부입니다. 하나님의 작정과 인간의 자유의지는 공존합니다. 하나님의 작정은 궁극적인 원인이지만, 인간은 실제적인 두 번째 원인으로 행동합니다. 하나님의 작정은 사람들의 실제 선택을 허용하지만, 그분의 계획은 결코 좌절되지 않습니다. 인간의 선택은 실제적이지만, 하나님은 모든 것을 통제하고 계십니다. 이는 하나님의 주권과 인간의 책임 관계이기도 합니다(빌 1:6, 2:12).

하나님의 작정은 제2원인(하나님의 명령이 성취되는 수단)의 자유나 우연성을 부인하지 않습니다. 대신, 그것은 제2원인을 확립하여 인간의 선택과 자연적 사건이 하나님의 주권적 계획에 따라 실제적이고 의미 있게 유지되도록 합니다. 하나님의 작정은 궁극적인 원인이지만, 인간은 실제적인 두 번째 원인으로 행동합니다. 하나님은 모든 것을 적극적으로 유지하시지만, 피조물은 그 자체의 법칙과 과정에 따라 작동합니다(히 1:3). 우리의 행동은 실제적이고 자유롭지만, 궁극적으로는 하나님의 주권적 명령 안에 있습니다(행 17:28). 인간은 실제 결정을 내리지만, 하나님은 결과를 지시하십니다(잠 16:9). 예수님을 십자가에 못 박은 사람들은 자유롭게 죄악스럽게 행동했지만, 그들의 행동은 하나님의 미리 정해진 계획을 성취했습니다(행 2:23). 따라서 하나님의 작정은 인간의 자유나 제2원인을 파괴하지 않습니다. 오히려 확립합니다. 인간의 선택은 실제적이지만, 하나님은 모든 것을 통제하고 계십니다.

3.2 비록 하나님은 인지하실 수 있는 조건 아래에서 어떤 것들이 일어날 수 있다는 것을 알고 계시지만(행 15:18; 삼상 23:11-12; 마 11:21, 23) 그분이 미래의 것을 미리 아셨기 때문에 혹은 그런 조건 아래에서 일어날 것을 아셨기 때문에 작정하신 것은 아니다(롬 9:11, 13, 16, 18).

• 해설 •

4. 하나님의 예지(God's foreknowledge)

하나님의 예지는 하나님이 과거, 현재, 미래의 모든 것을 완벽하고 영원히 아신다는 것을 의미합니다. 이 지식은 미래의 사건에 대한 수동적인 인식이 아니라 일어날 모든 일에 대한 적극적이고 주권적인 결정입니다. 하나님의 지식은 영원합니다. 하나님은 항상 모든 것을 알고 계십니다(사 46:9-10). 하나님의 지식은 포괄적입니다. 하나님은 모든 가능성과 실제를 알고 계십니다(시 139:1-4). 하나님의 지식은 무오합니다. 아무것도 하나님의 지식을 놀라게 하거나 바꿀 수 없습니다(히 4:13). 하나님의 예지는 인간의 행동에 근거하지 않습니다. 하나님은 단순히 예지하시는 것이 아니라 알고 명령하십니다(엡 1:11). 하나님의 예지는 단순히 예지가 아니라 하나님의 미리 정해진 계획과 연결되어 있습니다(롬 8:29). 하나님의 예지는 정보적인 것이 아니라 관계적인 것입니다. 그것은 하나님의 백성에 대한 하나님의 언약적 사랑을 말합니다.

5. 예지와 예정의 관계

하나님의 예지와 예정은 밀접하게 연결되어 있습니다. 하나님은 자신의 백성을 예지하십니다. 예지는 하나님의 사랑의 행위이며, 단지 미래의 사건에 대한 하나님의 인지가 아닙니다. 그래서 하나님은 그들을 구원으로 예정하십니다. 그리고 하나님은 그들을 부르시고, 의롭게 여기시고, 영광스럽게 하십니다(롬 8:29-30).

6. 하나님의 작정은 조건적이지 않다

하나님의 작정은 조건적이지 않습니다. 그것은 절대적이고 영원하며 외부 요인과는 무관합니다. 하나님의 작정은 인간의 행동, 상황 또는 우연성에 근거하지 않습니다. 대신 모든 것은 영원 전부터 정해 놓으신 그분의 주권적 계획에 따라 일어납니다. 하나님의 작정은 외부 조건이 아니라 그분의 의지에 근거합니다(엡 1:11). 하나님의 작정은 반응적이지 않습니다. 역사를 결정합니다(사 46:9-10). 하나님의 작정은 인간의 행동에 근거하지 않고 그분의 주권적 뜻에 근거합니다(롬 9:15-16). 하나님의 작정은 멈출 수 없고 절대적입니다(단 4:35).

여기에서 우리는 하나님의 작정에 대한 오류를 경계해야 합니다. 알미니안주의자들은 하나님이 인간의 선택을 예견한 다음, 그에 따라 결정하신다는 것입니다. 그러나 이러한 관점은 성경과 모순됩니다. 하나님은 우리가 무엇을 할지 기다리지 않으셨습니다. 그분은 자신의 목적에 따라 선택하셨습니다(엡 1:4-5). 하나님의 작정은 우리의 행위나 결정에 의존하지 않습니다(딤후 1:9).

7. 하나님의 작정은 수단과 목적을 모두 포함한다

도덕률폐기론주의자들은 하나님이 결과를 작정하셨다면, 인간의 책임은 의미가 없다고 주장합니다. 하지만 하나님은 목적과 수단을 모두 정하십니다. 여기에는 인간의 결정도 포함됩니다(빌 2:12-13). 특별히 도덕률폐기론주의자들 가운데 하이퍼 칼빈주의자들(hyper-calvinists, 그들은 진정한 칼빈주의자들이 아닙니다)이 있습니다. 그들은 하나님이 어떤 사람을 예정(선택)하셨다면 그는 결국 구원을 받을 것이기 때문에, 교회가 그에게 전도할 필요가 없다고 생각했습니다. 결국 그들은 하나님이 선택한 자들에게 복음 전도자를 보내시고, 그들이 복음을 듣는 가운데, 성령의 역사로 믿음을 일으키셔서, 그들이 실제로 구원을 얻게 하시는 방식, 즉 하나님이 정해 놓으신 수단과 방식에 무지하고, 그것을 무시했던 것입니다. 더욱이 하나님의 선택은 그 영혼으로 거룩한 삶을 살게 하려는 목적이 있는데, 하이퍼 칼빈주의자들과 도덕률폐기론주의자들은 이 목적을 무시합니다. 하나님의 작정에서 인간의 책임을 무시하기 때문입니다.

3.3 하나님의 작정에 의해서 그리고 하나님의 영광을 나타내기 위해 어떤 사람들과 천사들은 영원한 생명에 이르도록 예정되었고(딤전 5:21; 마 25:41), 다른 이들은 영원한 사망에 이르도록 미리 정해졌다(롬 9:22-23; 엡 1:5-6; 잠 16:4).

• 해설 •

8. 하나님의 작정과 예정

하나님의 작정은 하나의 통일되고 영원한 행위입니다. 하나님의 작정은 단일하고 포괄적이며 모든 것에 적용됩니다(엡 1:11). 그래서 하나님의 작정은 별개 행위들의 모음이 아니라 하나의 영원하고 포괄적인 목적입니다(시 33:11). 그러나 예정(인간과 천사에 관한 하나님의 결정)은 하나님의 전반적인 결정의 특정 부분입니다. 모든 것이 하나님에 의해 정해졌지만, 예정은 이성적이고 도덕적인 존재에 대한 하나님의 특별한 목적, 즉 어떤 사람들은 영원한 삶을 위해 선택하시고 다른 사람들은 정죄에 빠지도록 허용하시는 것을 포함합니다.

예정은 하나님의 작정의 일부이지만, 고유한 초점을 가지고 있습니다. 그것은 특히 천사와 인간(이성적 피조물)에게 적용됩니다. 그것은 영원한 운명, 즉 구원이나 정죄를 결정합니다. 예정은 구원에 있어서 하나님의 영원한 목적과 관련이 있습니다(롬 8:29-30). 예정에는 구원을 위한 선택과 심판을 위한 버림이 모두 포함됩니다(롬 9:22-23). 어떤 천사들은 "택하심을 받은" 존재이기도 하며, 이는 예정이 사람과 천사 모두에게 적용된다는 것을 보여 줍니다(딤전 5:21). 타락한 천사들은 심판을 위해 정해졌으며, 인류 가운데 버림받은 자들과 마찬가지입니다(유 1:6).

하나님의 작정은 모든 것을 포괄하는 하나의 영원하고 주권적인 계획이지만, 예정은 하나님의 작정의 특정 측면으로서 도덕적이고 합리적인 피조물(인간과 천사)에게만 적용됩니다. 이는 영원한 운명을 결정하며, 필연성이 아닌 하나님의 은혜와 정의에 근거합니다.

3.4 예정되었으며 미리 정해진 천사들과 사람들은 개별적으로 그리고 불변하게 정해져 있으며, 그들의 수효는 확실하고 확정적이므로, 이것은 증가되거나 감소될 수 없다(딤후 2:19; 요 13:18).

• 해설 •

9. 예정된 숫자

하나님이 예정하신 천사와 인간의 정확한 수는 특별하고 변함없이 결정되었습니다. 하나님의 영원한 작정이 택함받은 자와 버림받은 자의 수를 포함한 모든 것을 포괄한다는 것은 하나님의 주권에 뿌리를 두고 있습니다.

6주 | 예정(선택)

3.5 하나님은 생명에 이르도록 예정되어 있는 사람들을 창세전에 자신의 영원하고 불변하는 목적과 은밀한 계획과 자신의 선하시고 기쁘신 뜻을 따라서 그리스도 안에서 선택하시어 영원한 영광에 이르게 하셨다(엡 1:4, 9, 11; 롬 8:30; 딤후 1:9; 살전 5:9). 하나님은 값없이 주시는 은혜와 사랑으로부터 그들을 선택하셨으며, 하나님이 그들의 믿음이나 선한 행위 혹은 그들 속에 믿음을 지키는 것 혹은 피조물들 안에 있는 어떤 것을 미리 보시고 그것을 조건으로 혹은 하나님을 감동시키게 하는 원인들이 되었기 때문에 선택하신 것이 아니며(롬 9:11, 13, 16; 엡 1:4, 9) 모든 이로 하나님의 영광스러운 은혜를 찬양하게 하셨다(엡 1:6, 12).

• 해설 •

1. 선택하신 시기

하나님은 세상을 창조하시기 전인 영원한 과거에 구원할 자들을 선택하셨습니다. 선택은 창조 자체보다 먼저, 즉 우리가 존재하기도 전에 일어났습니다(엡 1:4-5). 이것은 하나님이 구원을 위해 특정 개인을 선택하신 것이 어떤 예견된 믿음, 행위 또는 공로에 근거하지 않고 오로지 그분의 주권적 뜻과 은혜에 근거했다는 것을 알려 줍니다. 선택은 우리가 태어나기 전에 이루어졌으므로 하나님의 주권적 뜻에 근거한 것이지, 인간의 행위에 근거한 것이 아님을 증명합니다(롬 9:11-13). 택함받은 자들의 이름은 세상이 창조되기 전에 어린양의 생명책에 기록되었습니다(계 13:8).

2. 선택의 동기

택함받은 자들은 하나님의 주권적인 은혜와 사랑에 의해 순전히 선택되었으며, 그들 안에 있는 어떤 예견된 믿음, 행위 또는 공로에 근거하지 않았습니다. 하나님의 선택 동기는 하나님의 선하신 기쁨과 그분의 은혜의 영광입니다(엡 1:4-5). 선택은 인간의 행위가 아니라 하나님의 영원한 목적과 은혜에 의한 것입니다(딤후 1:9). 하나님의 사랑이 선택의 이유입니다. 그분이 택하신 사람들 안에 있는 어떤 것도 아닙니다(신 7:7-8). 하나님의 선택은 하나님의 은혜의 영광을 나타내기 위한 것입니다(엡 1:6). 따라서 하나님의 선택은 사람을 낮추고 하나님을 높이며, 그분이 모든 영광을 받으시도록 합니다(고전 1:27-29).

3. 선택의 목적

하나님이 자신의 백성을 택하신 목적은 자신의 영광을 위한 것입니다. 택함받은 자들의 구원과 성화를 통해 자신의 은혜, 사랑, 자비를 보여 줌으로써 그분 자신을 영광스럽게 하시려는 것이었습니다. 선택은 그리스도 안에서 하나님의 영원한 목적을 이루며, 하나님의 백성은 그리스도의 형상을 따라 변화되어 하나님의 영광스러운 은혜를 찬양하게 됩니다. 하나님은 자신의 은혜가 얼마나 영광스러운 것인지를 보여 주기 위해 선택하셨습니다(엡 1:4-6). 하나님의 선택은 하나님 자신의 자비를 강조합니다. 따라서 진정으로 선택함을 입은 자라면 하나님의 은혜를 찬양하고 하나님의 이름에 영광을 돌릴 것입니다(롬 9:22-24).

하나님의 선택 목적을 이루는 것에 있어서 핵심은 택함받은 자들에게 있는 구원의 은혜와 성화, 거룩하고 경건한 삶에 있습니다. 선택에 있어서 하나님의 목적은 그분의 백성을 그리스도와 같이 만드시는 것입니다(롬 8:29-30). 거룩함과 그리스도와 같은 모습이 선택의 목표입니다(고후 3:18). 따라서 그 사람이 실제로 선택된 사람인지를 확인하는 방법은 그에게 구원의 은혜와 증거가 분명히 나타나는지를 살펴보는 것입니다. 왜냐하면 하나님은 선택하신 백성을 성령의 유효한 역사로 부르시고, 성령의 거룩하게 하심으로 회심이 일어나게 하시며, 그로 인하여 성화의 삶이 나올 수밖에 없기 때문입니다. '황금 사슬'(Golden Chain)이라고 부르는 로마서 8장 29-30절이 이 원리를 말해 줍니다. 따라서 죄를 죽이고 죄와 싸우는 모습과 하나님께 순종하고자 애쓰는 성화의 모습이 없다면, 그 사람은 아직 선택된 사람이라고 할 수 없습니다. 더욱이 히브리서 12장 14절에서, 성화가 그에게 없다면 아직 그에게는 칭의도 일어나지 않았다고 말하기 때문입니다. 따라서 오늘날 하이퍼 칼빈주의자들이나 도덕률폐기론자들이 하나님의 선택을 강조하면서 성화를 무시하고 있는데, 이것은 선택 교리를 곡해하는 오류입니다.

하나님의 선택 목적은 자신의 백성을 거룩하게 하여, 그들이 하나님의 백성임을 온 세상에 나타내시기 위한 것입니다. 하나님은 사람들을 택하여 자기에게 속하게 하시고 그분의 덕을 전파하게 하십니다(벧전 2:9). 하나님은 택하시고, 성령의 유효한 역사로 부르셔서, 그들로 선한 일을 하게 만드셔서, 그들이 하나님의 친백성인 것을 나타내게 하시어 하나님 자신의 선하심을 알리십니다(딛 2:14).

하나님은 특정한 사람들을 구원하기로 선택하시고, 그다음으로 아들 그리스도와 협의하여 그리스도를 하나님의 선택하신 백성을 건지시는 구주로 정해 놓으셨습니다. 그래서 바울은 하나님이 "그리스도 안에서" 선택하셨다고 말했습니다(엡 1:4). 이것을 '구속 언약'(Pactum Salutis)이라고 부릅니다(시 2편; 사 49:5-7; 요 17:5).

이사야 53장 10-12절에는 그리스도가 이 땅에 오시기 700여 년 전에 아버지가 아들을 통해서 선택하신 백성을 어떻게 구원하실 것인지에 대해 구체적으로 예언되어 있습니다. 따라서 하나님의 선택 목적은 그리스도 안에서 하나님의 영원한 계획을 성취하는 것을 나타내시려는 것입니다. 선택은 교회를 통해 그리스도를 영화롭게 하시려는 하나님의 영원한 계획을 성취합니다(엡 3:10-11). 즉, 선택의 궁극적인 목표는 그리스도를 모든 것의 주님으로 높이는 것입니다(골 1:18).

3.6 하나님은 선택한 자들을 영광에 이르도록 작정하신 것처럼, 그분의 뜻의 영원하고 가장 자유로운 목적에 따라서 그 목적을 이루기 위해 모든 수단을 미리 정하셨다(벧전 1:2; 엡 1:4-5, 2:10; 살후 2:13). 그러므로 그분의 선택받은 자들은 아담 안에서 타락했으나 그리스도에 의해 구속받으며(살전 5:9-10; 딛 2:14), 때가 되면 성령의 역사에 의해 그리스도에 대한 믿음으로 유효하게 부르심을 받는다. 그들은 의롭다 함을 받으며, 양자가 되고, 성화되며(롬 8:30; 엡 1:5; 살후 2:13), 그분의 능력으로 믿음을 통하여 구원에 이르기까지 지키심을 받는다(벧전 1:5). 오직 택함받은 자 외에는, 다른 아무도 그리스도로 말미암아 구속받거나, 유효하게 부르심을 받거나, 의롭다 함을 받거나, 양자가 되거나, 성화되거나, 구원받지 못한다(요 17:9; 롬 8:28; 요 6:64-65, 10:26, 8:47; 요일 2:19).

• 해설 •

4. 선택이 실행되는 과정

하나님의 선택에는 그 수단도 포함됩니다. 하나님이 선택하신 백성을 구원하기 위해서 그 수단과 방법을 정해 놓으셨다는 것입니다. 따라서 하나님의 선택된 백성이라면, 반드시 하나님이 선택하신 백성을 구원하시는 것에 정해진 수단 가운데 있어야 하며, 그 수단 속에서 하나님이 타락한 선택된 죄인을 구원하시는 은혜의 과정에 있어야 하고, 그 효과가 실제로 있어야 합니다. 왜냐하면 하나님이 선택하신 백성을 구원하실 것이기 때문에 인간이 아무것도 안 해도 구원받는다는 생각은 잘못된 것이기 때문입니다.

택함받은 자들이 하나님의 은혜로운 사역을 통해 타락한 상태에서 최종적인 구원으로 인도함을 받는 것에는 수단과 과정이 있습니다. 우선, 성부 하나님은 구원하실 백성을 그리스도 안에서 선택하셨기 때문에, 선택된 백성의 구원의 기초인 그리스도의 속죄 사역이 있게 하셨습니다. 그리스도는 성부가 택하신 자들의 구원을 위해 십자가에서 죽으심으로 그들의 죗값을 대신 치르셨습니다(엡 1:7). 그리스도의 죽음은 선택된 백성을 위한 것이었으며, 그들의 구원을 보장합니다(요 10:11).

그다음으로, 하나님은 선택된 자들을 부르기 위해 그들을 복음으로 부르십니다. 말씀의 사역자들로 복음을 전파하게 하십니다. 하나님은 택함받은 자들을 부르기 위해 복음의 전파를 외적인 수단으로 사용하십니다(롬 10:14). 복음은 하나님이 죄인을 부르시는 외적인 수단입니다(살후 2:14). 모든 사람이 복음을 듣지만 다 응답하는 것은 아닙니다. 그러나 하나님은 선택하신 자들에게 성령의 은혜의 내적 역사가 있게 하시어서, 성령의 유효한 혹은 효과적인 부르심으로 그들을 부르십니다. 하나님은 택함받은 자들을 주권적으로 자신에게로 이끄셔야 합니다(요 6:44).

택함받은 자들은 성령의 내적 부르심으로 복음에 응답합니다(고전 1:23-24). 이로써 택함받은 자들은 성령으로 거듭나게 됩니다(요 3:3). 하나님은 택함받은 자들에게 새 마음을 주셔서 그들이 그분께 응답할 수 있게 하십니다(겔 36:26-27). 성령이 회개와 믿음을 일으키십니다. 이로써 택함받은 자들은 구원을 위해 그리스도께로 달려갑니다. 믿음으로 그리스도를 붙잡을 때 의롭다 여김을 받게 됩니다(롬 5:1). 성령이 유효한 부르심을 통해서 거룩한 성질을 심령에 새겨 놓으셨기 때문에, 거룩한 성향을 가지고 죄와 싸우며, 거룩한 삶을 하나님께 드립니다. 그리고 성령을 따라 행하며, 영적으로 성장합니다. 성도는 이 세상에서 인내의 삶을 살며, 하나님은 택하신 백성의 구원을 지키십니다(벧전 1:5). 성도는 그리스도가 다시 오시기까지는 죽음을 맞습니다. 그러나 택함받은 자들은 하늘에서 온전해집니다(롬 8:30). 믿는 자들은 영광 속에서 그리스도와 같이 될 것입니다(요일 3:2).

하나님의 선택은 성도의 영화에 이르기까지 신실하고, 확실하며, 완전하게 실행됩니다(빌 1:6). 따라서 자신이 하나님의 선택된 백성인 것을 확인하려면 이러한 과정을 살펴보아야 합니다.

3.7 하나님은 자신의 헤아릴 수 없는 뜻에 따라서 은혜를 베풀기도 하시고 거두기도 하시는데, 자신의 피조물에 대해서 자신의 주권적 능력의 영광을 위해 나머지 인류를 택하지 않으시고, 그들의 죄에 대해서 수치와 진노를 당하도록 정하시어 자신의 영광스러운 공의를 찬양하게 하기를 기뻐하셨다(마 11:25-26; 롬 9:17-18, 21-22; 딤후 2:19-20; 유 1:4; 벧전 2:8).

• 해설 •

5. 택함받지 못한 자들

하나님은 어떤 사람들을 택하시고 어떤 사람들에게는 지나치셨습니다. 하나님은 어떤 이들을 지나치심으로써 그들을 구원으로 선택하지 않으셨습니다. 하나님은 택함을 받지 못한 자들에게 죄를 짓도록 강요하지 않으시지만, 그들이 계속해서 반역하도록 내버려두셨습니다. 하나님이 그들이 스스로의 길을 택하도록 내버려두셨는데, 그것은 멸망으로 이어졌습니다(시 81:12). 하나님은 택함받지 않은 자들이 그분의 심판의 일부로 죄를 고집하는 것을 허락하십니다(롬 1:24, 26, 28). 그들의 정죄는 하나님이 그분의 공의의 일부로 계획하신 것입니다.

하나님이 선택하지 않으신 자는 하나님이 선택하지 않으셨기 때문에 죄를 짓는 것이 아니라 하나님이 그들에게 은혜를 주지 않으셨기 때문에, 그들 스스로의 죄성과 부패성으로 죄를 짓는 것입니다. 그들은 하나님을 거부했기 때문에 정죄를 받습니다(유 1:4). 그들은 그리스도를 거부하기 때문에 하나님의 진노 아래 머물러 있습니다(요 3:36). 그들의 최종적 상태는 영원한 형벌입니다(계 20:15). 하나님은 택함받지 못한 자들이 죄를 지은 것에 대해 심판하시는 것입니다. 그들에 대한 심판을 통해서 하나님은 자신의 공의를 나타내십니다. 택함받지 못한 자들에 대한 하나님의 작정은 공의롭고 의롭습니다(신 32:4).

택함받지 못한 자들은 자신들 스스로 죄를 짓고 하나님께 반역합니다. 그러나 하나님은 그들을 심판하심으로 하나님 자신이 거룩하고 의로우신 것을 증명하십니다. 한편으로, 바로 왕처럼, 택함받지 못한 자들은 하나님께 죄를 짓고, 하나님은 그들을 심판하심으로 하나님의 권능을 나타내십니다. 선택받지 못한 자는 선택받은 자에게 주신 하나님의 자비와 은혜를 더욱 드러나게 합니다(롬 9:22-23). 선택받은 자와 선택받지 못한 자의 대조는 하나님의 정의와 은혜를 강조합니다(마 25:46).

3.8 아주 신비한 이 예정의 교리는 특별히 신중하고 조심성 있게 다루어져야 한다(롬 9:20, 11:33; 신 29:29). 그래서 사람들은 하나님의 말씀에 계시된 하나님의 뜻에 유의하고, 그것에 순종하며, 그들의 유효한 부르심의 확실성으로부터 그들의 영원한 선택을 확신할 수 있다(벧후 1:10). 따라서 이 교리는 하나님을 찬양하고, 경외하며, 흠모해야 할 이유를 제공하며(엡 1:6; 롬 11:33) 그리고 복음에 신실히 순종하는 모든 자가 겸손해야 하며 부지런해야 하는 것과 풍성한 위로를 위한 이유를 제공한다(롬 11:5-6, 20; 벧후 1:10; 롬 8:33; 눅 10:20).

• 해설 •

6. 선택에 대한 확신

사람은 성경에 계시된 대로 자신의 삶에서 하나님의 역사에 대한 증거를 조사함으로써 자신의 선택에 대한 확신을 얻을 수 있습니다. 이 확신은 그리스도에 대한 믿음, 성령의 증거, 신자의 삶에서 구원의 열매를 통해 옵니다. 우선 베드로후서 1장 5-8절에서, 사도는 자신의 삶에서 구원의 효과, 즉 경건의 열매를 확인하라고 말합니다. 여덟 가지 경건의 열매가 있다면, 그 사람은 선택된 자라는 것입니다. 구원의 열매, 즉 변화된 삶은 하나님이 신자 안에서 일하신다는 것을 증명합니다. 또한 사도는 베드로후서 1장 10절에서 자신에게 성령의 유효한 역사가 있는지를 살피라고 말합니다. 성령이 거룩하게 하시어 회심했고, 성화가 있는 것을 확인하면, 그것은 그 사람이 선택되었다는 증거라고 말합니다. 성령은 우리의 마음에 구원을 확증해 주시기 때문입니다(롬 8:16).

7. 선택 교리의 실제적 용도

선택 교리는 단순한 신학적 개념이 아니라 그리스도인의 삶에 대한 심오한 실제적 적용이 있어야 합니다. 이 가르침은 신자들에게 겸손과 감사를 낳습니다. 하나님의 선택은 순전히 하나님의 은혜에 의한 것이므로 모든 교만과 자랑을 제거합니다(엡 2:8-9). 이로써 우리는 하나님과 다른 사람들 앞에서 겸손하게 됩니다. 하나님의 주권적 선택은 구원이 우리에게 당연한 것이 아니라 하나님의 자비라는 것을 기억하게 합니다(고전 1:26-29). 이것은 하나님의 과분한 자비에 대한 우리의 마음에 깊은 감사를 불러일으킵니다. 선택 교리는 구원에 대한 확신을 북돋아 줍니다. 선택은 확신을 위한 견고한 기초를 제공합니다. 그리고 믿음과 경건함에 대한 근면함은 확신을 강화합니다. 그래서 우리는 구원을 잃을까 봐 두려워하는 대신, 하나님의 약속에 안주할 수 있습니다.

선택에 대한 가르침은 거룩함과 선행을 증진합니다. 선택은 거룩함에 관한 것이기 때문입니다(엡 1:4). 선택의 목적이 선한 일에 대해 열심인 하나님의 백성이 되게 하려는 것이기 때문에(딛 2:14), 선택의 가르침을 게으름에 대한 변명으로 사용하지 않고, 오히려 의로운 삶을 살려고 노력하며, 하나님을 위해 따로 구별된 삶을 살려고 애쓰게 합니다.

하이퍼 칼빈주의자들은 선택의 교리를 오용하여서 전도와 선교를 포기했습니다. 그러나 선택에 대한 가르침은 오히려 전도와 선교를 격려합니다. 예를 들어, 바울은 하나님이 선택하신 백성이 있다는 것을 알았기에 전도에 힘썼습니다(행 18:9-10; 롬 11:5). 바울은 자신의 전도 가운데, 하나님의 선택된 백성이 구원받는 것을 보고 찬양하고 기뻐했습니다(행 13:48). 선택 교리는 전도를 방해하는 것이 아니라 전도에 활력을 불어넣습니다. 우리는 하나님이 택함받은 사람들을 구원하실 것이라는 사실을 알고 복음을 전합니다. 그래서 우리는 그분의 주권적 계획을 신뢰하며 담대하게 그리스도를 전해야 합니다.

선택 교리는 시련과 박해 속에서 위로를 줍니다. 바울은 너무나도 힘든 고난 속에서 선택 교리를 묵상했습니다. 그리고 그는 하나님이 우리를 택하셨다면 아무것도 우리를 그분의 사랑에서 끊을 수 없다는 것을 확신했습니다(롬 8:33-35). 신자들은 시련에 직면했을 때, 선택 교리를 묵상함으로 하나님의 주권적 사랑과 목적 안에서 안식할 수 있습니다. 심지어 박해 속에서도 신자는 하나님의 계획이 성취될 것이라고 확신할 수 있습니다.

7주 | 창조

4.1 성부와 성자와 성령 하나님은(히 1:2; 요 1:2-3; 창 1:2; 욥 26:13, 33:4) 자신의 영원한 능력과 지혜와 선하심의 영광을 나타내기 위해서(롬 1:20; 렘 10:12; 시 104:24, 33:5-6) 태초에 아무것도 없는 것에서부터 세상과 그 안에 있는 모든 것과 보이는 것과 보이지 않는 것들을 6일 동안에 창조하기를 기뻐하셨으며, 모든 것이 심히 좋았다(창 1장; 히 11:3; 골 1:16; 행 17:24).

• 해설 •

1. 창조에서 삼위일체의 역할

삼위일체 교리는 하나님이 세 인격, 즉 성부, 성자(예수 그리스도), 성령으로 하나의 본질로 존재하신다고 가르칩니다. 삼위일체의 세 인격은 모두 창조에 적극적으로 참여하여 우주를 존재하게 하고 유지하기 위해 연합하여 일하셨습니다.

하나님 아버지는 모든 창조의 근원이시며, 모든 것을 존재하게 하는 것은 그분의 신성한 뜻과 계획이었습니다(고전 8:6). 그분은 창조의 궁극적 권위자이시며, 아들과 성령을 통해 행동하십니다. 예수님은 말씀이시며(요

1:1), 그분의 능력과 명령을 통해 창조물이 형성되었습니다. 모든 것이 그분을 통해, 그분을 위해 만들어졌습니다(골 1:16). 우주의 유지자로서, 그리스도는 모든 것을 함께 붙잡고 계십니다(골 1:17). 그리스도는 창조의 대리인이시며, 모든 것은 그분을 위하여 존재합니다(골 1:16-17). 성령은 창조에 임재하시어 질서와 목적을 보장하셨습니다. 성령은 창조의 질서를 가져오고, 창조를 유지하는 생명의 수여자로서 생명을 주시고(욥 33:4) 모든 생명체를 유지하십니다(시 104:30). 창조에서 성령의 역할은 새로운 창조(그리스도 안에서의 영적 거듭남, 요 3:5)를 예고하는 것입니다.

따라서 창조에서의 삼위 하나님의 각 위의 역할은, 성부는 창조를 계획하시고, 성자(말씀)는 그것을 실행하셨으며, 영은 생명과 질서를 주셨습니다(창 1:1-3). 삼위일체 하나님은 세상을 창조하시고 그대로 두지 않으셨습니다. 하나님은 계속해서 창조를 유지하십니다. 창조에서 삼위일체의 역할이 중요한 이유는 하나님의 주권을 보여 주기 때문입니다. 모든 것은 그분의 뜻에 따라 그분의 영광을 위해 존재합니다. 예수님의 신성을 증명합니다. 그리스도는 단순한 선지자가 아니라 창조주이십니다. 하나님의 사랑을 보여 주십니다. 우리를 창조하신 동일한 하나님이 우리를 구원하고 유지하십니다. 우리에게 목적을 주십니다. 우리는 하나님의 영광을 위해 창조되었고 그분의 형상을 반영하도록 만들어졌습니다.

2. 창조의 목적

하나님은 분명한 목적을 위해 세상을 창조하셨고, 성경은 그분의 창조 뒤에 있는 몇 가지 주요 이유를 밝힙니다. 먼저, 하나님은 모든 것을 자신의 영광을 나타내기 위해 창조하셨습니다(사 43:7). 그래서 피조된 세계는 하나님의 위엄과 신성한 본성을 드러냅니다(시 19:1). 모든 것은 하나님의 궁극적인 영광을 위해 존재합니다(롬 11:36). 따라서 우리가 존재하는 주된 이유는 우리가 하는 모든 일에서 하나님께 영광을 돌리기 위해서입니다(고전 10:31). 그다음으로, 하나님이 모든 것을 창조하신 목적은 자신의 권능, 지혜, 선하심을 나타내시기 위해서입니다. 피조 세계는 하나님의 권능, 지혜, 지성을 드러내고(렘 10:12), 하나님의 선하심을 반영합니다(창 1:31). 따라서 창조의 아름다움과 질서는 하나님의 권능과 지혜를 상기시켜 주며, 우리가 그분을 경배하도록 이끕니다.

하나님은 자신의 사랑을 표현하고 하나님과 사랑의 관계 속에 있도록 모든 만물을 창조하셨습니다. 하나님은 사랑이시기 때문에, 그분은 자신의 사랑을 표현하고 피조물과 공유할 수 있는 세상을 창조하셨습니다(요일 4:8). 하나님은 필요에 의해서 창조하신 것이 아니라 그분의 넘치는 사랑에서 창조하셨습니다(행 17:25). 하나님의 창조는 하나님의 사랑이 넘쳐흐르는 것을 증언하며, 그것으로부터 우리는 하나님과 사랑의 관계 속에서 살아야 한다는 것을 깨닫습니다.

3. 하나님이 만드신 모든 것의 특성

하나님이 창조를 완성하셨을 때, 그것을 좋다고 선언하셨습니다. 성경은 하나님이 만드신 모든 것이 완벽하고 죄가 없으며 그분의 뜻과 완전히 일치한다고 가르칩니다. 하나님이 창조하신 모든 것은 완벽하고 흠이 없으며, 그분이 의도하신 대로였습니다(창 1:31). 모든 피조물은 하나님의 선함을 반영합니다(딤전 4:4). 하나님이 만드신 것들은 질서 있고 목적이 있었습니다. 세상은 혼돈이 아닌 질서와 목적을 가지고 피조되었습니다(고전 14:33). 모든 것은 하나님의 지혜와 의도에 의해서 만들어졌습니다(시 104:24). 따라서 창조의 설계와 구조는 하나님의 지혜와 주권을 반영합니다.

하나님의 창조는 생명과 풍요로움으로 가득했습니다. 하나님의 창조는 성장하고 번성하며 충만하도록 의도되었습니다(창 1:22, 28). 하나님은 세상을 풍부하고 생산적이며 생명을 주는 곳으로 설계하셨습니다. 하나님의 피조물은 하나님의 영광을 반영했습니다. 하나님의 위엄과 아름다움을 드러냅니다(시 19:1). 따라서 자연은 우리에게 하나님과 그분의 위대함을 보여 줍니다. 하나님이 만드신 세계는 완벽한 조화를 이루었습니다. 죄가 세상에 들어오기 전에는 수치심, 두려움 또는 갈등이 없었습니다. 원래 창조에는 고통, 죽음, 적대감이 없었습니다. 하나님이 만드신 세계는 평화롭고 완벽했으며 고통이나 파괴가 없었습니다. 죄가 나중에 들어와 어그러뜨렸지만, 하나님의 원래 디자인은 흠이 없었습니다.

4.2 하나님은 다른 모든 피조물을 만드신 후에, 사람을 남자와 여자로 창조하시고(창 1:27), 이성적이고 불멸적인 영혼을 주셨고(창 2:7; 전 12:7; 눅 23:43; 마 10:28), 자기 자신의 형상을 따라(창 1:26; 골 3:10; 엡 4:24) 지식과 의와 참된 거룩함을 부여하셨으며, 그들 마음에 하나님의 율법을 기록하셨고(롬 2:14-15), 그 율법을 성취할 수 있는 능력도 주셨다(전 7:29). 그러나 그들은 범죄할 가능성 아래에 있었는데, 그들의 의지에 자유가 있었으며, 의지는 변할 소지가 있었다(창 3:6; 전 7:29). 그들은 마음에 새겨진 율법 외에도, 선악을 알게 하는 나무의 열매를 따 먹지 말라는 명령을 받았다(창 2:17, 3:8-11, 23). 그들이 이 명령에 순종하는 한 하나님과 교통하는 행복을 누렸으며, 모든 피조물을 다스렸다(창 1:26, 28).

• 해설 •

4. 인간 창조

성경은 하나님이 여섯째 날에 사람을 창조하셨고, 사람은 하나님의 창조물의 면류관이며, 하나님은 사람을 하나님의 형상대로 창조하셨다고 가르칩니다. 사람을 창조하신 후, 하나님은 창조물을 보며 매우 좋아하셨습니다. 따라서 인간은 하나님의 창조물 가운데 목적과 존엄성을 지닌 특별한 자리를 차지하고 있습니다.

하나님은 다른 피조물과는 다른 독특하고 개인적인 방식으로 사람을 창조하셨습니다. 하나님은 땅의 흙으로 사람을 지으셨는데, 이것은 사람이 땅과 물리적으로 연결되어 있음을 보여 줍니다. 그리고 하나님은 사람에게 생명의 숨을 불어 넣으셨는데, 이것은 사람을 영혼이 있는 살아 있는 존재로 만드신 것입니다. 또한 하나님은 남자의 갈비뼈로 여자를 창조하셨습니다. 여자는 남자의 동반자이자 동등한 파트너로 만들어졌습니다. 하나님이 직접 인류에게 형상을 부여하고 생명을 불어 넣어 창조물에서 친밀감과 보살핌을 보여 주셨습니다.

하나님이 이렇게 사람을 창조하신 것은 사람과 특별한 관계를 맺고 교제하시기 위해서입니다. 하나님은 자신의 영광, 예배, 교제를 위해 사람을 창조하신 것입니다(사 43:7; 전 12:13; 계 4:11). 사람은 하나님께 영광을 돌리기 위해, 하나님과 개인적인 관계를 맺도록 만들어졌으며, 하나님께 순종할 도덕적, 영적 책임을 지고 있습니다. 따라서 우리의 삶의 목적은 하나님을 알고, 사랑하고, 섬기는 것입니다.

5. 하나님의 형상

'하나님의 형상'(*Imago Dei*)은 인간이 하나님의 본성과 속성을 반영하는 독특한 방식을 말합니다. 그것은 인간을 다른 모든 피조물과 구별하며, 인간에게 존엄성, 목적, 도덕적 책임이 부여된 것을 의미합니다. 하나님의 형상이란 사람이 하나님과 교제할 수 있도록 의와 거룩함과 지식을 부여받았다는 것을 뜻합니다. 따라서 이 형상은 육체적인 것이 아니라 영적, 도덕적, 지적인 것입니다. 이것은 사람이 하나님과 관계를 맺고 하나님의 성품을 반영할 수 있는 능력을 받았다는 것입니다. 사람이 하나님의 형상으로 지음 받았다는 것은 도덕적 본성(의로움과 거룩함)을 받았다는 것입니다(엡 4:24). 이렇게 인간은 원래 의롭고 거룩하게 창조되었으며, 아담과 하와는 하나님께 완벽하게 순종할 수 있는 능력을 가지고 있었습니다. 그런데 인간이 죄를 지음으로 이 형상을 왜곡했지만, 그리스도 안에서 회복되었습니다.

하나님의 형상은 사람이 영적 본성을 부여받아서, 하나님과 관계를 맺고, 교제할 수 있도록 지음 받았다는 것입니다. 사람은 동물과 달리 하나님을 알고 경배할 수 있는 불멸의 영혼을 가지고 있습니다. 이렇게 사람은 하나님과 개인적인 관계를 맺기 위해 창조되었습니다. 하나님의 형상으로 지음을 받았다는 것은 사람이 지적 본성(이성과 지혜)을 부여받았다는 것입니다(잠 2:6). 사람에게는 하나님의 지성을 반영하기 위한 지혜, 추론, 창의성이 주어졌으며, 도덕적 진실을 생각하고, 계획하고, 이해할 수 있는 능력이 있습니다. 하나님의 형상으로 지음을 받은 사람은 삶의 모든 영역에서 진실, 지혜, 경건한 생각을 추구해야 합니다.

하나님 자신은 관계 속에 존재하십니다(성부, 성자, 성령). 따라서 삼위 하나님의 형상으로 지음을 받은 것에서 사람은 관계적 본성을 부여받았습니다. 그래서 하나님은 사람을 남자와 여자로 만드시고(창 1:27), 여자로 남자를 돕게 하셨습니다(창 2:18). 즉, 사람은 하나님과 다른 사람들과의 관계를 위해 창조되었습니다. 하나님은 창조에서 가정 제도를 창설하시어서 사람으로 결혼, 가족, 공동체 가운데 있게 하셨습니다. 이는 하나님의 관계적 본성을 반영합니다. 따라서 하나님의 형상으로 지음을 받은 사람은 하나님이 우리를 사랑하신 것처럼 서로 사랑해야 합니다.

하나님은 사람을 자신의 형상으로 만드시고, 문화 명령을 부여하셨습니다. 하나님이 만드신 것에 대해 지배권을 주시고, 청지기 역할을 주셨습니다(창 1:28). 사람은 모든 피조물을 돌보고 다스릴 권한을 받았습니다. 따라서 하나님이 주신 자원을 지혜롭고 책임감 있게 사용해야 합니다. 물론 인류에게 죄가 들어와 하나님의 형상은 크게 손상되었지만, 파괴되지는 않았습니다. 인간은 죄를 지었지만, 여전히 이성, 창의성, 도덕적 양심을 유지하고 있습니다. 그러나 오직 그리스도를 통해 신자들 안에서 하나님의 형상이 회복될 수 있습니다(고후 3:18). 구원의 목표는 우리를 그리스도의 완전한 형상으로 회복하는 것입니다(골 3:10).

6. 율법과 명령을 주심

하나님은 아담과 하와에게 두 가지 주요 방법으로 율법을 전달하셨습니다. 우선 그들의 마음에 도덕적 율법(자연적 율법)을 기록함으로써 주셨습니다. 아담과 하와의 마음에는 율법이 기록되었습니다(롬 2:14-15). 하나님은 아담과 하와에게 선천적으로 옳고 그름에 대한 지식을 주셨습니다. 그들의 양심은 하나님의 도덕법(예: 사랑, 진실, 정의, 거룩함)을 반영했습니다. 이 법은 보편적이며 오늘날에도 모든 사람에게 적용됩니다. 율법이 명문화되어 주어지지 않은 시대에, 가인은 살인죄를 알고 있었으며(창 4:13), 아비멜렉은 간음죄가 큰 죄인 것을 깨닫고 있었습니다(창 20:9). 물론 요셉도 간음죄가 큰 죄악인 것을 알고 있었습니다(창 39:9). 아담이 타락했어도, 심령에 새겨진 도덕법은 그대로 존속했습니다. 이것을 자연법이라고 부릅니다. 모든 인간은 타락한 후에도 도덕적 양심을 가지고 있습니다. 이것이 문화와 관계없이 사람들이 일반적으로 살인, 절도, 거짓말 등이 잘못되었다고 동의하는 이유입니다.

하나님은 아담과 하와에게 특정한 명령을 주심으로써 구체적인 긍정적 율법을 주셨습니다. "선악을 알게 하는 나무의 열매는 먹지 말라"는, 에덴동산에서 주어진 구체적인 명령입니다(창 2:16-17). 이 명령은 하나님에 대한 순종과 신뢰의 시험이었습니다. 이것은 하나님의 권위에 대한 복종에 관한 것이었습니다. 진정한 순종은 우리 자신의 이해에 의존하기보다는 하나님의 지혜를 신뢰하는 것입니다. 하나님은 이 명령을 지키는지 아닌지로써 아담의 심령에 새겨진 도덕법을 지키고 있는지를 확인하셨습니다. 이 명령을 직접적으로 받은 인류의 머리인 아담은 이 법을 지켜야 할 책임이 있었습니다. 하나님의 명령에 순종하면 생명으로 이어지고, 불순종하면 죽음으로 이어집니다.

8주 | 섭리

5.1 만물의 위대하신 창조자 하나님은 모든 피조물과 행위(단 4:34-35; 시 135:6; 행 17:25-26, 28; 욥 38-41장)와 가장 큰 것에서부터 가장 작은 것(마 10:29-31)들을 유지하시고(히 1:3), 인도하시며, 처분하시며, 통치하신다. 하나님은 자신의 지극한 지혜와 거룩한 섭리(잠 15:3; 시 104:24, 145:17)를 자신의 무오한 예지(행 15:18; 시 94:8-11)와 자유롭고 변하지 않는 자신의 뜻에 따라서(엡 1:11; 시 33:10-11) 실행하시며, 이로써 그분의 지혜, 능력, 공의, 선하심과 자비의 영광을 찬미하게 하신다(사 63:14; 엡 3:10; 롬 9:17; 창 45:7; 시 145:7).

• 해설 •

1. 하나님의 섭리의 구성 요소

하나님의 섭리는 모든 창조물에 대한 그분의 지속적이고 주권적인 보살핌을 말합니다. 하나님은 그분의 완전한 뜻에 따라 모든 것을 보존하고, 통치하고, 지시하시는 것입니다(느 9:6; 히 1:3; 롬 8:28). 하나님의 섭리에는 세 가지 측면이 있습니다. 첫째는 보존으로서, 하나님은 모든 창조물의 존재를 유지하십니다(골 1:17). 세상은 하나님이 유지하시기 때문에 기능을 합니다. 따라서 우리의 삶은 자연, 건강 또는 환경이든 하나님의 일상적인 공급에 달려 있습니다. 둘째로, 하나님은 모든 것을 다스리고 지시하십니다. 하나님은 역사, 국가, 개인의 삶을 적극적으로 지시하십니다(시 103:19). 하나님의 목적은 결코 좌절될 수 없습니다(욥 42:2). 여기서 우리는 사건이 무작위적이거나 혼란스러워 보일 때에도 하나님은 통제하고 계신다는 것을 알아야 합니다. 셋째로, 하나님은 2차적 원인을 통해 일하십니다. 하나님은 자연 현상, 인간의 결정, 심지어 우연처럼 보이는 상황을 통해 일하십니다(잠 16:9). 이것은 인간의 책임을 없애지는 않지만, 하나님의 뜻은 항상 성취됩니다. 우리가 선택하지만, 하나님은 궁극적으로 그분의 영광을 위해 결과를 지시하십니다.

2. 하나님의 섭리 범위

하나님의 섭리는 역사상 가장 위대한 사건에서 창조의 가장 작은 세부 사항까지 모든 것에 확장됩니다. 하나님의 주권적 뜻 밖에서는 아무 일도 일어나지 않습니다(마 10:29-30). 첫째로, 하나님의 섭리는 피조물 전체에 확장됩니다. 하나님은 자연 세계를 지탱하고 유지하시며, 날씨, 계절, 모든 생물을 다스리십니다. 둘째로, 하나님의 섭리는 인간의 삶에까지 확장됩니다. 하나님은 우리의 탄생, 수명, 운명을 다스리시며(행 17:26), 우리의 일상적인 발걸음조차도 하나님이 인도하십니다(잠 16:9). 따라서 사람들은 운이나 운명을 논해서는 안 됩니다. 셋째로, 하나님의 섭리는 국가와 역사에까지 확장됩니다. 하나님은 국가, 지도자, 제국을 일으키기도 하시고 무너뜨리기도 하십니다. 하나님은 역사를 자신의 구속사적 목적을 향해 이끄십니다. 넷째로, 하나님의 섭리는 인간의 선택에까지 확장됩니다. 인간의 결정이 좋든 나쁘든 간에 하나님의 계획을 성취하는 데 사용됩니다(창 50:20). 하나님은 시련, 고통, 인간의 실수조차도 자신의 영광과 우리의 선을 위해 사용하실 수 있음을 기억해야 합니다. 다섯째로, 하나님의 섭리는 구원에까지 확장됩니다. 하나님은 주권적으로 그분의 백성을 부르시고 구원하십니다(요 6:44).

3. 섭리의 실행 규칙

하나님은 자신의 말씀(성경)과 그리스도 안에서 신성한 목적에 따라 계시하신 대로, 자신의 영원한 지혜, 완벽한 정의, 주권적 뜻에 따라 자신의 섭리를 실행하십니다. 첫째로, 하나님은 자신의 지극한 지혜로 섭리하십니다. 하나님은 모든 것을 지혜롭고 완벽하게 다스리십니다. 우연이나 목적 없이 일어나는 일은 없습니다. 따라서 그분의 길을 이해하지 못할 때에도, 우리는 그분의 무한한 지혜를 신뢰해야 합니다(사 55:8-9). 둘째로, 하나님의 예지에 따라서 섭리가 일어납니다. 하나님의 예지는 하나님의 섭리가 완벽하게 해줍니다. 하나님의 예지는 하나님이 모든 것을 다스리시는 것으로 인도합니다. 셋째로, 하나님의 섭리는 하나님의 완벽한 뜻에 따라 실행됩니다. 왜냐하면 하나님의 뜻과 계획은 결코 실패할 수 없기 때문입니다. 결국 하나님의 섭리를 통해서 사람들은 하나님의 완벽한 정의와 의로움의 통치와 지혜와 능력을 찬양하게 되며, 하나님이 하신 언약과 약속을 신실히 이행하신 것에 대해, 하나님의 선하심과 자비로우심에 대해 감사하게 됩니다.

5.2 제1원인 되시는 하나님의 예지와 작정에 따라, 모든 일이 변함이나 틀림이 없이 일어날지라도(행 2:23) 동일한 섭리로서 하나님은 제2원인의 성질에 따라 그 모든 일이 필연적으로, 자유롭게 또는 우발적

으로 일어나도록 명령하셨다(창 8:22; 렘 31:35; 출 21:13; 신 19:5; 왕상 22:28, 34; 사 10:6-7).

• 해설 •

4. 제2원인의 성질에 따라 필연적으로 일어나는 일

제2원인의 본성에 따라 필연적으로 일어나는 사건은 하나님이 정하신 자연의 고정된 법칙 때문에 일어나는 사건입니다. 이러한 사건은 하나님이 다스리시는 창조의 질서를 따르기 때문에 정상적인 조건에서 일어납니다. 예를 들어, 해가 뜨고 지는 것이 있으며(전 1:5), 계절이 있으며(창 8:22), 식물의 성장과 수확의 시기가 있습니다(막 4:28). 물이 증발하고 구름을 형성하고 강수로 돌아와 물 순환이 유지되는 것입니다(전 1:7). 이러한 사건들은 자연스럽게 발생하지만 여전히 하나님의 섭리에 따른 통제를 받습니다.

5. 제2원인의 성질에 따라 자유롭게 일어나는 일

제2원인의 본성에 따라 자유롭게 일어나는 사건은 인간과 다른 도덕적 행위자의 자유로운 선택을 통해 발생하는 사건입니다. 이러한 사건은 하나님이 사람들에게 자발적으로 행동할 수 있는 능력을 주셨지만, 여전히 그분의 섭리 안에서 그들의 선택을 지배하시기 때문에 발생합니다. 요셉의 형들이 요셉을 팔아넘길 때 자유롭게 결정했지만, 하나님은 그것을 더 큰 목적을 위해 사용하셨습니다(창 37:28, 50:20). 다윗은 자신의 뜻에 따라 인구 조사를 했지만, 이로 인하여 그는 회개하게 되었습니다(삼하 24:10). 그가 인구 조사하는 것을 선택했지만, 여전히 하나님의 섭리 안에 있었습니다. 가룟 유다가 탐욕으로 자유롭게 행동했지만, 그의 배신은 하나님의 주권적 계획을 성취했습니다(마 26:14-16). 이렇게 자유롭게 일어나는 사건에는 인간의 결정과 도덕적 책임이 포함됩니다. 그러나 하나님은 자유로운 선택을 허용하시지만, 여전히 역사를 자신의 신성한 목적을 향해 이끄십니다.

5.3 하나님은 일반적 섭리에서 여러 수단을 사용하시지만(행 27:31, 44; 사 55:10-11; 호 2:21-22) 수단들 없이(호 1:7; 마 4:4; 욥 34:10), 수단들을 뛰어넘어서(롬 4:19-21) 그리고 역행하면서 자신이 기뻐하시는 대로 자유롭게 역사하신다(왕하 6:6; 단 3:27).

• 해설 •

6. 통상적 섭리에서의 통상적 수단

하나님의 통상적 섭리는 기적적인 개입이 아니라 확립된 자연법칙, 인간의 행동, 제도를 통해 하나님이 세상을 통치하고 유지하시는 방식을 말합니다. 하나님은 수단, 즉 평범한 과정과 구조를 사용하여 자신의 목적을 성취하십니다. 하나님은 자연법칙에 의한 수단을 사용하여 섭리하시며, 인간의 노동과 산업을 사용하여 사람들에게 필요한 것을 공급하십니다. 하나님은 정부와 시민 권위를 통해서 질서와 정의를 유지하십니다(롬 13:1). 하나님은 가족을 사용하여 미래 세대를 양육하고 교육하십니다(엡 6:4). 하나님은 의사, 의학을 통해 치유를 제공하십니다(사 38:21).

7. 수단 없는 하나님의 섭리

수단 없는 하나님의 섭리는 자연법칙, 인간 도구 또는 2차적 원인을 사용하지 않으시고 하나님이 직접 행동하시는 경우를 말합니다. 이런 경우 하나님은 자신의 목적을 이루기 위해 즉시 초자연적으로 개입하십니다. 우선 하나님은 모든 만물을 만드실 때, 기존 재료를 사용하지 않으시고 무(無)에서 모든 것을 창조하셨습니다(창 1:1-3). 예수님은 약이나 치료 없이 즉시 질병을 치유하셨습니다(마 8:3). 예수님은 어떤 의학적 행동 없이, 자신의 신적 능력으로 죽은 나사로를 살리셨습니다(요 11:43-44). 수단 없는 하나님의 섭리는 그분이 자연적 원인이나 인간적 대리인을 사용하지 않고 직접 행동하실 때 발생합니다. 하나님은 통상적 수단을 사용하시지만, 수단에 얽매이지 않으시고 원하실 때 초자연적으로 행동하십니다.

8. 수단을 초월한 하나님의 섭리

수단을 초월한 하나님의 섭리는 평범한 자연적 원인이나 2차적 요인을 사용하지 않으시고 하나님이 세상에 직접 개입하시는 것을 말합니다. 이것은 하나님이 그분이 정하신 일반적인 과정을 초월하여 즉시 초자연적으로 행동하실 때 발생합니다. 하나님은 이스라엘 백성에게 만나와 메추라기를 공급해 주셨습니다(출 16:4). 하나님은 다니엘을 보호하기 위해 사자의 입을 막으셨습니다(단 6:22). 아브라함과 사라는 수태할 수 없는 상황에서 수태했습니다(롬 4:19-21). 기적, 초자연적 보호, 공급, 하나님의 직접 개입은 수단을 초월한 하나님의 섭리의 예입니다. 수단을 초월한 하나님의 섭리는 하나님의 능력을 보여 주고, 그분의 주권을 확증하며, 그분의 신성한 목적을 성취합니다.

9. 수단에 역행하는 하나님의 섭리

하나님은 홍해 바닷물을 갈라 놓으시고, 이스라엘 백성이 바다 한가운데를 마른 땅으로 걸어가게 하시고, 물이 오른편과 왼편에 벽이 되게 하셨습니다(출 14:21-22). 이 사건은 출애굽한 백성을 건지시는 하나님의 섭리였는데, 자연의 법칙을 거스르는 것이었습니다. 하나님은 여호수아와 자신의 백성을 위해서 태양을 하늘에 정지시키셨습니다. 이스라엘이 적을 물리칠 수 있도록 잠시 낮과 밤의 자연적 질서를 중단시키신 것입니다(수 10:12-14). 하나님이 해와 달의 운행 법칙을 세우셨지만, 이 법칙을 역행하여 하나님의 뜻을 이루셨습니다.

중력의 법칙은 하나님이 세우신 법칙입니다. 모든 물건은 떨어지게 되어 있으며, 더욱이 물에 떨어진 물건은 물에 빠지게 되어 있습니다. 그런데 물에 빠뜨린 도끼가 물에 떠오르는 일이 일어났습니다(왕하 6:6). 자연법칙, 즉 수단에 역행하는 하나님의 섭리입니다. 불에 모든 물건과 사람이 타는 것은 하나님이 세우신 자연법칙입니다. 그러나 사드락, 메삭, 아벳느고는 불타지 않고 불타는 용광로에서 살아남았습니다(단 3:27). 수단에 역행하는 하나님의 섭리입니다. 예수님이 배고픈 자들을 위해서 아이가 드린 보리떡 다섯 개와 물고기 두 마리를 기적적으로 증식시켜서 5천 명을 먹이셨습니다(요 6:9-11). 이는 자연법칙에 어긋나는 일입니다.

자연법칙에 반하는 하나님의 섭리는 자연 과정을 초월하는 권능의 행위를 포함합니다. 이러한 사건들은 자연에 대한 하나님의 주권과 그분의 신성한 뜻을 성취하는 방식으로 행동하실 수 있는 능력을 보여 줍니다.

9주 | 인간의 죄에 대한 하나님의 섭리

5.4 하나님의 전능하신 능력과 측량할 수 없는 지혜와 무한한 선하심이 그분의 섭리 안에서 완전하게 나타난다. 이 섭리는 아담의 첫 번째 타락과 천사들과 사람들의 모든 죄에까지 확장되지만(롬 11:32-34; 삼하 24:1; 대상 21:1; 왕상 22:22-23; 대상 10:4, 13-14; 삼하 16:10; 행 2:23, 4:27-28) 단순한 허용에 의한 것이 아니며(행 14:16), 지극한 지혜와 강력한 제한(시 76:10; 왕하 19:28)과 그분의 거룩한 목적을 위해(창 50:20; 사 10:6-7, 12) 다양한 경륜 속에 있는 명령과 다스림과 묶여 있는 허용이다. 그러나 죄악성은 오직 피조물에게서 나온 것이요, 하나님에게서 나온 것이 아니다. 하나님은 가장 거룩하고 의로우시기 때문에 죄의 조성자이거나 승인자가 아니시다(약 1:13-14, 17; 요일 2:16; 시 50:21).

• 해설 •

1. 아담의 타락에서의 하나님의 섭리

하나님의 섭리는 아담과 하와의 타락에 관여했지만, 그분은 죄의 창시자가 아니십니다. 하나님은 신성한 계획의 일부로 타락을 주권적으로 허락하셨지만, 그들을 유혹하거나 죄를 짓게 하지 않으셨습니다. 그들의 죄는 그들 자신의 책임이었습니다. 하나님은 이미 그들에게 자유의지를 주셨으며, 그들은 자신들의 뜻에 따라 자유롭게 행동했습니다. 하나님은 아담과 하와에게 하나님의 명령에 순종할 수 있는 능력을 주셨으며, 하나님의 명령은 그들을 시험하는 것이었습니다. 이 시험은 죄를 짓게 하기 위한 것이 아니라 사람에게 기꺼이 순종할 기회를 주기 위한 것이었습니다.

하나님은 사탄이 유혹하도록 허락하셨지만, 타락을 일으키지 않으셨습니다. 하나님은 사탄이 행동하도록 허락하셨지만, 나중에 욥에게 하신 것처럼, 여전히 통제권을 가지고 계셨습니다. 하나님은 아담과 하와에게 자유의지를 주셔서 그것이 세상에 죄를 가져올 것을 알고 계셨습니다. 하지만 하나님은 그것을 사용하여 더 큰 목적을 위해 타락을 뒤집고 예수 그리스도를 통한 구원을 가져오셨습니다. 왜냐하면 하나님 아버지와 성자는 예수 그리스도를 통한 하나님의 구원 계획(구속 언약)을 아담과 하와가 타락하기 전에 이미 정해 놓으셨기 때문입니다(엡 1:4).

2. 천사와 사람들의 모든 죄에서의 하나님의 섭리

하나님의 섭리는 인간의 타락과 천사와 인간이 저지른 다른 모든 죄에까지 확장되지만, 그분은 거룩하고 정의로우시며 죄의 창시자가 아니십니다. 하나님의 섭리는 죄를 허용하고, 그 영향을 제한하며, 궁극적으로 그분의 거룩한 목적을 이룹니다(창 50:20). 하나님은 죄를 허락하시지만, 죄를 일으키지는 않으십니다(행 14:16). 하나님은 아담과 하와가 죄를 짓는 것을 허락하셨고, 사탄과 타락한 천사가 반역하는 것을 허락하셨습니다. 이것은 그분의 직접적인 행동이 아니라 섭리적 허락의 일부입니다.

그러나 하나님은 사탄과 죄 많은 인간이 할 수 있는 일에 경계를 정하십니다. 그분은 죄의 영향을 통제하여 죄가 하나님의 목적을 좌절시키지 못하도록 막으십니다(욥 1:12). 즉, 하나님이 죄의 힘과 결과를 제한하시는 것입니다. 하나님은 자신의 영광과 선한 목적을 위해 죄를 지배하시며, 사람들의 죄를 사용하여 자신의 공의와 자비를 나타내십니다. 다시 말해, 죄인들의 죄를 심판하시고, 동시에 죄인들에게 고통받는 자들을 건지시는 일을 하십니다. 홍수로 죄인들을 심판하시면서, 동시에 노아의 여덟 식구는 하나님으로부터 은혜와 자비를 얻었습니다.

5.5 가장 지혜로우시고 의로우시며 은혜로우신 하나님은 때때로 자신의 자녀들로 다양한 유혹과 자신들의 부패한 마음대로 행하게 내버려두시는데, 그들의 과거의 죄를 징계하시거나 혹은 그들에게 감춰져 있는 마음의 부패와 거짓됨을 알게 하여 겸손하게 하고(대하 32:25-26, 31; 삼하 24:1), 그들로 하나님께 보다 가까이 나아가 하나님을 지속해서 의지하게 하고, 죄를 지을 수 있는 모든 경우에 대해서 보다 경계하게 하며, 여러 다른 의롭고 거룩한 목적들을 성취하게 하시기 위한 것이다(고후 12:7-9; 시 73편, 77:1, 10, 12; 막 14:66-72; 요 21:15-17).

• 해설 •

3. 신자에게 유혹을 허락하시는 이유

하나님의 섭리는 신자들이 유혹을 받고, 그들의 부패한 심령에 따라 행하도록 내버려두시는 것에까지 확장됩니다. 그러나 하나님은 자신의 거룩함을 유지하시고 결코 죄를 일으키지 않으십니다. 하나님은 지혜로운 목적에 따라 자신의 백성에게 시련과 갈등을 허용하시며, 이를 사용하여 믿음을 강화하고 겸손을 기르고 하나님을 더욱 의지하게 만드십니다. 그러나 하나님은 항상 그들이 죄에 대해 저항하고 극복하는 데 필요한 은혜를 제공하십니다.

하나님이 신자들에게 유혹을 허락하시는 첫 번째 이유는 신자들이 넘어지게 하시기 위해서가 아니라, 그들의 믿음을 연단하고 강화하시기 위한 것입니다(약 1:2-3). 그러나 하나님은 주권적으로 유혹의 정도를 통제하시고 항상 저항할 수 있는 수단을 제공하십니다(고전 10:13). 두 번째 이유로, 하나님은 때때로 믿는 이들을 겸손하게 만들고 오직 하나님의 은혜만을 의지하도록 내면의 싸움을 허락하십니다. 바울의 육체에 있는 가시는 그를 겸손하게 만들었고, 자신에게 있는 하나님의 은혜로 만족하게 했습니다(고후 12:7-9). 세 번째 이유로, 죄에 대해 더욱 경계하고, 죄와 싸우는 영적 성질의 강화를 위해서, 하나님은 신자들에게 유혹과 내면의 싸움을 허락하십니다. 신자에게는 내면의 시험들을 통해 인내의 영적 성질이 일어납니다(약 1:2-3). 네 번째 이유로서, 하나님은 거룩하게 하시는 사역의 일부로 유혹과 내면의 싸움을 사용하십니다. 죄와 고통스러운 싸움을 통해서 하나님은 믿는 이들을 연단하시고, 그리스도의 형상에 맞게 변화시키십니다(히 12:10-11).

5.6

의로운 재판장이 되신 하나님은 악하고 경건하지 아니하여 하나님께 죄를 지은 자들에게 그들이 지은 과거의 죄 때문에 그들의 눈을 어둡게 하시고 마음을 강퍅하게 하시며(롬 1:24, 26, 28, 11:7-8), 그들의 마음을 깨우치고 그들의 마음에 감화를 줄 수 있는 은혜를 거두신다(신 29:4). 또한 하나님은 때때로 그들이 가지고 있는 은사들을 거두시고(마 13:12, 25:29) 그들의 부패성으로 죄를 지을 수 있는 상황에 노출시키시고(신 2:30; 왕하 8:12-13), 그들을 자신의 정욕과 세상의 유혹과 사탄의 권세에 넘겨주시며(시 81:11-12; 살후 2:10-12), 이로써 그들은 심지어 다른 사람들을 부드럽게 하기 위해 하나님이 사용하시는 수단 아래에서도 자신들을 강퍅하게 만든다(출 7:3, 8:15, 32; 고후 2:15-16; 사 8:14; 벧전 2:7-8; 사 6:9-10; 행 28:26-27).

• 해설 •

4. 악인들을 강퍅하게 하심

하나님은 의로운 심판의 행위로 사악한 사람들의 마음을 굳게 하셔서, 그들이 반역을 고집할 때 그들 자신의 죄악스러운 욕망에 맡겨 두십니다. 이것은 임의적인 행위가 아니라 그들이 계속해서 진리를 거부하는 것에 대한 반응입니다. 하나님이 악인들을 강퍅하게 하시는 방법은 여러 가지입니다.

첫째로, 죄인들이 자신의 반역을 고집하도록 허용하시는 방법을 하나님이 사용하십니다. 사람들이 하나님의 진리를 반복적으로 거부할 때, 하나님은 심판의 행위로서 그들이 죄를 계속 짓도록 내버려두십니다(롬 1:24).

둘째로, 하나님은 심령의 감화가 일어나지 못하도록 은혜를 거두십니다. 영적 각성이 일어나게 하시는 성령의 영향력을 거두셔서 죄인들이 자신의 타락한 성향을 따르도록 내버려두십니다.

셋째로, 하나님은 죄인들에게 주셨던 은사조차도 거두셔서 그로 다시 회개하고 돌아올 수 있는 길을 차단하십니다. 사울왕은 왕의 직무 수행을 위해서 하나님으로부터 예언의 은사를 받았습니다(삼상 10:10). 그러나 하나님의 말씀에 계속 불순종하자 하나님이 그를 버리셨습니다(삼상 15:23). 하나님은 사울왕에게 주셨던 은사를 거두어 가셨습니다. 따라서 그는 장래의 일을 위하여 신접한 여인을 찾아가게 됩니다(삼상 28:7).

넷째로, 죄인들로 죄를 지을 수 있는 상황에 노출시키십니다. 이것은 하나님이 죄를 짓지 못하게 하는 보호적 영향력을 제거하셔서 그들로 자신의 정욕에 이끌려 계속 죄를 짓도록 놔두시는 것입니다.

다섯째로, 세상의 강력한 유혹 아래에 두심으로 강퍅하게 만드십니다. 세상의 강력한 유혹 아래에 있게 되면, 죄를 지으려는 성향이 더욱 크게 일어나게 되고, 그것을 억제하는 가르침과 경고에 대해서 더욱 강퍅하게 됩니다. 이 상태에서는 믿지 않는 악한 마음을 품고 하나님으로부터 완전히 벗어나려고 하게 됩니다(히 3:12). 그리고 완고한 마음을 품게 됩니다(히 3:13; 시 81:11-12).

여섯째로, 하나님이 죄인들을 사탄의 권세 아래로 넘기셔서 그들로 강퍅하게 만드십니다. 이러한 상태에 있게 된 자들은 진실 대신에 거짓말을 더욱 신뢰하고 믿습니다. 하나님의 진리를 계속 거부하고 그것을 모독하는 자들에게 하나님은 거짓 영을 보내셔서 거짓 가르침을 오히려 진리로 믿게 하시는 것입니다. 진리를 거부하는 사람들은 결국 거짓 교사의 거짓말에 속아 그 가운데 있게 됩니다. 이것은 하나님이 오류와 이단의 가르침을 좋아하는 자에게 심판하시는 방법입니다(살후 2:11-12). 이것은 진리에 대한 끊임없는 거부에 대한 하나님의 의로우신 반응이며, 잔인한 행위가 아닙니다.

일곱째로, 시간이 지남에 따라 하나님이 죄인들의 마음을 더 무감각하게 만드심으로써 강퍅하게 하십니다. 회개 없이 죄를 계속 지으면 마음이 점점 더 굳어집니다. 결국 하나님의 수많은 경고에도 불구하고, 목을 강퍅하게 하는 사람은 갑자기 멸망할 것입니다(잠 29:1).

> **5.7** 하나님의 섭리가 일반적으로 모든 피조물에게 미치는 것처럼, 하나님은 가장 특별한 방식을 따라 자기 교회를 돌보시며, 유익을 위해서 모든 것을 처리하신다(딤전 4:10; 암 9:8-9; 롬 8:28; 사 43:3-5, 14).

• 해 설 •

5. 교회에 대한 하나님의 섭리

하나님의 일반적 섭리는 모든 피조물에까지 확장되어 그분의 주권적 뜻에 따라 모든 것을 유지하고 다스립니다. 일반적 섭리는 세상의 자연 질서(계절, 국가, 역사)를 다스리시는 것입니다. 하나님은 모든 인류에게 생명, 음식, 기회를 제공하십니다. 하나님은 의로운 자와 악한 자 모두에게 공평하게 주십니다. 악한 자에게나 선한 자에게나 해와 비를 제공하십니다(마 5:45). 이것을 일반 섭리라고 합니다.

그러나 하나님의 특별 섭리는 교회를 향한 것으로 독특합니다. 하나님의 특별한 섭리는 하나님의 구속받은 백성을 향하고 있으며, 교회의 영적 성장, 사명, 보존을 위해 다스리고 보호하시는 것입니다. 하나님의 특별 섭리에서는 영적 축복, 은혜, 영원한 안전을 제공하심으로 자신의 백성에게 언약적 사랑과 신실함을 보이시는 것입니다. 하나님은 자신의 목적이 있어 부르신 자들의 선을 위해 섭리하십니다(롬 8:28). 하나님은 자신의 백성을 구속하시고, 그들을 부르시면서 자신의 소유 됨을 확실히 하십니다(사 43:1-2).

하나님이 특별 섭리를 교회를 위해 작용하시는 방법이 있습니다. 하나님은 박해, 이단, 시련에도 불구하고 교회가 지속되도록 보존하십니다(마 16:18). 하나님은 시련과 그분의 말씀을 통해 믿는 자들을 연단(징계)하시고,

믿음을 강화하시고, 거룩함이 증진되도록 적극적으로 일하십니다(히 12:6). 하나님은 자신의 백성을 영적으로 축복하십니다(엡 1:3). 신자들은 성령의 은혜와 지혜를 받습니다. 하나님은 심지어 역사 속의 사건들을 궁극적으로 하나님의 구원 계획에 기여하도록 만드십니다(롬 8:28). 하나님은 페르시아의 왕인 고레스를 사용하셔서 이스라엘로 예루살렘으로 돌아가 성전을 짓게 하셨습니다(스 1:1-3). 하나님은 세상을 심판하실 때에도 교회에 대해서는 특별히 주목하고 계시며 보전하십니다(암 9:8).

10주 | 원죄

6.1 우리의 첫 조상은 사탄의 간계와 유혹에 미혹되어 금지된 나무의 열매를 먹음으로 죄를 지었다(창 3:13; 고후 11:3). 하나님은 자신의 지혜롭고 거룩한 계획을 따라 그들의 죄를 허용하기를 기뻐하셨는데, 하나님의 목적은 그것을 통해서 자신에게 영광이 되게 하시는 것이었다(롬 11:32).

• 해설 •

1. 첫 조상의 타락

우리의 첫 조상 아담과 하와는 에덴동산에서 하나님의 명령에 불순종하여 죄를 지었습니다. 그들은 하나님이 명백히 금지하신 선악을 알게 하는 나무의 열매를 먹었습니다. 그들의 죄는 사탄의 속임수에 영향을 받은 반역 행위였습니다. 사탄은 먼저 하와로 하나님의 말씀을 의심하게 하고, 하나님의 선하심을 의심하게 함으로써 그녀를 속였습니다. 사탄은 심지어 거짓된 약속까지 했습니다(창 3:5). 하와는 선악을 알게 하는 나무의 열매를 따서 먹고 죄를 지었습니다. 아담은 고의로 그리고 의도적으로 하와로부터 그 열매를 받아먹고 죄를 지었습니다. 두 사람 모두 하나님의 명령에 불순종하여 죄를 지었습니다. 그들의 죄의 결과는 세상에 영적, 육체적 죽음을 가져와 모든 인류에게 영향이 미쳤습니다(롬 5:12). 그리고 그들은 에덴동산에서 쫓겨났습니다(창 3:24).

2. 죄를 허용하신 목적

하나님이 아담과 하와의 죄를 자신의 주권적 지혜와 영원한 계획에 따라 허락하셨지만, 하나님 자신이 죄의 조성자는 아니셨습니다. 하나님의 목적은 자신의 정의, 자비, 은혜를 통해 자신을 영광스럽게 하시고, 궁극적으로 예수 그리스도를 통한 그분의 백성의 구원으로 이어지는 것이었습니다.

아담과 하와의 타락을 허락하신 하나님의 목적은 공의와 자비로 자신의 영광을 나타내시기 위함입니다. 하나님의 공의는 죄에 대한 그분의 의로운 심판에서 드러나며(창 3:14-19), 하나님의 자비는 구속주의 약속에서 드러납니다(창 3:15). 구속주로서 그리스도의 은혜를 확대하기 위해 타락을 허락하신 것입니다. 타락이 없었다면 구원이 필요 없었을 것입니다. 하지만 이제 그리스도의 구속 사역이 영광을 얻습니다. 타락은 아담이 잃은 것을 회복하시는 두 번째 아담으로서의 예수님을 위한 무대를 마련했습니다(롬 5:17-19). 이것은 창세전에 성부와 성자 간의 약속이었습니다(엡 1:4).

구속받은 죄인들은 타락하지 않은 존재들이 할 수 없는 방식으로 하나님의 사랑을 경험합니다. 더욱이 그리스도 안에서의 새 창조는 아담 안에서의 옛 창조보다 더 큽니다. 하나님은 타락을 우연이 아니라 그분의 영원한 목적의 일부로 허락하셨습니다. 그것은 그리스도를 통한 공의, 자비, 은혜, 구원, 성령의 부르심으로 삼위 하나님의 영광을 나타냅니다.

6.2 이 죄로 말미암아 그들은 본래의 의와 하나님과의 교통에서 떨어져 나갔고(창 3:6-8; 전 7:29; 롬 3:23), 죄 가운데 죽었고(창 2:17; 엡 2:1), 영혼과 육체의 모든 기능과 부분들이 온전히 더렵혀졌다(딛 1:15; 창 6:5; 렘 17:9; 롬 3:10-18).

• 해설 •

3. 죄의 효과

우리의 첫 조상의 죄(원죄)는 하나님이 처음 사람을 만들 때 부여하신 의를 잃어버리게 했으며, 하나님과의 분리, 즉각적인 영적 죽음, 고통, 그리고 결국 육체적 죽음을 가져왔습니다. 또한 그것은 모든 인류에게 전해진 타락한 본성을 가져왔습니다. 아담과 하와는 죄를 짓기 전에 하나님과 완벽한 교제를 누렸습니다. 그러나 타락 후 그들은 하나님으로부터 멀어지고 영적으로 죽었습니다. 그들에게는 죄책감과 수치심이 일어났습니다. 그들의 순수함은 상실되었고, 그들은 벌거벗은 것을 부끄러워했습니다. 죄는 두려움, 죄책감을 주어서 그들은 무화과나무 잎으로 자신들을 가리려고 시도했습니다. 인류에게 저주가 임했습니다. 생존을 위해서는 힘든 노동을 해야 했습니다. 그들의 죄는 인류에게 죽음을 가져왔습니다. 그리고 하나님은 그들이 생명나무 열매를 먹고 영원히 죄 가운데 살지 않도록 그들을 쫓아내셨습니다.

4. 영혼과 육체의 기능을 오염시킴

우리의 첫 조상의 죄는 영혼과 육체의 모든 기능을 완전히 더렵혔습니다. 아담과 하와의 죄는 그들의 존재 전체(영혼과 육체)를 완전히 타락시켰습니다. 이는 그들의 본성의 모든 기능(마음, 의지, 정서, 육체)이 죄의 영향을 받았다는 것을 의미합니다. 첫째로, 이해력이 어두워졌습니다. 타락 전에 아담과 하와는 하나님에 대한 온전한 지식을 가지고 있었습니다. 그러나 타락 후 그들의 정신은 영적 진리에 대해 눈이 멀었습니다(엡 4:18). 둘째로, 아담과 하와는 타락 전에 선을 선택할 자유가 있었습니다. 그러나 타락 후 그들의 의지는 죄의 노예가 되었습니다(롬 8:7). 셋째로, 그들의 정서와 욕망이 타락했습니다. 타락 전에 그들이 느끼고 바라는 것은 거룩하고 순수했습니다. 그러나 타락 후 그들은 이제 죄를 사랑하고 의를 미워하며, 육신적 정서에 더욱 매료되며, 정욕에 사로잡히게 되었습니다(갈 5:17). 넷째로, 아담과 하와는 타락 전에 죄책감이나 부끄러움이 없었습니다. 그러나 타락 후 그들은 하나님 앞에서 부끄러움, 두려움, 죄책감을 느꼈습니다. 다섯째로, 타락 전에 아담과 하와의 몸은 육체적으로 완벽했고 질병이나 부패가 없었습니다. 그러나 타락 후 그들의 몸은 노화, 고통, 질병, 죽음을 경험하기 시작했습니다. 이 죄스러운 본성은 모든 후손에게 물려졌는데, 즉 모든 인간은 죄 가운데서 태어난다는 뜻입니다(시 51:5; 롬 5:12). 오직 그리스도의 구속을 통해서만 우리는 깨끗해지고 회복될 수 있습니다(딛 3:5; 고후 5:17).

6.3

그들은 모든 인류의 근원이기 때문에 이 죄책은 그들의 모든 후손에게 전가되어(창 1:27-28, 2:16-17; 행 17:26; 롬 5:12, 15-19; 고전 15:21-22, 45, 49) 죄로 인한 죽음과 부패된 본성이 일반적인 출생에 의해 그들로부터 후손에게 전달되었다(시 51:5; 창 5:3; 욥 14:4, 15:14).

• 해설 •

5. 인류의 대표로서의 아담

아담은 모든 인류의 연방적 수장(federal head)이자 자연적 대표자(natural representatives)로 서 있었습니다. 즉, 에덴동산에서 아담이 한 행동은 자신뿐만 아니라 모든 후손에게도 영향을 미쳤다는 것을 의미합니다. 아담의 죄로 인해 인류 전체가 죄, 타락, 정죄에 빠졌습니다(롬 5:12, 19; 고전 15:22).

아담은 하나님과의 언약에서 인류 전체를 대표했습니다. 이것을 첫 번째 아담이라고 부르기도 하며 연방적 수장으로서의 아담이라고 합니다. 하나님은 아담과 언약을 맺으셨는데(창 2:16-17) 이것을 행위의 언약이라고 부릅니다. 이 언약에서 아담의 순종은 생명을 계속 누리게 하는 것이지만, 그의 불순종으로(언약을 어김으로써) 자신과 모든 사람에게 죽음을 가져왔습니다(호 6:7). 아담의 연방적 수장직 때문에 아담의 죄는 그의 모든 후손에게 귀속(법적으로 적용)됩니다. 한편으로 아담은 인류의 자연적 대표자이며, 모든 인류의 생물학적 아버지였습니다. 따라서 그가 죄인이 된 이후로 타락한 본성을 모든 후손에게 물려주었습니다. 모든 사람은 죄스러운 본성을 가지고 태어납니다(시 51:5). 그리고 모든 사람은 죄, 고통, 죽음에 복종합니다(롬 5:12).

따라서 아담의 후손으로 태어나는 모든 인류는 비참한 상태에 있습니다. 이에 하나님은 두 번째 아담을 제공해 주셨습니다. 예수님은 아담의 타락의 결과를 없애기 위해 오셨기 때문에(요일 3:5) 두 번째 아담이라고 불리십니다. 두 번째 아담이신 예수 그리스도를 통해 우리는 죄에서 구속되고 의로움으로 회복될 수 있습니다. 첫 번째 아담은 죽음과 비참함을 가져다주었지만, 두 번째 아담은 생명을 주십니다(고전 15:45). 첫 번째 아담이 죄에 빠진 인류를 대표했던 것처럼, 그리스도는 신자들을 대표하십니다.

6. 죄책의 전가

아담의 모든 후손은 그가 모든 인류의 연방적 수장이자 대표였기 때문에 그의 첫 번째 죄에 대해 유죄로 간주합니다. 즉, 아담의 죄는 그의 모든 후손에게 귀속(법적으로 적용)되어 죄, 타락, 죽음이라는 동일한 심판을 받게 됩니다(롬 5:12, 18; 고전 15:22). 아담의 죄는 행위의 언약에서 모든 인류를 대표했기 때문에 우리의 죄로 간주합니다. 이것을 연방적 수장(federal headship) 교리라고 합니다. 아담의 죄책은 그의 후손에게 법적으로 적용(혹은 귀속)됩니다. 한편으로 아담의 본성은 죄가 되었고, 그는 이 타락한 본성을 모든 후손에게 물려주었습니다. 모든 인간은 행동으로만이 아니라 본성으로 죄 가운데 태어납니다. 아담의 죄로 인해 모든 사람은 영적으로 죽은 채로 태어나 결국 육체적 죽음을 겪습니다. 이것은 죄의 저주의 일부입니다.

아담의 죄책에서 벗어날 수 있는 것은 오직 그리스도를 믿는 것 외에 다른 방법이 없습니다. 아담의 죄가 그의 후손에게 전가된 것처럼 그리스도를 믿는 사람들에게는 그리스도의 의가 전가됩니다. 오직 그리스도를 통해 우리는 아담의 죄로 인한 죄책감과 결과에서 해방됩니다.

7. 모든 인류에게 전해진 죄성과 부패성

하나님과 인류의 대표로서 언약을 맺은 아담의 죄는 모든 후손에게 죄를 가져왔습니다. 모든 인간은 이제 죄성을 가지고 태어나고 죄악적 성향을 가지고 있습니다(롬 5:19). 인간 본성의 모든 부분(마음, 의지, 감정, 몸)이 타락하여 죄로 기울어졌습니다. 우선 사람들은 하나님을 찾지 않고(롬 3:10-12), 하나님을 예배하지 않습니다. 마음에는 허망함이 가득 차 있습니다. 사람들은 죄와 싸우려고 하지 않습니다. 그들의 의지가 죄의 노예가 되었기 때문입니다. 사람들의 정서는 타락하여서 감각적인 것을 좋아하고, 더러운 행위에 쾌감을 가지게 됩니다. 사람들은 몸을 가지고 하나님께 구별하지도 않고, 세상의 정욕에 자신의 몸을 내던집니다.

이러한 사람들을 사탄은 자신의 도구로 삼아, 그들로 더욱 죄를 짓도록 부추깁니다. 사람들을 죄에 가두어서, 하나님을 찾지 못하게 하며, 그리스도에게로 가지 못하게 합니다. 아담의 후손으로 태어난 상태는 죄의 노예가 된 상태이며, 죄악의 힘이 자신에게 있으며, 사탄의 강력한 힘 아래에 눌려 있고, 항상 죄를 짓도록 도발하는 세상 가운데 있기 때문에 영적으로 비참한 상태입니다. 자신이 이러한 속박에서 벗어나려고 해도 능력이 없어서 할 수도 없기 때문에 그 비참함은 더합니다. 아담의 후손으로 태어난 모든 인류는 하나님의 은혜로 그리스도에게로 가지 않는 한 이러한 상태에 있습니다. 그리고 그들은 죽음을 맞을 것이며, 지옥으로 떨어질 것입니다(마 25:41). 지옥은 구원받지 못한 자들에게 아담의 죄의 궁극적인 결과입니다.

11주 | 죄와 형벌

6.4 이러한 원래의 부패로부터 우리는 선을 행하고자 하는 마음을 전혀 가질 수 없고, 행할 능력도 없으며, 반대하고(롬 5:6, 8:7, 7:18; 골 1:21), 전적으로 악을 행하는 성향만이 있으므로(창 6:5, 8:21; 롬 3:10-12) 모든 실제적인 범죄들을 저지른다(약 1:14-15; 엡 2:2-3; 마 15:19).

• 해설 •

1. 원죄의 영향

원죄는 몇 가지 주요 방식으로 모든 인간에게 영향을 미칩니다. 아담은 모든 인류의 연방적 수장(대표자)이었기 때문에 그의 죄는 그의 모든 후손에게 전가(법적으로 적용)됩니다. 이로 인하여 하나님 앞에서 법적 죄책감(전가된 죄)을 갖습니다. 이는 우리가 개인적인 죄를 짓기 전에도 하나님 앞에서 유죄로 태어난다는 것을 의미합니다. 그리고 원죄는 인간 본성의 모든 부분, 즉 정신, 의지, 감정, 몸을 타락시킵니다. 그리고 사람들은 죄악적인 성향을 지니고 태어나서 자연스럽게 하나님께 반대하고 악으로 이끌립니다. 더욱이 사람들은 영적으로 죽은 채로 태어나서 스스로 하나님을 찾거나 기쁘시게 할 수 없습니다. 그리고 원죄 때문에 사람들은 모두 질병, 고통, 고난, 그리고 결국 죽음을 경험합니다. 구원받지 못하면 원죄는 하나님과 영원히 분리되는 것(지옥)으로 이어집니다.

2. 본성의 부패

본성의 부패는 아담으로부터 물려받은 죄악적인 상태를 말하며, 인간 본성의 모든 부분에 영향을 미칩니다. 그것은 원래의 죄의 결과이며, 전체 본성의 부패로서 인간 본성의 모든 부분, 즉 마음, 의지, 감정, 몸은 죄로 인해 부패합니다. 우리 존재의 모든 측면은 죄로 더럽혀졌습니다. 본성의 부패 때문에 사람들의 의지는 죄의 노예가 되었습니다. 사람 스스로 하나님을 선택할 수 없으며, 원하지도 않습니다. 본성의 부패는 악에 대한 성향(욕망)에 의해 움직입니다. 사람들은 자연스럽게 죄를 지으며, 의에 대해서는 저항하고 반대합니다. 죄악적인 행동을 하기 전에도 사람의 본성은 이미 죄악적입니다.

3. 본성의 부패로 인한 실제적인 범죄

모든 실제 죄(우리가 저지르는 죄악적인 행동)는 아담으로부터 물려받은 타락한 본성에서 비롯됩니다. 원래의 죄 때문에 우리는 자연스럽게 악에 기울어지고, 이 내적인 타락은 필연적으로 하나님께 대한 외적인 불순종 행위로 이어집니다. 모든 사람이 본성의 부패를 물려받았기 때문에 실제적인 죄를 짓습니다. 유아조차도 옳고 그름을 이해하기 전에 죄악적인 경향을 보이는 것은 본성의 부패 증거입니다. 본성의 부패는 병든 나무와 같고, 실제적인 죄는 그것으로부터 나오는 나쁜 열매입니다(마 7:17-18).

사람은 본성적으로 죄가 있기 때문에 필연적으로 죄악적인 행동을 합니다. 부패된 본성에서 악한 생각, 살인, 간음, 음란, 도둑질, 거짓 증언, 비방이 나옵니다(마 15:19). 본성의 부패로 사람은 죄를 지을 수밖에 없지만,

타락한 본성 때문에 사람은 자유롭게 그리고 기꺼이 죄를 선택합니다. 본성의 부패는 인간 본성의 모든 부분에 영향을 미쳐 실제적인 범법으로 이어집니다. 사람이 저지르는 모든 죄는 아담에게서 물려받은 죄스러운 본성에서 흘러나옵니다. 이렇게 모든 실제 범죄는 원죄, 즉 본성의 부패에서 흘러나오기 때문에 아무도 하나님 앞에서 자연스럽게 선할 수 없습니다.

6.5 이러한 본성의 부패는 이 세상을 사는 동안에 중생한 사람들에게 남아 있다(요일 1:8, 10; 롬 7:14, 17-18, 23; 약 3:2; 잠 20:9; 전 7:20). 비록 부패함이 그리스도를 통해서 용서받고 억제되고 있을지라도 부패된 본성과 그것으로부터 나오는 모든 행동은 진실로 그리고 정확하게 죄다(롬 7:5, 7-8, 25; 갈 5:17).

• 해 설 •

4. 중생한 자에게 남아 있는 본성의 부패

거듭남은 본성의 부패를 즉각적으로 제거하지 않습니다. 신자들은 새로운 마음과 새로운 본성을 받지만, 옛 죄스러운 본성은 여전히 남아 있어서 육신과 영 사이에 평생 갈등을 빚습니다. 사람이 거듭날 때, 그들은 죄의 통치에서 해방되지만, 죄의 존재에서 해방되지는 않습니다. 죄의 지배는 깨졌지만(롬 6:14), 그 영향력은 신자의 삶에서 계속됩니다(요일 1:8). 따라서 신자가 거듭난 후, 옛 죄악의 본성(육신)과 새 본성(영) 사이에 싸움이 시작됩니다(갈 5:17). 죄는 더 이상 신자를 지배하지 않지만, 여전히 신자를 유혹하고 영향을 미칩니다(롬 7:22-23).

따라서 우리 주님은 신자에게 성령을 주셔서 신자로 죄와 싸우게 하시며(롬 8:13), 성령은 은혜의 수단 아래에 있는 신자에게 거룩한 성질을 더욱 강화해 육신을 극복하게 하십니다(엡 5:18). 그래서 신자는 죄의 영향력을 점진적으로 약화합니다. 법정적 선언인 칭의는 즉각적으로 일어나지만, 성화는 평생의 과정입니다. 시간이 지남에 따라 성령은 신자의 원래 타락을 약화하고 거룩함을 증가시키십니다(고후 3:18). 신자에게 남아 있는 본성의 부패는 신자가 죽음을 맞음으로, 즉 영화됨으로 최종적으로 제거됩니다. 믿는 자들은 영광을 받을 때, 즉 하늘에 들어갈 때만 원래의 부패에서 완전히 해방될 것입니다. 그 시점에서 모든 죄는 완전히 제거되고 그들은 영원히 완벽하게 거룩해질 것입니다(계 21:27).

5. 중생한 자에게 주시는 영적 혜택

신자들은 본성의 부패에서 즉시 해방되지는 않지만, 이 세상에서 주님으로부터 여러 가지 영적 혜택을 받습니다. 이러한 혜택은 그리스도와의 연합, 성령의 내주, 그리고 성화 과정을 통해 옵니다. 우선 원죄의 죄책감이 용서됩니다. 의롭게 됨에서 신자들은 원죄와 실제 죄에 대한 완전한 용서를 받습니다. 그들은 더 이상 정죄받지 않습니다. 왜냐하면 그리스도가 그들의 죄를 짊어지셨기 때문입니다. 바울은 자신이 회심한 이후 자신의 육신과 영적 성향의 갈등으로 괴로워했습니다(롬 7:14-25). 그럼에도 불구하고 바울은 하나님께 감사했는데, 본인이 그리스도 안에 있기 때문에 결코 정죄되지 않음을 깨닫고 있었기 때문입니다(롬 8:1).

죄가 신자 안에 남아 있을지라도 더 이상 신자들을 지배하지 못합니다. 왜냐하면 거듭남을 통해 믿는 자들은 죄 대신 거룩함을 원하는 새로운 마음을 받았기 때문입니다(겔 36:26). 그리고 성령은 신자들을 의로움으로 기울게 하시고 죄에 대한 증오심을 주십니다. 신자들이 그리스도에게 연합되어 있으며, 성령을 신자에게 주셨기 때문에 그들은 이제 죄에 저항하고 의로움 안에서 살 수 있게 됩니다. 신자가 믿음으로 그리스도를 믿으면, 그리스도에게 연합됩니다. 그리고 성령의 거룩하게 하시는 영향력 아래에 있게 됩니다. 따라서 신자들은 거룩함 안에서 자라며 점차 죄악적인 경향을 극복합니다.

이러한 영적 싸움은 어려운 것이지만 점진적으로 그리스도를 더욱 닮아갑니다. 신자들은 육신과 죄와 싸울 때 어려움을 겪습니다. 그러나 하나님은 남아 있는 부패성과 맞서 싸울 은혜와 힘을 주십니다(고전 10:13). 신자들은 아직 본성의 부패가 남아 있는 것을 통해 하나님께 은혜를 겸손히 구하게 됩니다. 신자 자신이 완전하다고 생각하지 못하게 되어 있습니다(고전 10:12). 따라서 신자는 본성의 부패성이 남아 있는 것을 통해 자신들이 언젠가는 죄에서 완전히 자유로워질 것이라는 확신을 하게 됩니다(요일 3:2). 이 소망은 죄와의 싸움에서 신자들을 영적으로 강화합니다. 이 세상에서 신자들은 여전히 본성의 부패(육신)와 그리스도를 통해 많은 혜택을 받습니다.

6.6 모든 죄는 원죄이든, 자범죄이든 모두 하나님의 의로운 법을 어기는 것이며, 그것(의로운 법)에 대해 반대하는 것이다(요일 3:4). 따라서 본성 안의 모든 죄는 죄인들에게 죄책을 주며(롬 2:15, 3:9, 19) 그 죄책 때문에 죄인은 하나님의 진노(엡 2:3)와 율법의 저주를 받게 된다(갈 3:10). 결과적으로 죄인은 영적인 비참함(엡 4:18)과 일시적인 비참함(롬 8:20; 애 3:39) 그리고 영원한 비참함(마 25:41; 살후 1:9)과 함께 죽음에 굴복된다(롬 6:23).

• 해설 •

6. 원죄와 자범죄

원죄와 자범죄(본인이 실제로 범한 죄)는 모두 하나님의 법을 어긴 것입니다. 원죄는 아담으로부터 물려받은 죄성을 말하며, 여기에는 죄책감과 타락이 모두 포함됩니다. 원죄는 우리가 저지르는 것이 아니라 태어날 때부터 가지고 있는 것이지만, 여전히 하나님의 거룩한 법을 어긴 것입니다. 우리가 죄인으로 태어났다는 사실이 우리를 변명하는 것은 아닙니다. 오히려 그것은 우리에게 구원이 필요하다는 것을 보여 줍니다. 원죄는 우리를 자연스럽게 하나님께 반항하게 만들기 때문에 실제 죄를 짓기 전에도 하나님의 법을 어긴 것입니다.

자범죄는 자기 자신이 실제로 지은 죄입니다. 자범죄는 생각, 말, 행동 등 개인적으로 자기가 저지르는 죄로 구성됩니다. 개인이 하나님의 법과 명령을 어길 때마다 죄를 짓는 것입니다(요일 3:4). 이러한 죄는 우리의 타락한 본성에서 비롯되므로 우리 자신의 힘으로는 죄를 이길 수 없습니다. 실제로 지은 모든 죄는 하나님의 도덕법을 어긴 것이며 아담에게서 물려받은 죄성에서 비롯됩니다. 원죄와 자범죄는 연관성이 있습니다. 원죄 때문에 모든 사람은 악에 대한 자연스러운 성향을 지니고 있습니다. 이는 자범죄가 원래의 부패에서 흘러나온다는 것을 의미합니다. 원죄는 뿌리이고 자범죄는 열매입니다. 따라서 원죄와 자범죄는 모두 하나님의 법을 어긴 것입니다.

7. 죄의 효과

모든 죄는 아담에게서 물려받은 원죄이든 자범죄이든(생각, 말, 행동으로 저지른 죄) 죄인에게 영적, 도덕적인 결과를 초래합니다. 우선 죄는 하나님 앞에 죄책감을 안겨 줍니다. 하나님의 거룩한 법을 어긴 것이 죄입니다. 하나님은 율법의 제정자이시며, 동시에 심판자이시기 때문에(약 4:12) 하나님의 법을 어긴 죄인에게 죄 있다고 선언하십니다. 이로 인하여 죄인은 하나님 앞에서 죄책감을 가집니다. 이 죄책감은 죄인이 하나님의 정의에 따라 처벌을 받을 만하다는 것을 의미합니다. 여기에서 사람들은 자기의 죄가 사소하고 별것 아니라고 생각해서는 안 됩니다. 가장 작은 범법조차도 사람을 하나님 앞에서 법적 유죄로 만듭니다.

죄는 사람의 마음과 정신을 타락시킵니다. 죄는 이해력을 어둡게 하고, 마음을 굳게 하며, 죄인을 사악한 욕망의 노예로 만듭니다. 사람이 죄를 많이 지을수록 진실에 눈이 멀고 회개하지 않습니다. 죄인의 심령은 점점 더 굳어지고 하나님의 진리에 저항합니다. 따라서 모든 죄는 죄인과 하나님 사이에 장벽을 만듭니다. 이러한 분리는 영적 죽음으로 이어집니다. 즉, 하나님의 생명과 교제에서 단절된 상태가 됩니다.

따라서 죄는 하나님의 진노와 심판을 초래합니다. 하나님은 공의로우시므로 자신의 법을 어긴 죄를 벌하셔야 합니다. 모든 죄는 이생과 영원에서 하나님의 진노를 받습니다. 죄는 일시적인 결과를 가져옵니다. 죄는 이 세상의 삶을 파괴하고 고통, 무질서, 깨어짐을 가져옵니다. 죄는 죄책감, 수치심, 두려움, 파괴적인 습관으로 이끕니다. 죄는 사람과의 관계를 손상시키고, 성격을 악화시키며, 고통을 초래합니다. 죄에 대한 효과로서 죽음을 맞습니다. 그리고 정죄받는 것입니다. 죄는 영원한 멸망을 가져옵니다. 죄로 인하여 영원히 비참한 상태에 이르게 됩니다.

12주 | 언약의 하나님

7.1 하나님과 피조물 사이의 간격은 너무나 크기 때문에, 비록 이성적인 피조물들이 자신들의 창조주이신 하나님께 마땅한 순종을 했다 할지라도 의무 수행의 결과로 축복이나 보상을 하나님으로부터 가질 수 없으며, 다만 하나님 편에서 자발적 낮추심의 방법에 의해서 얻을 수 있다. 하나님은 이를 언약의 방식으로 나타내기를 기뻐하셨다 (사 40:13-17; 욥 9:32-33; 삼상 2:25; 시 113:5-6, 100:2-3; 욥 22:2-3, 35:7-8; 눅 17:10; 행 17:24-25).

• 해설 •

1. 하나님과 이성적 피조물 사이의 간격

하나님과 그분의 피조물 사이의 간격은 너무나 큽니다. 존재론적으로 하나님은 무한하시고 영원하시며 변하지 않으시지만, 모든 피조물은 유한하고 시간적이며 의존적입니다. 창조주와 피조물은 완전히 다른 두 가지 존재 질서에 속합니다. 하나님은 스스로 존재하십니다(aseity). 하나님은 자신의 본성으로 존재하시고 아무것에도 의존하지 않으십니다. 그러나 피조물은 의존적입니다. 그들은 생명, 호흡, 모든 것에 대해 하나님께 의지합니다. 하나님은 필연적으로 존재하시지만, 피조물은 특정 상황과 조건에 따라 존재합니다. 하나님은 무한하시고 피조물은 유한합니다(시 147:5). 하나님은 존재, 지혜, 권능, 현존에 있어서 무한하십니다. 그분은 한계가 없습니다. 그러나 피조물은 유한합니다. 지식, 현존, 권능에 있어서 제한적입니다. 하나님은 본성, 의지 또는 목적이 변하지 않습니다. 그러나 피조물은 변할 수 있습니다. 피조물은 성장하고 쇠퇴합니다. 피조물은 변화를 경험하지만, 하나님은 변함없으십니다.

하나님은 영원하시고, 피조물은 일시적입니다. 하나님은 영원하시어서 시작이나 끝이 없습니다(시 90:2). 그러나 피조물은 시작이 있고 시간 속에 존재합니다. 하나님은 전지전능하시고, 피조물은 제한된 지식을 가지고 있습니다. 하나님은 과거, 현재, 미래의 모든 것을 완벽하게 아십니다. 그러나 피조물은 제한된 지식을 가지고 있습니다. 그들은 시간이 지나면서 배우고 실수를 합니다. 하나님은 편재하시지만, 피조물은 공간에 제한이 있습니다. 하나님은 항상 모든 곳에 계십니다. 그러나 피조물은 공간에 얽매여 있습니다. 한 번에 한 곳에만 있을 수 있습니다.

하나님의 절대적 주권과 피조물의 의존성으로 인한 격차는 매우 큽니다. 하나님은 자립적이시며, 그분 자신 외의 어떤 것에도 의존하지 않으십니다. 그러나 피조물은 생명, 호흡, 심지어 생각에 대해서도 전적으로 하나님께 의존합니다. 하나님은 우리를 필요로 하지 않으시지만, 우리는 존재의 모든 순간에 그분을 필요로 합니다.

하나님과 이성적 피조물인 인간과의 간격은 너무나 큽니다. 하나님은 완벽하게 거룩하시며, 불순한 것은 아무것도 그분의 면전에 거할 수 없습니다. 그러나 인류는 타락한 이후로 타락하고 죄악적이며 도덕적으로 하나님의 본성과 상치됩니다. 이 도덕적 격차는 우리의 행동에 대한 것이 아니라 인간 마음의 본성 자체에 대한 것입니다. 하나님은 궁극적인 심판자이시고 피조물은 책임을 져야 합니다. 하나님은 최고의 권위를 가지고 계십니다. 그분은 옳고 그름을 결정하십니다. 그러나 피조물은 하나님의 법에 따라 책임을 져야 하며 심판을 받습니다(롬 14:12). 하나님은 모든 것을 심판하시지만 피조물은 하나님께 대답해야 합니다. 하나님의 무한한 위대하심은 모든 피조된 존재와 너무나 큰 간격을 만듭니다. 피조물은 의존적이고 제한적이며 변할 수 있는 반면에, 하나님은 영원하시고 전능하시며 거룩하십니다.

2. 하나님의 자발적 낮추심(condescension)

하나님은 무한하시고 영원하시며 자급자족하시지만, 우리가 이해하고 공감할 수 있는 방식으로 자신을 인류에게 드러내기 위해 은혜롭게 겸손하게 자신을 낮추시어 아담과 언약을 맺으셨고(행위 언약), 아담이 타락한 후에는 은혜 언약을 맺으셨습니다. 하나님이 굳이 사람과 언약을 맺으실 이유는 없지만, 하나님은 자신을 낮추어 언약을 맺으시고 그들과 관계를 맺고자 하셨습니다. 하나님은 인간과 구속력 있는 약속을 하기 위해 스스로 자발적으로 자신을 낮추셨습니다.

하나님은 심지어 죄를 지은 아담과 하와를 찾아가셨는데(창 3:9), 이는 하나님 자신을 낮추신 것입니다. 하나님은 인간과 소통하기 위해 자신을 낮추어서 말씀하셨습니다. 하나님은 모세를 찾아가셨으며(출 3:4), 고통받는 이스라엘의 상황을 확인하기 위해서 직접 내려가겠다고 말씀하셨습니다(출 3:8). 이것은 하나님 자신을 낮추신 것입니다. 하나님의 자발적 낮추심의 최고는 하나님 아들이 인간이 되신 것입니다. 예수님은 자신을 낮추어 인간의 고통을 경험하고 죄인을 구원하셨습니다(빌 2:6-8). 하나님의 자발적 낮추심은 하나님의 신성한 본성을 낮추신 것이 아니라 유한한 피조물이 그분을 알 수 있도록 하시는 사랑의 행위입니다. 하나님은 언약, 계시,

성육신을 통해 하나님 자신의 낮추심을 보여 주셨습니다.

3. 언약

언약은 하나님과 그분의 백성 사이의 구속력 있는 계약으로, 하나님이 약속하시고 종종 그분의 백성이 따라야 할 조건을 정해 놓으신 것입니다. 성경에서 하나님의 언약은 하나님과 그분의 백성과의 관계에서 핵심입니다. 언약은 단순한 계약이 아니라 하나님이 시작하신 신성한 계약입니다. 하나님은 언약의 주가 되십니다.

하나님은 자기 백성을 삼고자 하는 자에게 가셔서, 하나님 자신을 알리시고, 그 계약의 피당사자가 되는 자에게 약속하십니다. 하나님은 그에게 축복하시고, 그를 지킬 것을 약속하십니다. 하나님의 언약은 이렇게 하나님의 주도권으로 시작됩니다. 그리고 하나님은 그 계약의 피당사자가 되는 자가 하나님의 백성으로 해야 할 의무와 책임을 제시하십니다. 그 계약의 피당사자는 하나님께 순종하고 하나님을 신뢰해야 하며, 하나님의 백성으로서 하나님의 계명에 순종해야 합니다. 따라서 하나님의 언약의 당사자는 하나님과 하나님의 언약을 수용하는 하나님의 백성이 됩니다. 이렇게 하나님이 주권적으로 자기 백성을 삼으실 자에게 오셔서 약속하시고, 그것을 믿음으로 받아들이면서 하나님과의 계약 혹은 언약이 이루어집니다.

하나님의 언약이 중요한 이유는 하나님이 자신의 은혜를 근거로 해서 자기 백성을 하나님과의 언약 관계로 초대하시기 때문입니다. 하나님과의 언약은 결코 사람 편에서 시작되는 것이 아닙니다. 하나님의 언약은 하나님이 모든 은혜를 마련해 두시고 주기 위해 맺으시는 것입니다. 언약을 맺는 것에 있어서 인간은 수동적입니다. 그러나 하나님이 언약의 주체가 되셔서, 스스로 모든 은혜를 약속하시고, 그분의 백성을 축복하시며, 지키시고 보호하시기 때문에, 그 은혜를 받는 당사자는 하나님을 사랑하고, 하나님이 주신 계명에 순종하며, 하나님의 백성으로서 감사함으로 의무를 다하게 됩니다.

하나님이 이 언약 관계에서 항상 강조하시는 것이 있습니다. 하나님 자신이 하나님이시라는 것을 항상 밝히십니다. 그리고 계약의 피당사자인 사람에게 그가 하나님의 백성이라는 것을 항상 상기시키십니다. 아브라함에게 나타나실 때, 하나님은 자신이 하나님이시라는 것을 먼저 밝히셨습니다(창 15:1, 17:1), 그리고 하나님은 아브라함이 하나님의 백성인 것을 상기시키시면서 책임과 의무를 다하라고 말씀하셨습니다(창 17:1). 모세를 부르실 때도 하나님은 이 언약 관계를 말씀하셨습니다. 하나님 자신이 하나님이신 것과 이스라엘 백성이 하나님의 백성인 것을 확인하셨습니다(출 6:7). 이스라엘의 포로기 시대의 선지자들에게 새 언약을 약속해 주실 때에도, 하나님은 하나님 자신이 그들의 하나님이 되고, 그들은 하나님의 백성이 될 것이라는 점을 말씀하셨습니다(렘 31:33).

히브리서 기자는 그리스도가 언약의 중보자이신 것을 강조했습니다. 히브리서 기자는 예레미야 31장 33절을 인용하여, 언약 관계를 설명했습니다. 하나님은 그들에게 하나님이 되시고, 그들은 하나님께 그분의 백성이라는 것입니다(히 8:10). 따라서 하나님의 언약은 하나님과 그분의 피조물과의 간격이 너무나 큰 것을 하나님이 해결하신 방법입니다. 하나님이 스스로 자신을 낮추어 인간에게 오셔서 주가 되겠다고 약속하시며, 그들을 자기 백성으로 삼으시는 것이 하나님 언약의 본질입니다.

4. 언약의 필수 요소

언약은 하나님이 약속, 조건, 축복을 포함하여 그분의 백성과 관계를 맺으시는 신성한 계약입니다. 모든 성경적 언약에는 그것을 하나님의 참된 언약으로 만드는 핵심 구성 요소가 있습니다. 하나님의 언약에는 먼저 계약의 주권적 창시자이신 하나님 자신이 있습니다. 성경에 나오는 모든 언약은 사람이 아니라 하나님에 의해서만 시작됩니다. 언약은 인류에 대한 하나님의 뜻, 은혜, 목적의 표현입니다. 그리고 주권적 통치자로서 하나님은 자신의 언약 조건을 결정하십니다. 하나님의 모든 언약에는 축복, 보호 또는 구원에 대한 신성한 약속이 포함되어 있습니다. 가장 위대한 언약의 약속은 그리스도를 통한 영원한 생명입니다. 언약에 나타난 하나님의 약속은 그분의 은혜와 신실함을 드러냅니다.

하나님의 언약에는 인간의 의무가 들어 있습니다. 인간의 순종과 믿음을 요구합니다. 행위 언약은(아담과 맺은) 완전한 순종이라는 조건을 가지고 있었습니다. 물론 이 조건은 이미 하나님이 아담에게 순종할 수 있는 능력을 주셨기 때문에, 인간 스스로의 노력과 행위로 조건을 맞추는 것은 아닙니다. 행위 언약에 완전한 순종이라는 조건이 있다고 해서, 이 언약을 인간의 행위로 구원받는 것으로 생각하면 안 됩니다. 행위 언약은 인간의 무죄 상태에서 맺은 언약이기 때문에, 죄에서 구원받기 위한 것이 아닙니다. 은혜 언약에서는 그리스도에 대한 믿음을 요구합니다. 그리스도에 대한 믿음을 조건으로 생각하고, 이 믿음이 인간에게서 나오는 것으로 생각하면 안 됩니다. 이 믿음은 성령에 의해서 선물로 주어지기 때문입니다(엡 2:8-9).

하나님의 언약에는 종종 하나님의 약속을 확인하는 외부 표징이 포함됩니다. 표징은 하나님의 백성에게 하나님과의 언약 관계를 상기시킵니다. 하나님이 노아와 맺으신 언약에서 표징은 무지개였습니다(창 9:12-16). 하나님은 아브라함과의 언약에서 할례를 표징으로 세우셨습니다(창 17:9). 이러한 표징은 하나님의 언약적 신실함을 눈에 보이게 확증하는 역할을 합니다. 하나님의 모든 언약에는 하나님이 택하신 사람들의 집단(언약 공동체)이 포함됩니다. 은혜의 언약에는 유대인과 이방인을 포함한 모든 신자가 포함됩니다. 하나님의 언약은 그분의 백성을 독특하고 거룩한 공동체로 확립합니다. 그리고 하나님의 언약, 특별히 은혜의 언약에는 중보자가 있습니다. 하나님과 그분의 백성 사이에 서 있는 중보자가 있습니다. 예수 그리스도는 새 언약의 최종적이고 궁극적인 중보자이십니다(딤전 2:5; 히 9:15). 예수 그리스도를 통해 우리는 하나님의 언약의 복에 접근할 수 있습니다.

하나님의 언약은 구원의 계획에 필수적입니다. 그 언약을 통해 하나님은 자신의 신실함을 나타내십니다. 왜냐하면 하나님은 결코 약속을 어기지 않으시기 때문입니다. 지금의 우리는 새 언약의 중보자이신 그리스도를 통해 구원을 받습니다. 새 언약에서 언약 관계는 자기 백성을 끝까지 돌보시는 하나님의 은혜가 제공됩니다(렘 32:38-40).

5. 하나님의 언약과 율법

하나님의 언약에는 항상 율법이 포함되어 있습니다. 하나님의 언약에서 하나님이 인간에게 요구하시는 의무와 책임이 있는데, 그 의무를 행하는 것이 율법을 지켜 행하는 것입니다. 하나님이 아담과 맺으신 행위 언약에서 하나님의 계명 혹은 명령에 순종하는 것이 포함됩니다. 아담은 선악을 알게 하는 나무의 열매를 먹지 말라는 명령을 받았는데, 하나님은 그의 심령에 이미 율법(도덕법)을 새겨 놓으셨습니다(창 1:26). 따라서 아담은 하나님의 백성으로서 도덕법과 명령을 지켜 행해야 할 의무가 있었습니다. 선악을 알게 하는 나무의 열매를 먹지 말라고 하신 것은 그가 심령에 새겨진 율법을 지키는지를 확인할 수 있는 것이었습니다. 따라서 하나님은 자기 백성과 언약을 체결하시면서, 항상 하나님의 율법(도덕법)을 지키길 요구하십니다.

하나님이 언약에서 율법을 요구하시는 것은 은혜 언약에서도 마찬가지입니다. 하나님이 아브라함과 맺으신 언약은 은혜 언약입니다. 아브라함이 그리스도를 믿는 것으로 하나님과의 언약 관계가 이루어집니다. 그런데 하나님은 아브라함에게 언약 백성으로서 "내 앞에서 행하여 완전하라"

고 말씀하셨습니다(창 17:1). 이것은 아담이 타락했어도, 그의 심령에 새겨진 도덕법이 제거되지 않고, 그의 후손인 아브라함의 심령에도 있는 도덕법(롬 2:14-15)을 지켜 행하라는 것입니다.

모세를 통하여 이스라엘 백성이 하나님과 맺은 언약도 은혜 언약입니다. 출애굽기 19장에서 이스라엘 백성이 하나님과 언약을 맺습니다. 그리고 그들에게 십계명이 주어집니다. 출애굽기 20장 2절 말씀은 십계명의 서언이지만, 그것은 언약을 확인하는 것입니다. 즉, 언약 백성이 지켜야 할 율법(도덕법)을 명문화해서 언약 백성에게 주신 것입니다.

포로기 시대의 선지자들은 언약 백성이 하나님의 율법을 지키지 않는 것에 대해 한탄했습니다(호 1장). 하나님은 포로기 시대의 선지자들로 새 언약을 예언하게 하셨습니다. 그리고 새 언약에서는 성령이 하나님의 율법을 새 언약 시대의 백성의 심령에 새겨 주실 것을 약속하셨습니다(겔 11:19-20, 36:27-28). 그리스도가 이 땅에 오셔서 피를 흘리심으로 새 언약이 성취되었습니다. 그리스도의 보혈로 새 언약이 체결됩니다(히 9:20). 새 언약의 백성에게 포로기 시대의 선지자들이 예언한 것이 성취되었습니다. 즉, 그들의 심령에 성령이 율법을 새겨 넣으십니다(히 10:15-16). 따라서 새 언약에 참여한 신자들은 심령에 새겨진 율법을 지켜 행하게 되었습니다.

성령은 신자들로 계명을 지키도록 인도하십니다(롬 8:4). 신자들이 계명을 지켜 행하는 것은 그들이 거듭난 증거입니다(요일 5:1-3). 성령이 신자들의 심령에 새기신 율법을 예수님의 법이라고 부릅니다(갈 6:2). 따라서 하나님의 모든 언약에는 하나님의 율법이 들어 있습니다. 이것은 하나님의 언약 백성이 하나님의 율법을 지켜 행함으로써 자신들이 하나님의 백성이 된 것과 그로 인하여 하나님 자신이 영광을 받으시기 위한 것입니다(신 4:5-6).

13주 | 행위 언약과 은혜 언약

7.2 인간과 맺으신 첫 번째 언약은 행위 언약이었다(갈 3:12). 이 언약에서 아담과 그의 후손에게 생명이 약속되었는데(롬 10:5, 5:12-20) 언약의 조건은 완전하고 개별적인 순종이었다(창 2:17; 갈 3:10).

• 해설 •

1. 행위 언약(생명 언약)

하나님이 인류와 맺으신 첫 번째 언약은 행위 언약이라고 불립니다. 이 언약은 타락하기 전에 모든 인류의 대표자인 아담과 맺으셨습니다(호 6:7). 행위 언약은 하나님과 아담 사이의 구속력 있는 계약으로, 완전한 순종의 조건으로 영원한 생명을 약속하셨습니다. 아담이 실패하면 죽음과 하나님과의 분리가 뒤따를 것입니다. 이 언약에서 아담은 모든 인류를 대표했으므로 그의 순종이나 불순종은 모든 사람에게 영향을 미칩니다.

언약의 조건은 하나님의 율법과 명령에 완벽하게 순종하고, 하나님의 율법을 지키는지를 확인할 수 있는 선악을 알게 하는 나무의 열매를 먹어서는 안 되는 것이었습니다. 이것은 하나님의 권위에 대한 아담의 신뢰와 복종에 대한 시험이었습니다. 하나님이 이렇게 시험하시는 것은 아담에게 자유의지를 주셨으며, 더욱이 아담에게 율법을 지킬 수 있는 능력을 주셨기 때문입니다. 따라서 행위 언약이라고 해서 사람의 행위로 구원받는 것을 의미하는 것이 아닙니다. 행위 언약은 하나님이 아담에게 자기 백성으로 온 천하에 드러나게 하시기 위해 맺으신 언약이기 때문에, 은혜로운 언약입니다. 사람들이 '행위' 언약이라는 단어로 오해할 수 있기 때문에, 청교도 시대의 스코틀랜드 언약도인 사무엘 러더포드는 이 언약을 생명 언약이라고 불렀습니다.

이 언약에서 아담이 계속해서 순종하는 한 이미 누리고 있는 영생과 하나님과의 지속적인 교제를 누릴 수 있습니다. 이 언약에서 아담은 자유의지를 가지고 있었기 때문에 언약을 어길 수도 있었습니다. 그래서 하나님은 이 언약에서 언약을 어길 경우에 죽을 것이라고 말씀하셨습니다(창 2:17). 아담은 하나님의 명령을 어김으로써 언약을 어겼습니다(창 3:6). 아담의 실패는 그의 모든 후손에게 죄와 죽음을 가져왔습니다. 행위 언약의 중요성은 죄와 죽음이 세상에 들어온 이유를 설명하고, 하나님의 공의를 보여 준다는 것입니다. 죄는 반드시 벌을 받아야 합니다.

2. 행위 언약에서 누리는 것

행위의 언약에서 아담은 계속 순종하는 한 생명나무 열매를 먹음으로써 영원토록 사는 것이었습니다. 아담은 자신은 물론이거니와 그의 후손들을 위하여 계속해서 하나님께 순종해야 했습니다. 에덴동산에는 생명나무가 있었으며, 동산 중앙에는 금지된, 선악을 알게 하는 나무가 있었습니다. 아담은 두 나무를 날마다 보면서, 하나님의 계명을 지켜야 하는 것에 도전을 받았습니다. 특별히 생명나무가 그 앞에 있다는 것은 은혜였으며 감사해야 하는 것입니다. 물론 선악을 알게 하는 나무 자체가 그에게 죄를 짓도록 하는 욕망을 일으키지는 않았습니다. 왜냐하면 아담과 하와는 무죄 상태에 있었기 때문입니다. 사탄의 유혹을 받은 이후에 금지된 열매에 대해서 욕망이 일어났던 것입니다. 행위 언약 자체가 아담에게는 은혜였습니다. 하나님과 마음껏 교제하면서, 하나님이 축복하신 모든 것을 누리는 상태였습니다. 아담이 언약에 충실하면서, 지속해서 하나님의 계명과 명령을 지키는 한, 행복한 상태에 있었습니다.

3. 행위 언약의 위반에 대한 형벌

행위 언약의 형벌(또는 처벌)은 불순종에 대한 영적, 육체적 죽음이었습니다. 인류의 연방 수장인 아담이 죄를 지었을 때, 그는 자신과 그의 모든 후손에게 이 형벌을 가져왔습니다. 언약의 형벌로서의 삼중의 죽음이 왔습니다. 아담은 즉시 영적 삶과 하나님과의 교제를 잃었습니다. 그는 죄책을 지고 타락하여 하나님의 면전에서 숨었습니다(창 3:8-10). 모든 인류는 이 영적 죽음을 물려받았습니다. 사람은 죄 가운데 태어나 하나님으로부터 소외되었습니다. 육체적 죽음이 왔습니다. 아담은 육체적 부패와 결국 죽음에 처했습니다. 영원한 죽음이 왔습니다. 구원받지 못하면 타락한 죄인들은 지옥에서 하나님과 영원히 분리됩니다. 행위의 언약은 죄가 죽음을 받을 만하다는 것을 보여 줍니다.

7.3 타락으로 인간이 행위 언약으로써 생명을 얻을 수가 없게 되었기 때문에, 주께서 두 번째 언약(갈 3:21; 롬 8:3, 3:20-21; 창 3:15; 사 42:6)을 맺기를 기뻐하셨다. 이 언약은 일반적으로 은혜 언약이라고 불린다. 이 언약에서 하나님은 죄인들에게 그리스도로 말미암는 생명과 구원을 값없이 제공하시며, 구원을 받으려면 그리스도를 믿으라고 요구

하시고(막 16:15-16; 요 3:16; 롬 10:6, 9; 갈 3:11), 생명에 이르도록 작정되어 있는 모든 자에게 그분의 성령을 주시어, 그들로 기꺼이 그리스도를 믿을 수 있게 하실 것을 약속하셨다(겔 36:26-27; 요 6:44-45).

• 해설 •

4. 타락 이후의 행위 언약

인간은 타락 이후 행위의 언약으로 생명을 얻을 수 없습니다. 아담의 죄가 이 언약을 깨뜨렸고, 그의 모든 후손은 이제 율법의 요구 사항을 충족시킬 수 없습니다. 아담이 타락했다 하더라도 행위 언약이 폐지된 것은 아닙니다. 아담의 후손으로 태어난 모든 사람은 아담이 맺은 행위 언약 아래에 있습니다(롬 5:18). 따라서 모든 자연인(거듭나지 않은 상태의 사람)은 자신의 선한 행위 혹은 율법의 행위로 자신을 구원하려고 합니다. 여전히 행위 언약 아래에 있기 때문에, 그들에게는 자연스러운 것입니다. 오직 거듭난 자들만이 자신들의 율법 행위로 자신을 의롭게 할 수 없다는 것을 깨닫고, 의롭다 함을 얻기 위해 그리스도를 믿습니다(갈 2:16).

아담이 타락한 이후 인간은 행위의 언약을 지킬 수 없게 되었습니다. 타락 이후 인간은 영적으로 죽었고 완전히 타락했기 때문입니다. 아담의 죄로 인해 사람은 죄의 본성을 물려받았고 하나님께 완벽하게 순종할 수 없습니다(엡 2:1). 누군가가 하나님의 율법을 완벽하게 지키려고 노력하더라도 정죄를 가져올 뿐입니다. 따라서 율법의 행위에 의지하는 자는 저주받는 자들입니다. 아무도 하나님의 율법을 완벽하게 지킬 수 없으므로 행위 언약은 정죄를 가져올 뿐입니다.

5. 두 번째 언약의 필요성

하나님이 첫 번째 언약으로 아담과 언약을 맺으신 이유는 아담의 순종으로, 자신이 하나님 되신 것과 아담이 하나님의 자녀인 것을 드러내서 영광을 얻으시려는 목적 때문입니다. 그러나 아담은 첫 번째 언약을 어김으로써, 인류에게 죄와 죽음을 가져다주었습니다. 따라서 하나님은 자신의 언약 백성을 통해 영광 받으시려는 목적을 포기하지 않으시고, 무한한 지혜와 자비로 은혜의 언약을 통해 구원의 길을 고안하셨습니다. 두 번째 언약으로 죄와 죽음 가운데 있는 자들을 건지기로 하셨습니다. 아담이 행위의 언약을 깨뜨린 후, 하나님은 은혜 언약을 세우셨고, 그리스도를 믿는 믿음을 통해 죄인들을 구원하는 방법을 세우셨습니다. 사실 이러한 구원의 방식은 창세 전에 성부가 성자와 협의하여 세우신 것입니다(엡 1:4). 이것은 구속 언약이라고 부르는데, 웨스트민스터 신앙고백서 8장 1항에서 설명합니다.

타락 후에 하나님은 아담에게 하나님과 화목할 방법으로 그리스도를 약속해 주셨습니다. 이것은 그리스도의 첫 번째 약속인 '원시 복음'(첫 번째 복음)입니다(창 3:15). 인류는 스스로 구원할 수 없기 때문에, 하나님은 자신의 아들을 유일한 중보자로 보내 행위의 언약에 의해 요구되는 의를 성취하고 죄의 형벌을 짊어지는 방법을 세우셨습니다. 예수님은 하나님께 이르는 유일한 길이십니다. 그리스도는 완전한 순종으로 율법을 성취하셨습니다(롬 5:19). 그리스도는 십자가에서 죄에 대한 형벌을 짊어지셨습니다(사 53:5). 그리스도는 죄와 죽음을 이기셨고, 영생을 확보하셨습니다(고전 15:20-22). 두 번째 언약에서부터 죄인들은 그리스도를 통해 하나님과 화해하고 영생을 받을 수 있습니다.

6. 은혜 언약에서 요구하시는 것

은혜 언약은 하나님이 죄인을 구원하기 위해 마련하신 은덕들을 그리스도 안에 두신 것을 알게 합니다. 하나님이 그리스도 안에 마련하신 은혜들은 죄 용서, 의롭다 함, 거룩함입니다. 이러한 은덕들은 모두 하나님의 선물로 주어집니다. 그런데 이 선물들을 얻는 것에서 하나님이 요구하시는 것은 우리가 죄를 회개하고 예수 그리스도를 믿는 것입니다. 이것은 구원을 얻기 위한 행위가 아니라 우리가 그리스도의 의를 받는 수단입니다. 더욱이 회개와 믿음도 우리의 행위나 의지의 결단으로 일어나는 것이 아니라, 하나님의 은혜와 성령의 사역으로 일어나는 것이기 때문에, 이것조차도 하나님의 선물입니다.

하나님은 은혜 언약에 참여하기 위해 두 가지를 요구하시는데, 회개와 믿음입니다(행 20:21). 회개는 죄에서 진심으로 돌아서서 하나님께로 향하는 것입니다. 믿음은 구원을 위해 예수 그리스도만을 신뢰하는 것입니다. 회개는 인간 스스로 하는 것이 아니라 하나님이 죄를 깨닫게 하시고, 죄에서 돌아설 수 있도록 성령을 통해서 일어나게 하시는 것입니다(렘 31:18). 믿음은 성령이 하나님 아버지가 그리스도 안에 마련하신 은덕들의 소중함을 깨닫게 하시고 의지를 갱신시켜 그리스도에게로 달려가게 하심으로 발생하는 것입니다. 따라서 믿음은 우리가 구원을 받는 도구이지, 구원의 원인이 아닙니다. 회개해서 죄 용서함을 받은 것이 아니며, 믿었기 때문에 구원받은 것이 아니라, 하나님의 은혜로 회개할 수 있었으며, 믿을 수 있기에 구원받은 것입니다(엡 2:8-9). 성령에 의해 발생한 믿음은 우리를 그리스도와 연합시키고 그분의 의를 받게 합니다. 하나님은 우리가 믿고 회개할 수 있게 하셨지만, 우리는 응답할 책임이 있습니다. 그래서 참된 믿음은 순종으로 이끕니다. 순종은 구원에 필요한 것이 아니라 참된 믿음의 증거입니다.

14주 | 은혜 언약

7.4 이 은혜 언약은 유언자이신 그리스도의 죽음과 영원한 유업과 거기에 속해 있는 모든 것과 관련하여 성경에서 '유언'이라는 이름으로 자주 언급된다(히 9:15-17, 7:22; 눅 22:20; 고전 11:25).

• 해설 •

1. 은혜 언약을 유언이라고 부르는 이유

성경에서 '유언'(testament)이라는 단어는 언약을 말하는 또 다른 방법으로, 특히 하나님이 그분의 백성의 구원을 위해 세우신 마련이나 합의를 가리킵니다. 은혜 언약은 예수 그리스도의 죽음으로 보장된 신성하게 확립된 유언과 상속이기 때문에 유언이라고 불립니다. 유언이라는 용어는 언약과 법적 유언(상속 계약)을 모두 의미하는 그리스어 'διαθήκη'(디아데케)에서 유래했습니다. 유언은 그것을 만든 사람이 죽으면 효력이 발생합니다. 은혜 언약은 유언자이신 그리스도의 죽음을 통해 확인되고 효력이 발생했기 때문에 유언이라고 불립니다. 유언장이 사람이 죽은 후에야 상속을 주는 것처럼, 그리스도의 죽음은 언약을 발효시켜 그분의 백성에게 구원을 제공합니다(히 9:16-17).

은혜의 언약은 유언으로서 신자들에게 영원한 상속을 보장하기 때문에 성약이라고 불립니다. 그리스도의 죽음을 통해 신자들은 은혜의 언약에서 약속된 영생, 용서, 의를 상속받습니다. 구약은 그리스도를 약속하고 있으며, 신약은 그리스도에 대한 약속의 성취를 계시합니다. 그래서 새 언약(유언)은 그리스도의 죽음으로 보장되어 믿는 자들에게 영생을 줍니다.

2. 그리스도를 유언자라고 부르는 이유

예수 그리스도는 유언자라고 불리는데, 그분이 자신의 죽음을 통해 언약(유언)을 확립하고 보장하신 분이기 때문입니다. 유언자는 유언(유언장)을 만드는 사람이며, 그 유언장은 유언자가 죽을 때에만 효력이 발생합니다. 유언장이 있는 곳에는 반드시 유언자의 죽음이 있어야 합니다. 유언은 사람이 죽은 후에 효력이 있고, 그렇지 않으면 유언자가 살아 있는 동안에는 아무 효력이 없습니다. 유언장은 그것을 만든 사람이 죽은 후에야 효력을 발휘합니다. 그래서 예수님은 유언자로서 하나님이 택하신 백성에게 영생의 유업을 주기 위해 죽으셨습니다. 그리고 은혜 언약은 예수님의 희생적 죽음을 통해 효력을 발휘합니다. 그분의 죽음은 하나님이 택하신 백성이 영생의 상속을 받기 위해 필요했습니다. 새 언약은 예수님의 피로 봉인되었습니다. 새 언약에서 예수님의 피는 언약을 깨질 수 없게 만든 봉인입니다.

7.5 이 언약은 율법 시대와 복음 시대에 각기 다르게 집행되었다(고후 3:6-9). 율법 아래에서 언약은 약속들, 예언들, 제물들, 할례, 유월절 양, 그리고 유대 백성에게 전해진 다른 모형들과 의식들에 의하여 집

행되었는데, 이 모든 것은 장차 오실 그리스도를 예표했다(히 8-10장; 롬 4:11; 골 2:11-12; 고전 5:7). 이것들은 그 당시에 성령의 역사를 통하여 약속된 메시아(고전 10:1-4; 히 11:13; 요 8:56)를 믿는 신앙으로 선택된 자들을 교훈하며 세우는 데 충분하고 효과적이었다. 그들은 약속된 메시아로 말미암아 완전한 죄 사함과 영원한 구원을 얻었는데, 이를 '구약'이라고 부른다(갈 3:7-9, 14).

• 해설 •

3. 구약의 그리스도에 대한 약속

예수 그리스도는 구약성경 전반에 걸쳐 예언, 예표, 그림자로 약속되셨으며, 이는 메시아이자 구세주, 왕으로서의 그분의 오심을 예고했습니다. 구약성경에서 직접적인 예언, 예고하는 사건, 예표로써 메시아를 통한 하나님의 구원 계획이 펼쳐졌습니다.

원시 복음이라고 부르는 그리스도에 대한 첫 번째 약속에서는 '여자의 후손'(그리스도)이 뱀의 머리를 상하게 할 것이고(사탄에 대한 승리), 사탄은 "그의 발꿈치를 상하게 할 것"(십자가에서의 그리스도의 고난)으로 예언되어 있습니다(창 3:15). 아브라함의 자손으로 그리스도가 약속되었습니다(창 12:3). 하나님은 아브라함에게 그의 자손(단수)이 모든 민족에게 복을 가져다줄 것이라고 약속하셨습니다(창 22:18; 갈 3:16). 모세에게는 다가올 선지자로서의 그리스도를 약속해 주셨습니다(신 18:15). 이는 예수 그리스도 안에서 성취되었습니다(행 3:22-23). 하나님은 다윗에게 그의 혈통에서 영원한 왕을 약속하셨습니다(삼하 7:12-13). 예수님은 "다윗의 자손"(마 1:1)이시며, 영원히 통치하는 합법적인 왕이십니다.

이사야 선지자는 동정녀에게서 태어난 임마누엘로서의 그리스도를 예언했으며(사 7:14), 고난받는 종으로서의 그리스도를 예언했습니다. 이사야 53장 5절은 그리스도의 십자가형과 죄에 대한 속죄를 명확하게 설명합니다. 예수님은 십자가에서의 희생적인 죽음을 통해 이 예언을 성취하셨습니다. 예레미야 선지자는 의로운 가지로서의 그리스도를 예언했는데(렘 23:5-6), 예수님은 정의로 통치하는 의로운 가지(왕)이십니다. 이 예언을 통해 '의로운 가지'를 믿음으로 구원받습니다. 미가 선지자는 베들레헴에서 태어날 통치자로서의 그리스도를 예언했습니다(미 5:2). 이 구절에서 "영원에"라는 단어는 그리스도의 영원한 본성을 보여 줍니다. 이 예언은 예수님이 베들레헴에서 태어나심으로 성취되었습니다(마 2:1-6). 말라기 선지자는 새 언약의 사자로서의 그리스도를 예언했습니다(말 3:1).

4. 율법 아래에서의 은혜 언약의 시행

율법 아래에서의 은혜 언약은 이스라엘에게 주어진 율법을 통해 집행되었지만, 모세보다 앞선 은혜 언약인 아브라함과 맺으신 언약과 본질적으로 동일했으며(갈 3:17-18), 궁극적으로 그리스도 안에서 성취되었습니다. 모세 언약은 법적이고 조건적인 형태를 가졌지만, 다른 구원의 길을 제시하지 않고 율법을 성취하고 새 언약을 세우실 그리스도를 예고했습니다. 따라서 하나님이 모세와 맺으신 언약은 은혜 언약입니다. 하나님은 이스라엘을 애굽에서 건져 내시고, 이스라엘과 시내산에서 언약을 맺고 율법을 주셨는데, 율법을 지켜야 구원받는 것이 아니라, 하나님이 구속하신 그분의 백성이 율법을 지켜 행하는 것이 마땅한 것을 나타내고 있기 때문에, 행위 언약이 아니라 은혜 언약입니다. 모세와 맺으신 언약에서 하나님이 주신 율법은 구원의 수단으로 주어진 것이 아닙니다.

모세와 맺으신 은혜 언약은 그리스도를 가리키는 예표, 그림자, 의식을 통해 집행되었습니다. 하나님이 모세와 맺으신 언약은 은혜 언약의 관리 역할을 했습니다. 아브라함에게 주어진 약속(믿음으로 구원받음)은 그대로 유지되었고, 율법은 사람들을 그리스도께로 인도하기 위해 주어졌습니다. 율법은 하나님의 은혜로 거듭남의 필요성을 알게 하는 기능을 가지고 있었습니다. 왜냐하면 율법을 지키려고 애쓰지만, 지킬 수 없다는 것을 깨닫게 하기 때문입니다. 따라서 율법을 지키기 위해서는 하나님의 은혜로 거듭나야 하는데, 이것은 자신의 힘으로 될 수 없는 것이기 때문에, 하나님이 거듭나게 하시는 것을 구하라는 것입니다(신 10:6, 30:6). 이것은 아브라함에게 언약의 표징으로 할례를 제정해 주신 것과 같은 것입니다.

모세의 율법(구약의 시스템)은 은혜 언약을 몇 가지 주요 방식으로 관리했습니다. 도덕법(출 20장)은 하나님의 언약 백성이 마땅히 지켜야 할 행동 원리를 가르쳐 줍니다. 그리고 도덕법은 의로운 기준을 알려 줌으로, 인간이 죄를 깨닫게 하는 기능을 합니다. 따라서 죄인들이 죄의 용서를 위해 그리스도가 필요하다는 것을 알게 합니다. 도덕법은 사람들을 그리스도께로 인도하는 교사 역할을 했습니다(갈 3:24). 모세가 하나님으로부터 받은 의식법(희생 제사 제도)은 하나님의 참 어린양이신 그리스도를 가리켰습니다. 레위 지파의 제사장직은 우리의 영원한 대제사장으로서 그리스도의 역할을 예표했습니다. 의식법 아래에서 제사는 계속 반복되는 것이지만, 예수 그리스도가 자신을 드리신 제사는 단번에 드리신 제사로서 그 효력이 영원한 것이었습니다(히 10:1, 12).

그리스도가 오심으로 은혜 언약의 구약적 관리가 성취되었고 새 언약이 수립되었습니다. 따라서 새 언약에서는 구약의 의식법이 더 이상 필요하지 않게 되었습니다. 그리스도의 단번에 드리신 희생 제사가 영원한 효력을 발휘하기 때문입니다. 그러나 도덕법은 하나님의 언약 백성의 행동 강령이기 때문에 폐지되지 않았습니다. 더욱이 새 언약에서는 성령이 도덕법을 신자의 심령에 새겨 놓으시기 때문에(히 8:10, 10:16), 그 법을 따라 지켜 행하게 되어 있습니다(롬 8:4). 특별히 이 원리로 인하여 모세와 맺으신 언약이 은혜 언약임에도 옛 언약이라 부르고 그리스도의 피로 인한 언약을 새 언약으로 구별합니다(렘 31:31-33).

5. 구약에서 그리스도에 대한 믿음

구원은 항상 하나님이 약속하신 구속주에 대한 믿음으로 이루어졌습니다. 구약 시대 사람들은 오실 메시아(그리스도)를 믿음으로써 구원을 받았고, 신약 시대에는 이미 오신 메시아, 예수 그리스도를 믿음으로써 구원을 받습니다.

구약 시대의 사람들은 하나님의 구속주 약속에 대한 믿음을 가졌습니다. 아담과 하와는 사탄을 물리칠 구세주가 오실 것이라는 하나님의 약속을 믿었습니다(창 3:15). 아브라함은 믿음으로 의롭다 함을 얻었습니다(롬 4:3). 아브라함은 그리스도 안에서 성취될 하나님의 약속을 바라보았습니다. 구약의 신자들은 믿음으로 하나님이 메시아를 통해 이루실 일을 미리 보았습니다(히 11:13). 그들은 하나님 언약의 성취를 믿었습니다. 구약의 신자들은 희생 제사를 통해서 메시아의 속죄를 믿었습니다. 희생 제사는 하나님의 참 어린양이신 예수 그리스도를 바라보게 했기 때문입니다. 욥은 언젠가 와서 그에게 영생을 줄 구속주를 믿었습니다(욥 19:25-26). 다니엘도 메시아를 통한 미래의 부활과 영생을 믿었습니다(단 12:2).

구약의 신자들은 그리스도에 대한 예표와 그림자를 통해 믿었습니다. 구약의 상징과 사건들은 예수님을 예표했고, 이를 통해서 신자들은 그리스도를 신뢰했습니다. 유월절 어린양을 통해서 그리스도를 믿었습니다(출 12장; 요 1:29). 놋뱀을 통해서 구원을 위해 하나님이 마련하신 구원의 방법을 바라보아야 한다는 것을 깨닫고 있었습니다(민 21:9; 요 3:14-15). 대제사장(레 16장)을 통해서 영원한 제사장을 바라보았습니다(히 7:25). 하늘에서 내려 주신 만나 사건을 통해서 생명의 떡을 바라보았습니다(출 16:35; 요 6:32-35). 이렇게 구약 시대의 신자들은 하나님의 약속, 희생 제도, 예고하는 사건을 통해서 그리스도가 오시기 전에 그리스도를 믿었습니다. 구약 시대의 신자들이 예언, 약속, 예표 등을 통해서 그리스도를 믿을 수 있었던 것은 성령의 사역으로 인한 것이었으며(사 53:1), 이 믿음을 통하여 죄 용서함과 의롭다 함을 받았습니다(시 25:11, 24:5).

7.6 그리스도의 실체(골 2:17)가 나타난 복음의 시대에 이 언약에서 베풀어지는 규례들은 말씀 선포와 세례와 주의 성찬이다(마 28:19-20; 고전 11:23-25). 이 규례들은 비록 숫자가 적으며, 보다 단순하게 시행되고, 외적으로 덜 영광스럽지만, 모든 민족(마 28:19; 엡 2:15-19), 곧 유대인들과 이방인들에게 더욱 충분하고, 확실하며, 영적인 효과를 미치고 있다(히 12:22-27; 렘 31:33-34). 이를 '신약'이라고 부른다(눅 22:20). 따라서 실체가 다른 두 개의 은혜 언약이 있는 것이 아니라 다양한 세대 아래에서 하나의 동일한 언약이 있을 뿐이다(갈 3:14, 16; 행 15:11; 롬 3:21-23, 30; 시 32:1; 롬 4:3, 6, 16-17, 23-24; 히 13:8).

• 해설 •

6. 복음 시대의 은혜 언약의 규례들

그리스도가 오신 이래로, 은혜의 언약은 신약에서 제정된 규례를 통해 시행되었습니다. 이러한 규례는 하나님이 그분의 백성에게 은혜를 전달하시고 그분의 교회를 세우시는 수단입니다. 이 규례들은 은혜의 언약이 어떻게 베풀어지는가를 나타냅니다.

복음 시대의 은혜 언약의 주요 규례로서 먼저 '말씀의 전파'를 들 수 있습니다. 복음 설교는 사람들이 그리스도를 믿는 주된 수단입니다(롬 10:17). 예수님은 제자들에게 복음을 전파하라고 명령하셨습니다(마 28:20). 두 번째 규례는 세례입니다(마 28:19). 세례는 새 언약에 들어가는 표징이자 인장입니다(롬 6:3-4). 세례는 그리스도와의 연합, 죄의 씻김, 그리고 그분 안에서의 새로운 삶을 상징합니다. 세 번째 규례는 주의 성찬입니다(눅 22:19-20). 주의 성찬은 은혜의 수단으로, 믿는 자들의 믿음을 강화합니다. 주의 성찬은 십자가에서의 그리스도의 희생을 기념하고 그분의 재림을 기대합니다.

7. 복음 시대의 은혜 언약의 충분하고 확실한 영적 효과

은혜 언약은 복음 시대에 더욱 충만하고, 증거가 분명하고, 확실한 영적 효과가 나타납니다. 구약 시대보다 신약 시대에 은혜 언약의 경륜이 더 큽니다. 구약에서 은혜 언약은 예표, 그림자, 예언을 통해 계시되었습니다. 그러나 신약에서는 그리스도 자신이 이러한 약속의 성취로 계시되셨습니다(히 1:1-2).

복음 시대에 구원의 더 큰 증거들이 있습니다. 모세의 율법에서 구원은 희생과 의식으로 예표되었습니다. 그러나 복음 시대에 그리스도 안에서 구원이 분명히 드러났습니다(요 1:17). 그리스도의 죽음과 부활은 은혜에 대한 완전한 확신을 제공합니다. 구약에서는 이스라엘에게 이방인의 구원을 위한 사역이 맡겨졌습니다(출 19:5-6). 이스라엘은 하나님의 언약을 깨고, 이 기능을 하지 못했습니다(호 1:9). 그러나 복음 시대에는 은혜 언약이 모든 민족을 위해 더 큰 영적 효능을 가지게 되었습니다. 신약에서의 복음은 하늘 보좌 우편에 계신 그리스도의 사역과 성령의 사역에 의해(행 2:33)

모든 민족에게 확장되어 아브라함에게 하신 하나님의 약속을 성취합니다(창 12:3). 신약 시대에 성령은 전도자가 되십니다(고전 2:4). 그리스도가 성령을 부어 주심으로써 구원의 은혜가 더욱 풍성하게 일어나며, 신자들은 성령의 역사를 통해 더 큰 변화를 경험합니다. 따라서 은혜 언약은 구약과 신약 모두에 존재하며, 다양한 세대에서 주어졌지만, 그 본질은 동일합니다. 그러나 구약보다 신약에서 더 완전하게 계시되고 효과적이며 보편적입니다.

15주 | 구속 언약

8.1 하나님은 자신의 영원한 목적 안에 자신의 독생자이신 주 예수를 하나님과 사람 사이의 중보자로 택정하셨고(사 42:1; 벧전 1:19-20; 요 3:16; 딤전 2:5), 선지자(행 3:22), 제사장(히 5:5-6), 왕(시 2:6; 눅 1:33), 자기 교회의 머리요 구주(엡 5:23), 만유의 후사(히 1:2), 세상의 심판자(행 17:31)가 되게 하시기를 기뻐하셨다. 하나님은 영원으로부터 그분께 한 백성을 자신의 씨로 주셨으며(요 17:6; 시 22:30; 사 53:10), 때가 되어 그로 말미암아 그 백성이 구속함과 부르심을 받고 칭의와 성화와 영화를 얻게 하셨다(딤전 2:6; 사 55:4-5; 고전 1:30).

• **해설** •

1. 구속 언약

구속 언약(*Pactum Salutis*)은 택함받은 자의 구원에 관한 성부와 성자의 영원한 계약입니다. 이 언약은 세상이 창조되기 전에 이루어졌으며, 시간 속에서 은혜 언약의 기초가 됩니다. 구속 언약 없이 행위 언약이 존재한다면, 하나님의 전지성과 완전성에 문제가 생깁니다. 하나님이 아담이 타락할 가능성을 모르고 계시다가, 결국 아담이 타락하자, 은혜 언약을 서둘러서 마련하신 것으로 보입니다. 아닙니다. 하나님은 아담을 만드시고, 자유의지를 주셨기 때문에 타락의 가능성을 알고 계셨으며, 따라서 아담을 만들기도 전에 구속 언약을 마련해 두셨고, 아담이 타락했을 때, 구속 언약에 근거해서 아담과 은혜 언약을 맺으신 것입니다.

구속 언약의 용어 자체는 성경에 나타나지 않지만, 이 개념은 성경 전반에 걸쳐 나옵니다. 우선 구속 언약을 설명하고 있는 신약성경 구절로는, 창세전에 성부가 택하신 백성을 그분의 아들인 그리스도를 통해서 구원하시는 것을 기록하고 있는 에베소서 1장 4절 말씀이 있습니다. 또한 예수 그리스도는 제사장적 기도를 하나님 아버지께 드릴 때, 창세전에 아버지와 맺은 구속 언약에 근거하여 이 세상에서 아버지가 하라고 하신 구속 사역을 온전히 수행함으로 성부 하나님을 영화롭게 했기 때문에, 이제는 성부가 아들을 영화롭게 하실 차례라고 기도하셨습니다(요 17:5). 디도서 1장 2절은 영생을 얻는 방식을 하나님이 영원 전부터 마련하셨다고 말하는데, 이는 아들을 통한 구원 계획이 영원 전부터 아버지와 아들이 협의하여 계약한 것임을 알려 줍니다.

구원에 관한 성부와 성자의 영원한 합의인 구속 언약은 여러 구약성경 구절에서 언급됩니다. 이 교리를 뒷받침하는 몇 가지 주요 구약성경 구절 중에 먼저 시편 2편 7-8절을 들 수 있습니다. 이 구절은 성부가 성자에게 내리신 명령으로, 성자에게 열방을 다스릴 것을 약속하신 것이며, 그리스도의 구속 사역에서 성취되었습니다. 그다음으로 이사야 42장 6-7절을 언급할 수 있습니다. 이 본문은 하나님 아버지가 아들을 언약의 중보자로 임명하여 택함받은 자들을 구속하실 것을 의미합니다. 시편 40편 7-8절은 히브리서 10장 5-7절에 인용되어 있는데, 그리스도가 아버지의 구속 계획을 성취하기 위해 기꺼이 순종하신 것을 말하고 있습니다. 이사야 53장 10-12절에서 성부는 성자로 고난받게 하시고 희생 제사로 자신을 드리게 하셨는데, 그로 인하여 하나님의 백성을 일으키려는 목적이 있었음이 예언되어 있습니다. 아버지와 아들이 하나님의 백성을 구원하기 위해 그리스도를 창세전에 구주로 정해 놓으실 때, 아들은 그것에 기꺼이 동의하여 자신을 드릴 것을 예언하는 내용입니다.

따라서 이 구절들은 구원의 계획이 창세전에 신격 안에서, 특별히 성부와 성자 간의 영원한 합의였음을 시사합니다. 구속 언약에서 성부의 역할은 언약의 주가 되시는 것입니다. 성부는 창세전에 구원하실 백성을 택하셨습니다(엡 1:4). 그리고 아들을 구주로 정하셨으며, 아들에게 구속할 백성을 주셨습니다(요 6:37-39). 그리고 그리스도가 고난받으시고, 죽으심으로 구속 사역을 하셨을 때(엡 1:7), 아들을 높이셔서 영화롭게 하셨습니다(빌 2:9-11). 구속 언약에서 아들의 역할은 중보자이자 구속자이십니다. 그리스도는 기꺼이 인간 본성을 취하기로 동의하셨고, 실제로 그렇게 하셨습니다(빌 2:6-8). 그리스도는 율법에 완벽하게 순종하여 의를 확보하셨습니다(갈 4:4-5). 그리고 그리스도는 성부가 택하신 자들을 대신하여 죽으셨습니다(사 53:10-12). 그리스도는 부활하시고 승천하시어 하늘 보좌 우편에 등극하시고, 하나님의 백성을 위해 중보하십니다(히 7:25).

구속 언약에서 성령 하나님이 제외되신 것은 아닙니다. 성령 하나님은 성부와 성자가 계약을 맺으실 때 증거자이십니다. 더욱이 성부와 성자가 택함받은 백성의 구속 방식을 정하셨을 때, 성령이 구속의 적용에 대해 하실 역할이 정해졌다고 추론할 수 있습니다. 구약성경에서 특별히 포로기 시대의 선지자들로 새 언약과 성령의 사역을 함께 예언하게 하셨습니다. 이사야 61장 1절에는 구원을 적용하는 데 있어서 성령의 역할에 대해 예언되어 있습니다. 이 구절은 예수님이 인용하셨으며(눅 4:18), 성부가 아들이 구원을 수행하기 위해 성령을 아들에게 기름 부으신 것을 보여 줍니다. 에스겔 36장 26-27절에는 성령이 구원을 적용하시고, 택함받은 자들을 거듭나게 하시는 것이 예언되어 있습니다.

신약에서는 그리스도의 말씀으로 성령의 사역이 더욱 구체적으로 드러났습니다. 그리스도는 자신의 사역을 성령이 믿는 자들에게 적용하신다고 말씀하셨습니다(요 16:14). 바울은 성부가 택하신 자들을 성령이 거듭나게 하신다고 말했습니다(딛 3:5). 히브리서 기자는 성령이 그리스도의 보혈을 적용하여 거듭나게 하신다고 말했습니다(히 9:14).

이렇게 구속 언약은 은혜 언약의 기초가 됩니다. 그리스도로 말미암아 성취된 은혜 언약, 새 언약은 삼위 하나님의 구속 사역을 더욱 분명하게 드러냅니다. 성부의 선택을 위해 그리스도는 구속 사역을 수행하시고, 성부는 성령으로 택하신 자들에게 구원이 실제로 일어나도록 유효하게 부르시어, 그리스도를 믿게 하시고, 그리스도를 믿는 그들로 의롭다 하시고, 성령으로 그들을 성화시키시고, 죽음으로 그들을 영화롭게 하십니다(벧전 1:2; 롬 8:30; 유 1:1).

2. 중보자의 삼중적 직분

은혜 언약의 중보자로서 예수 그리스도는 세 가지 특별한 직분을 수행하셨습니다. 이 삼중적 직분은 라틴어로 '*Munus Triplex*'로 알려져 있으며 성경에서 가르치고 있는 바입니다.

예수님은 중보자로서 먼저 선지자의 직분을 수행하셨습니다. 모세는 선지자로서의 예수님에 대해 예언했습니다(신 18:15). 그리스도는 자신이 하나님 아버지의 말씀을 전함을 강조하셨습니다(요 14:24). 예수님이 제자들과 함께 변화산에 올라가셨을 때, 성부 하나님은 제자들에게 그리스도의 말씀을 들을 것을 명령하셨습니다(마 17:5). 그리스도가 선지자 직분을 이행하시는 것을 성부가 직접 증거하신 것입니다. 따라서 예수님은 선지자로서 그분의 백성에게 하나님의 뜻과 진리를 계시하십니다. 예수님은 최종적이며 완벽한 선지자로서 신성한 권위로 말씀하십니다(히 1:1-2). 예수님은 신성한 권위로 가르치시고, 그분의 메시지를 확증하기 위해 표적을 행하시고, 아버지의 뜻을 온전히 드러내셨습니다. 히브리서 기자는 예수님이 모세보다 더 크신 것을 증언했습니다(히 3:3, 5-6).

중보자로서 예수님은 제사장의 직분을 가지고 계십니다. 예수님은 먼저 자신이 제사장으로서(시 110:4) 그리고 자신을 하나님의 백성의 죄를 위한 완벽한 대속물로 드리셨습니다(히 9:12). 예수님은 부활하시고 승천하시어 하나님 보좌 우편에 등극하시어서, 자신의 백성을 위해 중보하십니다(히 7:25). 스데반 집사가 순교할 때에도, 예수님은 중보자로서의 사역을 하셨습니다(행 7:55-56). 그리스도는 자신의 백성을 위해 중보함으로써 제사장의 일을 계속하십니다. 레위 지파의 제사장들과 달리, 그리스도의 제사장직은 영원합니다.

그리스도는 중보자의 직무를 수행하기 위해 왕의 직분을 가지셨습니다. 구속 언약의 본문인 시편 2편 6절에서 성부는 성자를 시온의 왕으로 세웠다고 선언하셨습니다. 이사야 선지자도 그리스도께 왕권이 부여되었음을 예언했습니다(사 9:6-7). 예수님은 부활하신 후에 성부 하나님이 자신에게 하늘과 땅의 모든 권세를 주셨다고 선언하셨습니다(마 28:18). 사도 바울은 그리스도가 재림하여 심판하시기까지 왕으로서 통치하시는 분이라고 말했습니다(고전 15:25). 그리스도의 왕권과 왕의 직무는 그분이 재림하시기까지 있는 것입니다. 이는 그리스도가 중보자의 역할을 하기 위해 필수적인 것입니다. 그리스도는 왕으로서 그분의 교회와 모든 창조물을 다스리시며, 원수를 정복하시고, 그분의 백성을 보호하시며, 정의를 집행하십니다.

그리스도의 왕국은 지금 영적이며, 그분이 돌아오실 때 완전히 실현될 것입니다. 그리스도는 만왕의 왕이시며, 현재 하늘에서 통치하고 계시며, 그분의 영원한 왕국을 세우기 위해 영광 중에 돌아오실 것입니다. 중보자로서의 예수님은 이러한 직분들을 완벽하게 수행하시어 그분의 백성의 구원과 영원한 안전을 보장하십니다.

그리스도의 삼중적 직분은 성경의 여러 구절에 나옵니다. 그러나 이사야 53장 10-12절에 삼중적 직무 모두가 함께 언급되어 있습니다. 이사야 53장 10절은 그리스도의 제사장 직분을 예언하고 있으며, 11절에는 그리스도의 선지자 직분이, 12절에는 그리스도의 왕의 직분이 예언되어 있습니다. 그리스도의 삼중적 직분에 대한 예언은 그 앞에 있는 본문인 이사야 49장, 52장, 53장에서 구속 언약을 말하고 있고, 53장 마지막 부분에서 언급하고 있습니다. 따라서 구속 언약, 즉 성부와 성자가 영원한 합의 아래에 맺은 언약에는 그리스도의 중재자로서의 삼중적 직분과 그에 따른 직무가 포함되어 있음을 확인할 수 있습니다.

3. 교회의 머리이자 구주

예수 그리스도는 교회의 머리이자 구주이십니다. 그리스도는 교회에 대한 최고 권위를 행사하시고 교회에 속한 모든 사람에게 구원을 가져다주십니다. 이 두 가지 역할은 깊이 연결되어 있습니다. 그리스도는 교회를 인도하시고, 유지하시고, 다스리시는 동시에 교회를 구속하시는 분입니다. 예수님은 교회에 대한 절대적인 권위를 가지고 계시며(엡 1:22-23), 교회 생명의 근원이십니다(골 1:18). 그리스도는 말씀과 성령으로 신자들을 다스리시고, 보호하시고, 인도하십니다. 어떤 인간 지도자(교황, 목사, 주교)도 그리스도의 수장 직분을 대신할 수 없습니다. 따라서 교회는 인간의 전통보다는 그리스도의 지도력과 가르침에 복종해야 합니다.

그리스도는 교회의 구주가 되십니다. 예수님은 자신의 백성을 죄에서 구속하기 위해 자신의 생명을 주셨으며(딛 2:13-14), 자신의 말씀을 통해 교회를 씻으시고, 거룩하게 하시고, 정결케 하십니다(엡 5:26). 예수님은 자신의 백성을 위해 중보하시어 그들의 구원을 보장하십니다(히 7:25). 따라서 교회의 구원은 전적으로 예수님의 사역에 달려 있습니다. 인간의 노력, 교회 전통 또는 종교적 의식에 달려 있지 않습니다. 예수님만이 교회의 기초이며, 그분은 교회의 머리로서 교회를 인도하시고, 구주로서 영원한 구원을 주십니다.

4. 만유의 후사(모든 것의 상속자)

성경은 예수 그리스도가 모든 것의 상속자라고 선언하는데, 이는 모든 창조물, 권위, 영광이 신성한 권리에 의해 그분께 속한다는 것을 의미합니다. 이 진리는 하나님의 아들, 창조주, 세상의 구주로서의 그분의 정체성에 뿌리를 두고 있습니다(히 1:2; 골 1:16). 그리스도가 모든 것의 상속자가 되시는 것의 의미는 그분이 모든 창조물을 상속받으셨다는 것입니다. 그리스도는 하나님의 아들로서 보이는 것과 보이지 않는 모든 것의 합법적 상속자이십니다. 그리스도는 모든 나라를 다스리십니다. 하나님은 예수님께 모든 왕국, 통치자, 사람들에 대한 권세를 주셨습니다. 그래서 그리스도는 영원히 통치하실 것입니다.

그리스도는 교회를 소유하십니다. 신자들은 그분의 상속의 일부입니다(엡 1:18). 그리스도의 상속에는 새 하늘과 새 땅에 대한 영원한 지배가 포함됩니다(계 11:15). 그리스도는 신자들과 그분의 유업을 나누십니다(롬 8:17; 엡 1:11). 신자들은 믿음으로 그리스도의 왕국의 부를 공유합니다. 그리스도의 승리는 신자가 그리스도와 함께 영생과 영광을 상속받는다는 것을 의미합니다.

5. 세상의 심판자

예수 그리스도는 모든 인류의 임명된 심판자이시며, 마지막 때에 그분은 완벽한 정의를 집행하여 의로운 자에게 상을 주시고 악한 자에게 벌을 내리실 것입니다. 심판자로서의 그분의 역할은 그분의 신성한 권위의 중요한 부분입니다. 심판자의 자격과 권위는 성부의 것이지만, 성부가 아들에게 주셨습니다(요 5:22). 그리스도의 부활은 그분이 심판하기 위해 돌아오실 것이라는 증거입니다(행 17:31). 그리스도는 최후의 심판에서 산 자와 죽은 자를 모두 심판하실 것입니다(딤후 4:1). 따라서 신자는 거룩함과 경건함으로 살아야 하며(행 24:15-16), 모든 사람은 그리스도께 대답해야 한다는 것을 알아야 합니다(롬 14:10-11).

예수님의 심판의 기준은 그분의 말씀입니다. 즉, 복음의 진리에 따라 심판하실 것입니다(요 12:48). 그리스도는 마음의 은밀한 것을 포함하여 모든 사람을 심판하실 것이며(롬 2:16), 의와 정의에 따라 심판하실 것입니다(계 20:12). 따라서 우리는 하나님의 말씀을 진지하게 받아들여야 합니다. 하나님의 말씀은 우리가 심판받는 기준이기 때문입니다. 예수님의 심판은 두 가지 결과를 낳습니다. 의로운 자, 즉 믿는 자는 영생을 받고 하나님의 나라에 들어갈 것이나(마 25:31-32), 악한 자 혹은 믿지 않는 자는 영원한 형벌을 받고 하나님으로부터 영원히 분리될 것입니다(마 25:46). 따라서 우리는 우리의 믿음을 살펴보고 우리가 그리스도 안에 있는지 확인해야 합니다. 오직 그분을 통해서만 우리는 하나님 앞에서 의롭게 설 수 있기 때문입니다.

16주 | 그리스도의 신성과 인성

8.2 삼위 중에 제2위이신 하나님의 아들은 참되시고 영원하신 하나님이시요, 성부와 한 본체이시며, 동등하신 분으로 때가 차매 인간의 본성과(요 1:1, 14; 요일 5:20; 빌 2:6; 갈 4:4) 인간의 본성에 속한 모든 본질적인 특성들과 일반적인 연약함들을 취하셨으나, 죄는 없으시다(히 2:14, 16-17, 4:15). 그분은 성령의 능력으로, 동정녀 마리아의 몸에 잉태되시고, 그녀의 본질을 취하셨다(눅 1:27, 31, 35; 갈 4:4). 그래서 두 개의 온전하고, 완전하고, 구별된 본성인 신성과 인성이 전환이나 혼합이나 혼동됨이 없이, 한 인격 안에서 분리할 수 없게 서로 결합되었다(눅 1:35; 골 2:9; 롬 9:5; 벧전 3:18; 딤전 3:16). 이 인격은 참 하나님이며, 참 사람이시지만 한 분 그리스도요, 하나님과 사람 사이의 유일한 중보자이시다(롬 1:3-4; 딤전 2:5).

• 해설 •

1. 성육신 이전의 그리스도

예수님이 사람으로 지상에 나타나시기 전에, 그분은 하나님의 아들, 삼위일체의 두 번째 인격으로서 영원히 존재하셨습니다. 즉, 아버지와 성령과 동등하셨습니다. 그리스도는 항상 하나님으로서 존재하셨습니다. 성육신하시기 전에 영원한 신자의 구원을 위해 존재해 오셨습니다(요 1:14). 그리스도는 창조주이셨습니다(골 1:16-17). 그리스도는 자신의 능력으로 우주를 지탱하십니다. 그리스도는 하나님 영광의 광채이신데, 이는 하나님의 본성을 온전히 드러내신다는 뜻입니다. 그리스도는 성부 하나님이 맡기신 구속 사역을 온전히 이루시면서 기도하시기를, "아버지여 창세전에 내가 아버지와 함께 가졌던 영화"(요 17:5)라고 말씀하셨습니다. 예수님은 항상 하나님의 아들이셨고, 영원하셨으며, 아버지와 같은 영광을 공유하셨습니다.

그리스도가 성육신하시기 전에도 그분은 구약성경에서 다양한 방식으로 나타나셨습니다. 이것을 그리스도의 현현(Christophany)이라고 부릅니다. 여호수아에게 군대 장관으로 나타나신 분은 그리스도이셨습니다(수 5:13-15). 사드락, 메삭, 아벳느고와 함께 불타는 용광로에 들어간 네 번째 사람은 그리스도이십니다(단 3:24-25). 따라서 예수님은 베들레헴에서 태어나면서 존재하기 시작하지 않으셨으며, 그것은 오직 성육신을 표시했습니다.

2. 그리스도가 신성과 연합하여 취하신 인성

그리스도는 중보자의 사역을 성취하기 위해 자신의 완전한 신성을 유지하면서 참된 인간 본성을 취하셨습니다. 즉, 그리스도는 두 가지 본성을 가진 한 인격이십니다. 다시 말해, 완전한 신성과 완전한 인간성을 가지셨습니다. 그리스도는 참된 인간 본성을 취하셨습니다(빌 2:6-7). 그래서 실제 인간의 몸을 입으셨습니다. 그리스도는 태어나고, 성장하고, 먹고, 잠을 자고, 고통받고, 죽으셨습니다. 그리스도는 또한 인간의 영혼, 마음, 감정을 가지고 계셨습니다(눅 2:52; 요 11:35). 그러나 그리스도는 하나님이신 것을 멈추지 않으시고, 신성에 더해 인간성을 취하셨습니다. 따라서 그리스도의 한 인격 안에 완전한 하나님(신성한 본성)이자 완전한 사람(인간의 본성)이 계십니다(골 2:9). 이것을 위격적 연합이라고 합니다. 그분의 두 본성은 결합되어 있지만 섞이거나 변하지 않습니다.

그리스도는 하나님으로서 영원하시고 전능하시며 죄가 없으십니다. 한편으로 그리스도는 사람으로서 하나님 앞에서 고통을 받아 죽으시고 인류를 대표하실 수 있었습니다. 그리스도가 하나님이신데, 사람의 본성을 취하신 것은 하나님으로서 죄가 없는 상태를 유지하시고, 율법을 온전히 지키시며, 하나님의 택하신 백성 대신 고통을 받으셔서, 중보자로서 하나님의 택하신 죄인들이 하나님과 화해하게 하시기 위한 것입니다.

3. 그리스도가 취하신 인간의 본성의 특성과 연약함

그리스도는 죄를 제외한 모든 필수적인 속성과 공통적인 연약함을 가진 인간 본성을 온전히 받아들이셨습니다. 그리스도는 참된 인간 본성을 가지고 계셨습니다. 그리스도는 우리와 같이 혈육의 진짜 몸을 가지고 계셨으며(히 2:14), 신체적, 지적, 사회적으로 성장을 경험하셨습니다(눅 2:52). 그리스도는 배고픔(마 4:2)과 피로를 경험하셨습니다(요 4:6). 그리스도는 깊은 슬픔을 느끼셨습니다(마 26:38). 그리스도는 우리와 똑같은 유혹을 받으셨습니다. 그러나 죄는 없으셨습니다(히 4:15). 그리스도는 말과 행동에서 완전히 죄가 없으셨습니다(벧전 2:22). 그리스도는 죄를 경험하신 적이 없습니다. 그리스도의 무죄함은 그분이 우리 죄를 위한 완벽한 희생이 될 자격을 갖추게 했습니다(히 9:14). 그리스도는 사람으로서 하나님의 율법을 완벽하게 지킴으로 의로우신 분인데, 이는 하나님의 택하신 백성에게 자신의 의를 주시기 위한 것입니다(롬 10:4; 고후 5:21).

4. 동정녀 마리아를 통한 그리스도의 탄생

동정녀 탄생은 예수 그리스도, 하나님의 영원한 아들이 지상의 아버지 없이 성령의 힘으로 동정녀 마리아의 태에서 잉태되어 인간의 본성을 취하신 기적적인 사건입니다. 이것은 그리스도가 죄 없고 완전한 인간으로 세상에 들어오면서도 완전한 신성을 유지하시는 수단이었습니다. 동정녀 탄생은 그리스도가 오시기 오래전에 예언되었습니다. 마태복음 1장 23절에서 인용된 이사야 7장 14절은 처녀가 잉태하여 아들을 낳을 것이니 그의 이름을 임마누엘이라고 부르라는 것입니다. '임마누엘'은 '하나님이 우리와 함께 계시다'라는 뜻으로, 그리스도의 신성을 의미합니다.

동정녀 탄생은 성령에 의한 초자연적 잉태로 성취됩니다(눅 1:35). 마리아는 성령으로 인해 결혼 전에 임신했으며, 이는 하나님의 기적적인 행위임을 증명합니다(마 1:18-23). 그리스도의 기적적인 탄생의 필요성은 그리스도의 무죄함을 보장하기 위한 것입니다. 그리스도는 원죄로부터 자유로워지려면 자연 질서와 별도로 잉태되셔야 했습니다(히 7:26). 성육신에 대한 하나님의 계획을 성취하기 위해서 필요했습니다. 하나님은 인간 본성을 취하여 사람들 가운데 사시고 구원을 이루셨습니다. 그리스도에 대한 임마누엘의 예언이 성취되기 위한 것입니다.

예수님의 탄생은 인간의 노력에 의한 것이 아니었으며, 구원은 전적으로 하나님의 일임을 증명합니다. 구원은 사람이 아니라 하나님에게서 온다는 것을 보여 줍니다. 그리스도의 동정녀 탄생은 그리스도가 죄 없는 구세주, 하나님의 참된 아들, 하나님과 인간 사이의 완벽한 중보자가 되시는 데 필수적이었습니다.

8.3 신성과 결합된 인성을 지닌 주 예수는 성령으로 거룩하게 되시고 한량없이 기름 부음을 받으셨으며(시 45:7; 요 3:34), 그분 안에 지혜와 지식의 모든 보화가 있고(골 2:3), 성부는 모든 충만으로 그분 안에 거하게 하시기를 기뻐하셨다(골 1:19). 이는 그분이 거룩하시고, 악이 없으시고, 더러움이 없으시고, 은혜와 진리로 충만하시어(히 7:26; 요 1:14), 중보자와 보증인의 직무를(행 10:38; 히 12:24, 7:22) 수행하는 것에 완전히 구비되시게 했다. 그분은 자신의 직무를 스스로 취하신 것이 아니라 성부에 의해 이 직무로 부름을 받으셨다(히 5:4-5). 성부는 모든 권세와 심판을 그분의 손에 맡기시고, 그것을 수행하라고 명령하셨다(요 5:22, 27; 마 28:18; 행 2:36).

• 해설 •

5. 성령으로 기름 부음 받으심

예수 그리스도는 인간 본성으로 다른 모든 사람을 능가하는 방식으로 성령으로 독특하게 거룩하게 하심과 기름 부으심을 받으셨습니다. 이것은 그분이 메시아(기름 부음 받은 자)로서 선지자, 제사장, 왕의 역할(구약에서 세 직무는 구별을 나타내도록 모두 기름 부음을 받았습니다)을 다하고 구속의 사역을 완벽하게 성취하시는 데 필요했습니다. 그리스도가 성령으로 기름 부음을 받으심으로써 그리스도의 인간 본성은 완벽하게 거룩했습니다. 죄 가운데 태어난 다른 모든 인간과는 달리(시 51:5), 예수님은 성령으로 잉태되셨고 원죄로부터 자유로우셨습니다. 즉, 예수님은 잉태부터 거룩해져서, 그분의 인간적 본성이 순수하고 죄가 없으며 완벽하게 순종하는 것이 보장되었습니다(눅 1:35). 완벽한 대제사장으로서 예수님은 완전히 거룩하셔야 했고 죄의 더러움으로부터 자유로우셔야 했습니다(히 7:26).

'기름 부음'이라는 용어는 신성한 사명을 위해 따로 구별되고 능력을 부여받는 것을 의미합니다. 구약 시대의 선지자, 제사장, 왕들은 성령의 상징으로 기름 부음을 받았지만, 예수님은 성령의 충만함을 받으셨습니다. 성령을 제한적으로 받은 다른 사람들과 달리 예수님은 한량없이 기름 부음을 받으셨는데, 이는 그분이 신성한 권능의 충만함을 소유하셨다는 것을 의미합니다(요 3:34). 예수님은 자신이 메시아(기름 부음 받은 자)이며, 성령으로 능력을 받아 사명을 완수한다고 선언하셨습니다(눅 4:18-19). 하나님이 예수님께 성령과 능력으로 기름을 부으셨는데, 그리스도로 기적을 행하게 하시고, 귀신을 쫓아내시어, 하나님의 나라를 증명하게 하시기 위한 것이었습니다(행 10:38). 따라서 하나님은 예수님이 세례를 받으실 때, 성령으로 공개적으로 기름 부음 받음을 나타내시고, 그리스도로 지상 사역을 시작하게 하셨습니다(마 3:16).

성령은 그리스도의 공생애 사역에서 그리스도를 인도하시고 능력을 주셨습니다(눅 4:1). 그리스도의 기적은 성령을 통해 이루어졌습니다. 그리스도의 죽음에도 성령이 함께하셨습니다. 그분의 시신은 보통의 사람과 달리 썩지 않았습니다. 그리고 성령이 그리스도를 죽음에서 일으키셨습니다(롬 8:11). 그리스도는 승천하신 후 오순절에 성령을 부어 주셨습니다(행 2:33). 기름 부음 받은 자로서의 예수님은 이제 믿는 자들에게 같은 성령으로 기름 부으십니다(요일 2:20, 27). 믿는 자들은 그리스도의 기름 부음에 참여하고 그분의 영으로 충만해집니다.

예수 그리스도는 성령으로 인간 본성이 거룩해지셨고, 메시아로서의 일을 성취하기 위해 헤아릴 수 없을 만큼 성령으로 기름 부음을 받으셨습니다. 이 기름 부음은 그분께 사역을 위한 능력을 부여했으며, 오늘날에도 성령이 믿는 이들 안에서 역사하시는 것을 통해 계속되고 있습니다.

6. 그리스도의 지혜와 지식

성부 하나님은 예수님이 중재자, 보증인, 구주로서 역할을 하도록 신성한 지혜와 지식으로 완벽하게 갖추게 하셨습니다. 그리스도의 지혜는 무한하고 완전하며, 인간의 이해를 넘어서서, 완벽한 의로움으로 가르치시고, 판단하시고, 구속하시고, 통치하실 수 있게 합니다. 예수님은 하나님의 영원한 아들로서 영원부터 하나님의 지혜를 소유하셨습니다. 그러나 예수님은 인간적인 본성 속에서도 헤아릴 수 없을 만큼 지혜를 신성하게 부여받으셨습니다(눅 2:40). 그리스도는 항상 하나님으로서 완벽하게 지혜로우셨지만, 인간적인 본성 속에서는 하나님의 계획에 따라 지혜가 자라났습니다(눅 2:52).

예수님은 영으로 기름 부음을 받아 그분의 사명을 완수할 수 있도록 완벽한 지혜, 총명, 모략을 받으셨습니다(사 11:2). 따라서 예수님의 가르침은 신성한 지혜로 가득 차 있었고, 서기관과 사람들을 놀라게 했습니다(마 7:28-29). 사람들은 예수의 놀라운 지혜를 알아봤지만, 그 신성한 근원을 이해할 수 없었습니다(마 13:54). 예수님은 판단과 가르침에서 완벽한 지혜를 보여 주셨습니다. 예수님의 지혜는 단지 말에만 있었던 것이 아니라, 마음을 분별하시고, 불가능한 질문에 답하시고, 신성한 통찰력으로 가르치시는 능력에 있었습니다. 예수님은 인간의 마음, 동기, 의도를 완벽하게 알고 계셨습니다(요 2:25).

7. 성부의 모든 충만으로 그리스도 안에 거하심

그리스도의 중보자 사역을 위해 하나님 아버지가 그리스도 안에 충만하게 거하십니다. 즉, 하나님의 신성한 본성, 권능, 지혜, 영광의 충만함이 예수님 안에 완전하고 완벽하게 존재한다는 의미입니다(골 1:19). 예수님은 단순히 하나님의 반영이 아니라 하나님의 충만함이 실제로 거하시는 곳입니다. 성경은 하나님의 모든 신성한 본질이 예수님의 인간 몸에 완전하고 영구적으로 존재한다고 말하면서 그리스도의 신성을 명확하게 확증합니다(골 2:9). 예수님은 아버지가 자신 안에 거하신다고 말씀하셨습니다(요 14:10). 더욱이 예수님은 "나와 아버지는 하나이니라"라고 말씀하셨습니다(요 10:30). 따라서 그리스도의 모든 말씀과 일은 하나님의 직접적인 계시입니다. 성부가 모든 충만으로 그리스도 안에 거하신 이유는 그리스도가 중보자의 사역을 하게 하시기 위해서입니다.

17주 | 그리스도의 구속 사역

8.4 이 직무를 주 예수께서는 아주 기꺼이 맡으셨으며(시 40:7-8; 히 10:5-10; 요 10:18; 빌 2:8), 이 직무를 수행하기 위하여 율법 아래 나셨고(갈 4:4), 율법을 온전히 성취하셨으며(마 3:15, 5:17), 그분은 자신의 영혼으로는 가장 극심한 고통을 견디어 내셨으며(마 26:37-38; 눅 22:44; 마 27:46), 자신의 몸으로는 가장 아픈 고통을 견디어 내셨고(마 26-27장), 십자가에 못 박혀 죽으시고(빌 2:8), 장사되어 사망의 권세 아래 계셨으나 그분의 몸은 결코 썩지 않았으며(행 2:23-24, 27, 13:37; 롬 6:9) 죽은 지 3일 만에(고전 15:3-5) 고통받으셨던 그 몸으로 다시 살아나시어(요 20:25, 27) 또한 하늘에 오르셨으며, 거기서 그분의 아버지의 우편에 앉으셔서(막 16:19) 간구하시고(롬 8:34; 히 9:24, 7:25) 세상 끝 날에 사람들과 천사들을 심판하기 위하여 다시 오실 것이다(롬 14:9-10; 행 1:11, 10:42; 마 13:40-42; 유 1:6; 벧후 2:4).

• 해설 •

1. 율법 아래에 나심

중보자이자 구속자로서의 자신의 직분을 다하기 위해 예수님은 기꺼이 율법 아래에 나시고, 굴욕을 감수하셨습니다. 예수님은 율법 아래에서 나셨으므로 율법의 모든 요구 사항을 따라야 하셨습니다(갈 4:4-5). 그러나 율법을 완벽하게 지키심으로써 아담과 모든 인류가 하지 못한 것을 이루셨습니다. 예수님이 율법을 완전하게 지키신 것은 능동적 순종이었습니다(마 5:17).

예수님은 죄 없이 하나님의 모든 계명과 법도를 지키셨습니다. 그리스도가 율법을 완전하게 지킴으로써 획득하신 완전한 의로움은 그분이 합당한 희생 제물이 되기 위해 필요했으며, 그분의 의를 그분을 믿는 자들에게 전가하기 위한 것이었습니다. 따라서 모든 면에서 시험을 받으셨지만, 예수님은 결코 하나님의 법을 어기지 않으셨습니다(히 4:15). 율법을 완전히 지키신 그리스도의 능동적 순종(완전한 삶)은 신자들에게 의로움을 제공합니다(롬 5:19).

그리스도는 율법을 완전히 지키심으로 의로운 분이시지만, 율법 아래에서 율법의 저주를 짊어지셨습니다. 그리스도는 자발적으로 십자가를 지셨습니다(요 10:18). 율법의 형벌 아래에서 고난과 죽음을 당하셨습니다. 이것은 성부와 성자 간의 구속 언약에 의한 것입니다(요 17:5). 이사야 선지자는 성부가 그리스도로 질고를 당하게 하시며, 속건 제물로 드리기를 원하셨다고 예언했습니다(사 53:10). 이 예언은 그리스도 자신을 위한 것이 아니라 하나님의 택하신 백성의 질고를 지는 것이라고 말했습니다(사 53:4-6). 즉, 그리스도가 율법의 형벌을 지고 십자가에서 죽으신 것은 하나님의 택하신 백성의 죄를 어긴 것의 심판을 대신 지신 것입니다. 예수님은 죄인들을 대신하여 율법의 저주를 짊어지셨고, 그 모든 형벌을 견디셨습니다(갈 3:13). 따라서 그리스도는 죄인을 구속하기 위해 율법 아래에서 나셨으며, 그러나 그리스도는 율법에 완벽하게 순종하셨으며, 죄인을 위해 율법의 저주를 겪으셨습니다. 그리스도의 순종과 고난으로 인해, 믿는 자들은 율법의 정죄에서 해방되고 그분의 의로움을 받습니다(롬 8:1-4).

2. 그리스도의 부활, 승천, 등극

예수 그리스도의 부활은 하나님의 초자연적인 행위였으며, 예수님은 하나님의 능력으로 죽음에서 육신으로 부활하셨습니다. 예수님의 부활은 영적인 부활이 아니라 육체적 부활이었습니다. 그리스도는 만질 수 있는 실제적이고 영광스러운 몸을 가지고 계셨습니다(눅 24:39). 하나님 아버지가 예수를 죽음에서 부활시키셨습니다. 죽음은 그분이 죄가 없으시기 때문에 그분을 붙잡을 수 없었습니다(행 2:24). 성령이 그리스도의 부활에 관여하셨습니다(롬 8:11). 예수님께는 자신의 생명을 되찾을 권세가 있었습니다(요 10:18). 그리스도의 부활은 성부, 성자, 성령의 역사였습니다. 예수님의 부활은 그분이 하나님의 아들이심을 증명하며(롬 1:4), 신자의 의롭다 함을 보장합니다(롬 4:25).

예수님은 부활하신 후 육신으로 하늘로 올라가셨습니다. 예수님이 승천하실 때, 제자들이 보았습니다. 하나님의 영광의 표징(마 17:5)인 구름이 그리스도를 영접했습니다(행 1:9-11). 이때 천사들은 그분이 승천하신 것과 같은 방식으로 돌아올 것이라고 했습니다. 예수님은 자신의 신성한 힘과 권위로 기꺼이 승천하셨습니다. 예수님은 승천하셔서 하나님 보좌 우편에 앉으셨습니다(막 16:19). 하나님 보좌 우편이라는 것은 그리스도의 권세와 통치를 의미합니다. 그래서 예수님은 지금 권능과 권위로 통치하고 계십니다. 그리스도의 승천은 그분의 지상 사명의 완성과 왕과 주님으로서의 그분의 승천을 의미합니다(빌 2:9-11). 그리스도의 승천과 등극은 하나님 아버지가 지상에서의 구속 사역을 완수하신 아들을 영화롭게 높이신 것입니다. 그리스도가 십자가 죽음을 앞두고, 아버지께 자신을 영화롭게 해달라고 하셨던 간구(요 17:5)에 성부 하나님이 응답하신 것입니다.

예수님의 등극은 아버지가 맡겨 주신 양들의 구원을 위한 것이었습니다 (요 17:11). 아들은 하늘 보좌 우편에서 아버지가 맡겨 주신 양들의 구원을 위해 일하십니다. 따라서 등극하신 예수님은 아버지와 함께 성령을 보내셨습니다. 성령의 구원을 적용하는 사역이 등극하신 그리스도에 의해 일어납니다. 그래서 그리스도는 지상에 계실 때, 성령을 약속해 주셨던 것입니다(요 16:7). 성령은 그리스도의 보혈을 성부가 선택하신 백성에게 뿌려서 중생케 하는 일을 그리스도에 의해 하고 계십니다(히 9:14). 더욱이 예수님은 등극하셔서 하나님의 백성을 위해 기도하고 중보하십니다(히 7:25). 하늘에서 선지자로서, 대제사장으로서, 그리고 왕으로서 사역하고 계십니다. 예수님의 사역은 성부가 택하신 백성의 수를 완성하시기까지 하늘 보좌 우편에서 지속됩니다(고전 15:25).

3. 그리스도의 재림과 심판

그리스도는 성부가 구원을 위해 자신에게 맡기신 백성을 다 구원하시면, 자신이 만든 나라를 성부 하나님께 바치고, 그리스도 믿기를 거부하고 하나님께 굴복되지 않은 자들을 심판하기 위해 다시 오실 것입니다. 이때의 예수 그리스도의 재림은 영광스럽고, 눈에 보이고, 갑작스러우며, 최종적입니다. 그리스도는 천사와 모든 인류를 포함하여 산 자와 죽은 자를 심판하기 위해 오실 것입니다. 그리스도는 권능과 영광으로 다시 돌아오실 것입니다.

그분의 재림은 모든 사람에게 눈에 보일 것인데(마 24:30), 그분의 원수를 포함하여 모든 사람이 그분의 재림을 목격할 것입니다. 그리스도는 거룩한 천사들과 함께 오셔서 심판을 집행하실 것입니다(마 25:31). 그리스도는 모든 사람을 다스리는 왕과 심판관으로 앉으실 것입니다. 그리스도가 다시 오실 때, 의로운 자와 악한 자 모두 죽음에서 부활할 것입니다. 의로운 자는 영생을 받고 악한 자는 심판을 받을 것입니다. 의로운 자(양)는 영생으로 상을 받을 것이지만, 악한 자(염소)는 영원한 형벌을 받을 것입니다(마 25:46).

8.5 주 예수는 완전하게 순종하시고, 영원하신 성령을 통하여 하나님께 단번에 자신을 제물로 드림으로써, 그분의 아버지의 공의를 충분하게 만족시키셨으며(롬 5:19; 히 9:14, 16, 10:14; 엡 5:2; 롬 3:25-26), 성부가 그분에게 주신 모든 자를 위하여 하나님과의 화목뿐만 아니라 하나님 나라에서의 영원한 기업을 값 주고 사셨다(단 9:24, 26; 골 1:19-20; 엡 1:11, 14; 요 17:2; 히 9:12, 15).

• 해설 •

4. 하나님의 공의를 만족시키심

그리스도는 완전한 순종, 고난, 십자가에서의 희생적 죽음을 통해 하나님의 공의를 완전히 만족시키셨습니다. 그리스도는 먼저 자신의 순종으로 하나님의 공의를 만족시키셨습니다. 아담의 죄는 정죄를 가져왔지만, 그리스도의 순종은 의로움을 확보했습니다(롬 5:19). 예수님은 율법 아래에 나시어서 율법을 완벽하게 지키셨습니다. 이렇게 하나님의 공의를 만족시키시고, 율법 아래에 있는 자들로 아들의 분깃을 얻게 하시려는 것이었습니다. 예수님은 십자가에서 죄의 완전한 형벌을 짊어지셨습니다. 예수님은 하나님이 택하신 백성을 대신하여 형벌을 짊어지신 것이었습니다(사 53:4-5). 그리스도는 하나님이 선택하신 백성을 대신하여 죄의 형벌을 짊어짐으로 하나님의 공의를 만족시키셨습니다. 이것을 속죄(atonement)라고 부릅니다.

5. 구속과 화해

예수님의 희생적 제사는 하나님의 백성을 위한 구속(redemption)과 화해(reconciliation)를 모두 확보하게 했습니다. 십자가에서의 그분의 희생적 죽음은 하나님의 공의를 완전히 만족시키고, 죄에 대한 벌을 치르고, 죄인과 하나님 사이의 올바른 관계를 회복했습니다. 그리스도의 피가 구속을 샀습니다(엡 1:7). 구속은 예수님의 피로 죄에 대한 대가를 지불함으로써 죄의 속박에서 해방되는 것을 의미합니다. 예수님은 세상적인 부가 아니라 자신의 피로 우리를 죄의 노예 상태에서 해방하기 위해 대속물을 지불하셨습니다(벧전 1:18-19). 그리스도의 피는 모든 나라에서 사람들을 하나님께 구속했습니다(계 5:9).

예수님의 피는 화해를 확보했습니다. 예수님은 자신의 피로 하나님과 죄인 사이에 화평을 이루셨습니다(골 1:20). 그리스도의 희생 전에 우리는 하나님의 원수였지만, 그분의 죽음은 우리와 그분의 관계를 회복했습니다(롬 5:10). 그리스도의 희생은 죄의 장벽을 제거하여 죄인들이 하나님께 회복될 수 있게 했습니다(고후 5:18-19). 구속과 화해는 함께합니다. 구속은 죄인들을 자유롭게 하기 위해 예수님이 자신의 피로 대가를 지불하시는 것이며, 화해는 구속으로 가능해진 결과입니다.

18주 | 그리스도의 구속 사역의 적용

8.6 구속 사역이 그리스도의 성육신 이전에는 그리스도에 의해 실제적으로 성취되지 않았을지라도 그 사역의 능력과 효력과 유익은 창세로부터 모든 세대의 선택된 자들에게 적용되었는데, 그리스도가 약속들과 모형들과 희생 제사들에 의해 적용되었고, 여자의 후손이 뱀의 머리를 상하게 할 것과 세상의 시작부터 죽임당하는 어린양으로 강조된 것으로 적용되었다. 그분은 어제나 오늘이나 영원토록 동일하신 분이다(갈 4:4-5; 창 3:15; 계 13:8; 히 13:8).

• 해설 •

1. 구약에서의 그리스도의 구속 사역의 적용

그리스도의 성육신 이전에 살았던 택함받은 자들은 동일한 은혜로 동일한 중보자 예수 그리스도를 통해 구원받았습니다. 비록 그리스도가 아직 육신으로 오지 않으셨어도, 그리스도의 구속 혜택은 하나님의 언약적 약속, 믿음, 성령의 역사를 통해 그들에게 전달되었습니다. 예수님의 죽음은 성육신 이전의 선택된 사람들도 구속했습니다. 왜냐하면 행위 언약에서의 죄를 범한 죄인들에게(히 9:15), 그리스도를 통한 구속의 은혜 언약을 베풀어 주셨기 때문입니다(창 3:15).

　원시 복음이라고 부르는 것은 그리스도에 대한 첫 번째 약속이었으며, 구약에서 택함받은 자들은 오실 메시아를 믿음으로써 구원을 받았습니다. 이어서 복음은 아브라함에게 전파되었고, 그는 그리스도에 대한 하나님의 약속을 믿음으로써 의롭게 되었습니다(갈 3:8). 구약의 희생 제도는 그리스도의 궁극적인 희생의 그림자였으며, 신자들에게 구원에 대한 하나님의 약속을 신뢰하도록 가르쳤습니다(히 10:1). 아벨의 제사는 그리스도를 기대하며 믿음으로 드렸기 때문에 받아들여졌습니다(히 11:4). 성령은 그리스도가 오시기 전에 그리스도의 은혜를 적용하셨습니다. 성령은 구약에서 일하시며 그리스도를 계시하시고 그분의 은혜를 믿는 자들에게 적용하셨습니다(벧전 1:10-11). 다윗왕은 구원에서 성령의 역할을 인식했으며, 성령이 그리스도의 지상 사역 전에 그리스도의 구속을 적용하셨다는 것을 보여주었습니다(시 51:11). 구약에서 그리스도 사역의 효력이 선택된 자들에게 적용되었습니다. 따라서 구원은 항상 그리스도를 통해 이루어졌으며, 이루어지고 있습니다.

8.7

중보의 사역에서 그리스도는 두 본성에 따라서 행하신다. 각 본성은 본성 자체에 속한 것을 행하신다(히 9:14; 벧전 3:18). 그러나 그리스도의 인격의 통일성으로 인하여, 본래 한 본성에 속해 있는 것이 성경에서 때로는 다른 본성에 의해 지배되는 인격으로 여겨진다(행 20:28; 요 3:13; 요일 3:16).

• 해설 •

2. 중보 사역에서의 그리스도의 두 본성

예수 그리스도는 하나님과 사람 사이의 중보자 역할에서 신성과 인성 모두에서 행동하셨습니다. 이 두 가지 본성, 즉 완전한 신성과 완전한 인성은 혼란이나 분열 없이 완벽한 조화 속에서 함께 일합니다. 이 교리는 위격적 연합(hypostatic union)이라고 합니다. 이는 그리스도가 두 가지 뚜렷한 본성을 지닌 한 인격이시라는 것을 의미합니다. 그리스도는 하나님으로서 하나님의 권위를 온전히 대표하시고, 신성한 공의를 옹호하시고, 죄에 대한 무한한 속죄를 제공하실 수 있었습니다. 한편으로 그리스도는 사람으로서 택한 자를 대신하여 율법을 완벽하게 지키시고, 죄인들을 대신하여 참된 대속자로서 고난을 받고 죽으실 수 있었습니다.

그리스도의 두 본성은 그분의 중보 사역에서 각각 기능했습니다. 신성한 본성 안에서 그리스도는 영생을 주시고(요 10:28), 죄를 용서하시며(막 2:5-7), 하나님 아버지를 완벽하게 나타내셨습니다(요 14:9). 한편으로 그리스도는 인간의 본성에서, 율법을 성취하셨으며(갈 4:4-5), 참된 인간으로서 고난을 겪고 죽으셨습니다(눅 23:46).

이렇게 그리스도께서는 두 본성이 있지만, 그분은 한 인격입니다. 그분의 신성과 인간 본성은 따로가 아니라 함께 일합니다. 그리스도의 인간 본성은 전지전능하지 않았지만, 그분의 신성은 항상 전지전능했습니다. 즉, 그리스도께는 인간의 본성과 신성이 함께 기능했다는 것입니다. 따라서 예수 그리스도는 완전한 신이자 완전한 인간이시기 때문에, 그분만이 완벽한 중보자가 되실 수 있습니다.

8.8 그리스도가 값을 치르고 구속하신 모든 사람에게 그리스도는 확실하고 효과적으로 구속을 적용하시고 전달해 주시며(요 6:37, 39, 10:15-16), 그들을 위해 중재하시고(요일 2:1-2; 롬 8:34), 말씀 안에서 그리고 말씀을 통해서 그들에게 구원의 비밀들을 계시하시고(요 15:13, 15; 엡 1:7-9; 요 17:6), 그분의 성령으로 효과적으로 그들을 설복하여 믿고 순종케 하시며, 그분의 말씀과 성령으로 그들의 마음을 주관하시고(요 14:16; 히 12:2; 고후 4:13; 롬 8:9, 14, 15:18-19; 요 17:17), 그분의 전능하신 능력과 지혜로 그들의 원수들을 물리치시되, 그분의 기이하고 측량할 수 없는 경륜에 가장 부합되는 방법으로 하신다(시 110:1; 고전 15:25-26; 말 4:2-3; 골 2:15).

• 해설 •

3. 구속의 적용의 대상자

그리스도는 믿음을 통한 성령의 역사로 하나님이 택하신 백성, 곧 택함받은 자들에게 구원을 효과적으로 적용하고 전달하십니다. 그리스도의 복음이 누구에게나 전달되고 증거되지만, 그 효과는 오직 하나님 아버지의 선택하신 백성에게 일어납니다. 따라서 자신이 선택된 증거를 확인하려면, 그리스도의 구속이 자신에게 유효하게 혹은 효과적으로 일어났는지의 여부를 살피면 됩니다. 그리스도는 택함받은 자들에게 구원을 적용하십니다. 그 이유는 아버지가 아들에게 그들의 구원을 맡기셨기 때문입니다(요 6:37). 따라서 아버지가 그리스도께 주신 자들(택함받은 자들)은 구원을 위해 반드시 그리스도께 오게 되어 있습니다.

4. 구속의 적용에서 성령의 역할

그리스도는 성부의 선택한 백성의 구원을 위해 구속의 사역을 수행하셨습니다. 성령은 그리스도의 구속 사역을 적용하는 역할을 하십니다. 성령은 택함받은 자들을 거듭나게 하시고 그리스도의 구속의 혜택을 적용하십니다(딛 3:5-6). 성령은 택함받은 그리스도의 보혈의 은혜의 적용 대상자를 거룩하게 하십니다(고전 6:11). 성령은 택함받은 자들에게 새로운 영적 탄생을 주심으로써 그리스도의 구속을 효과적으로 적용하십니다(요 3:5-6). 성령은 믿는 자들에게 인 치심을 주시어 구속의 적용을 확실하고 안전하게 만드십니다(엡 1:13-14).

따라서 그리스도 구속의 적용은 성부의 선택이 근원이며, 그리스도의 구속을 확실하고 분명하게 하시는 분이 성령이시기 때문에, 그리스도 구속의 적용은 효과적이며, 실패할 수 없습니다. 택함받은 자는 아무도 잃어버리지 아니할 것입니다. 그리스도의 구속은 확실하고 효과적으로 적용됩니다(요 6:39). 하나님은 자신의 백성을 알고 부르시어 구원을 보장하십니다(딤후 2:19). 더욱이 그리스도의 중보는 하나님 백성의 완전하고 최종적인 구원을 보장합니다(히 7:25).

5. 성령이 구원의 비밀을 깨닫게 하시는 방식

성령이 택함받은 자들이 하나님의 말씀을 통해 구원의 신비를 이해하도록 하시는 방법은 그리스도의 구속의 적용의 한 부분입니다. 성령은 택함받은 자들의 마음을 밝혀 성경에 계시된 구원의 신비를 이해하도록 하는 데 중요한 역할을 하십니다. 이 과정을 영적 조명(spiritual illumination)이라고 합니다. 성령이 영적 이해력을 주십니다. 구원의 신비는 인간의 이성만으로는 이해할 수 없고 성령이 계시해 주셔야 합니다(고전 2:10-12). 성령이 하나님의 깊은 것을 살피시고 믿는 자들에게 지혜를 주십니다. 예수님이 제자들의 마음을 열어 주신 것처럼, 성령은 택함받은 자들의 마음을 열어 하나님의 말씀을 이해하게 하십니다(눅 24:45). 예수님은 하나님의 택하신 자들에게 성령이 오셔서 그들을 하나님의 진리를 온전히 이해하도록 인도하여 구원에 필요한 것을 깨닫게 하겠다고 약속하신 바 있습니다(요 16:13).

성령은 영적 어두움을 제거하십니다. 구원받기 전에 사람들의 마음은 죄로 어두워졌습니다. 그래서 성령은 택함받은 자들의 영적 어두움을 제거하고 그리스도를 분명히 볼 수 있게 하십니다(고후 4:6). 성령은 마음을 밝게 하여 믿는 사람들이 구원의 부요함을 깨달을 수 있게 하십니다(엡 1:17-18). 성령이 없다면 하나님의 말씀은 자연인에게 어리석게 보이지만, 성령은 참된 분별력을 주십니다.

성령은 하나님의 말씀을 영적으로 깨어나게 하는 도구로 사용하십니다. 성령은 성경을 통해 택함받은 자들에게 믿음과 구원을 가져다주기 위해 일하십니다(롬 10:17). 기적과 초자연적 현상이 도구가 아닙니다. 오직 하나님의 말씀인 성경이 도구입니다. 성령이 하나님의 말씀을 살아 있게 하여 믿는 자들의 마음을 변화시키십니다(요 6:63). 성령은 말씀을 사용하여 믿는 자들을 책망하시고, 바로잡으시고, 가르치십니다(히 4:12). 성령이 성경을 가지고 조명하시는 역사는 택함을 받은 자들에게 개인적인 것입니다. 성령은 택함받은 자들의 마음에 하나님의 진리를 기록하여 개인적이고 효과적으로 만드십니다(렘 31:33). 성령은 믿는 자들에게 성경의 진리를 상기시켜 그들이 그것을 자신의 삶에 적용하도록 도우십니다. 성령은 하나님 말씀의 기이함에 대한 통찰력을 주십니다(시 119:18).

6. 구속의 적용 방식

그리스도가 자신의 구속 사역을 하나님의 선택한 백성에게 효과적으로 그리고 확실하게 적용하고 전달하시는 방법은 성령의 역사를 통해 이루어지는데, 성령은 믿는 자들을 그리스도와 연합시키시고 구원의 혜택을 허락하십니다. 그리스도는 복음을 전파하고 가르침으로써 구속을 적용하십니다(롬 10:17). 그리스도는 성령으로 하나님의 말씀을 통해서 택함받은 자들의 마음을 효과적으로 부르시고, 거듭나게 하시고, 변화시키십니다(요 17:17). 그리스도는 하나님의 말씀과 성령을 통해 하나님의 택하신 이들을 자신에게로 이끄시어 그들이 믿음과 회개로 응답할 수 있게 하십니다. 이 부르심은 거부할 수 없습니다. 마음을 내적으로 변화시켜 참된 믿음으로 이끕니다(요 6:37). 하나님은 그리스도를 믿는 자들을 의롭게 하시고, 자신의 가족으로 입양하십니다. 의롭게 됨은 신자에게 하나님과의 평화를 주고, 양자가 되게 하심은 신자로 하여금 하나님의 자녀라는 새로운 정체성을 줍니다.

그리스도 구속의 적용은 이것으로 끝나지 않고, 신자들을 거룩하게(성화) 하시고 보존하십니다. 그리스도는 진정한 하나님의 백성이 결코 떨어지지 않도록 보존하십니다(요 10:28-29). 그리스도가 구속을 적용하시는 마지막 단계는 영화입니다. 믿는 이들이 온전해지고 그분과 영원히 함께 거하게 하십니다(요 17:24).

19주 | 자유의지

9.1 하나님은 사람에게 선천적 자유를 가진 의지를 부여하셨다. 이 의지는 강요받지 않으며, 선이나 혹은 악을 결정하는 성질의 절대적 필요성에 의해 강요되지 않는다(마 17:12; 약 1:14; 신 30:19).

• 해 설 •

1. 선천적 자유

하나님은 인간의 의지에 선천적(자연적) 자유를 부여하셨는데, 이는 인간이 선이나 악을 행하도록 자연의 어떤 필연성에 의해 강요되거나 결정되지 않는다는 것을 의미합니다. 하나님이 인간 의지에 자연적 자유를 주셨다는 것은 인간을 만드실 때에 선과 악 사이에서 선택할 수 있는 능력을 주셨다는 것을 의미합니다(창 1:26). 더욱 구체적으로 인간은 도덕적, 영적 문제에 있어서 선택할 수 있는 자유의지를 부여받았습니다. 따라서 인간은 자신의 결정에 책임을 져야 하며, 이는 생명과 하나님께 순종하라는 부르심에서 볼 수 있습니다. 더욱이 하나님이 아담과 행위 언약을 맺으실 때, 선악을 알게 하는 나무의 열매는 먹지 말라고 하셨는데(창 2:16-17), 이 명령은 사람이 순종하거나 불순종할 수 있는 능력을 전제로 하며, 사람이 하나님으로부터 자연적 자유의지를 받았음을 보여 줍니다.

2. 자연적 자유의지의 목적

하나님은 아담에게 몇 가지 중요한 목적을 위해 자유의지를 부여하셨는데, 이는 하나님의 신성한 지혜와 인류를 위한 완벽한 계획에 근거합니다. 하나님은 아담에게 의지의 능력과 거룩함과 지혜와 지식을 부여하셨습니다. 따라서 아담에게 있는 자유의지는 자발적으로 하나님께 순종하고 하나님을 사랑할 수 있게 했습니다. 하나님은 아담을 억제하거나 강요해서 순종과 사랑을 받는 것을 원하지 않으셨습니다. 하나님은 억지로 순종하는 것을 싫어하십니다(고후 9:7). 순종과 사랑은 진실하기 위해 자발적이어야 합니다. 아담이 하나님께 순종할 수밖에 없었다면, 그의 순종은 사랑의 표현이 아니라 단순한 강요일 것입니다. 따라서 하나님은 아담에게 자연적 자유의지를 주심으로써 그가 자유롭게 그분을 사랑하고 순종하도록 선택하게 하셨습니다.

자연적 자유의지는 하나님의 형상을 반영합니다. 아담은 하나님의 형상대로 만들어졌습니다(창 1:26-27). 즉, 그는 지성, 감정, 도덕적 선택을 할 수 있는 능력을 지니고 있었습니다. 하나님이 자신의 완벽한 뜻에 따라 자유롭게 행동하시는 것처럼, 아담은 제한적이지만 실제적인 도덕적 자유를 받았습니다. 도덕적 책임에는 자유의지가 필요합니다. 자유의지가 없다면 도덕적 책임도 없습니다. 아담은 선과 악을 선택할 수 있는 능력을 받았으므로 자신의 결정에 따라 정당하게 보상받거나 처벌받을 수 있었습니다. 자유의지는 순종에 대한 실제적 시험을 허용합니다. 하나님은 아담의 충실함과 헌신을 확인하기 위해 그를 시험하셨습니다. 에덴동산에 선악을 알게 하는 나무가 있는 것은 이 시험의 일부였으며, 아담에게 자신의 의지를 행사할 기회가 됩니다. 아담은 시험에 실패하여 타락했지만, 하나님이 자유의지를 주신 목적은 진정한 순종과 헌신을 허용하시기 위한 것이었습니다. 아담이 자유의지를 가지고 기꺼이 그리고 즐거이 순종함으로써 하나님은 영광 받기를 원하셨던 것입니다.

9.2 사람은 무죄한 상태에서 하나님이 선하게 여기시며 기뻐하시는 것을 원하며 행할 수 있는 자유와 능력과 의지를 가지고 있었다(전 7:29; 창 1:26). 그러나 가변적이어서 사람은 그 상태에서 타락할 가능성이 있었다(창 2:16-17, 3:6).

• 해설 •

3. 자연적 자유의지의 타락 가능성

하나님이 아담에게 주신 자연적 자유의지의 목적은 하나님이 선하게 여기시며 기뻐하시는 것을 아담이 자발적으로 기꺼이 행하게 하는 것이었습니다. 그러나 이러한 자연적 자유의지는 타락할 가능성이 있었습니다. 아담의 자유의지는 가변적이었으므로 그는 죄에 빠질 수 있었습니다. 불변하시고 완벽하게 거룩하신 하나님과 달리, 아담은 무죄한 상태에서 창조되었지만, 죄를 지을 수 있는 잠재력이 있었습니다. 하나님께 영광 돌리는 것을 목표로 아담은 진정한 도덕적 자유를 가진 자로 창조되었습니다. 그는 순종을 택할 수도 있었으며, 불순종을 택할 수도 있어서 타락의 가능성을 가지고 있었습니다.

그런데 하나님은 아담과 행위 언약을 맺으시고, 그를 시험하셨습니다. 하나님은 아담이 기꺼이 순종하여 하나님을 기쁘시게 할 것을 기대하셨습니다. 그러나 동시에 하나님은 아담이 명령을 어겨 불순종할 것도 알고 계셨습니다. 그럼에도 불구하고, 아담에게 자연적 자유의지를 주신 것은 그가 자신의 의지로 명령을 어기고 타락했을 경우에 그를 구원할 방법을 이미 마련해 놓으셨기 때문입니다. 따라서 아담에게 주신 자연적 자유의지는 하나님의 구원 계획을 보여 줍니다. 하나님은 그리스도를 통해 아담이 잃은 것을 회복하시어, 그분께로 향하는 사람들에게 은혜와 구원을 제공하십니다.

9.3 사람은 타락하여 죄의 상태에 있으므로 구원을 줄 수 있는 어떤 영적 선을 택할 수 있는 의지의 모든 능력을 완전히 상실했다(롬 5:6, 8:7; 요 15:5). 따라서 (거듭나지 않은) 자연인은 영적 선을 전적으로 싫어하고(롬 3:10, 12), 죄로 죽어 있어서(엡 2:1, 5; 골 2:13), 자신의 힘을 가지고 자신을 회심시킬 수 없으며 혹은 회심을 위해 자신을 준비시킬 수 없다(요 6:44, 65; 엡 2:2-5; 고전 2:14; 딛 3:3-5).

• 해설 •

4. 타락 후 영적으로 무능하게 된 자유의지

타락하기 전에 인간은 선과 악을 선택할 자유가 있었습니다. 그러나 아담의 죄 이후 인간의 자유의지는 깊은 영향을 받아 죄에 속박되었습니다. 인간은 여전히 선택을 하지만, 의를 선택할 수 있는 도덕적, 영적 능력을 잃어버렸습니다. 아담의 죄 이후 인간의 의지는 죄의 노예가 되었습니다. 인간은 여전히 의지로 선택을 하지만, 그의 자연스러운 성향은 이제 선보다는 악에 기울어져 의를 선택할 수 없습니다. 인간의 마음은 기만적이고 사악해졌습니다. 이렇게 타락한 인간은 자신의 의지로 하나님을 택할 수 없습니다.

5. 회심을 위해 자신을 준비시킬 수 없는 자유의지

타락한 인간은 자유의지를 가지고 자신의 힘으로 자신의 회심을 준비하거나 회심시킬 수 없습니다. 타락은 인간의 본성을 타락시켜 영적으로 죽게 했고, 자신의 의지로 하나님을 선택할 수 없게 만들었습니다. 인간은 구원을 준비하거나 회개하고 믿을 의지를 가질 수 없습니다. 자유의지가 죄에 속박되어 있습니다. 예수님은 거듭나지 않으면, 그의 의지로 예수님을 믿을 수 없다고 하셨습니다(요 1:13). 영적으로 죽은 죄인은 성령으로 먼저 살아나지 않으면 회개를 할 수도 없으며, 믿을 수도 없습니다. 거듭남은 믿음보다 먼저 일어나며, 죄인이 하나님의 부르심에 응답할 수 있게 합니다(重生先于之信, Monergism으로 표현되기도 합니다).

물론 예수님이 회개하라고 외치셨는데, 이것은 인간의 의지로 회개할 수 있다는 뜻이 아닙니다. 회개하려면 먼저 하나님의 은혜가 있어야 합니다(렘 31:18). 회개와 믿음은 하나님의 선물이므로, 사람 스스로의 노력으로 그것을 만들어 낼 수 없습니다. 사람의 의지를 가지고 믿으라고 요청하는 것은 성경의 가르침과 어긋나는 것입니다. 회개를 하려면 하나님의 은혜로, 성령의 역사로 자신의 죄를 깨달아야 하며, 그리스도에 대한 믿음을 가지려면 그리스도 안에 하나님이 마련하신 은혜들이 무엇이며, 그리스도가 하나님이신데 인간의 몸을 입으신 이유들을 알아야 하며, 그것이 자신에게 영적으로 적용되어야 믿을 수 있습니다. 그런데 거듭나지 않은 인간은 이러한 영적인 것들을 알 수 없고, 영적인 것에 무능한 자유의지는 이러한 것들을 택하지도 않고, 택할 수도 없습니다.

9.4 하나님이 죄인을 회심시키시고, 은혜의 상태로 옮기실 때, 죄 아래에서 태생적으로 종 된 상태에서 자유롭게 하시며(골 1:13; 요 8:34, 36) 그리고 오직 하나님의 은혜로써 그로 자유롭게 영적으로 선한 것을 기꺼이 바라고 행할 수 있게 하신다(빌 2:13; 롬 6:18, 22). 그러나 그에게 남아 있는 부패성 때문에 선한 것을 완전하게 바라지 못하며, 악한 것을 바란다(갈 5:17; 롬 7:15, 18-19, 21, 23).

• 해설 •

6. 회심으로 죄의 속박에서 벗어남

하나님이 죄인을 회심시키실 때, 초자연적인 은혜의 역사로 죄의 속박에서 그들을 해방시키십니다. 하나님이 누군가를 회심시키실 때, 그들을 죄의 권세에서 자유롭게 하시고, 영적 속박의 사슬을 끊으십니다. 이 변화는 성령의 능력으로 이루어집니다. 거듭남은 하나님이 죽은 죄인에게 영적 생명을 주시는 행위입니다. 거듭남에서 죄인은 초자연적으로 변화되어 하나님의 진리를 보고 회개하고 믿을 수 있게 됩니다. 거듭남은 죄인을 영적으로 살아 있게 하고 하나님께 응답할 수 있게 하는 하나님 은혜의 역사입니다. 더욱이 성령은 그들의 본성을 변화시키시어 하나님의 뜻에 따라 살 수 있는 욕망과 능력을 주십니다. 죄인은 죄의 통치와 지배에서 해방되어 이제 하나님을 섬기고 그분의 뜻에 따라 살 수 있는 자유를 얻습니다. 더욱이 성령은 죄인으로 회심하게 할 때 믿는 이의 마음에 거하십니다. 성령은 믿는 이에게 경건한 삶을 살 수 있는 능력을 주시고, 점차 그들의 욕망, 생각, 행동을 변화시키십니다. 성령은 그들 안에서 일하여 그들을 거룩하게 하시고, 그들을 그리스도와 더욱 닮게 만드십니다.

7. 회심으로 나타난 갱신된 자유의지

성령은 사람의 마음과 생각을 변화시켜 죄의 노예가 되는 대신 하나님 보시기에 선한 것을 원하고 선택할 수 있게 하심으로써 거듭남에서 인간의 자유의지를 새롭게 하십니다. 거듭남은 성령의 역사로, 사람이 영적으로 거듭나 영적 죽음의 상태에서 영적 생명으로 옮겨 가는 것입니다. 이 새롭게 됨은 의지, 애정에 영향을 미쳐 신자가 하나님을 자유롭게 선택하고 그분께 순종할 수 있게 합니다. 성령이 인간의 자유의지를 새롭게 하시는 방법은 마음의 변화가 일어나게 합니다. 성령은 하나님의 뜻에 저항하던 낡고 반항적인 마음을 대체하여 새로운 마음과 새로운 영을 주십니다. 이 변화는 사람이 하나님의 명령을 따르고 그분의 뜻에 따라 살고자 하는 마음을 갖게 합니다.

에스겔 36장 26절에서 돌같이 굳은 마음은 하나님을 저항하는 단단하고 반응하지 않는 의지를 나타냅니다. 성령의 거듭나게 하시는 것은 이러한 의지를 갱신하여 하나님의 뜻에 기꺼이 순종하고자 하는 의지로 만듭니다. 물론 회심은 죄악적인 욕망에 노예가 된 의지를 죄의 속박에서 해방하여 하나님을 기쁘시게 하는 것을 택할 수 있게 합니다. 성령의 역사로 갱신된 의지는 더 이상 죄에 얽매이지 않고 거룩함과 의로움에 대한 새로운 갈망을 갖습니다. 더욱이 성령은 믿는 자의 의지 안에서 역사하여 그들이 하나님을 따르기를 원하게 하시는데, 강요가 아니라 그들의 바람과 정서를 변화시킴으로써 그렇게 하십니다.

8. 갱신된 자유의지의 불완전성

새로워진 영혼에서 악을 선택하는 이유는 내주하는 죄 또는 육신과 관련이 있습니다. 새로워진 영혼은 새로운 마음과 하나님께로 기울어지는 성향을 받지만, 신자는 여전히 남아 있는 부패성과 씨름합니다. 이렇게 남아 있는 부패성은 계속해서 의지에 영향을 미치고, 때때로 신자가 의에 대한 새로운 갈망에도 불구하고 죄를 선택하게 합니다. 의지가 새로워졌지만 악을 선택하는 이유는 옛 본성(종종 '육신' 또는 '내주하는 죄'라고 함)이 여전히 신자들 안에 남아 있기 때문입니다. 이 죄악의 본성은 여전히 신자의 마음에 영향을 미치고, 때때로 악을 선택하게 합니다.

거듭난 사람에게 의를 원하는 새 본성과 여전히 죄로 기울어지는 옛 본성 사이에서 영적 싸움이 일어납니다(롬 7:18-19). 이러한 내적 갈등 속에서 종종 신자가 원하지 않는 선택을 하게 됩니다(갈 5:17). 거듭났어도 신자는 여전히 세상의 유혹과 마귀의 유혹에 노출되어 있습니다. 이러한 외부 영향은 믿는 사람이 하나님의 뜻에 맞지 않는 선택을 하게 할 수 있습니다. 믿는 사람에게 남아 있는 부패성은 때때로 이러한 외적 유혹을 받을 때 죄를 선택하게 할 수 있습니다. 물론 신자는 성령으로 죄를 저항할 수 있는 능력과 힘을 받습니다. 그럼에도 신자가 때때로 하나님의 힘에 의지하지 못하고 성령 안에서 걷는 것을 소홀히 할 때가 있습니다. 이것은 영적인 게으름이나 약함으로 이어져 죄에 더 취약해질 수 있습니다. 믿는 사람은 때때로 무지, 두려움, 교만 또는 믿음의 부족으로 인해 악을 선택할 수 있습니다(롬 8:13). 신자에게 남아 있는 죄악적 성향은 성령의 역사로 점차 극복되지만, 시간이 걸리며 점진적인 것입니다. 따라서 신자는 계속해서 성령으로 죄와 싸워야 하며 죄를 죽여야 합니다.

9.5 사람의 의지는 오직 영광의 상태에서 완전하고 변함없이 자유롭게 선한 것만을 행할 수 있다(엡 4:13; 히 12:23; 요일 3:2; 유 1:24).

• 해설 •

9. 영화롭게 된 자유의지

신자는 죽음 이후 영광의 상태에서만이 그의 의지가 완전히 자유롭게 선을 행할 수 있습니다. 이것은 영원한 삶에서 인간 의지의 최종적이고 완전한 상태를 가리킵니다. 신자는 현재 상태에서는 여전히 죄와 유혹에 시달리지만, 영광의 상태에서는 죄로부터 완전히 자유로워집니다. 죽음으로 천국에 간 신자들은 영광의 상태에 있으며, 영광 속에서 신자는 완전히 거룩해지고 죄의 권세에서 자유로워질 것이기 때문입니다. 악에 대한 성향이 전혀 없고 의지가 하나님의 뜻과 완전히 일치할 것입니다. 이 상태에서 구속받은 자의 의지는 선만을 행할 수 있는 완벽하고 변함없는 자유를 누릴 것입니다. 영광 속에서 의지는 그 옳음에 변함없이 고정됩니다. 즉, 의지는 더 이상 죄나 악에 빠질 수 없습니다. 죄 많은 본성이 완전히 근절되었기 때문입니다.

20주 | 유효한(효과적인) 부르심

10.1 하나님은 생명에 이르도록 예정하신 모든 사람을, 오직 그들만을 자신이 정하시고 적당한 때에 자신의 말씀과 성령으로(살후 2:13-14; 고후 3:3, 6), 효과적으로 부르시기를(롬 8:30, 11:7; 엡 1:10-11) 기뻐하셨다. 하나님은 그들을 본성상 죄와 죽음의 상태에서 예수 그리스도로 말미암은 은혜와 구원으로 부르신다(롬 8:2; 엡 2:1-5; 딤후 1:9-10). 이 부르심에서 하나님은 그들의 마음을 영적으로, 구원적(savingly)으로 깨우쳐서 그들로 하나님의 일들을 이해하게 하시며(행 26:18; 고전 2:10, 12; 엡 1:17-18), 그들의 돌같이 굳은 마음을 제하시고 그들에게 살 같은 마음을 주시며(겔 36:26), 그들의 의지들을 새롭게 하시고, 그분의 전능하신 능력으로 그들로 선한 것으로 돌아서게 하시며(겔 11:19; 빌 2:13; 신 30:6; 겔 36:27), 효과적으로 그들을 예수 그리스도께로 이끄신다(엡 1:19; 요 6:44-45). 그러나 하나님이 이같이 행하시는 방법에서 그들은 가장 자유롭게 나오며, 하나님의 은혜로 기꺼이 나온다(아 1:4; 시 110:3; 요 6:37; 롬 6:16-18).

• 해설 •

1. 부르심을 받는 자들과 그 시기

하나님은 구원에 예정하신 사람들을 효과적으로 부르십니다. 이 부르심은 단순한 외적인 초대가 아닙니다. 그것은 성령의 주권적이고 강력한 역사로, 택함받은 자들을 그리스도에 대한 믿음으로 이끕니다. 이러한 유효한 부르심은 오직 하나님의 택함을 받은 자들에게만 일어납니다. 그들은 하나님이 세상을 창조하기 전에 택하신 자들입니다(엡 1:4-5). 따라서 하나님의 유효한 부르심은 예견된 믿음이나 행위에 근거하지 않고 하나님의 주권적 은혜에 근거합니다(딤후 1:9). 택함받은 자들은 복음 전파와 성령의 역사를 통해 하나님이 정하신 시간(각 개인마다 다름)에 효과적으로 부름을 받습니다. 이것은 하나님이 그분의 영원한 작정에 따라 그들을 구원으로 인도하시는 순간에 일어납니다.

하나님이 택하신 자들을 부르시는 시간과 방법은 하나님의 주권에 달려 있습니다. 하나님의 부르심은 특정한 나이 또는 삶의 상황에 얽매이지 않습니다. 어떤 사람들은 일찍 부름을 받고, 어떤 사람들은 나중에 부름을 받습니다. 택함받은 자들 사이에서는 차이가 있습니다. 그러나 이러한 하나님의 주권적 은혜를 남용하여, 자신은 하나님이 지금 부르시는 것이 아니라 나중에 부르실 것이라 생각하고, 심지어 죽음 직전에도 부르실 수 있다 생각하여 복음의 초청을 무시해서는 안 됩니다.

2. 부르심의 수단

하나님의 효과적인 부르심은 하나님 자신에 의해 구체적으로 이루어집니다. 하나님 아버지의 선택이 부르심의 근원입니다. 하나님 아버지는 자신의 영원한 목적에 따라 구원할 자를 선택하셨습니다. 아들 그리스도는 부르심이 이루어지게 하는 중보자이십니다. 성령 하나님은 부르심을 택함받은 자들의 마음에 적용하시는 분입니다(살후 2:13-14). 하나님은 자신의 말씀을 수단으로 부르십니다. 하나님 말씀의 가르침, 특히 복음 전파의 수단을 사용하십니다(고전 1:23-24). 하나님의 말씀은 성령이 택함받은 자들의 마음속에서 내적으로 역사하시는 외적 수단입니다.

하나님의 유효한 부르심의 내적 수단은 성령의 역사입니다. 성령은 죄인의 마음을 거듭나게 하시고 그들이 하나님의 부르심에 응답할 수 있게 하십니다. 그리고 하나님은 택하신 자들을 부르실 때, 때때로 섭리적 사건을 사용하십니다. 하나님은 삶의 상황(고난, 위기)을 통해 사람들로 인생의 목적을 생각하게 하시고, 다른 사람의 죽음을 통해서(전 12:1, 7) 죄의 각성이 일어나게 하셔서 하나님의 말씀을 읽고 듣게 하시며(시 119:67), 은혜의 수단 아래에 있게 하셔서 성령의 유효한 부르심을 받게 하십니다.

3. 굳은 마음의 제거와 부드러운 마음의 창조

성령은 돌의 마음을 제거하고 초자연적인 중생의 역사를 통해 새로운 마음을 주십니다. 이 변화는 전적으로 하나님의 주권적 은혜의 행위로, 영적으로 죽은 죄인을 살리고 그분께 순종하게 만드는 것입니다.

먼저 성령은 돌의 마음을 제거하십니다. 돌의 마음은 하나님께 무감각한 단단하고 반항적이며 영적으로 죽은 마음을 나타냅니다. 그 마음이 단단하여, 반응하지 않고, 하나님께 죽은 마음입니다. 돌의 마음에는 교만, 거짓에 대한 고집과 강퍅한 심령, 회개를 거부하는 것이 포함되어 있습니다(롬 2:5). 성령이 돌 같은 마음을 제거하시는 방법은 율법을 가지고 그들의 죄를 드러내시는 것입니다. 성령이 택함받은 죄인들에게 역사하시어서 그들의 죄악을 보게 하십니다. 그리고 그들의 죄악 위에 하나님의 심판이 걸려 있다는 것을 알게 하십니다(요 16:8). 그래서 성령은 죄에 대한 각성이 일어난 자들에게 강력히 그 영혼을 눌러서, 죄에서 떠나게 하십니다(시

32:4). 죄에 대한 혐오감을 일으켜서 죄에서 떠나게 하십니다(렘 31:19). 이로 인하여 굳어졌던 마음은 자신의 죄를 깨닫고 용서를 원합니다.

이제 성령은 마음을 열어 복음의 진리를 이해하고 믿게 하십니다(고후 4:6). 성령은 돌 같은 마음을 제거하신 후에 부드러운 심령의 마음을 주십니다(마 5:5). 돌 같은 마음은 그리스도를 거부하지만, 살같이 부드러운 마음은 믿음으로 그리스도를 받아들입니다. 하나님을 거부했던 사람이 이제는 믿음으로 기꺼이 그리스도께로 돌아섭니다. 성령이 창조하신 새 마음은 부드럽고, 살아 있고, 하나님께 반응하는 마음입니다. 부드러워진 심령은 하나님을 향한 열망을 가지고 하나님과 그 은혜를 찾습니다(시 42:1). 성령으로 새로워진 부드러운 마음은 예수님을 진정으로 믿고 신뢰할 수 있게 합니다(요 6:69). 새 마음을 가진 사람은 하나님의 길을 따르기를 원합니다(요일 5:3).

성령은 죄인을 거듭나게 하여 돌의 마음을 제거하시고, 그들이 그리스도 안에서 살아 있게 하십니다. 이 새로운 마음은 하나님께 민감하고, 예수님을 신뢰하며, 그분의 명령에 순종하고자 합니다. 구원은 전적으로 하나님의 은혜에 의한 것이며, 성령은 이 변화의 거룩한 일을 하신 분입니다.

4. 유효한 부르심의 과정들

하나님의 효과적인 부르심은 그분이 택함받은 자들을 영적 죽음에서 그리스도 안에서의 생명으로 인도하는 주권적이고 강력한 역사입니다. 이 역사는 몇 가지 핵심 단계로 구성되어 있습니다. 먼저 성령은 하나님의 말씀을 수단으로 해서 마음의 눈을 밝히십니다. 그래서 성령은 특별히 율법을 가지고 죄인들에게 그들의 죄를 밝히 드러내어 그들 자신이 죄인이라는 사실을 알게 하시며, 구원의 필요성을 확신시켜 주십니다(요 16:8). 성령은 죄인이라는 사실을 깨닫고 있는 택함받은 자들의 마음을 밝혀 복음의 진리를 이해하게 하십니다(엡 1:18). 이러한 영적 변화는 성령이 죄인들의 돌 같은 마음을 제거하시고 새 마음을 주시는 과정에서 일어납니다(겔 36:26). 성령이 이미 복음을 가지고 그리스도 안에 있는 은혜를 깨닫고 있는 택함받은 자에게, 그의 의지를 갱신시키셔서, 그리스도 안에 있는 죄의 용서와 양자 됨과 거룩함의 은혜를 갈망하여 그리스도께로 달려가게 만드십니다(마 13:46).

이 과정은 죄인들을 예수 그리스도께 효과적으로 이끄시는 성령을 통한 하나님의 주권적 능력의 일입니다. 하나님이 구원을 위해 택하신 사람들이 확실히 그리스도께로 오게 합니다. 이것은 성령의 저항할 수 없는 능력이며, 그리스도의 부르심의 능력입니다(요 10:27-28). 성령이 의지를 갱신하여 그리스도께 달려가도록 만드셨기 때문에 억지로 강제된 행동이 아니라 성령이 낳으신 자발적인 반응입니다. 성령의 유효한 역사로 영적으로 살아난 사람은 죄에서 돌이키고(회개) 구원을 위해 오직 그리스도만을 신뢰합니다(믿음). 회개와 믿음은 하나님의 선물이지 인간의 노력이 아닙니다(행 11:18; 빌 1:29).

10.2 이 유효한 부르심은 하나님의 값없이 주시는 특별한 은혜일 뿐, 사람 안에 있는 예견된 어떤 것으로부터 오는 것이 아니다(딤후 1:9; 딛 3:4-5; 엡 2:4-5, 8-9; 롬 9:11). 사람은 성령에 의해 각성되고 갱신되기 전까지는 전적으로 수동적이며, 성령의 역사로 깨어나고 갱신되어야 부르심에 응답할 수 있으며(고전 2:14; 롬 8:7; 엡 2:5), 부르심 안에 제공되고 전달된 은혜를 받아들일 수 있다(요 6:37; 겔 36:27; 요 5:25).

• 해설 •

5. 유효한 부르심 속에서의 수동성(중생)과 능동성(회심)

하나님의 효과적인 부르심에서 인간은 수동적이면서도 다른 면에서 능동적입니다. 효과적인 부르심에서 인간이 수동적인 이유는 하나님의 주권적 행위로 인해 거듭나기 때문입니다. 하나님의 부르심 전에 인간은 영적으로 죽었기 때문에 스스로 응답할 수 없습니다(엡 2:1). 예수 그리스도를 생명을 다해 영접 혹은 붙잡기 위해서는 먼저 거듭나야 가능합니다(요 1:12-13). 어린아이들이 스스로 태어날 수 없듯이 죄인도 스스로 거듭날 수 없습니다. 새 마음을 창조하는 것은 하나님의 주권적 역사이지, 사람이 할 수 있는 일이 아닙니다. 따라서 거듭남에서 인간은 전적으로 수동적입니다. 즉, 이 신성한 일을 시작하거나 기여하거나 저항할 수 없습니다. 따라서 하나님의 100퍼센트 주권적 사역을 말할 때는 거듭남(중생)이라는 용어를 사용합니다.

그러나 성령이 사람을 거듭나게 하시면, 그 사람은 믿음과 회개로 적극적으로 응답할 의지와 능력을 갖추게 됩니다. 이것은 하나님의 주권적 사역인 거듭남의 효과입니다. 하나님의 주권적 사역으로 인하여 회개와 믿음이 일어나게 되었습니다. 거듭나게 하심으로 의지의 갱신이 일어났습니다. 따라서 회개와 믿음은 성령이 갱신시켜 주신 의지를 능동적으로 사용하여 회개하고 믿는 것입니다. 회개와 믿음은 선물로 주어졌지만, 거듭난 신자가 회개하고 그리스도를 믿는 것입니다. 그래서 회개는 죄에서 돌이키고, 우상에서 하나님께로 향하며, 하나님을 위한 삶을 사는 것입니다(살전 1:9).

회개는 율법을 통해서 자신의 죄를 깨닫고, 율법의 제정자이신 하나님께 대적한 것을 알아 하나님께 회개하는 것입니다(롬 7:7). 그러나 믿음은 자신의 죄를 깨닫고 죄의 용서를 찾는 자가 그리스도 안에 하나님 아버지가 죄 용서의 은혜를 마련해 놓으신 것을 복음을 통해 성령으로 깨닫고 그리스도께로 달려가는 것입니다(행 20:21). 따라서 회개와 믿음에는 인간의 능동적 요소가 강조되어 있는데, 이것은 하나님의 은혜를 수동적으로 받은 거듭남의 마땅한 효과입니다.

성령에 의한 유효한 부르심은 하나님의 부르심에서 인간에게 수동적 요소인 거듭남과 능동적 요소인 회심이 어우러졌습니다. 신자가 이것을 혼동하게 되면, 율법주의와 알미니안주의에 빠지게 되며, 한편으로 그 반대 극단인 도덕률폐기론주의에 빠질 수 있습니다.

이러한 혼동을 피하기 위해 성경의 예를 찾아볼 수 있습니다. 마태복음 7장 13-14절에는 "좁은 문으로 들어가라 멸망으로 인도하는 문은 크고 그 길이 넓어 그리로 들어가는 자가 많고 생명으로 인도하는 문은 좁고 길이 협착하여 찾는 자가 적음이라"라고 기록되어 있습니다. 이 구절을 언뜻 보면 인간의 의지와 행위로 좁은 문을 찾아 구원받으라는 것처럼 해석할 수 있습니다. 이것은 율법주의에 의한 해석입니다. 그러나 본문을 깊이 묵상한다면 이 구절을 온전히 깨달을 수 있습니다. 우선 거듭나지 않은 자는 좁은 문을 찾지도 않습니다. 좁은 문은 협착하기 때문에 자연인에게는 불편하고 힘든 것입니다. 더욱이 본문에 의하면, 좁은 문은 찾는 자가 들어간다고 되어 있습니다. 좁은 문을 찾는다는 것은 성령의 역사가 그 영혼에게 일어나서, 좁은 문의 귀중성을 알고 있다는 것입니다. 그런데 성령이 그의 의지를 갱신시켜 놓으셔서 기꺼이 좁은 문을 찾고 들어간다는 것입니다.

이 영적 원리는 마태복음 13장의 밭에 감추인 보화의 비유와 진주 장사의 비유에서 다시 확인할 수 있습니다. 마태복음 13장 46절에서 진주 장사는 값진 진주를 알아볼 수 있는 안목을 가지고 있었습니다. 그는 좋은 진주를 찾아다니고 있었습니다. 그런데 값진 진주를 발견하자, 자신의 모든 소유를 팔아 그 진주를 구매했습니다. 이 비유의 말씀은 성령이 거듭남으로 영적인 눈을 열어 주시고, 복음을 가지고 그리스도의 귀중성을 알게 하신 것을 의미합니다. 더욱이 영혼의 의지를 갱신시켜 주셨기 때문에, 그 효과로 모든 소유를 팔아 값진 진주인 그리스도를 붙잡게 하신 것입니다. 자신의 소유를 팔아 진주를 사는 것은 그 사람의 능동적인 믿음의 표현이며, 믿음의 증거입니다.

따라서 거듭남으로 인한 효과는 분명한 것입니다. 거듭났다고 하면서, 의지로 죄와 싸우지 않고, 거룩함으로 하나님께 드리지 않는 자는 실제로 거듭난 사람이 아닙니다. 그 사람은 거짓말하는 자입니다(요일 2:4). 유효한 부르심의 은혜가 수동적이지만 능동적으로 나타나게 되어 있기 때문입니다. 인간은 거듭남에서 완전히 수동적이지만 성령이 그에게 새로운 마음을 주시면 믿음, 회개, 순종에서 활동적입니다. 이러한 균형은 구원이 전적으로 하나님께로부터 온다는 것을 보장하지만, 부르심을 받은 자들은 진실하고 자유롭게 그리스도께 응답합니다.

21주 | 선택받은 유아의 중생과 유효한 부르심이 없는 경우들

10.3 유아기에 죽은, 선택받은 유아들은 언제 어디서든지 자신이 기뻐하시는 대로 역사하시는(요 3:8) 성령을 통해(눅 18:15-16; 행 2:38-39; 요 3:3, 5; 요일 5:12; 롬 8:9) 그리스도에 의하여 중생하며 구원받는다. 또한 말씀의 사역에 의하여 외적으로 부르심을 받을 능력이 없는 모든 다른 선택을 받은 자도 마찬가지다(요일 5:12; 행 4:12).

• 해설 •

1. 선택받은 유아의 중생

유아기에 사망한 아이에 대한 구원의 문제입니다. 그리스도인의 가정에서 유아가 사망했을 경우에 그 아이의 구원은 전적으로 하나님의 주권에 달려 있습니다. 따라서 선택받은 유아의 중생은 하나님의 말씀을 듣고 이해하는 가운데 성령의 역사를 통해 이루어지기보다는, 예수 그리스도에 의해 성령의 사역으로 유아를 중생하게 합니다. 왜냐하면 구원은 전적으로 하나님의 은혜에 의한 것이기 때문입니다. 성령의 주권적 사역은 인간의 능력이나 나이에 의존하지 않기 때문입니다. 구원은 행위가 아니라 은혜로만 이루어지므로, 하나님은 유아의 개인적 반응과 별도로 중생의 은혜를 유아에게 적용하실 수 있습니다. 더욱이 하나님은 자신의 주권적 목적에 따라 구원할 자들을 택하셨습니다. 따라서 택함받은 유아들은 인간의 행위와는 별개로 하나님의 선택으로부터 나오는 은혜를 받습니다. 하나님의 구원 계획은 실패할 수 없기 때문입니다(빌 1:6).

유아에 대해 하나님이 베푸신 은혜의 경우들을 성경에서 충분히 찾아볼 수 있습니다. 세례자 요한은 태중에서부터 성령으로 충만했던 것처럼(눅 1:15), 하나님은 복음을 듣고 믿는 일반적인 수단과 별개로 영아들을 거듭나게 하실 수 있습니다. 시편 22편 9-10절은 "오직 주께서 나를 모태에서 나오게 하시고 내 어머니의 젖을 먹을 때에 의지하게 하셨나이다 내가 날 때부터 주께 맡긴 바 되었고 모태에서 나올 때부터 주는 나의 하나님이 되셨나이다"라고 말합니다. 이 구절은 하나님이 유아기의 아이들에게도 믿음을 주시고, 거듭나게 하실 수 있음을 시사합니다. 유아기의 아이들이 그리스도에 의해 중생될 수 있다는 것은 그리스도의 피가 택함받은 유아들에게 성령에 의해 적용될 수 있다는 것입니다. 하나님이 그리스도의 의를 유아에게 적용하신다면, 그들은 그리스도의 공로로 구원을 받습니다.

선택된 유아라는 용어는 언약에 근거해서 사용하는 것입니다. 성경에서 하나님은 언약을 맺으시고, 그 언약을 세대에 이어서 적용하십니다. 아브라함과 맺으신 언약은 다음 세대에 적용되어서, 그의 후손들로 언약의 증표로 난 지 8일 만에 할례를 받게 하셨습니다(창 17:12). 그리스도가 하늘 보좌에서 성령을 보내심으로 많은 영혼이 회심했습니다. 이때 사도 베드로는 "너희가 회개하여 각각 예수 그리스도의 이름으로 세례를 받고 죄 사함을 받으라 그리하면 성령의 선물을 받으리니 이 약속은 너희와 너희 자녀와 모든 먼 데 사람 곧 주 우리 하나님이 얼마든지 부르시는 자들에게 하신 것이라"(행 2:38-39)라고 말했습니다. 이 말씀은 약속이 자녀들에게 적용된다는 것을 분명히 이야기하기 때문에, 믿는 자의 자녀들이 언약의 자비

아래에 있는 것으로 여겨집니다. 물론 여기에서 구원은 여전히 하나님의 주권적 선택입니다. 하나님의 이러한 주권적 선택에 대해서 그들이 유아이기 때문에 배제되어야 한다고 주장할 수 있는 근거는 성경에 없습니다.

2. 외적 부르심에 능력이 없는 선택된 자의 구원

하나님의 말씀 사역을 받을 만한 능력이 없는 선택된 자들의 구원에 대한 문제입니다. 성경은 복음을 가르치는 것과 그것을 듣는 것이 은혜의 전달 수단이라고 분명히 말합니다(롬 10:14-15). 성경은 믿음이 하나님의 말씀을 듣는 것으로부터 온다고 가르칩니다(롬 10:17). 하나님이 죄인을 구원으로 부르시는 일반적인 수단은 복음을 전파하는 것입니다. 그러나 이러한 외적 수단을 받을 수 없는 자들의 구원에 대해서는 하나님의 주권적 선택과 구원을 생각해야 합니다.

외적 수단을 받을 능력이 없는 경우로서, 정신적 장애를 겪고 있는 신자들을 예로 들 수 있습니다. 그들은 하나님의 말씀을 듣지만, 온전히 이해했는지 외적으로 확인할 수 없습니다. 물론 그들은 하나님의 말씀을 전혀 이해하지 못한 것으로 표현할 수도 있습니다. 이런 경우, 그들의 구원에 대해서는 하나님의 절대적 주권과 선택을 생각해야 합니다. 택함받은 자들의 중생은 성령에 의해서 이루어집니다. 그런데 성령은 자신의 주권적 사역으로 택함받은 자들에게 중생을 일으키십니다(요 3:8). 우리가 외적 수단을 받을 수 없는 자들의 구원에 대해서는 성령의 이러한 주권적 사역에 의지해서 생각해야 합니다.

성경에는 일반적 수단과 다른 방식으로 하나님이 부르시는 예가 있습니다. 멜기세덱의 경우, 이스라엘 밖에 있는 하나님의 제사장이었습니다(창 14:18-20). 하나님이 성경이나 전파된 말씀을 접할 수 없을 때에 택함받은 자들에게 자신을 나타내실 수 있음을 시사합니다. 따라서 택함받은 사람들이 복음을 외적으로 들을 수 있는 능력이 없을 경우, 성령이 그들을 그리스도에 대한 믿음으로 인도하기 위해 직접 일하실 수 있습니다. 하나님이 특별한 경우에 구원을 어떻게 적용하시는지는 우리가 완전히 이해하지 못할 수 있지만, 하나님의 주권적 선택과 변하지 않는 의지와 그것을 이루시는 하나님의 능력을 신뢰해야 합니다.

10.4 선택받지 못한 다른 사람들은, 비록 그들이 말씀의 사역에 의해 부르심을 받았으며(마 22:14), 성령의 일반적인 사역을 경험했을지라도(마 7:22, 13:20-21; 히 6:4-5), 그들은 결코 그리스도께 진실히 나온 것이 아니며, 따라서 구원받을 수 없다(요 6:64-66, 8:24). 더욱이 기독교 신앙을 고백하지 않은 자는 어떤 다른 방식으로도 구원받을 수 없으며, 그들이 본성의 빛과 그들이 고백하는 종교의 법을 따라서 주의 깊게 질서 있는 삶을 살았다 하더라도 구원받지 못한다(행 4:12; 요 14:6; 엡 2:12; 요 4:22, 17:3). 그들이 어떤 다른 방식으로 구원받을 수 있다고 주장하는 것은 매우 가증스러우며, 혐오되어야 한다(요이 1:9-11; 고전 16:22; 갈 1:6-8).

• 해설 •

3. 외적 부르심과 성령의 일반적 역사

복음의 외적인 부르심과 심지어 성령의 일반적인 역사를 경험하고, 교회 속에서 교인으로 있지만 실제로는 하나님에 의해 효과적으로 부르심을 받고 거듭나지 않은 경우가 있습니다. 그들은 외적으로 신자로 보이지만, 참된 구원의 믿음이 없습니다. 어떤 이들은 하나님의 말씀을 기쁨으로 받지만, 말씀으로 어려움이 일어나게 되면 그 말씀을 버립니다(마 13:20-21). 그들에게 있는 하나님의 말씀에 대한 지식은 피상적이며, 영적인 체험은 환상적인 것입니다. 그들의 외적 모습과 체험은 성령의 유효한 역사에 의한 것이 아닙니다.

또한 어떤 이들은 하나님의 말씀대로 살지 않습니다. 하나님의 말씀을 자신의 삶에 적용하려고 애쓰지 않습니다. 그들은 교회에 참석하여, 성경을 읽고, 설교를 들으며, 기도하지만, 참된 믿음은 없습니다(약 1:22-24). 이사야가 예언하는 시대에 이스라엘 백성이 그러했습니다(사 1:11, 15). 한편으로 어떤 이들은 외적으로 하나님의 은혜의 수단 아래에 있기 때문에, 성경에 대한 지식도 있으며, 신앙고백서를 받아들이며, 진리에 대해 동의합니다. 그러나 성령의 유효한 적용이 그에게 없어서, 지식과 고백으로만 끝나는 경우가 있습니다. 이러한 자에게는 구원의 은혜가 없습니다. 지식적 혹은 역사적 믿음만 있습니다(약 2:19). 이러한 경우들 모두는 하나님 말씀의 전파 속에서 믿음을 가진 것과 같은 외적 모습이 있지만 진정한 구원의 믿음은 아닙니다. 그들에게 있었던 영적 체험들은 성령의 유효한 효과가 아니라, 성령의 일반적 사역으로 인한 것입니다.

어떤 이들은 자신의 죄를 인식하고, 죄로 인하여 후회하고, 슬퍼합니다. 그러나 회개하지 않습니다. 바로는 자신이 하나님에 대항하여 죄를 지었다는 것을 모세에게 고백했지만, 재앙이 지나가자 곧바로 다시 죄를 지었습니다(출 9:27, 34). 사울왕은 자신의 죄를 인정했지만, 회개하지 않았습니다(삼상 15:24-25). 가룟 유다는 자신의 죄로 인하여 후회하고 슬퍼했지만, 회개하지 않았습니다(마 27:3-5; 행 1:25). 물론 어떤 이들은 하나님의 말씀을 듣고, 행동이 변하기도 합니다. 특별히 율법의 가르침을 받고, 죄를 짓지 않으려고 애씁니다. 그러나 그것이 자신의 힘과 능력으로 행하는 도덕적 개혁인 경우에는 진정한 회개가 아닙니다. 이처럼 죄를 깨닫는 과정이 이러한 경우들에서 모두 있지만, 이것은 성령의 일반적 사역에 의한 것이지, 하나님의 택한 백성을 부르시는 성령의 유효한 사역은 아닙니다.

성령의 일반적 역사로 끝나는 경우는 히브리서 5장과 6장에서 명확하게 설명합니다. 그들은 오랫동안 교회에 출석했습니다(히 5:12). 그러나 말씀의 초보에 머물고 있습니다(히 5:12, 6:1). 그들은 교리적으로 회개와 믿음에 대해 알고 있으며, 세례, 부활, 심판을 알고 있습니다(히 6:1-2). 그들은 한때 말씀의 빛 가운데 있었습니다(히 6:4). 하늘의 은사를 맛보고, 성령에 참여하기도 했습니다(히 6:4). 성령의 은사에 대한 경험이 그들에게 있었습니다. 구원의 은혜 없이 성령의 은사를 가지고 있는 경우도 있습니다(마 7:22-23). 그들은 영적 은사와 능력을 경험했지만, 결코 진정으로 구원받은 자가 아니었습니다.

그들은 하나님 말씀의 능력과 내세의 능력에 대해서 맛보았습니다(히 6:5). 그들은 외적으로 구원 백성으로 보기에 충분합니다. 그러나 그들은 구원의 은혜가 없어서, 타락하고 맙니다(히 6:6). 그렇다면 그들이 영적으로 체험한 것은 성령의 유효한 역사가 아니라 성령의 일반 사역으로 인한 것이었습니다. 그들은 은혜의 외적 수단 아래에서 성령의 일반 사역으로 인한 체험을 지니고 있었습니다. 성령의 유효한 역사가 그들에게 없었기에, 그들에게 구원의 은혜는 처음부터 없었으며, 은혜가 없었기에 결국 타락했던 것입니다. 그들의 타락의 효과를 통해서, 그들에게 있었던 은혜의 모습을 성령의 일반 역사라고 확인하며, 이것으로 그들은 하나님이 택하신 사람이 아니라는 것을 알게 됩니다.

성령의 일반적인 작용은 많은 사람에게 영향을 미쳐 일시적인 종교적 감정, 확신, 심지어 외적인 순종을 경험하게 하기도 합니다. 그러나 이러한 행위는 구원의 은혜가 수반되지 않는 한 참된 구원으로 이어지지 않습니다. 구원의 은혜는 진정한 믿음, 회개, 그리스도 안에서의 새 삶을 가져옵니다(딛 3:5). 이 구별은 어떤 사람들이 잠시 동안 종교적으로 보이지만 나중에 떨어져 나가는 이유를 설명합니다(요일 2:19). 거듭남을 통해 구원의 은혜를 받은 사람들만이 끝까지 견뎌 낼 것입니다.

우리는 하나님의 선택을 성령의 유효한 부르심으로 인한 성화의 효과를 가지고 판단하며(벧후 1:8, 11), 유기는 타락의 결과를 가지고 판단합니다(벧후 2:20-22). 우리는 하나님 입장에서 선택과 유기를 판단해서는 안 됩니다(신 29:29). 따라서 선택받지 않은 자는 은혜의 수단 아래에서 성령의 일반적인 작용을 경험할 수 있지만, 결코 구원의 은혜를 받지 못합니다. 그들은 궁극적으로 그리스도를 거부하고 죄 속에 머물러서 구원을 위해 결코 선택되지 않았다는 것을 증명합니다. 그러나 하나님은 그분의 선택과 유기에 있어서 공의롭고 주권적이십니다(롬 9:22-23).

4. 신앙생활이 아니라 종교생활을 하는 경우

종교적 삶과 진지한 기독교 신앙의 삶은 몇 가지 유사점을 공유하지만, 초점과 동기 및 궁극적인 목표가 다릅니다. 종교적 삶은 자신이 고백하고 있는 교회의 의식과 전통을 따라 사는 것입니다. 종교적 삶은 교회의 외적인 의식과 규범의 실행에 초점을 두고 사는 것입니다. 교회에는 그리스도에 의해 진정으로 변화되지 않고도 외부적으로 종교적인 사람들이 있습니다. 그들은 교회의 관습에 따라 교회에 참석하고, 기도하고, 금식하고, 자선을 베풉니다. 율법주의적 삶을 삽니다. 하나님에 대한 진정한 사랑보다는 의무감에서 종교적 삶을 삽니다(마 23:23-28).

물론 그들은 외적으로 경건해 보이며, 도덕적으로 보입니다. 종교적으로 도덕적인 삶을 살지만, 그리스도와 관계가 없습니다(마 7:21-23). 그들은 자신들의 종교적 행위로 믿음이 있는 사람처럼 보이게 행동합니다. 그리고 그들에게 나타나는 특징 가운데 하나는 스스로 의로움에 빠져 있다는 것입니다(눅 18:9-14). 경건의 모양은 있지만, 경건의 능력을 부인하는 자들입니다(딤후 3:5). 그들에게는 성령의 유효한 역사가 없습니다. 성령의 유효한 역사가 있는 사람은 신실한 그리스도인으로서 신앙생활을 합니다. 특별히 하나님과 다른 사람에 대한 진정한 사랑은 의무가 아니라 거듭남으로 인한 사랑과 감사에서 동기를 부여받습니다(요일 5:1-3).

5. 유효한 부르심의 부정

율법주의와 의식주의자들은 진정한 믿음과 변화 없이 종교적 준수만으로 충분하다고 주장합니다. 예수님 시대의 바리새인들은 종교적이었지만 영적으로 눈멀었습니다(마 23:27). 예수님은 그들을 꾸짖으셨습니다. 사도 바울은 갈라디아 교회에 들어온 거짓 교사들과 그들의 가르침을 다른 복음이라고 했습니다(갈 1:8). 거짓 교사들은 그리스도를 믿을 때, 율법의 의식을 지켜야 한다고 주장했습니다(갈 4:10). 그들의 가르침은 위험합니다. 그들은 은혜와 복음의 능력을 부인합니다. 특별히 성령의 유효한 부르심의 역사를 부인합니다.

오늘날의 이성적 교조주의자들은 성령의 유효한 부르심을 부인합니다. 교리적 지식을 가지고 있으면 구원받았다고 생각합니다. 교단의 신앙고백서를 동의하고 받아들이면, 그것 자체로 구원받았다고 말합니다. 웨스트민스터 신앙고백서는 성령의 유효한 부르심에 대해 따로 장을 할애했습니다. 그런데 웨스트민스터 신앙고백서를 받아들이지만, 그 핵심 내용 가운데 하나인 성령의 유효한 역사, 회심의 역사를 부인하는 경우가 장로교회 역사 속에서 많이 있었으며, 있습니다. 대표적인 예로, 미국 장로교회의 1741년 구파(Old Side, 성령에 의한 회심을 부정), 신파(New Side, 청교도와 같이 성령에 의한 회심을 강조)의 분리입니다.

22주 | 이신칭의

11.1 하나님은 유효하게 부르신 자들을 또한 값없이 의롭게 여기시는데(롬 8:30, 3:24) 그들에게 의를 주입하심으로써가 아니라 그들의 죄들을 용서해 주심으로써, 그들을 의로운 자로 여기시고 받아 주심으로써이며, 그들 안에서 이루어진 어떤 것이나, 또는 그들이 행한 것으로 인해 된 것이 아니며, 오직 그리스도 때문이며, 믿음 자체가 전가되어서 된 것도 아니며, 믿는 행위나 어떤 다른 복음적 순종을 그들의 의로움으로 여겨서 된 것이 아니다. 믿음으로 그리스도를 받아들이며 그리스도와 그리스도의 의에 의존하는 자들에게 그리스도의 순종과 속량을 그들에게 전가함으로써(롬 4:5-8; 고후 5:19, 21; 롬 3:22, 24-25, 27-28; 딛 3:5, 7; 엡 1:7; 렘 23:6; 고전 1:30-31; 롬 5:17-19) 되는 것이다. 그들이 가지고 있는 믿음은 그들 자신에게서 나온 것이 아니고, 이는 하나님의 선물이다(행 10:44; 갈 2:16; 빌 3:9; 행 13:38-39; 엡 2:7-8).

• 해설 •

1. 유효한 부르심과 칭의

효과적인 부르심과 칭의는 구원의 순서(*ordo salutis*)에서 밀접한 관련이 있지만(롬 8:30), 하나님의 은혜의 뚜렷한 행위입니다. 효과적인 부르심은 칭의에 선행합니다. 효과적인 부르심은 성령의 역사로, 그분은 복음을 통해 택함받은 자들을 내적으로 그리스도께로 이끄십니다. 유효한 부르심은 새로운 마음을 주시고, 그들의 영적 눈을 열어 주시고, 그들에게 믿음과 회개를 주시는 것의 효과로 나타나게 됩니다. 따라서 하나님의 유효한 부르심은 믿음이 나오게 하고, 그 믿음은 의롭다 함을 받는 수단이기 때문에 연결되어 있습니다. 그러므로 칭의는 하나님의 효과적인 부르심에 따릅니다. 효과적인 부르심은 마음에 믿음을 만들어 내고 믿음으로 그리스도를 붙잡음으로 그리스도의 의를 받습니다(갈 2:16). 의롭다고 인정받는 것은 믿음을 가진 자들에게 주어진 하나님의 의에 대한 합법적 선언입니다(롬 3:25).

2. 칭의의 요소(죄 용서와 의의 전가)

로마 가톨릭교회는 선행이 있어야 의롭다 함을 받는다고 가르칩니다. 이때 그들이 말하는 의는 의가 주입이 된다고 말합니다. 그러나 칭의는 하나님이 그리스도의 의로움에 근거하여 죄인을 의롭다고 선언하시는 법적 행위입니다. 그것은 의로움을 주입하는 것이 아니라 사법적 선언입니다. 칭의에는 두 가지 요소가 포함되어 있습니다.

칭의에는 먼저 죄를 용서하는 것이 포함되어 있습니다. 이 용서는 예수 그리스도의 속죄 사역에 근거한 하나님의 값없는 은혜의 행위입니다. 칭의는 죄의 책임과 형벌이 제거되는 것입니다. 그리스도가 자신의 죽음으로 택함받은 자들의 죄를 담당하셨기 때문입니다(벧전 2:4). 그리고 칭의는 영원한 정죄에 이르게 되는 죄책의 의무를 제거합니다(롬 8:1). 신자가 죄를 지었을 때에 죄책감이 일어나게 되는데, 칭의가 이러한 죄책감을 제거하는 것이 아니라(신자에게 죄가 남아 있는 한 죄책이 일어나게 되어 있기 때문입니다. 이로 인하여 칭의 된 신자는 매일 사죄를 필요로 합니다), 죄책의 지속과 치명적인 효과들을 소멸시킬 정도로 죄책을 제거하는 것입니다.

칭의에서 죄 용서는 사람이 그리스도를 믿을 때, 하나님은 그들이 용서받았다고 선언하시는 것입니다(골 2:13-14). 죄의 용서로 인하여 그리스도를 믿는 자는 더 이상 하나님의 진노 아래 있지 않습니다(롬 5:9). 그들은 죄의 용서로 인하여 하나님과 화목하게 되며(고후 5:19), 하나님과 평화를 누립니다(롬 5:1). 그들은 확신하고 하나님께 나아갈 수 있습니다(히 4:16).

칭의의 두 번째 요소는 의의 전가(imputation)입니다. 칭의는 하나님이 죄인을 의롭다고 간주하고 받아들이시는 법적 선언입니다. 이것은 죄인 자신의 선함이나 행위에 근거하지 않고, 오로지 그들에게 귀속된 그리스도의 의로움에 근거합니다. 그리스도는 하나님으로서 본래 의로우신 분이지만, 인간으로서 율법을 온전히 지키시고 이루심으로 의를 획득하셨습니다. 이것을 그리스도의 의로움이라고 부릅니다. 하나님은 그리스도의 의로움을 믿는 자들에게 전가하심으로(혹은 돌리심으로), 그들이 의롭게 되었다고 법정적으로 선언하시는 것입니다. 이로써 하나님은 믿는 자를 보실 때, 더 이상 그들의 죄를 보지 않으시고 그들에게 귀속된 그리스도의 완전한 의로움을 보시는 것입니다.

따라서 그리스도의 의는 믿는 사람이 본질적으로 소유하는 것이 아니라, 마치 율법의 모든 요구 사항을 완벽하게 충족한 것처럼 보아 주시는 것입니다. 그래서 하나님은 믿는 자들을 항상 은총으로 받아 주십니다. 믿는 자는 그리스도의 사역에 근거하여 의롭다고 선언된 하나님의 자녀로서 하나님의 면전에 자유롭게 받아들여집니다.

칭의는 법적 행위로, 죄인의 본성을 바꾸거나 본래부터 의롭게 만드는 것이 아니라 하나님이 죄인을 의롭다고 선언하시는 것을 의미합니다. 믿는 자들에게 그리스도의 의가 귀속되기 때문에 그들을 의롭다고 선언하십니다(롬 3:24). 거룩함(별도의 과정)은 성령이 믿는 자의 본성을 바꾸어 그리스도의 거룩함을 반영하는 것인 성화에 포함되는 반면, 칭의는 의로움에 대한 즉각적이고 단번에 이루어지는 선언입니다.

3. 칭의의 근거

하나님은 오직 예수 그리스도의 의로움으로 죄인들을 의롭게 여기시며, 그리스도를 믿는 자에게 귀속되게 하십니다. 그리스도를 믿는 자들을 의롭다고 여기시는 것은 하나님의 값없는 은혜의 행위로, 그들의 죄를 용서하시고 믿는 자들을 의롭다고 받아들이십니다. 그들이 행한 어떤 행위와 공로 때문이 아니라, 전적으로 그리스도의 완전한 순종과 속죄의 희생 때문입니다.

믿는 자들의 칭의는 오직 그리스도의 의로움에 근거합니다. 그리스도의 순종은 두 가지로 나누어 볼 수 있습니다. 그리스도는 의를 이루기 위해서 하나님의 율법을 완전히 순종하셨습니다(롬 10:4). 그리고 그리스도는 하나님의 명령인 십자가에서의 죽음을 자발적 순종으로 이행하셨습니다(요 10:18). 인간으로서의 그리스도는 하나님의 법과 계명에 완전히 순종하셨기 때문에, 죄가 없으셨을 뿐만 아니라 의로움을 획득하셨습니다. 그리스도가 획득하신 의로움은 자신을 믿는 자들에게 전가해 주시기 위한 것이었습니다. 따라서 그리스도를 믿는 자들이 의롭다고 여김을 받을 수 있는 것은 그리스도의 완전한 순종으로 인한 의로움 때문입니다. 믿음은 믿는 자로 의롭게 되는 도구이지만, 믿음 자체가 의롭게 하는 것이 아니라 그리스도의 의가 믿는 자들에게 전가되어 의롭다고 간주되는 것입니다.

믿는 자들이 의롭다 여김을 받을 수 있는 것은 그들의 죄가 용서받을 수 있기 때문입니다. 이 죄 용서함은 그리스도가 그들의 죄를 짊어지고 십자가에서 죽으셨기 때문입니다. 성부 하나님이 아들에게 자신의 택한 사람들의 죄를 지고 죽는 것을 원하셨습니다(사 53:6, 10). 따라서 창세전에 아버지와 약속을 하신 그리스도는 십자가에서 기꺼이 자신을 희생 제물로 드리면서 아버지를 영화롭게 하셨습니다(요 17:5). 이로 인하여 하나님은 그리스도를 믿는 자들에게 죄 용서함을 기꺼이 주시는 것입니다. 그리고 그들이 죄가 가려졌다고 선언하십니다(시 32:1–2).

칭의는 믿는 자의 죄가 그리스도에게 옮겨져(전가되어), 그리스도가 죄를 짊어지심으로 죄 용서가 이루어지며, 한편으로 그리스도가 획득하신 의가 믿는 자에게 전가되어 의롭다 하시는 것입니다. 이것을 상호 전가라고 부릅니다. 칭의가 죄 용서와 의의 전가의 두 요소로 구성되는 원리이기도 합니다. 따라서 칭의는 우리의 행위와 공로로 인한 것이 아닙니다. 오직 하나님의 은혜이며, 그리스도의 순종과 희생적 죽음 때문입니다. 그래서 신자는 누구든지 자랑할 수 없습니다(엡 2:8–9).

11.2 그리스도를 받아들이며, 그리스도와 그분의 의를 의지하는 믿음은 유일한 칭의의 도구다(요 1:12; 롬 3:28, 5:1). 그러나 믿음은 의롭다 함을 받은 사람 안에서 하나의 은혜로 있는 것이 아니라, 언제나 모든 다른 구원의 은혜들을 동반시킨다. 의롭게 하는 믿음은 죽은 믿음이 아니라 사랑으로 역사한다(약 2:17, 22, 26; 갈 5:6).

• 해설 •

4. 도구적인 믿음

죄인을 의롭다 하는 믿음은 그리스도와 그분의 의를 받는 수단(또는 도구)

이기 때문에 도구적 믿음이라고 불립니다. 믿음 그 자체의 미덕 때문에 의롭다 함을 받는 것이 아닙니다. 믿음으로써(믿음을 사용하여) 그리스도를 실제로 붙잡아야 의롭다 함을 받는 것입니다. 믿음은 그 자체의 힘으로 의롭다 함을 얻는 것이 아니라 그리스도의 완성된 사역을 붙잡음으로써 의롭다 함을 얻습니다. 믿음 그 자체가 의롭다 함을 만드는 것이 아니라 그리스도를 붙잡는 손이며, 그분의 의로움을 받아들이는 손입니다. 믿음은 도구로써 사용되어야 합니다. 그래서 믿음을 도구적 믿음이라고 부릅니다.

진정한 믿음은 고백에만 있지 않습니다. 자신이 믿는다고 선언한 것에 있지 않습니다(약 2:14). 하나님이 주신 구원의 믿음은 수동적(passive)으로 받지만, 그 믿음은 능동적(active)으로 역사합니다. 따라서 진정한 믿음은 구원을 위해 그리스도께로 달려가게 만듭니다(마 11:12). 믿음이 있는 자는 좁은 문을 찾고, 그리로 들어갑니다(마 7:13-14). 즉, 의롭게 하는 믿음에는 믿음의 능동적 측면이 나와야 합니다. 그리스도를 강력하게 붙잡는 증거가 나와야 합니다(벧전 1:2). 사랑으로 수고하는 믿음의 능동성이 나와야 합니다(갈 5:6).

그리스도를 믿는다고 하면서, 그리스도에 대해 갈망이 없거나, 죄를 버리지 않고, 옛 본성대로 살아가는 자들의 믿음은 의롭게 하는 믿음이 아닙니다. 자기를 부정하고 자기 십자가를 지는 진정한 믿음의 증거가 나와야 합니다. 더욱이 그리스도 안에 마련된 하나님의 은혜를 모르면서 그리스도를 믿겠다고 하는 것은 의롭게 하는 믿음이 아닙니다. 이러한 믿음들은 믿음의 도구적 특징들을 무시하는 것입니다.

5. 칭의의 전제

칭의가 일어나게 하는 믿음은 성령의 유효한 역사와 관련된 진정한 믿음입니다. 진정한 믿음만이 죄인을 의롭게 할 수 있습니다. 거짓 믿음에서는 칭의가 일어날 수 없습니다. 예를 들어, 인간 의지의 결단을 믿음으로 보는 알미니안주의의 믿음은 칭의를 일으킬 수 없는 믿음입니다. 이러한 믿음은 성령의 유효한 역사로 인한 믿음이 아니기 때문입니다.

성령의 유효한 역사로 의롭다 함이 선언되는 믿음은 그리스도를 믿고자 할 때 나타나는 몇 가지 특징이 있습니다. 그리스도를 믿는 목적이 분명한 믿음입니다. 우선 자신의 죄를 깨닫고, 죄의 용서를 갈망하는 상태가 전제됩니다(시 130편). 죄의 용서를 바라고, 바라고 있습니다. 그때 죄 용서함을 하나님이 오직 그리스도 안에만 마련해 두셨기 때문에, 죄 용서를 위해 그리스도께 달려가는 믿음이 칭의가 있게 하는 믿음입니다(행 20:21). 즉, 자신의 죄 용서에 대한 갈망이 있어야 하는데, 이것은 성령의 유효한 부르심 속에서 성령이 일어나게 하시는 것이며, 그리스도 안에 죄 용서가 마련되어 있다는 것도 성령이 복음을 사용해서 일어나게 하시는 것입니다(행 10:43).

한편으로 성령은 유효한 부르심 가운데 하나님이 택하신 백성에게 자신의 어떤 율법의 행위로도 의로움을 이룰 수 없다는 것을 깨닫게 하십니다. 성령은 자신에게 불의가 가득하다는 것을 알게 하십니다(사 64:6). 성령은 그들에게 자신들의 불의와 더러움을 덮을 수 있는 의로움을 갈망하게 하십니다. 의에 주리게 하시고, 목마르게 만드십니다(마 5:6). 그리고 성령은 그들의 불의를 덮을 수 있는 의로움이 그리스도 안에 있다는 것을 복음을 가지고 깨닫게 하십니다. 그래서 그 죄인은 의를 얻기 위해서 그리스도께 달려가게 됩니다. 그리스도를 믿는 목적이 그리스도의 의를 자신에게 적용하기 위한 것입니다(갈 2:16). 따라서 칭의가 있게 하는 믿음은 성령의 유효한 역사와 직접 연결되어 있으며, 성령의 역사로 인한 진정한 믿음만이 의롭게 하는 믿음입니다.

6. 칭의와 함께 있는 구원의 은혜들(칭의를 확인하는 방법)

성령의 유효한 역사로 인한 믿음으로 그리스도를 믿게 되면, 그리스도에게 연합되어서, 우선 칭의의 은혜를 받습니다. 그런데 하나님 아버지가 그리스도 안에 마련하신 은혜는 칭의와 함께 양자 됨, 성화의 은혜가 있습니다. 이러한 은혜는 칭의 다음의 순서로 받는 것이 아니라, 동시에 함께 받는 것입니다. 이것은 그리스도와의 연합으로 인한 것입니다(롬 6:5).

그리스도에게로의 연합으로 인하여 얻는 구원의 은혜들은 칭의와 함께 양자 됨과 성화가 있습니다. 칭의는 법적 변화(의롭다고 선언됨)를, 양자 됨은 관계적 변화(하나님의 가족으로 들어옴)를 가져옵니다. 칭의는 우리에게 법적 의로움을 주지만, 양자 됨은 우리에게 그리스도 안에서 아들로서의 특권을 줍니다. 칭의는 하나님의 일회성 법적 행위이지만, 성화는 거룩해지는 평생의 과정으로서, 칭의와 함께 시작되는 구원의 은혜입니다. 칭의는 우리의 지위를 바꾸지만, 성화는 우리의 성향을 바꿉니다.

칭의는 법정적 선언으로서 외적 변화의 특징을 나타내는 용어가 아닙니다. 그리스도 안에서 실제적인 외적 효과는 성화에서 나타납니다. 따라서 어떤 사람에게 칭의가 일어났는지는 칭의와 함께 있는 외적 효과로 나타나는 성화로 확인할 수 있습니다. 만약에 어떤 이가 자신이 의롭다 함을 받은 신자라고 말하지만, 죄와 싸우고 거룩함을 추구하는 성화가 없다면, 그 사람에게는 실제로 칭의가 일어나지 않은 것입니다. 히브리서 12장 14절에서 성화가 그에게 없다면 구원받은 자가 아니라고, 즉 칭의도 없다고 분명하게 말하기 때문입니다. 더욱이 하나님의 선택 목적이 성화에 있기 때문에(엡 1:4), 성화가 없다면 칭의가 없으며, 하나님의 부르심도 없는 것입니다.

23주 | 칭의의 목적

11.3 그리스도는 자신의 순종과 죽음으로 의롭다 함을 받은 모든 자의 빚을 완전하게 갚아 주셨고, 그들을 대신해 성부 하나님의 공의를 적절하고, 실제적이며, 완전히 만족시키셨다(롬 5:8-10, 19; 딤전 2:5-6; 히 10:10, 14; 단 9:24, 26; 사 53:4-6, 10-12). 그러나 그들을 위해 아버지에 의해 그리스도가 거저 주어졌고(롬 8:32), 그들을 대신하여 그분의 순종과 공의를 만족시키신 것이 받아들여졌기 때문에(고후 5:21; 마 3:17; 엡 5:2) 그리고 그들 안에 있는 어떤 것으로 인한 것이 아니기 때문에 그들의 칭의는 오직 거저 주시는 은혜에 속한 것이다(롬 3:24; 엡 1:7). 죄인들을 의롭다고 하시는 것에서 하나님의 목적은 하나님의 정확한 공의와 풍성한 은혜를 영광스럽게 하시는 것이다(롬 3:26; 엡 2:7).

• 해설 •

1. 오직 그리스도(Solus Christus)

죄의 빚은 하나님의 법을 어긴 죄로 인해 하나님의 진노의 정당한 형벌을 받을 의무입니다. 죄인의 대속자로서 그리스도는 자신의 완벽한 순종과 희생적 죽음을 통해 이 빚을 완전히 지불하셨습니다. 하나님의 법을 어긴 죄인의 빚은 하나님의 처벌을 받게 됩니다(롬 6:23). 그런데 죄 많은 인간은 이 빚을 갚을 수 없으므로 죄 없는 대속자만이 이를 충족시킬 수 있습니다. 그리스도는 빚진 자들을 대신해서 완전한 순종으로 빚을 갚으셨습니다. 그리스도는 기꺼이 고난을 받으시고 죽으셨습니다. 그리스도는 희생적 죽음으로 빚을 갚으셨습니다. 십자가에서 그리스도는 죄인들이 받을 진노와 저주를 온전히 짊어지셨습니다(고후 5:21).

그리스도가 죽으시면서 외치신, "다 이루었다"라는 말씀은 그리스어로 'τετέλεσται'(테텔레스타이)로서 완성되었다는 의미이지만, 전액 지불되었다는 의미도 있습니다. 그리스도가 택하신 백성의 죄에 대한 부채를 모두 지불하신 것으로 해석할 수 있습니다. 그리스도는 그분의 완벽한 삶, 대속적 죽음을 통해 죄인의 빚을 갚으셨습니다. 하나님은 이제 그리스도를 믿는 모든 사람을 값없이 용서하십니다. 그들의 죄가 무시되었기 때문이 아니라 이미 완전히 갚아졌기 때문입니다.

그리스도는 하나님의 공의를 완전히 만족시키셨습니다. 그리스도가 죄에 대한 벌을 온전히 치르셨고, 그리하여 하나님의 진노를 달래셨고 그분의 백성을 대신하여 하나님의 공의를 만족시키셨다는 것을 의미합니다. 하나님은 완벽하게 공의로우시며 죄를 간과하실 수 없습니다. 하나님은 공의로우시므로 죄를 벌하셔야 합니다(롬 6:23). 죄를 벌하지 아니하면 참으로 공의롭지 못하실 것입니다. 하나님의 공의는 율법에 대한 완전한 순종이나 죄에 대한 형벌을 요구합니다(갈 3:10).

그리스도가 우리의 대속자로서 아버지의 공의를 만족시키셨습니다. 예수님은 택하신 백성을 대신하여 죄에 대한 완전한 형벌을 짊어지셨습니다(벧전 2:24). 예수님은 하나님의 율법의 요구를 성취하셨습니다. 예수님은 그분의 백성을 대신하여 율법을 완벽하게 지키셨습니다. 하나님의 공의는 죄에 대한 형벌과 완전한 의를 모두 요구하기 때문에, 그리스도는 죄로 인한 형벌을 겪으시고 죄인 대신 율법을 완벽하게 순종하심으로써 두 가지를 모두 성취하셨습니다.

2. 오직 은혜(Sola Gratia)

오직 그리스도가 하나님의 공의에 대한 완전한 만족을 이루셨기 때문에, 오직 은혜에 의한 칭의가 있게 하셨습니다. 그리스도가 죄를 위해 완전하고 완벽하게 대가를 치르셨으며, 완벽한 순종으로 하나님의 공의를 만족시키셨지만, 그 대가를 죄인들에게 적용하는 것은 여전히 전적으로 거룩하신 하나님의 은혜 행위입니다. 그리스도가 속죄적 죽음과 율법에 대한 완벽한 순종으로 택한 백성의 빚을 완전히 갚고 하나님의 공의를 만족시켜서 획득하신 의로움은 그리스도의 것입니다. 하나님은 그리스도의 것을 자신의 택한 백성에게 오직 은혜로 주시는 것입니다.

따라서 칭의는 전적으로 하나님의 은혜에 의한 것입니다. 칭의는 전적으로 그리스도 안에서의 하나님의 역사이므로, 그것은 철저히 은혜입니다. 하나님은 죄인을 의롭다고 하기 위해 자신의 공의를 낮추거나 포기하지 않으셨습니다. 그리스도로 하나님의 공의를 만족시키신 다음에 그리스도의 의를 은혜롭게 믿는 자들에게 적용하십니다. 그리스도는 우리의 의로움을 위해 은혜로 주어졌습니다. 따라서 의롭다 함은 전적으로 은혜로 말미암는 것이기 때문에 인간의 교만함은 있을 수 없습니다. 오직 그리스도를 주신 하나님의 자비에 대한 감사만이 있을 뿐입니다.

3. 오직 하나님께 영광(Soli Deo Gloria)

죄인을 의롭게 하는 그리스도를 통한 하나님의 방식은 의롭다 여김을 받은 자로 하나님의 공의와 은혜를 찬양하게 만듭니다. 하나님의 공의적 측면에서 자신들의 행위, 율법을 지켜 구원받으려고 하는 자들이 있습니다.

그들은 교만한 자들입니다. 감히 하나님의 공의를 이룰 수 없다는 것에 무지합니다. 그리고 자신들이 할 수 있다고 착각하고, 부분적으로 계명을 지킨 것을 가지고 의롭게 되었다고 착각합니다. 그들은 하나님께 영광을 돌려야 하는데, 율법주의적인 태도로 자신들이 영광을 받습니다. 하나님의 은혜 측면에서, 사람들은 "하나님은 사랑이심이라"(요일 4:8)라는 말씀을 남용하여, 하나님의 공의를 무시합니다. 하나님의 계명을 통해서 신자들도 죄를 깨닫는데, 그들은 하나님의 계명을 어깁니다. 자신들은 이미 의롭다 함을 받았기 때문이라고 생각합니다.

칭의에 대한 오류로서 자신들의 행위로 의롭게 되려는 로마 가톨릭과 자신의 의지로 믿으려는 알미니안주의자들이 있습니다. 그리고 하나님의 공의를 무시하고, 은혜적 측면만을 강조하는 하이퍼 칼빈주의자와 도덕률 폐기론주의자들의 칭의에 대한 가르침이 있습니다. 둘 다 오류입니다. 칭의는 하나님의 공의와 하나님 은혜의 순서로 말미암은 것으로서 하나님의 공의를 만족시키고, 하나님 자신의 은혜의 영광을 나타내는 것입니다.

11.4 하나님은 영원으로부터 모든 선택된 자들을 의롭다 하시는 것을 작정하셨다(갈 3:8; 벧전 1:2, 19-20; 롬 8:30). 그들의 의롭다 하심을 위해서 다시 살아나셨다(갈 4:4; 딤전 2:6; 롬 4:25). 그럼에도 불구하고 정한 때에 성령이 실제적으로 그리스도를 그들에게 적용하시기 전까지는 그들이 의롭게 된 것은 아니다(골 1:21-22; 갈 2:16; 딛 3:4-7).

• 해설 •

4. 칭의가 일어나는 시기

택함받은 자들을 의롭다고 하시는 하나님의 작정은 영원 전부터 이루어졌지만, 그 적용은 시간 속에서 일어납니다. 이것은 하나님의 영원한 계획, 그리스도의 구속 사역, 그리고 성령의 효과적인 부르심에 근거합니다. 의롭다 함은 영원부터 작정되었습니다. 하나님의 작정은 영원하고 변할 수 없습니다(딤후 1:9).

우주 만물과 사람을 창조하시기 전에, 하나님은 그리스도를 통해 택함받은 자들을 의롭다고 하시고, 은혜와 지혜를 나타내기로 작정하셨습니다. 왜냐하면 칭의는 그리스도의 사역에 근거하는데, 창세전에 성부는 그리스도를 구주로 정해 놓으셨기 때문입니다(엡 1:4). 따라서 성부 하나님은 타락한 죄인들에게 그리스도를 약속해 주셨습니다(창 3:15). 그리고 때가 차매 아들을 인간의 몸을 입게 하시고 이 땅으로 보내셨습니다(갈 4:4). 아들은 완벽한 순종과 희생적 죽음으로, 성부가 택하신 백성을 의롭다 하실 수 있도록 구속의 사역을 행하셨습니다(엡 1:7). 영원부터 선택하신 백성에게 칭의가 일어나도록 역사 속에서 하나님이 행하신 것입니다.

그리스도가 하늘 보좌에 오르시고, 성부로부터 성령을 받아 부어 주셨습니다. 그래서 그리스도를 믿어 의롭게 되는 것은 시간적으로 적용됩니다. 하나님이 택함받은 자들에게 성령의 유효한 역사가 있게 하시고, 그로 믿음이 일어나게 하여, 그들이 믿을 때 의롭다 하심을 그들에게 적용하십니다(벧전 1:2). 칭의는 영원부터 정해졌고 십자가에서 확보되었지만, 개인이 성령으로 효과적으로 부르심을 받고 믿을 때 개인적으로 적용됩니다(롬 3:26).

칭의 시점에 대한 것에 오류가 있습니다. 하나님이 영원 전에 선택하신 백성은 그들의 존재가 이 땅에 있기 전에 이미 의롭다고 여김을 받았다고 주장하는 '영원 전 칭의'가 있습니다. 이는 성령의 유효한 역사를 부정하는 하이퍼 칼빈주의자들의 오류입니다.

11.5 하나님은 의롭다 함을 받은 자들의 죄들을 계속해서 용서해 주신다(마 6:12; 요일 1:7, 9, 2:1-2). 그리고 그들이 비록 칭의의 상태에서 떨어질 수 없지만(눅 22:32; 요 10:28; 히 10:14), 그들은 자신들의 죄들로 인하여 하나님의 부성적인 진노 아래에 있을 수 있으며, 그들이 자신들을 낮추어, 그들의 죄들을 고백하고, 용서를 구하며, 그들의 믿음과 회개를 갱신하기 전까지 그들은 회복된 하나님의 얼굴의 빛을 가질 수 없다(시 89:31-33, 51:7-12, 32:5; 마 26:75; 고전 11:30, 32; 눅 1:20).

• 해설 •

5. 의롭다 함을 받은 자들의 죄의 용서

하나님은 신자들이 칭의를 받은 후에도 계속 신자들의 죄를 용서하십니다. 칭의는 의로움에 대한 일회성 법적 선언이지만, 신자들은 여전히 일상생활에서 죄와 씨름하며 죄에 대한 지속적인 용서가 필요합니다. 칭의는 법적 의미에서 용서받는 것을 의미합니다. 신자의 일상적인 삶에서 죄는 여전히 하나님과의 교제에 영향을 미쳐 지속적인 아버지와의 관계 속에서 회개와 용서가 필요합니다.

칭의는 하나님의 공의가 그리스도 안에서 완전히 충족되었으며, 신자들은 구원에 안전하다는 것을 의미합니다. 신자들은 의롭다고 여겨지지만, 여전히 매일 죄를 짓고 하나님과 가까운 교제를 유지하기 위해 죄를 고백해야 합니다(요일 1:8-10). 예수님은 신자들에게 죄의 용서를 위해 기도하라고 가르치셨으며, 용서가 그리스도인의 삶에서 지속적인 과정임을 보여주셨습니다(마 6:12). 믿는 자들이 칭의를 받은 후에 죄를 지을 때, 구원을 잃지는 않지만, 하나님과의 관계는 영향을 받을 수 있습니다. 따라서 죄의 고백과 회개가 필요하며, 회개를 통하여 하나님과의 교제를 회복합니다(시 51:12).

물론 신자의 연약함으로 죄를 짓고 넘어지는 것에 대해 하나님은 부성적 사랑으로 그들을 징계하십니다. 이것은 영원한 심판이 아닙니다. 하나님은 신자들에게 있는 죄성과 부패성을 약화하기 위해서 징계하십니다. 하나님이 신자들을 징계하실 때, 자신의 은혜를 일시적으로 거두어 가십니다. 이러한 하나님의 징계를 통해서 신자는 고통을 경험하게 되고, 그 심령이 낮아집니다(시 32:3-4). 하나님께 용서를 구하는 통회의 심령이 크게 일어납니다(사 66:2). 물론 이 과정도 신자 자신의 능력으로 되는 것은 아닙니다. 회심할 때 성령이 하신 것과 마찬가지로, 성령이 회개와 믿음을 일으켜 신자를 다시 새롭게 하시는 것입니다(시 51:10). 그래서 하나님은 다시 회개하는 신자에게 은혜를 회복하십니다.

6. 칭의의 상태

진정으로 의롭다고 여김을 받은 사람들은 의롭다고 인정받은 상태에서 떨어질 수 없습니다. 의롭다고 여김을 받은 것은 하나님의 은혜 행위이며, 그리스도의 완전한 의로움에 근거하기 때문에 영구적이고 돌이킬 수 없습니다. 의롭다고 여김을 받는 인간의 행위나 공로에 근거하지 않고 하나님의 영원한 작정과 그리스도의 완성된 사역에 근거하기 때문입니다. 하나님은 변함이 없으시고 그분의 은사는 돌이킬 수 없기 때문에 그분이 의롭다고 간주하신 사람들은 결코 정죄받지 않을 것입니다. 황금 사슬이라고 부르는 로마서 8장 30절은 의롭다 여김을 받은 사람은 궁극적으로 영화롭게 될 것을 말하고 있습니다.

그리스도의 완전한 속죄는 의롭게 함을 보장하며, 칭의의 상태는 신자가 충실함을 유지하는 능력에 달린 것이 아니라 전적으로 그리스도의 의로움에 근거합니다(히 10:14). 더욱이 칭의의 은혜와 함께 주어지는 구원의 은혜로 성도의 견인의 은혜가 있기 때문에, 신자가 죄와 연약함으로 어려움을 겪을지라도, 하나님은 은혜로 그들을 붙드십니다(빌 1:6; 유 1:24). 물론 어떤 사람들은 그리스도인으로 보였지만, 나중에 떨어져 나가는 사람들이 있습니다. 그들은 일시적 그리스도인으로서, 처음부터 진정으로 의롭게 여겨지지 않은 자들입니다(요일 2:19). 이러한 자들에 대해서 예수님은 그들에게 "너희를 전혀 알지 못한다"고 말씀하셨습니다(마 7:23).

11.6 구약 신자들의 칭의는 신약 신자들의 칭의와 모든 면에서 하나이며 같은 것이다(갈 3:9, 13-14; 롬 4:22-24; 히 13:8).

• 해설 •

7. 구약과 신약의 칭의

구약 시대 신자들의 칭의는 본질적으로 신약 시대 신자들의 칭의와 동일했습니다. 칭의는 항상 그리스도 안에서만 믿음을 통한 은혜로 이루어졌으며, 구약과 신약 시대의 성도는 약속된 구속주를 믿는 믿음으로 같은 방식으로 칭의를 받았습니다. 바울은 아브라함이 행위가 아니라 믿음으로 의롭게 되었음을 증명합니다(롬 4:3). 이것은 구약 시대 신자들이 같은 복음, 즉 그리스도 안에서의 구원에 대한 하나님의 약속을 신뢰했음을 보여 줍니다(갈 3:6-9).

히브리서 기자는 구약의 성도들이 믿음으로 살았음을 보여 주었습니다(히 11장). 그들은 오늘날의 신자들처럼 믿음으로 의롭게 되었습니다. 구약 신자들은 그리스도를 기대했습니다. 예수님은 아브라함이 그리스도가 오시기 전에 살았지만, 그리스도를 믿었다고 말씀하셨습니다(요 8:56). 구약 선지자들은 그리스도를 가리켰고, 사람들은 약속된 그리스도를 믿음으로 의롭게 되었습니다(사 53:11). 신약의 신자들은 그리스도가 완성하신 일을 되돌아보며, 그리스도를 믿습니다. 따라서 구약과 신약의 신자들은 같은 방식으로 의롭다 하심을 받았습니다.

24주 | 양자 됨

12.1 하나님은 의롭다 함을 받는 모든 자가 그분의 독생자 예수 그리스도 안에서, 그리고 그분을 위하여 양자 됨의 은혜에 참여자들이 되는 것을 허락하신다(엡 1:5; 갈 4:4-5). 이로 말미암아 그들은 하나님의 자녀의 수효에 들게 되고, 자녀로서의 자유와 특권을 누리게 된다(롬 8:17; 요 1:12). 또한 그들 위에 하나님의 이름이 기록되며, 양자의 영을 받으며(롬 8:15), 담대함으로 은혜의 보좌로 나아가며(엡 3:12; 롬 5:2), 아바 아버지라 부를 수가 있으며(갈 4:6), 불쌍히 여김을 받으며(시 103:13), 보호를 받으며(잠 14:26), 필요한 것을 공급받으며(마 6:30, 32; 벧전 5:7), 아버지로서 내리시는 징계를 받으나(히 12:6), 결코 버림받지 않으며(애 3:31), 구속의 날까지 인(印) 치심을 받으며(엡 4:30), 영원한 구원의 상속자로서(벧전 1:3-4; 히 1:14) 약속들을 기업으로 받는다(히 6:12).

• 해설 •

1. 양자 됨의 은혜에 참여자

그리스도 안에서 효과적으로 부르심을 받고 의롭다고 여김을 받은 사람들만이 양자 됨의 은혜에 참여하게 됩니다. 즉, 모든 참된 신자, 다시 말해 하나님이 택하시고, 성령으로 효과적으로 부르시고, 믿음으로 의롭다고 여김을 받은 사람들이 하나님의 자녀로서 하나님의 가족으로 입양된다는 것을 의미합니다. 양자 됨은 그리스도를 믿는 사람들에게 주어진 특권입니다(요 1:12). 양자 됨은 모든 사람에게 보편적인 것이 아니라 믿음으로 그리스도 안에 있는 사람들에게만 해당됩니다(갈 3:26). 양자 됨은 영원부터 그분의 택함받은 자들을 위해 계획된 하나님의 주권적인 역사입니다(엡 1:5).

양자 됨은 칭의와 그리스도와의 연합에서 흘러나옵니다. 성령의 구원의 유효한 역사로 믿음이 나와서 그 믿음으로 그리스도를 믿을 때, 그리스도에게 연합되어, 의롭다 여김과 양자 됨의 구원의 은혜들을 함께 받습니다. 따라서 칭의를 받고 성령이 거하시는 자들은 또한 하나님의 자녀가 됩니다(롬 8:15-17). 그리스도의 구속은 우리가 하나님의 가족으로 입양되는 것을 확실히 보장해 주었습니다(갈 4:4-7). 양자 됨은 모든 사람에게 주어지는 특권이 아닙니다. 모든 사람이 본성적으로 하나님의 자녀가 되는 것은 아닙니다. 양자 됨은 믿는 자에게 주어진 하나님 사랑의 선물입니다(요일 3:1). 예수님은 믿지 않는 자들에게 그들이 하나님의 자녀가 아니라 마귀의 자녀라고 말씀하셨습니다. 이것은 하나님의 가족으로 입양되는 것이 보편적인 것이 아니라 그리스도 안에서 구원받은 자들에게만 해당됨을 보여줍니다(요 8:44).

2. 하나님 아버지

하나님 아버지는 자신의 주권적 은혜로 예수 그리스도를 통해 자신이 택한 백성을 입양을 통해 명명하고 세어, 그들을 자신의 자녀로 만드셨습니다. 이 입양 행위는 그분의 영원한 사랑과 목적의 표현입니다. 하나님은 자신의 백성을 직접 명명하시고 자신의 백성이라고 주장하십니다(사 43:1). 양자 됨은 신자들이 공식적으로 하나님의 자녀로 인정받는 것을 의미합니다(고후 6:18). 하나님은 자신의 백성에게 자신의 이름을 표시하여 소유권이 하나님께 있음을 나타내십니다(계 3:12). 선한 목자이신 예수님은 자신에게 속한 사람들을 직접 아시고, 이름을 지어 주시고, 그 이름을 각각 불러서 인도하십니다(요 10:3).

하나님은 창세전에 자신의 백성의 숫자를 정해 놓으셨습니다(엡 1:4-5). 하나님은 입양을 통하여 그들을 자신의 정해 놓으신 숫자 안에 넣으십니다. 하나님 아버지는 자신의 정해 놓은 택한 백성을 그리스도가 구속하도록 하셨기 때문에, 그 숫자는 특정된 것입니다(요 17:2). 예수님이 자신의 양들의 이름을 각각 불러 그 숫자를 세시고, 우리에 병든 양이나 낙오된 양이 있는지를 확인하는 목자의 역할을 하시기 때문에(요 10:1-5), 하나님의 백성의 숫자는 정해져 있으며, 그 숫자가 완성되기까지 그리스도는 하늘 보좌 우편에서 중보자의 직무를 행하고 계십니다. 따라서 양자 됨은 그 숫자에 들어가게 되는 것입니다.

양자 됨은 자신에게 하나님의 이름이 있고, 자신이 정해진 사람들의 숫자에 들어간다는 것입니다. 따라서 양자 됨은 안전을 보장합니다. 그리스도는 하나님의 이름이 있고 세어진 사람을 하나도 잃어버리지 아니하실 것입니다(요 6:39). 하나님의 입양된 자녀의 이름은 생명책에 영구히 기록됩니다(계 21:27). 양자 됨은 하나님의 백성에게 하늘의 상속을 보장합니다(눅 10:20). 하나님 아버지는 입양을 통해 그들에게 이름을 붙이시고, 그들을 자신의 자녀라고 부르시고, 자신의 이름을 그들 위에 기록하십니다. 입양된 자들을 자신의 정해 놓으신 백성의 숫자에 넣으시고, 생명책에 기록하시며, 그들을 보전하십니다.

3. 양자의 영

양자의 영은 신자들이 하나님의 자녀로서 하나님과의 새로운 관계를 알게 하시는 성령을 의미합니다. 성령은 아버지가 입양하신 자들에게 하나님의 아들 됨을 확신시키시고, 아버지와 친밀함을 가지게 하시며, 그리스도 안에서의 유업에 대한 확신을 주십니다. 성령이 아버지가 택하신 백성에게 구원의 은혜를 유효하게 하실 때, 회심으로 그가 하나님의 자녀가 되었다는 확신을 주셔서 하나님 아버지를 향하여 "아바 아버지"라고 부르짖게 하시고, 성령이 친히 입양된 자에게 그가 하나님의 자녀가 되었다는 것을 내적으로 증언하십니다(롬 8:15-16).

성령은 믿는 자들이 하나님을 사랑하는 아버지로 부르게 하시고 그리스도 안에서 유업을 확보하게 하십니다(갈 4:6-7). 이렇게 하나님의 가족으로 들어가는 양자 됨은 성령의 거듭남의 역사로 되는 것입니다(요 1:12-13). 그래서 성령이 양자의 영으로서 입양된 자들에게 확신을 주시는 것입니다. 성령이 양자의 영으로 새롭게 그리스도인이 된 그들 위에 역사하셔서, 신자들이 하나님께 기도하도록 도우시며(롬 8:26), 그들로 하나님의 자녀로서 거룩한 삶을 살도록 인도하시며(요일 3:1-3), 하나님께 담대함과 기쁨으로 나아가도록 하십니다(히 4:16).

하나님 아버지는 자신의 가족에 들어올 자를 위하여 그리스도로 속죄 사역을 이루게 하셨으며(갈 4:4-5), 성령으로 구원을 유효하게 하시며, 그들에게 양자의 영을 주셔서 입양되도록 적용하십니다. 따라서 하나님 아버지가 양자의 영이신 성령을 신자들에게 주시는 것은 그들이 하나님의 사랑하는 자녀로서 새로운 정체성을 경험하게 해주는 하나님의 귀중한 선물입니다.

4. 보호와 공급받는 은혜

사랑하는 아버지로서 하나님은 입양된 자녀를 삶의 모든 측면에서 보호하고 돌보십니다. 하나님은 자신이 입양한 자녀들을 모든 악에서 지켜 보호하십니다(시 121:7-8). 하나님 자녀들의 영원한 안전은 그리스도 안에서 보장됩니다(요 10:28-29). 하나님이 자신의 가족으로 입양된 자녀를 영적으로 보호하시는데, 특별히 사탄의 권세로부터 보호하십니다(살후 3:3). 하나님은 자신의 자녀들을 정서적, 정신적으로 보호하시는데, 그들에게 이해를 초월하는 평화를 주십니다(빌 4:6-7). 하나님은 자신의 자녀들을 신체적으로 보호하시어서, 그들이 위험한 때에 그들을 지켜 주십니다(시 91:11-12).

하나님은 입양한 자녀들에게 모든 필요를 충족시켜 주십니다. 하나님은 자녀들에게 일상적인 필수품을 공급해 주십니다(마 6:31-33). 하나님의 자녀들이 환난과 시련 속에 있을 때에는 은혜로 영적 힘을 주십니다(고후 12:9). 하나님의 자녀들의 시련 속에서도 하나님의 섭리는 그들의 궁극적인 선을 위해 일합니다(롬 8:28). 하나님의 자녀들이 중요한 결정을 할 때에는 지혜를 주십니다(약 1:5). 그리고 하나님 아버지는 자녀들의 영적 영양의 공급을 위해 성령을 통해 말씀을 주십니다(요 6:35).

하나님이 입양된 자녀를 돌보시는 것은 완벽한 아버지와 같습니다. 하나님의 자녀에 대한 사랑은 인간의 양육을 초월합니다. 그분은 선하고 필요한 것만 주십니다(마 7:9-11). 하나님 아버지는 그리스도를 이미 주셨으며, 그분의 아들과 함께 모든 것을 은혜로 주시는 분입니다(롬 8:32).

따라서 양자 됨의 권세와 특권을 받는 신자들은 하나님을 온전히 신뢰해야 합니다(잠 3:5-6). 그리고 항상 하나님을 가장 먼저 찾아야 합니다(마 6:33). 하나님 아버지께 짐을 맡겨야 합니다(벧전 5:7). 하나님은 날마다 백성의 짐을 져 주시는 분이기 때문입니다(시 68:19). 그리고 우리의 필요를 위해 기도해야 합니다(마 6:11). 또한 모든 상황에서 감사하십시오(살전 5:18). 하나님은 자신의 입양한 자녀들을 보호하시고, 필요한 모든 것을 공급하십니다. 이것은 하나님의 입양된 자에 대한 사랑이 지극하기 때문입니다.

아무것도 양자 된 자들을 하나님의 보살핌에서 떼어 놓을 수 없습니다(롬 8:38-39).

5. 하나님 아버지의 징계

하나님의 징계는 입양된 자녀를 향한 하나님의 아버지적 사랑의 핵심 측면입니다. 그것은 법적 의미에서 죄에 대한 처벌이 아닙니다. 그리스도가 이미 죄의 형벌을 겪으셨기 때문입니다. 오히려 그분의 백성을 거룩하게 하고 그리스도와 더욱 닮게 하기 위한 사랑의 훈계입니다. 징계는 하나님이 그분의 자녀로서 사랑하고 받아들이시는 표시입니다(히 12:5-6). 사랑하는 아버지가 분노해서가 아니라 자녀의 유익을 위해, 자녀를 바로잡기 위한 것입니다(잠 3:11-12).

하나님의 징계 목적은 신자의 죄를 바로잡고 회개로 이끌기 위한 것입니다. 하나님은 사랑하는 아버지처럼 자녀가 길을 잃었을 때 바로잡으십니다(시 119:67). 하나님은 자신의 입양된 자녀들의 믿음과 거룩함을 강화하기 위해 징계하십니다. 하나님의 징계는 믿는 사람들을 의로움으로 훈련합니다(히 12:10-11). 하나님은 자녀들의 더 이상의 죄를 막기 위해 징계하시는데, 자신의 자녀가 더 큰 죄를 짓지 않도록 고통을 주십니다(고후 12:7). 하나님의 징계는 그리스도 안에서 양자 됨의 표시입니다(히 12:7-8). 하나님의 징계는 마치 포도나무의 가지치기를 통해서 더 많은 열매가 맺게 하듯이 신자를 더 큰 영적 성장으로 이끕니다(요 15:2). 하나님의 징계 방식은 다양합니다. 하나님은 사람들이 죄를 지을 때 그들을 내적으로 책망하시며(요 16:8), 삶의 고난을 사용하여 바로잡으시기도 합니다(욘 1:4-17). 때때로 하나님은 다른 믿는 사람들을 사용하여 사랑으로 책망하고 회복시키십니다(갈 6:1).

따라서 진정으로 양자 됨이 있다면, 하나님의 징계를 무시하거나 멸시하지 말고, 겸손하게 받아들여야 합니다(잠 3:11). 신자 자신을 살펴보아야 합니다. 하나님이 신자에게 무엇을 가르치고 싶어 하시는지 생각해야 합니다(애 3:40). 그리고 기꺼이 회개하고 하나님의 뜻에 복종해야 합니다. 또한 결코 낙심하지 말고 하나님의 사랑을 신뢰해야 합니다. 왜냐하면 징계는 고통스럽지만, 궁극적으로 영적 성장, 평화, 거룩함의 증진을 가져다주기 때문입니다.

6. 영원한 구원의 상속자

하나님 아버지는 결코 자신의 입양된 자녀를 상속에서 제외하지 않으십니다. 하나님이 참으로 그분의 가족으로 입양하신 사람들은 결코 쫓겨나지 않을 것입니다. 하나님이 하신 입양은 그리스도 안에서 변함없는 은혜와 약속에 근거하여 영원하기 때문입니다. 왜냐하면 예수님은 그분의 백성에게 영원한 안전을 약속하시기 때문입니다(요 10:27-29). 양자 됨은 성령으로 인봉되었기 때문입니다(롬 8:15-17). 하나님의 입양은 인간의 공로에 따른 것이 아니라 그분의 영원한 뜻에 따른 것이기 때문입니다.

사도 바울이 로마서와 에베소서에서 양자 됨을 말했을 때, 그 시대의 로마의 아버지는 친자녀를 부인할 수 있었지만 입양된 자녀는 결코 상속권을 박탈당할 수 없었습니다. 바울이 입양 이미지를 사용한 것은 그리스도를 믿는 자들의 영원한 안전을 강조하기 위함입니다. 더욱이 양자 됨이 칭의와 함께 있는 구원의 은혜로서, 칭의가 행위에 의해서가 아니라 영원한 그리스도의 의에 근거하기 때문에, 양자 됨의 은혜는 영원하고 안전한 것입니다. 물론 어떤 사람들은 하나님의 자녀인 것처럼 보였다가 떨어져 나갈 수 있는데, 이것은 입양되었다가 파양된 것이 아니라, 아예 처음부터 입양되지 않았다는 것입니다. 그들은 어떤 순간에도 하나님의 자녀가 아니었다는 것을 증언하는 것입니다.

25주 | 성화의 근거와 구성 요소

13.1 유효한 부르심을 받고 거듭났으며, 그들 안에 새 마음을 갖게 되고, 새 영이 창조된 자들은 그리스도의 죽으심과 부활의 공로를 통하여(고전 6:11; 행 20:32; 빌 3:10; 롬 6:5-6), 그분의 말씀과 그들 안에 내주하시는 성령으로써(요 17:17; 엡 5:26; 살후 2:13) 실제로 그리고 인격적으로 더욱 거룩해진다. 온몸을 주관하는 죄의 권세가 파괴되고(롬 6:6, 14) 죄의 몸에서 나오는 여러 가지 정욕이 더욱 약해지고, 억제되며(갈 5:24; 롬 8:13), 그들은 모든 구원의 은혜 안에서 더욱 활기와 힘을 얻게 되어(골 1:11; 엡 3:16-19) 참된 거룩의 삶으로 나아간다. 이런 거룩함이 없이는 아무도 주를 볼 수 없다(고후 7:1; 히 12:14).

• 해설 •

1. 유효한 부르심과 성화

성화는 성령의 효과적인(유효한) 부르심과 불가분의 관계에 있습니다. 하나님이 죄인을 효과적으로 부르실 때, 그들의 심령에 성령으로 거룩한 성질을 심어 놓으시기 때문입니다. 따라서 성령의 유효한 부르심으로 인하여, 믿음을 일으켜 그들로 그리스도를 믿음으로 의롭게 하실 뿐만 아니라,

성화의 사역을 시작하십니다. 즉, 그들을 거룩하게 구별하시고 그리스도의 형상에 따라 변화시키시는 것입니다.

성령은 일찍이 하나님이 자신의 선택한 백성을 부르실 때, 그 영혼을 거룩하게 하는 일을 시작하십니다. 성령은 성부가 택하신 죄인들의 영혼 위에 역사하여 그들의 죄를 씻어 내시고, 딱딱한 심령을 제거하시며, 부드러운 새 마음을 주심으로, 거룩한 성질을 그 영혼에 심는 작업을 하십니다(겔 36:25-26). 성령의 유효한 부르심의 사역은 영혼에 거룩한 성질을 심는 작업입니다(고전 6:11). 이로 인하여 신자를 성도라고 부르는 것입니다(고전 1:2).

성령의 유효한 부르심의 사역은 그 영혼을 거룩하게 하는 작업입니다(살후 2:13). 이것은 하나님 아버지가 특정한 자들을 택하셨기 때문에 성령이 그 영혼 위에 역사하여 거룩하게 하는 작업을 하시는 것입니다(벧전 1:2). 따라서 성령의 유효한 부르심으로 인하여 거룩한 성질이 심겼기 때문에, 그들을 새로운 피조물이 되었다고 말합니다(고후 5:17). 성령이 거룩한 성질을 심어 놓으셨기 때문에, 거룩한 성질에 반대되는 죄를 깨닫게 하시고(요 16:8), 순종을 가능하게 하십니다. 이것은 성령의 유효한 역사가 있기 전까지는 불가능한 일들이었습니다. 왜냐하면 죄와 허물로 죽어 있어서, 죄를 좋아하고, 불순종이 생활의 원리였기 때문입니다(엡 2:1-2).

성화는 성령의 유효한 부르심으로 거룩한 성질이 새겨진 것이 확장되고, 성장되는 것을 의미합니다. 따라서 성화는 유효한 부르심에서 일하셨던 성령이 자신이 심어 준 거룩한 성질을 더욱 강하게 만드는 작업을 하십니다. 유효한 부르심 가운데 하셨던 것처럼, 성령은 여전히 신자의 죄를 책망하고 깨닫게 하는 일을 계속하십니다. 성령이 심어 두신 거룩한 성질을 더욱 활성화해서, 신자로 죄를 미워하고 슬퍼하게 하며, 죄와 싸우도록 만드십니다. 이를 통해 신자들은 점점 더 거룩해지고 죄의 권세에서 해방됩니다.

거룩한 성질을 심어 놓는 것은 단번에 되지만(고전 1:2; 벧후 1:4), 그 성질이 확장되고 강화되는 것은 점진적으로 되는 것입니다(벧후 1:5-8). 효과적인 부르심의 순간에 신자들이 거룩하게 구별되는 것을 결정적 성화라고 부르고(고전 6:11), 신자들의 삶 전반에 걸쳐 성령이 그들을 그리스도의 형상으로 변화시키시는 지속적인 사역으로 인한 것을 점진적 성화라고 부릅니다(고후 3:18).

성령의 유효한 부르심에서 성령이 거룩한 성질을 심어 놓으셨고, 성화에서 그 성질을 증가와 강화하시기 때문에 유효한 부르심과 성화는 필연적인 관계를 맺고 있습니다. 다만 성화는 신자의 평생에 걸친 과정입니다. 신자로 그리스도 안에서 성령의 지속적인 영향을 받게 하고(갈 5:16), 이로써 하나님의 계명을 지켜 행하게 하며(롬 8:4), 또한 죄와 싸우게 하는 것입니다(롬 8:13). 성화는 성령의 효과적인 부르심이 필요하고 그것의 피할 수 없는 결과입니다. 하나님이 부르신 자들을 또한 성화시키십니다. 그들을 따로 세우시고, 그들의 마음을 변화시키시고, 거룩함과 궁극적인 영광으로 이끄십니다.

2. 그리스도의 죽음과 부활의 공로

성화는 그리스도의 죽음과 부활의 공로로 가능합니다. 왜냐하면 그리스도의 사역이 믿는 이의 거룩함을 보장하고 힘을 실어 주기 때문입니다. 즉, 그리스도의 속죄와 죽음에 대한 승리는 믿는 이들을 정당화할 뿐만 아니라 거룩함을 위해 그들을 따로 세우고 그분의 형상으로 변화시키는 것을 보장합니다.

성화의 기초로서의 그리스도의 죽음은 죄를 대신하여 대가를 치르고 믿는 이들을 죄의 지배에서 해방시켰습니다(롬 6:6-7). 그리스도의 속죄는 양심을 거듭나게 합니다(히 9:14). 따라서 그리스도의 피는 죽은 행실에서 정화하여 믿는 이가 살아 계신 하나님을 섬길 수 있게 합니다. 그리스도의 죽음으로 믿는 자들은 용서받을 뿐만 아니라 거룩한 삶을 위해 따로 구별됩니다.

그리스도의 부활은 성화 능력의 근거가 됩니다. 그리스도의 부활은 새 생명을 줍니다. 따라서 믿는 자들은 그리스도와 함께 영적으로 살아나 새 삶을 살게 됩니다(골 3:1). 그리스도 부활의 능력은 순종을 가능하게 합니다. 그리스도를 살리신 것과 같은 능력이 지금 믿는 자들에게 역사합니다(엡 1:19-20). 그리스도의 부활로 신자들은 거룩함 안에서 살고 죄를 이길 힘을 얻습니다.

그리스도의 사역은 성화의 근거이며 기초입니다. 믿는 자들은 그리스도의 완성된 사역 없이는 스스로 성화할 수 없습니다. 성령이 그리스도의 사역을 적용하시어서 믿는 자들로 하나님의 뜻에 굴복하면서 거룩함 안에서 자라게 합니다. 따라서 성화는 두 부분으로 되어 있습니다. 믿음으로 그리스도를 믿는 자는 그리스도에게 연합되며, 그리스도와의 연합은 거룩함을 낳습니다. 즉, 그리스도의 죽음은 신자로 죄에 대해서 죽게 만들고, 그리스도의 부활은 신자로 하나님에 대해 거룩하고 생동감 있는 삶을 살게 합니다(롬 6:10-11).

3. 성화의 수단(성령과 말씀)

성화는 신자 안에서 하나님의 은혜의 역사이지만, 하나님이 정하신 특정한 도구와 수단을 통해 수행됩니다. 성화의 주요 도구는 하나님의 말씀이며, 그 수단은 신자 안에 내주하시는 성령이십니다. 그리스도는 제자들(신자들)을 거룩하게 하는 수단이 하나님의 말씀이라고 하셨습니다(요 17:17). 하나님의 말씀은 신자들에게 의로움을 가르치고, 죄를 바로잡고, 교육합니다(딤후 3:16-17). 하나님의 말씀은 그리스도를 계시해 신자들로 그리스도를 닮게 합니다(요 5:39). 하나님의 말씀은 신자들의 심령을 새롭게 합니다(롬 12:2). 따라서 하나님의 말씀은 신자들의 거룩함을 위한 주요 도구가 됩니다.

하나님의 말씀을 가지고 실제로 신자로 거룩하게 하시는 분은 성령이십니다. 성령은 믿는 사람들에게 그리스도의 가르침을 가르치고 상기시키십니다(요 14:26). 성령은 죄를 깨닫게 하시고 믿는 사람들이 하나님께 순종하도록 힘을 주십니다(롬 8:13-14). 성령은 믿는 사람들의 삶에서 성령의 열매를 맺으십니다(갈 5:22-23). 성령은 이렇게 말씀을 통해 일하시며, 그리스도의 완성된 사역을 믿는 사람들의 삶에 적용하십니다.

4. 성화에서의 하나님의 주권과 인간의 책임

신자들의 삶 속에서 역사하여 거룩하게 하시는 주체는 성령이십니다. 성령이 주권적으로 역사하시어서, 신자들의 삶을 거룩하게 하십니다. 성령은 이미 유효한 부르심의 사역에서 신자들의 심령을 거룩하게 만드셨기 때문입니다. 그러나 성화는 신자들에게 의무로서 책임이 주어진 것입니다. 거룩하게 하시는 이가 성령이라고 생각하면서, 신자가 아무것도 안 해도 되는 것은 아닙니다.

베드로전서 1장 2절에서 성령이 하나님의 택한 백성을 거룩하게 하시는 것은 성령의 주권적 사역입니다. 그러나 베드로전서 1장 15절과 16절에서는 신자가 거룩한 삶을 사는 것은 책임이라고 말합니다. 성화의 주체이신 성령의 사역에서, 인간의 책임이 면제되지 않았습니다. 사도 베드로는 베드로후서에서도 동일한 원리를 말했습니다. 베드로후서 1장 4절에서 그는 성령의 거룩하게 하시는 사역으로 하나님의 거룩한 성품에 참여했다고 말합니다. 성령의 주권적 사역을 의미합니다. 그러나 베드로후서 1장 5-8절에서는 경건의 여덟 가지 덕목을 신자의 책임으로 증가시켜야 할 것을 말했습니다. 이것의 목적은 신자로 게으르지 않게 하기 위한 것이라고 말했습니다. 사도 바울도 성화가 하나님의 주권 속에 있는 것을 말하고(빌 1:6), 그럼에도 신자의 책임이라고 말했습니다(빌 2:12).

성화가 성령의 주권적 사역임에도 신자의 책임이 있는 것은 하나님의 은혜로 시작했지만 신자가 구원을 완성해야 하기 때문이 아닙니다. 신자는 거룩한 삶을 살려고 수고하고 애쓰며 부지런할 때, 비로소 자신들의 연약함을 깨닫게 됩니다. 따라서 신자는 더욱 그리스도 안에 머물며, 성령의 도우심을 구하게 됩니다.

사도 유다는 이 원리를 유다서 1장 20-21절에서 잘 설명했습니다. 거룩한 믿음 위에 자신을 세워야 하는데, 이것을 위해서는 성령으로 기도해야 하고, 하나님의 사랑 안에서 자신을 지키기 위해서는 예수 그리스도의 긍휼을 기다리고 바라보라고 했습니다. 신자로 거룩하라는 것은 그들에게 능력이 있어서가 아니라 성령을 구하고, 그리스도 안에 머물러서, 실제로 신자를 거룩하게 하시는 이는 성령 하나님이시라는 것을 인정하고, 하나님께 영광을 돌리게 하려는 목적이 있기 때문입니다.

5. 성화의 구성 요소(mortification, vivification)

성화는 죄에 대한 죽음과 의로움의 성장을 모두 포함하는 두 구성 요소를 가지고 있습니다. 이 두 요소는 믿는 이가 그리스도의 형상으로 변화하는 데 필수적입니다. 먼저는 성화의 구성 요소로서 죄를 죽이는 것(mortification)이 있습니다. 신자가 죄를 죽인다는 것은 신자의 삶에 여전히 부패성이 남아 있어서, 죄악적인 욕망과 행동을 죽여야 하는 것을 의미합니다. 이는 신자가 죄에 적극적으로 저항하고 그 영향을 제거하려는 과정입니다. 사도 바울은 본인 자신이 거듭난 이후로 육신과 죄와 싸우는 것에 대한 영적 싸움이 처절하다는 것에 대해 말했습니다(롬 7:14-25). 그래서 바울은 성령으로 죄를 죽여야 한다고 말했습니다(롬 8:13). 이와 같이 죄와 싸우고 죄를 죽이는 것은 신자 스스로의 힘으로 되지 않기 때문에 성령의 도우심으로 해야 하는 것입니다(롬 6:11-12). 이는 신자가 죄에 저항할 수 있도록 능력을 주시는 성령의 능력을 통해 이루어집니다(갈 5:16-17). 신자는 자신의 죄악적인 욕망을 부인하고, 대신 하나님의 뜻을 따르기로 선택하는 것입니다.

신자가 성령에 의하여 영적 생동감을 가지고, 의로움 가운데 성장하는 것(vivification)이 성화의 두 번째 요소입니다. 이는 거룩함의 활성화라고 말할 수 있습니다. 이는 신자 안에서 영적 삶의 성장과 의로움의 힘이 증가하는 것을 말합니다. 그것은 신자의 욕망, 동기, 행동을 새롭게 하여 그들을 그리스도와 더욱 닮게 하는 것을 포함합니다(롬 6:4). 성령의 유효한 역사로 신자는 이미 새 마음을 가졌습니다. 그런데 성령이 새 마음에 영향력을 행사하심으로 신자의 마음은 거룩함을 원하고, 하나님이 사랑하시는 것을 사랑하고, 하나님의 영광을 추구하도록 점점 더 변화됩니다. 새 생명의 활성화는 그리스도와 연합한 효과이며, 성령이 신자의 성화를 위해 일하시기 때문입니다.

성화의 두 번째 요소인 영적 생동감의 활성화는 그리스도와 더 깊은 관계를 맺고 그분의 성품과 덕을 점진적으로 반영하는 것입니다. 따라서 그리스도의 죽음과 부활의 공로로 인한 성화는 반드시 죄와 싸우고 죽이는 것과 하나님을 향하여 순종하며 영적 생동감으로 의로운 삶을 추구하는 것이 있어야 합니다.

6. 구원의 실제적 증거

성화 없이는 아무도 구원받을 수 없습니다. 왜냐하면 성화는 구원의 필수적인 부분이기 때문입니다. 칭의는 신자를 하나님 앞에서 의롭다고 선언하는 반면, 성화는 그에 따른 필수적인 변화로, 그들을 거룩하게 만듭니다. 히브리서 12장 14절은 거룩함(성화)이 하나님을 보는 데에 필수적이라고 분명히 말합니다. 누군가가 성화의 증거가 없다면 칭의가 일어나지 않은 것이며, 성령의 유효한 역사가 없다고 말할 수 있습니다. 왜냐하면 구원은 거룩함을 통해 일어나기 때문입니다(살후 2:13). 즉, 변화 없이 죄에 머물러 있는 사람은 누구도 진정으로 구원받을 수 없습니다.

구원에 거룩함이 필요한 이유는 거룩함이 참된 믿음의 증거이기 때문입니다. 그리스도에 대한 참된 믿음은 변화된 삶을 가져옵니다(약 2:17). 거룩함을 추구하는 것은 성령의 역사의 증거입니다. 따라서 누군가 거룩한 성향이 없으며, 거룩함을 추구하는 것이 없다면, 그것은 성령이 그 위에 계시지 않다는 것이며, 이것은 그리스도께 속하지 않았다는 것을 의미하기 때문입니다(롬 8:9). 성화는 그가 하나님이 택하신 백성이라는 증거이기 때문입니다. 창세전에 하나님이 자신의 백성을 그리스도 안에서 택하신 것은 그들에게 성화가 있게 하려는 목적이 있습니다(엡 1:4). 물론 이것은 신자가 성화로 구원받는다는 것을 의미하는 것이 아닙니다. 성화는 구원받은 백성의 실제적 증거이기 때문에, 성화 없이는 구원받을 수 없다는 것입니다.

26주 | 성화의 불완전성

13.2 성화는 사람의 본성의 모든 부분에 영향을 미친다(살전 5:23). 그러나 이 세상의 삶에서 불완전하다. 모든 부분에 어느 정도의 부패가 여전히 남아 있으며(요일 1:10; 롬 7:18, 23; 빌 3:12) 이로써 계속적이며 화해될 수 없는 전쟁이 일어나고, 육신의 소욕이 성령을 거스르며, 성령은 육신을 거스른다(갈 5:17; 벧전 2:11).

• 해설 •

1. 성화의 범위

성화는 신자의 존재 모든 부분에 영향을 미치는 포괄적인 사역입니다. 그것은 삶의 특정 측면에 편파적이거나 제한되지 않고 마음, 정신, 영혼, 몸 등 사람의 본성의 모든 부분으로 확장됩니다(살전 5:23). 성화로 인하여 신자의 생각과 이해가 변화됩니다(롬 12:2). 마음의 정서와 사랑이 새로워지며, 의지로 인한 선택과 행동은 하나님의 뜻을 따라갑니다(빌 2:13). 성화는 신자의 몸에 영향을 미쳐서 신체적 행동을 구별시킵니다(고전 6:19-20).

성화는 신자의 삶의 모든 영역으로 확장됩니다. 신자의 개인적 삶은 거룩함 안에서 성장하고, 죄에 대해 저항합니다(갈 5:16-17). 가정생활에도 성화의 영향이 미쳐서, 사랑 안에서 살고, 믿음 안에서 자녀를 양육합니다(엡 6:4). 직장생활 혹은 자신의 사업에도 영향을 미쳐서 사람에 대하여 정직하고 의로운 삶을 추구하며(행 24:16), 모든 일에서 그리스도를 증명합니다(골 3:23). 신자의 일상적 삶이 하나님의 영광을 위해 사는 것으로 변화됩니다(롬 12:1). 신자의 성화는 거듭남으로부터 시작하여 평생 지속됩니다(딛 3:5). 신자의 삶 전체에 걸쳐 진행됩니다(고후 3:18). 성화는 하나님이 신자를 그리스도의 형상에 따라 변화시키시는 평생의 과정입니다.

2. 성화의 불완전성

신자의 성화는 이생에서 완전하지 않습니다. 그러나 모든 신자에게 실제적이고 지속적인 일입니다. 신자들이 거룩함 속에서 성장하는 동안, 그들은 하늘에서 영광을 얻기 전에는 결코 죄 없는 완전함에 도달하지 못합니다. 사도 바울은 자신이 아직 완전한 온전함에 도달하지 못했다는 것을 인정했습니다(빌 3:12). 신자들은 이 땅에서 자신의 육신과 죄와 싸우고 있으며, 연약함으로 인하여 죄를 짓습니다(요일 1:8).

신자의 삶에서 육신(죄악 된 본성)과 성령 사이에는 끊임없는 싸움이 있습니다(갈 5:17). 신자가 천국에 이르러서야 더 이상 죄를 짓지 않을 것입니다. 그리스도가 다시 오실 때, 신자들은 완전히 거룩해지고 영광을 얻을 것입니다(요일 3:2). 따라서 신자의 성화는 평생의 과정으로, 완전한 것이 아닙니다. 이는 누구든지 자신의 신앙생활을 자랑할 수 없게 하며, 자신의 부족함을 깨달아 항상 그리스도 안에 머물게 하며, 성령의 거룩하게 하시는 은혜를 구하게 합니다. 성화의 불완전성에 대해서 오류가 있습니다. 어떤 신비스러운 영적 체험으로 죄를 더 이상 짓지 않은 상태에 이를 수 있다고 주장하는 완전성화론(entire sanctification)이 있습니다. 성경에서 거룩하게 하시는 성령의 사역과 맞지 않는 주장입니다.

3. 신자의 성화가 불완전한 이유

1) 신자에게 남아 있는 부패성

신자가 거듭나 그리스도 안에서 새 삶을 살더라도, 그에게는 부패성이 남아 있으며, 이로 인하여 내주하는 죄는 신자가 완전히 영광을 받을 때까지 그들 안에 남아 있습니다. 죄의 부패는 그들 존재의 모든 측면, 즉 정신, 마음, 의지, 행동에 여전히 존재하며, 성령의 거룩하게 하시는 영향력에 대항하여 계속해서 싸웁니다.

사도 바울은 회심 이후에 자신에게 남아 있는 부패성(육신)과 육신 안에 내재해 있는 죄와 싸웠습니다(롬 7:18-19). 신자 안에 남아 있는 죄악의 본성은 성령의 영향력을 계속해서 반대합니다. 남아 있는 죄의 부패성은 마음을 욕망으로 채우고, 더럽고 악한 생각을 하며, 의지는 하나님의 뜻에 합당한 선택을 주저하거나, 하지 않습니다. 이러한 싸움의 정도는 신자마다 다르지만, 평생에 지속됩니다. 죄에 대한 승리는 점진적으로 이루어집니다. 신자는 여전히 매일 죄와 싸우지만, 성령을 통해 죄에 대한 승리를 점점 더 얻습니다. 그러나 이 세상에서는 완벽함에 도달하지 못합니다(롬 6:12-14). 신자의 성화가 이 땅에서 완전하지 못한 이유가 여기에 있습니다. 한편으로, 신자 안에 죄가 내주한다는 것은 신자가 진정으로 구원받지 못했다는 것을 의미하는 것이 아닙니다. 차라리 죄와 싸우고 전쟁하는 것이 성화의 증거이며, 구원의 증거입니다(롬 8:13).

2) 세상

세상은 신자의 성화를 방해합니다. 세상은 죄악적인 욕망, 거짓된 이념, 그리고 하나님의 거룩함에 반대하는 세상적인 산만함으로 신자를 유혹함으로써 신자의 성화를 적극적으로 방해합니다. 신자들은 세상의 영향력에 저항하고 경건함을 추구해야 합니다. 세상은 죄악적인 욕망, 물질주의, 교만함을 통해 신자들을 유혹합니다(요일 2:15-16). 세상이 추구하는 가치관은 하나님의 거룩함과 상치됩니다(약 4:4). 사도 바울은 신자가 이 세상에 동화되지 말아야 할 것을 말했습니다(롬 12:2). 세상은 신자들을 자신들의 틀에 맞추도록 유혹하고 공격하기 때문입니다.

세상이 신자의 성화를 방해하고 막는 방법은 다양합니다. 세상은 특별히 신자의 남아 있는 부패성을 유혹합니다. 세상의 화려함과 물질주의, 정욕적인 요소들은 신자들을 넘어뜨리기에 충분합니다. 신자에게 있는 부패성이 세상의 유혹을 받게 되며, 신자 안에 있는 죄의 힘은 더욱 강력해집니다. 세상의 부와 쾌락, 성공, 편안함을 추구하는 것은 신자들을 영적 성장에서 멀어지게 합니다(막 4:19). 신자들은 세상의 이러한 장애물을 극복해야 합니다. 신자가 이 세상에 사는 동안 세상의 이러한 유혹이 계속되기 때문에 신자의 성화는 불완전합니다. 따라서 그리스도께 마음을 두고, 하나님의 말씀을 주야로 묵상하고, 성령의 도우심으로 세상을 극복해야 합니다.

3) 사탄

사탄은 신자의 성화를 방해합니다. 사탄은 유혹, 속임수, 박해, 방해, 비난을 사용하여 신자의 성화를 적극적으로 반대하여 거룩함의 성장을 방해합니다. 사탄은 궁극적으로 성령의 성화 사역을 막을 수는 없지만, 그것을 늦추고, 믿음을 약화하고, 신자들을 죄로 이끌려고 합니다. 사탄은 신자들을 죄짓도록 유혹하는데, 불순종을 매력적이고 무해하게 보이게 합니다(창 3:1-6). 사탄은 유혹하는 자라고 부릅니다(살전 3:5). 사탄은 심지어 예수님을 유혹했습니다(마 4:1-11).

사탄은 진실을 속이고 왜곡하여 신자들을 유혹합니다. 특별히 사탄은 거짓 교리를 퍼뜨리고 하나님의 말씀을 왜곡하여 믿는 사람들을 진리에서 떠나도록 유혹합니다(요 8:44). 사탄은 고소자, 혹은 참소하는 자입니다. 따라서 사탄은 신자들의 과거 죄를 들춰내고 그들이 합당하지 않다고 느끼게 함으로써 신자들의 하나님 사랑과 용서에 대한 확신을 약화시키는 시도를 합니다. 이런 경우 믿음이 연약한 자는 유혹에 져서 죄를 지을 수 있습니다.

사탄이 신자의 성화를 방해하는 가장 집중적인 방법은 세상을 사용하고, 신자 안에 남아 있는 부패성에 유혹의 불을 붙이는 것입니다. 즉, 사탄은 신자의 남아 있는 부패성에 세상을 가지고 욕망을 일으키고, 영적으로 산만하게 만들어, 거룩한 것에 집중하지 못하게 하여 결국에 신자가 죄에 빠지게 하는 공격을 합니다. 따라서 신자의 성화가 이 땅에서 완전하지 못한 이유는 사탄의 유혹이 있기 때문입니다. 신자들은 하나님의 말씀 안에 머물고(시 119:11), 유혹을 피하며, 사탄의 공격에 저항해야 하며(약 4:7), 바른 가르침을 굳게 붙잡고(딤후 2:15), 전신 갑주를 입어야 합니다(엡 6:11-18).

13.3 이 남아 있는 부패성이 잠시 동안은 우세할지라도(롬 7:23), 그리스도의 영의 성결하게 하시는 것으로부터 계속되는 힘의 공급을 통하여, 거듭난 부분이 이기며(롬 6:14; 요일 5:4; 엡 4:15-16), 그래서 성도들은 은혜 안에서 자라고(벧후 3:18; 고후 3:18), 하나님을 경외하는 가운데서 거룩함을 온전히 이룬다(고후 7:1).

• 해 설 •

4. 죄의 우세

신자는 영적 전쟁에서 남아 있는 죄의 부패성과 성령이 주신 새로운 본성과 계속해서 싸웁니다. 그러나 죄는 때때로 약해진 순간에 우위를 점할 수 있지만, 궁극적으로 신자를 이길 수는 없습니다. 이는 신자의 옛 죄스러운 본성과 그리스도 안에 있는 새 생명 사이의 끊임없는 싸움을 설명합니다(갈 5:17). 바울도 죄가 압도적으로 우세한 상태를 경험했습니다(롬 7:23-24).

신자의 삶에서 죄가 일시적으로 승리할 수 있습니다. 신실한 그리스도인조차도 죄에 빠질 수 있으며, 때로는 심각하게 그럴 수 있습니다. 다윗은 간음죄와 살인죄를 범했습니다(삼하 11-12장). 요나는 하나님의 부르심에서 도망쳤습니다(욘 1장). 베드로는 그리스도를 세 번 부인했습니다(눅 22:54-62). 베드로는 유대인들을 두려워하여 이방인과 식사하다가 그 자리를 빠져나갔습니다(갈 2:11-14). 죄가 신자에게 이렇게 우세하는 경우는 신자가 기도와 성경 읽기와 배우는 것을 소홀히 하거나(마 26:41), 유혹에 굴복되어서(약 1:14-15), 세상에 너무 가까이 가서(요일 2:15-16), 영적 게으름에 빠져서(히 5:11-14)입니다.

경건한 자도 이렇게 비틀거릴 수 있지만, 그들은 하나님께 버림받지 않습니다(시 73:2). 죄는 때때로 우위를 점하는 것처럼 보일 수 있지만, 결코 진정한 신자를 다시 완전히 노예로 만들 수는 없습니다(요 8:36). 하나님의 거룩함의 성질이 그 안에 심겼기 때문입니다(요일 3:9). 그리스도는 신자들이 넘어질 때에도 그들을 보호하십니다(유 1:24). 더욱이 성령은 신자들을 보존하고 강화하시어, 그들이 넘어진 후에도 항상 다시 일어날 수 있도록 하십니다(잠 24:16).

5. 성령의 영적 갱신

신자에게 죄가 우세하여 일시적으로 죄에 빠지고 영적 침체에 빠진 경우에 성령은 그들을 버리지 않으시고 회개, 갱신으로 회복시키십니다. 이 회복은 성령이 그리스도에 대한 새로운 믿음을 일으켜 이루어지는 하나님 은혜의 역사입니다. 이것을 위해 성령은 우선 죄에 빠져 있는 신자들의 양심을 깨우치시고 죄를 알게 하여 회개로 이끄십니다. 성령은 신자가 죄에 안주할 수 없도록 책망하시고, 영적으로 그를 압박하시는데, 죄에서 돌이킬 때까지 계속하십니다(시 32:3-5). 그가 도무지 회개하지 않으면 안 되게 하십니다. 성령이 회개로 이끄시는데, 죄에 대해 근심하게 하시고, 괴로워하는 과정을 거치게 하십니다(고후 7:10). 그 영혼으로 상한 심령이 되게 만드십니다(마 12:20).

이는 성령이 신자로 죄에서 돌아서게 하시는 방법입니다. 신자가 연약하여 잠깐 죄가 그에게 우세했지만, 성령이 강력한 능력으로 이렇게 신자로 죄에서 돌이키게 하십니다. 따라서 회개 자체도 하나님의 선물이며, 성령이 역사하셔야 가능한 것입니다. 성령은 죄에 빠졌던 신자로 죄를 자백하게 하시고, 하나님의 용서를 경험하게 하십니다(요일 1:9). 하나님은 항상 회개하는 신자들을 용서하시고 깨끗하게 하실 준비가 되어 있습니다. 성령은 신자가 다시 하나님께로 돌이킬 때 기쁨과 평화를 회복시켜 주십니다. 그리고 성령은 신자가 다시 거룩하게 걸을 수 있도록 은혜를 강화하십니다. 신자로 이렇게 회복하게 하실 때, 성령은 교회를 사용하여 회복시키십니다(갈 6:1). 경건의 능력이 있는 교회는 연약하여 넘어진 신자가 그리스도께로 돌아가도록 돕는 데 중요한 역할을 합니다.

6. 영적 성장

성도들이 성령으로 은혜 안에서 자라는 것은 성령의 능력으로, 하나님의 말씀, 기도, 시련, 순종을 통해 이루어집니다. 신자의 영적 성장을 위해서 성령은 하나님의 말씀을 가르치고 조명하십니다. 성령은 믿는 사람들에게 성경의 의미를 깨닫게 하여 더 깊은 이해와 순종으로 이끄십니다(요 16:13).

신자가 은혜 안에서 자라는 것은 말씀을 취함으로써 이루어집니다. 성령은 성경을 마음속에서 살아 있고 효과적으로 만드십니다(벧전 2:2). 성령은 신자가 기도할 때, 그들의 심령에 은혜를 강화하십니다. 성령은 신자들에게 기도해야 하는 내용을 가르쳐 주시고, 담대함을 주시며, 그들을 위하여 친히 간구하십니다(롬 8:26). 성령은 죄에 대한 승리를 가능하게 하십니다. 성령은 신자의 일상생활에서 유혹을 물리치고 죄를 극복할 힘을 주십니다.

은혜 안에서의 성장에는 성령의 능력을 통해 하나님의 명령에 순종하여 걷는 것이 포함됩니다. 은혜 안에서의 성장은 성령이 믿는 사람들에게 그리스도를 반영하도록 형성하심에 따라 성격의 변화에서 볼 수 있습니다(갈 5:22-23). 신자들이 그리스도 안에 거함에 따라 성령은 영적 열매가 자연스럽게 자라게 하십니다. 그리고 성령은 시련을 통해 신자들을 성숙시키십니다(롬 5:3-5). 성령은 고난과 시련을 통해 신자들을 연단하여 하나님께 더욱 의지하게 하십니다. 성령은 그리스도인들의 교제를 통해 일하시며, 교회를 사용하여 신자들을 강화하십니다(골 3:16).

27주 | 구원의 믿음의 성질

14.1 믿음의 은혜는 선택된 자들의 마음 안에서 (일하신) 그리스도의 영의 역사이며(고후 4:13; 엡 1:17-19, 2:8) 이로써 그들은 믿을 수 있으며 그들의 영혼을 구원에 이르게 한다(히 10:39). 이는 통상적으로 말씀의 사역으로 일어난다(롬 10:14, 17). 이 믿음은 같은 수단(말씀의 사역)과 성례의 집행과 기도로써 증가되고 강화된다(벧전 2:2; 행 20:32; 롬 4:11; 눅 17:5; 롬 1:16-17).

• 해설 •

1. 삼위 하나님의 사역과 믿음

신자에게 구원의 믿음이 일어나는 것은 삼위 하나님의 사역으로 인한 것입니다. 삼위 하나님은 택함받은 자에게 구원의 믿음을 주시기 위해 방식을 정해 놓으셨습니다. 성부, 성자, 성령은 함께 일하여 택함받은 자들을 믿음과 구원으로 이끄십니다. 이 방식은 구원의 믿음이 철저히 하나님의 은혜로 주시는 것임을 증언하며, 인간의 어떤 공로와 의지의 결단 때문이 아니라는 것을 확증합니다.

우선 성부 하나님은 자신이 기꺼이 구원하실 자들을 창세전에 선택하셨습니다. 그런데 그들을 그리스도 안에서 선택하셨습니다(엡 1:4). 성부 하나님이 선택하신 자는 반드시 그리스도를 믿어야 구원을 받도록 정해 놓으셨으며, 그리스도는 창세전에 성부 하나님과 협의하여 자신이 구주로서 아버지가 선택하신 자들을 구속하는 일을 수락하셨습니다. 그리고 성부 하나님은 죄인들에게 구원의 방법으로 그리스도를 약속해 주셨으며(창 3:15), 때가 되어 그리스도를 인간의 몸을 입게 하여 구속의 사역을 하게 하셨습니다(갈 4:4-5). 아들은 성부가 택하신 백성에게 구원이 일어나도록 아버지가 명하신 것을 모두 행하셨습니다(요 17:4).

따라서 성부 하나님은 자신의 택함받은 자에게 실제로 구원을 주시기 위해서는 그들로 반드시 그리스도께로 나오게 하십니다(요 6:44). 그리고 그리스도는 자신의 죽음과 부활을 그들에게 적용하십니다. 성부가 택하신 자들로 그리스도께로 나오게 하시고, 성자는 자신의 구속을 그들에게 적용하시는데, 이 모든 것을 성령이 실제로 하십니다. 성령은 아버지와 아들로부터 오셨으며, 성령을 아버지의 영과 그리스도의 영으로 부르는 이유가 여기에 있습니다(롬 8:9).

성령은 아버지가 선택하신 백성에게 그리스도의 구속을 적용하십니다. 성령은 선택된 백성에게 죄를 깨닫게 하시고, 그들이 불의하다는 것과 그로 인하여 하나님의 심판 아래에 있다는 것을 알게 하십니다(요 16:8). 죄의 각성이 일어난 선택된 죄인들은 죄의 용서와 구원의 방법을 찾습니다(행 2:37). 성령은 특별히 율법을 가지고 이렇게 죄의 각성을 일으켜서, 죽어 있는 영혼을 깨우치십니다. 성령은 죄의 각성이 일어난 선택된 죄인에게 복음을 가지고 그리스도 안에 죄 용서와 의롭게 하는 것이 있다는 것을 알게 하십니다. 그리고 믿음을 일으켜서 그리스도께로 달려가게 만드십니다.

성령은 믿음으로 그리스도를 붙잡은 자에게 그리스도의 보혈을 적용하여 구원을 얻게 하십니다(벧전 1:2). 이것은 성령에 의해 자신의 죄 때문에 십자가에서 그리스도가 죽으셨으며, 이로써 자신이 죄 용서함을 받으며, 그리스도의 부활로 자신이 의롭게 되었다는 것을 영적으로 온전히 깨닫는 것입니다(행 2:23-24). 따라서 구원의 믿음은 성령이 성부의 선택한 자들의 마음에 역사하시어 주어지는 선물입니다.

2. 구원의 믿음의 수동성

구원의 믿음은 본질적으로 수동적입니다. 인간이 스스로 만들어 내는 것이 아니라 하나님으로부터 선물로 받는 것입니다. 믿음이 인간 노력의 일이 아니라 순전히 하나님의 은혜라는 것을 나타냅니다. 에베소서 2장 8-9절은 하나님의 은혜로 믿음이 주어져서, 그 믿음을 가지고 그리스도를 믿을 수 있어서, 믿음이 하나님의 선물로 주어진다는 것을 설명합니다. 믿음은 인간이 적극적으로 만들어 내는 것이 아니라 하나님으로부터 선물로 수동적으로 받는 것입니다. 그리스도를 믿는 능력은 허락된 것이지, 사람이 자연스럽게 만들어 내는 것이 아닙니다.

구원의 믿음을 수동적으로 받는 이유는 성령이 믿음을 생산하시기 때문입니다. 성령이 성부의 택하신 자의 심령에 일하시어 구원의 믿음을 생산하시는 방법은 먼저 죄인의 죄와 그리스도에 대한 필요성을 깨닫게 하시는 것입니다. 성령은 죄인을 낮추어 그리스도에 대한 절실한 필요성을 깨닫게 하십니다. 믿음이 일어나기 전에 성령은 마음의 죄악을 깨닫게 하여 그리스도의 구속이 필요하다는 것을 보이셔야 합니다. 인간은 본래 하나님을 찾지 않으므로 성령이 그를 이끄셔야 합니다.

그다음으로 성령은 복음의 진리에 대한 마음을 밝혀 주십니다. 성령은 마음을 밝혀 복음의 진리를 볼 수 있게 해주십니다(고후 4:6). 믿음은 영적인 깨달음으로 시작하는데, 성령이 그리스도를 볼 수 있도록 눈을 뜨게 하시기 때문입니다. 성령의 역사로 인하여 믿음이 발생되기 때문에, 수동적으로 받을 수밖에 없습니다.

　이 부분에서 알미니안주의자들과 현대 복음주의자들이 자신의 의지로 그리스도를 믿으라는 초청을 하는데, 이것은 믿음이 성령에 의해 생성되며, 선물로 주어진다는 것을 부정하는 것입니다. 그들의 주장은 인간의 자유의지 능력을 높이 보고, 인간의 원죄와 부패성을 부정하는 것으로부터 오기 때문에 오류의 가르침입니다. 이러한 가르침은 결국 성부의 선택과 그리스도의 제한 속죄, 성령의 유효한 부르심을 부정하는 것으로서 삼위 하나님의 구원 영광을 찬탈하는 것입니다.

3. 구원의 믿음의 능동성

　구원의 믿음을 수동적으로 받지만, 구원의 믿음은 도구적 성질을 가지고 있어서, 그 믿음을 가지고 그리스도를 믿기 때문에 능동성을 가지고 있습니다. 사도 베드로는 성령의 역사로 구원의 믿음을 받아, "그리스도를 믿으라"는 명령(행 16:31)에 순종하여, 그리스도의 피 뿌림을 받는 것이라고 설명했습니다(벧전 1:2). 구원의 믿음을 수동적으로 받았지만, 곧바로 구원의 믿음은 능동적으로 하나님의 말씀에 순종하게 합니다. 즉, 구원의 믿음의 능동성은 그리스도를 믿을 때, 그리스도에 대한 능동적인 신뢰로서, 순종, 인내, 그리고 하나님께 대한 의존으로 나타납니다. 믿음은 수동적으로서 하나님의 선물(엡 2:8-9)이지만, 또한 살아 있고 역사하는 믿음입니다(약 2:22). 물론 행함이 없는 믿음은 구원의 믿음이 아니며, 죽은 믿음입니다(약 2:17).

　구원의 믿음의 능동성은 그리스도께 달려가며, 그리스도를 붙잡게 하는 것입니다(마 11:12). 예수님은 거듭난 후에 비로소 그리스도를 믿을 수 있다고 말씀하셨습니다(요 1:12-13). 이때의 믿음은 모세의 명령에 순종하여 광야에서 놋뱀을 바라보고 건짐을 받은 것과 같이 자신의 구원을 위해 십자가에 달리신 그리스도를 바라보고 믿는 것이라고 말씀하셨습니다(요 3:14-15). 구원의 믿음의 능동성은 의를 위해 오직 그리스도께만 매달리고, 모든 자기 의를 거부합니다. 따라서 구원의 믿음은 지적인 믿음(역사적 믿음)으로만 있는 것이 아니라 그리스도를 주님이자 구세주로 적극적으로 붙잡는 것입니다. 그래서 구원의 믿음은 순종을 낳습니다. 구원의 믿음은 단순한 믿음이 아니라 하나님의 말씀에 순종하게 합니다. 바울은 로마서 16장 26절에 "모든 민족이 믿어 순종하게 하시려고"라고 축복함으로써 믿음의 능동성을 말했습니다.

진정한 구원의 믿음은 게으르지 않고 하나님의 명령에 적극적으로 순종합니다. 진정한 구원의 믿음의 능동성은 인내하는 믿음입니다. 참된 구원의 믿음은 시련에도 불구하고 계속되며, 그리스도를 버리려는 유혹을 물리칩니다(히 10:39). 여기에서 참된 구원의 믿음과 일시적 믿음을 구별할 수 있는데, 일시적 믿음은 구원의 믿음이 아닙니다(마 13:20-21). 구원의 믿음은 일시적인 것이 아니라 끝까지 그리스도를 끈기 있게 신뢰하는 것입니다. 참된 구원의 믿음은 그 능동성으로 인하여 살아 있으며 순종과 행함을 통해 스스로 증명합니다.

4. 믿음 발생의 통상적 수단

성령은 보통 은혜의 수단, 하나님의 말씀을 통해 마음에 믿음을 만들어 내십니다. 성령이 믿음을 일으키시는 주된 수단은 하나님의 말씀입니다. 성령은 하나님의 말씀을 읽는 가운데 그리고 하나님 말씀의 설교를 듣는 가운데 믿음을 일으키십니다(롬 10:17). 진리의 말씀은 성령이 거듭나게 하시어 새 생명을 만들어 내시는 수단입니다(벧전 1:23; 약 1:18). 성령은 복음 전파를 통해 일하십니다. 복음 전파는 죄인들을 믿음으로 인도하시는 성령의 주요 도구입니다(고전 1:21). 바울이 두아디라시에서 복음을 증언할 때, 성령이 루디아의 마음을 열어 그녀가 믿을 수 있게 하셨습니다(행 16:14). 하나님 말씀의 설교는 성령이 역사하심에 따라 죄인들에게 믿음을 일으키는 하나님의 정하신 수단입니다.

5. 믿음을 강화하는 수단

1) 하나님의 말씀

성령이 믿는 사람에게 생산하시는 믿음은 정체되지 않고 성장하고 강화되도록 되어 있습니다. 성경은 믿음이 하나님의 선물이자 행사해야 하는 은혜라고 가르칩니다. 믿음이 증가하고 강화되는 주요 수단은 하나님의 말씀입니다. 신자가 하나님의 말씀을 계속 들으면서 믿음은 강화됩니다. 바울은 "그리스도의 말씀이 너희 속에 풍성히 거하"게 하라고 말했습니다(골 3:16). 신자가 성경에 몰두함에 따라 그의 믿음은 더욱 깊어집니다(시 119:28). 따라서 신자는 자신의 믿음 강화를 위해서 매일 성경을 읽고 묵상하고 연구해야 합니다. 그리고 말씀을 강해하는 설교를 들어야 합니다.

2) 성례

성례(세례와 주의 성찬)는 그리스도가 제정하신 의식으로, 은혜의 수단으로 사용되며, 신자들의 믿음을 강화하고 증가시킵니다. 그것은 하나님의 약속에 대한 눈에 보이는 표징과 인장으로, 믿음으로 참여하는 사람들의 믿음을 확인하고 양육합니다. 성례를 통해 신자들은 그리스도와의 실제적이고 영적인 교제를 경험합니다(고전 10:16). 성례는 믿음을 창조하지 않고, 신자 안에 이미 존재하는 믿음을 강화합니다. 성례의 참여를 통해서 하나님의 약속을 확인하고, 확신을 깊게 하며, 영적으로 성장합니다.

신자는 회심을 통해 교회 앞에서 신앙을 고백하고 세례를 받습니다. 세례는 은혜의 언약에 입문하는 표시이자 인장입니다(마 28:19). 세례는 믿는 이가 그리스도의 죽음과 부활 안에서 그리스도와 연합되었음을 가시적으로 묘사합니다(롬 6:3-4). 세례는 믿는 이에게 그리스도 안에서의 정체성을 확신시켜 믿음을 강화합니다(갈 3:27). 세례가 믿음을 강화하는 방식은 그리스도 안에서 하나님의 구원의 역사를 가시적으로 확증하고, 믿는 이에게 죄에서 깨끗해졌음을 상기시켜 주며, 믿는 이에게 하나님의 자녀로서의 정체성을 확신시켜 주는 것입니다. 더욱이 세례는 믿음의 공동체에 들어감을 표시하며 인내심을 북돋아 줍니다.

주의 성찬은 세례의 은혜를 기억하게 하는 것으로서, 기억을 통해 믿음을 강화하는 지속적인 수단입니다(눅 22:19-20). 즉, 주의 성찬은 그리스도의 속죄 사역을 지적함으로써 믿음을 지속해서 새롭게 합니다(고전 11:26). 주의 성찬은 신자에게 그리스도가 영적으로 영양을 공급하시는 분이신 것을 생각하게 하여서 믿음을 강화합니다(요 6:55-56). 주의 성찬이 믿음을 강화하는 방법은 신자로 그리스도의 속죄 희생을 상기시키고, 그리스도의 임재를 확신시키어서, 순종과 거룩함 안에서 사는 것에 대한 헌신을 새롭게 하는 것입니다. 더욱이 그리스도의 재림에 대한 소망을 기억하게 함으로써 인내심을 강화합니다.

3) 기도

기도는 신자들의 믿음이 증가하고 강화되는 가장 강력한 수단 중 하나입니다. 그것은 하나님에 대한 신뢰를 깊게 하고, 마음을 그분의 뜻에 맞추고, 그분의 약속에 대한 의존성을 강화합니다. 기도는 하나님에 대한 의존성을 깊게 합니다(시 62:8). 신자가 자신의 필요를 하나님 앞에 가져갈 때, 하나님은 불안을 제거하고 평화로 대체하시며, 그분에 대한 신자의 확신을 키우십니다(빌 4:6-7). 기도는 의심을 극복하고 확신을 강화하는 데 도움이 됩니다(막 9:24).

기도는 하나님과 친밀해지는 수단으로, 믿음을 강화합니다(약 4:8). 기도로 하나님을 찾을 때, 우리는 그분의 신실함을 경험하게 되고, 이는 우리의 신뢰를 강화합니다(렘 29:12-13). 기도는 믿는 사람들에게 의심보다는 하나님의 능력을 신뢰하도록 가르칩니다(막 11:24). 특별히 신자가 성경을 사용하여 기도할 때, 하나님의 변함없는 약속을 상기시켜 믿음을 강화합니다(롬 15:4). 기도를 통해 신자는 하나님의 능력이 역사하는 것을 목격하고, 이는 신자의 믿음을 강화합니다(엡 3:20). 끈기 있는 기도를 통해 믿음은 연단되고 강화됩니다(사 40:31). 따라서 신자는 매일 기도해야 하며, 시시때때로 항상 기도해야 합니다.

28주 | 구원의 믿음의 실제적 특징들

14.2 이 믿음으로써 그리스도인은 말씀 안에 계시된 무엇이든지 참된 것으로 믿는데, 그 안에서 말씀하시는(요 4:42; 살전 2:13; 요일 5:10; 행 24:14) 하나님 자신의 권위 때문이다. 그리스도인은 각 특정 본문에 따라서 행동하되, 명령에 순종하며(롬 16:26), (경고의) 위협에는 떨며(사 66:2), 현세와 내세를 위한 하나님의 약속은 붙잡는다(히 11:13; 딤전 4:8). 그러나 구원의 믿음의 주요한 행위들(principle acts of saving faith)은 은혜 언약의 덕에 의한(요 1:12; 행 16:31; 갈 2:20; 행 15:11), 칭의와 성화와 영생을 위하여 그리스도만을 받아들이고, 영접하고, 의존하는 것이다.

• 해설 •

1. 말씀을 신뢰하는 믿음

그리스도인은 말씀에 계시된 모든 것을 진리라고 믿습니다. 이는 성령의 역사에 의한 믿음으로 하나님의 말씀을 신뢰하는 것입니다. 믿음은 신자가 하나님의 말씀에 계시된 모든 것을 믿는 수단입니다. 하나님이 주신 믿음으로 하나님의 말씀을 받아들이고 신뢰할 수 있습니다. 물론 이러한 믿음을 일으키신 분은 성령이십니다. 예수님이 약속하시기를, 성령이 오시면 하나님의 백성을 모든 진리로 인도하실 것이라고 하셨습니다(요 16:13). 이러한 의미에서 성령은 진리의 영이라고 부릅니다(요 14:17, 15:26, 16:13). 성령은 믿는 사람들이 성경에 계시된 진리를 이해하고 받아들이고 믿을 수 있게 해주십니다. 성령이 없다면 사람은 하나님의 말씀을 진리로 온전히 이해하거나 받아들일 수 없습니다(고전 2:12-14).

그리스도인이 말씀에 계시된 모든 것을 진실한 것으로 믿는 것은 하나님 말씀 안에서 말씀하시는 하나님의 권위에 의한 것입니다. 모든 성경이 하나님의 영감으로 된 것이기 때문에(딤후 3:16), 그 안에서 말씀하시는 하나님의 권위로 인하여 진리로 받아들이게 됩니다. 성경에 계시된 주요 내용은 하나님 자신에 대한 것입니다. 따라서 믿음이 있는 자는, 즉 영적으로 눈이 열린 자는 계시된 말씀 속에서 하나님 권위의 엄중함을 깨닫게 됩니다. 하나님은 인생이 아니기 때문에 거짓말하실 수 없다는 것을 알기에(민 23:19), 말씀 안에 계시된 모든 것이 진실되다는 것을 믿습니다. 따라서 하나님의 말씀에 대한 철저한 신뢰가 없다면 믿음이 없는 것입니다.

외적으로 하나님의 백성인 이스라엘은 하나님의 말씀을 신뢰하지 않아서 광야에서 죽었습니다(신 1:32). 사울왕은 하나님의 말씀대로 행하지 않고, 자기의 생각과 뜻대로 행했습니다. 사무엘은 사울에게 "왕이 여호와의 말씀을 버렸으므로 여호와께서도 왕을 버려 왕이 되지 못하게 하셨나이다"라고 선언했습니다(삼상 15:23). 믿음이 있는 자는 하나님의 말씀을 소중히 여기고 지키지만, 믿음이 없는 자는 하나님의 말씀에 주의를 기울이지도 않고, 마음에 두지도 않으며, 순종하지도 않습니다.

2. 순종하는 믿음

그리스도인은 믿음으로 성경의 명령에 순종합니다. 왜냐하면 믿음은 모든 참된 순종의 근원이기 때문입니다. 그것은 신자들이 하나님의 말씀을 신뢰하고, 그분의 힘에 의지하고, 두려움이 아닌 사랑으로 순종할 수 있게 합니다. 바울은 은혜로 믿음을 받았는데, 이는 순종케 하는 것이라고 했습니다(롬 1:5). 믿음은 결과를 알지 못하더라도 하나님의 명령을 신뢰하게 합니다(히 11:8). 더욱이 믿음은 하나님의 성품을 신뢰함으로써 순종을 가능하게 합니다.

믿음은 성령으로부터 순종할 힘을 받습니다. 신자 스스로는 약하지만, 믿음은 성령의 능력에 의지하여 순종합니다. 믿음은 사랑으로 역사하여 기꺼이 순종하게 합니다(갈 5:6). 믿음은 기꺼이 순종하게 하지만, 거짓 믿음은 두려움 가운데 억지로 순종합니다. 더욱이 믿음은 그리스도를 사랑하고, 사랑은 순종으로 이끕니다(요 14:15). 믿음은 순종을 방해하는 죄악적인 욕망을 십자가에 못 박을 수 있도록 신자를 강화합니다. 아브라함은 믿음으로 하나님의 명령에 순종하여 자신이 사랑하는 이삭을 제물로 드릴 수 있었습니다(히 11:17). 진정한 구원의 믿음은 상황이 불확실해 보일 때에도 신자가 순종하도록 돕습니다. 참된 믿음은 순종으로 하나님의 말씀에 따라 행동합니다.

3. 거룩한 두려움의 믿음

진정한 구원의 믿음을 가지고 있는 신자는 하나님의 거룩함, 공의, 진리에 대한 깊은 경외심 때문에 성경에 나오는 하나님의 위협에 떨게 됩니다. 그리스도인은 하나님의 위협이 진실하고 확실하기 때문에 떨립니다. 이 떨림은 정죄에 대한 노예적인 두려움이 아니라 겸손, 회개, 하나님의 은혜에 대한 더 큰 의존으로 이끄는 거룩한 두려움입니다. 이는 구원의 믿음이 있는 자가 성경에 있는 하나님의 위협 경고의 말씀을 볼 때 가지는 경건한 두려움입니다(고후 7:1). 하나님의 위협은 그분의 절대적인 거룩함과 정의를 드러내기 때문입니다. 하박국 선지자는 하나님의 다가오는 심판에 떨었습니다(합 3:16).

　신자가 하나님의 위협에 떠는 것은 하나님이 죄를 얼마나 심각하게 여기시고 미워하시는지를 보여 주시기 때문에 떠는 것입니다. 하나님은 그분의 말씀을 경외심으로 두려워하는 자들을 은총으로 대하십니다(사 66:2). 그러나 이러한 거룩한 두려움이 없다면, 그는 죄를 가볍게 여길 것이며, 죄를 짓지 않도록 영적으로 조심하지 않을 것입니다. 진정한 구원의 믿음을 가진 자는 영적으로 주의하는 자이지, 영적으로 부주의한 자가 아닙니다. 진정한 구원의 믿음을 가지지 않은 자는 하나님 말씀의 경고에 떨지 않습니다. 그들은 거짓되고 헛된 구원의 확신 속에서 죄에 대해 더욱 담대하며, 죄를 짓습니다. 하나님 말씀의 경고를 무시한 자들은 결국 하나님의 심판에 이르게 됩니다(히 12:25). 진정한 구원의 믿음을 가진 부드러운 마음은 하나님의 경고에 떨지만, 강퍅한 마음은 그것을 무시합니다(잠 28:14).

4. 약속을 붙잡는 믿음

　참된 구원의 믿음은 일반적으로 하나님 말씀의 진실을 믿을 뿐만 아니라, 특히 그리스도 안에서 하나님의 약속을 받아들이고 의지합니다. 믿음은 단순한 지적인 동의가 아니라 하나님이 약속하신 것을 성취하실 것이라는 하나님의 신실함에 대한 깊고 개인적인 신뢰입니다. 구원의 믿음은 하나님의 약속이 참되고 신뢰할 수 있다고 믿습니다. 참된 믿음은 하나님의 말씀을 그대로 받아들이고 의심 없이 그분의 약속을 신뢰합니다. 그리스도인은 상황에 따라 하나님의 약속을 판단하지 않고 하나님의 변함없는 성품에 따라 판단합니다. 바울은 아브라함의 믿음의 특성들을 설명하되, 하나님이 약속하신 것을 이루실 수 있다고 확신한 것에 강조를 두었습니다(롬 4:20-21).

　구원하는 믿음은 특히 그리스도 안에서의 하나님의 약속에 근거합니다.

구원하는 믿음의 주된 대상은 그리스도 자신이십니다. 하나님의 모든 약속은 예수 그리스도 안에서 성취되었습니다(고후 1:20). 따라서 구원의 믿음은 하나님의 약속을 붙잡고 오직 그리스도만을 신뢰합니다. 구원하는 믿음은 시련 속에서 하나님의 약속에서 힘을 찾습니다. 구원의 믿음은 고난 속에서도 흔들리지 않고 힘을 얻기 위해 하나님의 약속에 매달립니다.

한편으로 믿음은 하나님의 도움과 힘에 대한 약속에 달려 있습니다(사 41:10). 왜냐하면 하나님의 말씀은 믿음을 강화하는 주된 수단이 되기 때문입니다. 구원의 믿음은 영생을 위한 하나님의 약속에 매달립니다. 왜냐하면 진정으로 믿는 자는 이 세상을 넘어 영생에 대한 하나님의 약속을 신뢰하기 때문입니다(요 14:1-3).

5. 구원의 믿음에서 나오는 주요 행위들

구원하는 믿음은 단순히 지적인 동의나 일시적인 믿음이 아닙니다. 그것은 온 영혼, 즉 마음, 의지가 그리스도 안에서 하나님의 진리에 응답하는 것을 포함합니다. 구원하는 믿음의 주요 행위는 그리스도에 대한 개인적 의존과 그리스도에 대한 적극적인 복종과 순종입니다.

구원의 믿음은 구원을 위해 그리스도께 개인적으로 의지하는 것인데, 그리스도께 죄 용서와 의로움(칭의)과 거룩함(성화)과 영원한 생명(영생)이 있기 때문에 그리스도를 붙잡고, 전적으로 의지하는 것입니다.

구원의 믿음은 단지 역사적 사실을 믿는 것이 아니라 구원을 위해 그리스도께 개인적으로 의지하는 것입니다. 진정한 신자는 그리스도의 의로움과 속죄 사역에 의지하여 자신의 온 영혼을 그리스도께 맡깁니다. 이때 구원의 믿음은 자기 자신을 결코 의지하지 않고, 오직 그리스도의 완성된 사역만을 신뢰합니다. 온 마음과 힘을 다하여 그리스도를 붙잡는 것입니다(이를 영접이라고 부릅니다). 구원하는 믿음은 순종과 행동으로 이어집니다. 구원을 얻는 방법이 아니라 진정한 믿음의 결과입니다. 신자는 그리스도의 주권에 복종하고 그분의 명령을 따릅니다. 믿음은 그리스도께 순종하게 합니다. 구원의 믿음은 구원을 반영하는 행함으로 나타납니다. 그 믿음은 사랑으로 이끄는 순종으로 표현됩니다.

14.3 이 믿음은 정도에 있어서 차이가 있는데, 약하거나 강하기도 하며(히 5:13-14; 롬 4:19-20; 마 6:30, 8:10), 자주 그리고 여러 방식으로 공격을 당하여 약해질 수 있지만 승리를 얻는다(눅 22:31-32; 엡 6:16; 요일 5:4-5). 우리의 믿음의 창시자이며 완성자이신(히 12:2) 그리스도를 통해서 여러 면에서 성숙하여 온전한 확신에 이르게 된다(히 6:11-12, 10:22; 골 2:2).

• 해설 •

6. 믿음의 정도 차이

구원의 믿음이라고 할지라도 믿음의 정도가 개인마다 다릅니다. 어떤 신자는 강한 믿음을 가지고 있는 반면, 어떤 신자는 약한 믿음으로 어려움을 겪습니다. 하지만 참된 믿음을 가진 모든 사람은 그리스도 안에서 안전합니다. 구원의 믿음에서 믿음의 힘과 성숙도는 정도에 있어서 차이가 있습니다. 예수님은 백부장의 강한 믿음을 칭찬하시며 그 깊이와 신뢰를 인정하셨습니다(마 8:10). 사도 바울은 믿음이 약한 자들에 대해서 말했습니다(롬 14:1-2, 15:1; 고전 8:9-11). 사도 바울은 믿음이 자라나야 할 필요성에 대해서 언급했습니다(살후 1:3). 즉, 모두 구원의 믿음이지만, 정도에 차이가 있습니다.

믿음의 정도에 영향을 미치는 요인들이 있습니다. 하나님 말씀에 대한 지식의 깊이에 따라서 차이가 날 수 있습니다. 히브리서 기자는 딱딱한 음식을 먹어야 할 필요성을 말했습니다(히 5:14). 시련과 시험을 겪은 자들로부터 그들이 강한 믿음을 가졌음을 확인할 수 있습니다(히 11:35-38). 물론 예수님은 약한 믿음(혹은 작은 믿음)이라도 거절하지 않으셨습니다. 그리스도에 대한 작은 믿음도 구원의 믿음입니다(마 17:20). 믿음은 시간이 지남에 따라 자랍니다. 겨자씨가 큰 나무가 되듯이 믿음도 성숙합니다(마 13:31-32). 성령은 믿음을 강화하십니다. 하나님은 신자 안에서 일하셔서 하나님에 대한 신뢰를 키우십니다(빌 1:6).

구원의 믿음에는 약한 믿음도 있으며, 강한 믿음도 있습니다. 개인에 따라 믿음의 정도가 다릅니다. 그러나 약한 믿음은 그리스도의 책망을 통해서 권장되는 믿음이 아닙니다. 따라서 하나님의 말씀, 기도, 순종을 통해 믿음이 성장해야 합니다.

7. 약한 믿음과 강한 믿음의 차이점

그리스도에 대한 믿음은 신자들마다 강도가 다릅니다. 어떤 사람들은 약한 믿음을 가지고 의심과 두려움에 시달리는 반면, 어떤 사람들은 강한 믿음을 가지고 있으며, 하나님을 믿는 데 확고하고 흔들리지 않습니다. 그러나 약한 믿음조차도 그리스도께 매달리면 참된 믿음입니다. 신자들은 약한 믿음에서 강한 믿음으로 성장하도록 격려받습니다(고전 13:11).

약한 믿음은 의심, 두려움, 불안정함이 특징입니다. 시련이나 상황에 쉽게 흔들리고, 때로는 세상의 유혹에 쉽게 넘어집니다. 사탄의 유혹에 직면하여 믿음이 약해집니다(갈 2:12). 종종 하나님의 약속에 대한 완전한 확신이 부족하고, 하나님의 능력보다는 자기 자신에게 집중합니다. 예수님은 폭풍 속에서 제자들이 두려움에 사로잡혔을 때, "믿음이 작은 자들아"라고 하면서 꾸짖으셨습니다(마 8:26). 순종하는 것에 주저하거나 두려워하기도 합니다. 불필요한 두려움이나 의심과 염려함으로 어려움을 겪는 믿음이 약한 신자들도 있지만 그들은 격려받아야 합니다. 또한 그들은 믿음 성장의 도전을 받아야 합니다.

예수님은 강한 믿음을 칭찬하셨습니다. 강한 믿음은 하나님에 대한 확고한 확신이 있습니다. 어려운 상황에도 불구하고 하나님의 약속을 온전히 신뢰합니다. 시련에 쉽게 흔들리지 않습니다. 그리고 하나님의 말씀에 안주합니다(사 30:15). 자신보다 하나님께 집중합니다. 상황이 어렵고 힘들어도 평안을 유지합니다(빌 4:12). 아브라함의 믿음은 상황이 불가능해 보일 때에도 흔들리지 않았습니다(롬 4:20-21). 사드락, 메삭, 아벳느고는 불로 위협을 받았을 때에도 우상에게 절하기를 거부했습니다(단 3:16-18).

약한 믿음을 강화하는 방법은 은혜의 수단으로 보다 적극적으로 들어가는 것입니다. 하나님의 말씀을 읽고 묵상하며, 큰 믿음을 위해 기도합니다(눅 17:5). 시련 속에서 하나님을 신뢰하며, 이를 위해서 하나님의 말씀을 더욱 붙잡습니다. 그리고 강한 믿음을 가지고 있는 성도들과 교제를 가집니다(잠 27:17). 이러한 수단 아래에서 성령이 믿음을 강화시키심으로써 약한 믿음이 강한 믿음으로 성장할 수 있습니다. 죄와 사탄을 이기신 그리스도에 의해 죄와 유혹에 승리하는 믿음으로 성장합니다(계 3:21).

15.1 생명에 이르는 회개는 복음적 은혜이며(슥 12:10; 행 11:18), 그 교리는 그리스도께 대한 믿음의 교리와 마찬가지로 모든 복음 사역자에 의해 전파되어야 한다(눅 24:47; 막 1:15; 행 20:21).

• 해설 •

1. 복음적 은혜

생명에 이르게 하는 회개를 복음적 은혜라고 부르는 이유는 그것이 하나님의 선물이며, 복음 전파를 통해 성령이 생산하신 것이기 때문입니다. 진정한 회개는 인간의 의지와 행위의 노력으로 되는 것이 아닙니다. 하나님이 허락하지 않으시면 아무도 진정으로 회개할 수 없습니다. 회개는 하나님이 허락하시는 것이지, 획득하는 것이 아닙니다(행 11:18). 사도 베드로가 성령의 은사를 돈으로 주고 사려 했던 시몬 마구스에게 회개하고 주께 기도하라고 했지만, 혹 마음에 품은 것을 사하여 주시리라고 말했던 것은 회개가 하나님의 은혜로 주어져야 진정한 회개가 될 수 있기 때문이었습니다(행 8:22). 생명에 이르는 진정한 회개는 하나님이 허락해 주셔야 되는 것이기 때문에 복음적 은혜라고 부르는 것입니다(딤후 2:25).

참된 회개를 복음적 은혜라고 부르는 이유는 복음의 필수적 부분이기 때문입니다. 복음은 죄인에게 회개하고 믿으라고 부릅니다. 예수님은 복음 메시지의 일부로 회개를 전파하셨습니다(막 1:15). 예수님을 따라 사도들도 회개하라고 했습니다(행 2:38). 복음은 회개를 명령하지만, 하나님은 회개할 은혜를 주십니다.

생명에 이르게 하는 회개를 복음적 은혜라고 부르는 이유는 율법적 회개와 구별하기 위한 것입니다. 율법적 회개는 죄에 대한 하나님의 처벌과 심판에 대한 두려움에서 하는 것입니다. 가룟 유다는 자신의 죄에 대해 후회하고 슬퍼했지만, 이는 세상적 슬픔이었습니다(마 27:3-5). 이것은 율법적 회개입니다. 에서는 자신의 죄에 대해서 슬퍼했지만, 그의 심령이 변화된 것은 아니었기 때문에 율법적 회개였습니다(히 12:16-17). 바로 왕의 회개도 하나님의 심판이 두려워서 일시적으로 한 율법적 회개였습니다(출 9:27). 하나님의 심판인 재앙이 물러갔을 때, 그는 다시 죄를 지었습니다(출 9:34). 사울은 자신의 죄를 인정했지만, 하나님 앞에서 진정으로 회개한 것이 아니었으며, 자신의 명예를 구하는 데 더 관심이 있었습니다. 그의 회개는 율법주의적이었으며, 이기적이었습니다(삼상 15:24-25, 30).

이스라엘 사람들은 고통받을 때만 하나님께로 향했고, 그들의 회개는 진실하지 않았습니다. 그들의 마음은 여전히 하나님에게서 멀리 떨어져 있었습니다(시 78:34-35). 그러나 생명에 이르게 하는 회개는 복음적인 것으로, 하나님의 은혜에서 비롯되어 생명으로 이끕니다. 생명에 이르는 회개는 심판에 대한 두려움이 아니라 하나님의 사랑에서 비롯되기 때문에 복음적입니다(롬 2:4).

2. 회개와 믿음의 불가분성

생명에 이르게 하는 회개가 복음적인 이유는 믿음과 불가분의 관계를 맺고 있으며, 모두 하나님의 은혜이기 때문입니다. 진정한 회개와 믿음은 분리될 수 없습니다. 진정한 회개와 믿음이 분리될 수 없는 가장 큰 이유는 하나님의 은혜로 죄인을 죄에서 떠나 그리스도께로 달려가게 하는 것이 함께 붙어 작용하기 때문입니다. 회개로 죄에서 돌이키지 않고는 믿음으로 그리스도께로 나아갈 수 없습니다. 죄를 붙잡고 있는 동안에는 그리스도를 진정으로 받아들일 수 없습니다. 이렇게 진정한 회개와 믿음은 구원에서 동전의 양면입니다. 진정한 구원의 믿음은 진정한 회개 없이는 존재할 수 없고, 진정한 회개는 그리스도에 대한 믿음 없이는 존재할 수 없습니다. 진정한 회개와 믿음은 항상 함께합니다.

예수님은 하나님의 나라에 들어가는 데 필요한 것으로 회개와 믿음을 모두 명령하셨습니다(막 1:15). 바울은 복음 메시지의 본질로서 하나님께 대한 회개와 그리스도께 대한 믿음을 전파했습니다(행 20:21). 회개는 생명으로 인도하고, 그리스도를 믿는 믿음은 영생을 보장해 줍니다. 부유한 젊은 관원은 회개하기를 거부했기 때문에 그리스도를 따를 수 없었습니다(막 10:17-22). 진정한 회개는 죄를 깨닫는 것으로 끝나지 않고 죄에서 떠나 구원을 위해 그리스도께로 향하는 것입니다.

따라서 만약에 둘 중에 하나만 있다고 주장한다면, 그것은 거짓 회개와 거짓 믿음입니다. 어떤 사람이 예수님을 믿는다고 주장하면서, 죄에서 떠나지 않았다면, 그가 주장하는 것은 거짓 믿음입니다. 한편으로 어떤 사람은 자신이 더 이상 죄를 짓지 않는다고 하면서 자신이 회개했다고 주장합니다. 그러나 그는 죄책감과 하나님의 심판에 대한 두려움으로 죄를 짓지 않는 상태이며, 정작 그리스도를 의지하고 신뢰하지 않기 때문에 그 회개는 율법적 회개로서 생명에 이르게 하는 회개가 아닙니다.

3. 복음 사역자의 회개에 대한 설교

모든 복음 사역자는 회개에 대해 설교해야 합니다. 모든 복음 사역자는 사람들에게 회개하라고 외치도록 그리스도로부터 명령을 받았습니다(눅 24:46-47). 회개는 복음 메시지의 필수적인 부분이며, 회개 없이는 진정한 복음 전파가 완성되지 않습니다. 예수님의 공생애는 "회개하고 믿으라"라는 외침으로 시작되었습니다(막 1:15). 오순절의 성령 강림으로 베드로는 회개가 구원에 필수적이라고 설교했습니다(행 2:38). 바울은 회개가 선택사항이 아니라 모든 사람에게 하나님이 명령하신 것이라고 전파했습니다(행 17:30).

복음 사역자가 회개에 대해 외치지 않고 설교하지 않는다면, 거짓 복음이 전파됩니다. 회개 없는 하나님의 사랑만 받으라고 한다면 교인들은 방종주의에 빠집니다. 즉, 사람들은 죄에서 돌이키지 않고도 예수님을 믿을 수 있다고 생각하도록 속습니다(약 2:19). 회개 없는 복음은 교회가 세속화되게 합니다. 인본주의가 넘치게 될 것입니다. 설교에는 하나님의 구속 사역과 행하신 일에 대한 것이 없어지고, 사람들이 살아가는 이야기로 가득하게 될 것이며, 교회의 프로그램은 사람들의 마음을 얻기 위한 것이 될 것입니다. 교회에 세상적인 사람들이 넘치게 되는 것은 불가피해집니다. 예수님 당시에 사두개인들처럼 이 시대에도 그렇게 될 것입니다. 따라서 모든 진정한 복음 사역자는 죄인들에게 회개와 그리스도에 대한 믿음을 담대하게 촉구해야 합니다. 회개 없이는 진정한 회심이 없습니다.

15.2 회개로써 죄인은 자신의 죄가 하나님의 거룩한 성질과 의로운 법에 대항한 것으로 깨달으면서 자신의 위험과 더러움과 가증함을 보

고 인식한다. 그리고 회개하는 자들에 대해 그리스도 안에서 하나님이 자비를 약속하신 것을 깨달으면서 자신의 모든 죄에서 떠나 하나님께로 돌이키며(겔 18:30-31, 36:31; 사 30:22; 시 51:4; 렘 31:18-19; 욜 2:12-13; 암 5:15; 시 119:128; 고후 7:11) 자신의 죄에 대해서 슬퍼하고 미워하며 하나님이 명령하신 모든 길에서 하나님과 동행하기를 결심하고 노력한다(시 119:6, 59, 106; 눅 1:6; 왕하 23:25).

• 해설 •

4. 참된 회개의 과정

1) 죄에 대한 확신

참된 회개는 항상 죄에 대한 확신을 포함합니다. 사람은 먼저 자신의 죄를 인식하고, 죄를 슬퍼하고, 죄에서 돌이키지 않는 한 진정으로 회개할 수 없습니다. 죄에 대한 확신은 성령의 역사이며, 진정한 회개로 이끕니다. 성령은 죄인들의 죄책과 구원의 필요성을 드러내어 죄인들을 책망하십니다. 성령은 하나님의 율법을 가지고 죄를 드러내시고 사람들로 하나님 앞에서 자신의 죄를 깨닫게 하십니다. 죄에 대한 각성이 일어난 죄인들은 자신의 죄가 얼마나 역겨운 것인가를 깨닫게 됩니다. 그리고 이때 죄인들은 자신의 죄가 하나님의 율법을 어긴 것임을 깨닫고, 자신의 죄가 하나님께 대항한 것으로 하나님의 심판을 받기에 마땅하다는 것을 알게 됩니다.

죄에 대한 확신이 참된 회개의 과정에서 가장 먼저 필요한 이유는 죄에 대한 확신이 없다면 사람은 회개의 필요성을 보지 못하기 때문입니다. 죄에 대한 확신은 자신이 죄인이며, 하나님의 심판 아래에 있다는 것을 알게 하기 때문입니다(롬 3:19). 예수님은 자신의 영적 질병인 죄를 깨닫지 않는 자는 영적 의사이신 그리스도를 찾지 않는다고 말씀하셨습니다(막 2:17).

죄에 대한 확신은 죄인을 겸손하게 만들어 그리스도께로 인도합니다(눅 18:13-14). 따라서 죄에 대한 확신이 없는 회개는 마음의 변화가 아닌 외적인 행동일 뿐입니다.

2) 죄에서 떠남

죄에 대한 확신과 죄에서 떠나는 것은 참된 회개에서 분리할 수 없이 연결되어 있습니다. 확신은 첫 번째 단계입니다. 죄인이 하나님 앞에서 자신의 죄와 죄책감을 알게 합니다. 죄에서 떠나는 것은 그다음 단계에서 일어나는 것입니다. 죄에 대한 확신이 경건한 슬픔을 가져다줍니다. 하나님을 거역한 것에 대해 깊은 후회를 느낍니다(고후 7:10). 그래서 죄에서 떠나기 시작하는 것입니다(사 55:7). 즉, 죄에 대한 확신은 죄에서 떠나는 것으로 이어집니다(겔 18:30). 삭개오는 확신을 얻은 후 죄에서 돌아서서 훔친 것을 갚았습니다. 그의 확신은 실제 행동으로 이어졌습니다. 그는 죄를 버렸습니다(눅 19:8-9).

죄에서 떠나지 않는 확신은 쓸모가 없습니다. 죄에 대한 확신을 느끼는 것만으로는 충분하지 않습니다. 세례 요한의 책망으로 자신의 죄를 깨닫고, 세례 요한을 의로운 자로 여겼던 헤롯왕은 죄에서 떠나지 않았습니다. 결국 세례 요한을 죽이는 죄까지 저질렀습니다(막 6:20-27). 사도 바울의 심판에 대한 설교를 들은 벨릭스는 자신의 죄를 깨달았습니다. 그러나 그는 죄에서 떠나지 않았습니다(행 24:25-26). 진정한 죄에 대한 확신은 항상 죄에서 떠나게 합니다. 죄에 대한 확신만으로는 충분하지 않습니다. 죄에서 진정으로 떠나야 합니다. 성령은 죄인을 확신시켜 죄에서 돌이키게 하십니다. 죄에 대한 확신이 있었음에도 죄에 머물러 있다면 그들의 회개는 거짓입니다.

3) 하나님 자비의 인식과 돌이킴

생명에 이르는 회개는 죄에 대한 슬픔이 아니라 그리스도 안에 있는 하나님의 자비에 대한 이해(파악)를 포함합니다. 참된 회개는 예수 그리스도에 대한 믿음과 하나님의 자비가 우리가 죄에서 돌이키는 기초라는 인식과 불가분의 관계에 있습니다. 참된 회개는 그리스도 안에 마련해 두신 하나님의 자비에 대한 이해를 포함합니다. 진정한 회개는 자신의 죄에 대한 절망으로 끝나지 않고, 은혜를 얻기 위해 하나님께로 돌이키는 것에 이르는 것을 포함합니다. 사도 베드로는 자신의 죄와 어리석음으로 인해 몹시 울었지만, 그리스도의 용서를 신뢰했습니다(눅 22:61-62; 요 21:15-17).

그리스도 안에 있는 자비는 죄인을 진정한 회개로 이끕니다. 탕자는 아버지의 자비를 깨닫고 회개하고 집으로 돌아갔습니다. 그는 자신의 아버지를 잘 알았기 때문입니다(눅 15:17-20). 회개는 두려움만이 아닙니다. 하나님께 돌아가서 그분이 우리를 받아 주실 것이라고 믿는 것입니다. 참된 회개는 하나님이 용서해 주시려는 의지에 기초합니다(사 55:7). 참된 회개는 그리스도의 자비에 대한 믿음 없이는 존재할 수 없습니다. 참된 회개와 믿음은 함께합니다. 회개는 죄에서 돌이키는 것이고 믿음은 그리스도께로 돌이키는 것입니다.

4) 죄와의 싸움

회개에 있어서 믿는 이가 자신의 죄를 미워하고 싸우는 것이 필수적입니다. 진정한 회개는 죄를 인정하는 것뿐만 아니라 죄를 미워하고 적극적으로 싸우는 것을 포함합니다. 진정으로 회개하는 믿는 이는 슬픔과 미움으로 죄에서 돌이키고 거룩함 속에서 하나님께 순종하기 위해 노력합니다. 진정한 회개에는 죄에 대한 미움이 포함됩니다. 회개하는 마음은 과거의 죄에 대해 깊은 슬픔과 증오를 느낍니다(겔 36:31). 바울은 구원받았지만,

자신 안에 남아 있는 죄를 미워했습니다(롬 7:24).

회개에 죄에 대한 증오와 죄와의 싸움이 포함되지 않는다면, 그것은 참된 회개가 아닙니다. 따라서 누군가가 회개한다고 주장하지만, 자신의 죄를 미워하지 않는다면, 그들의 회개는 거짓입니다(고후 7:10). 참된 회개에는 죄와의 싸움이 포함됩니다. 신자는 성령을 통해 적극적으로 죄와 싸워야 합니다(롬 8:13). 신자의 죄와의 싸움은 그에게 생명에 이르는 회개가 일어난 증거입니다. 진정으로 생명에 이르는 회개가 일어난 자는 죄를 미워할 뿐만 아니라 적극적으로 죄를 극복하기 위해 싸웁니다.

15.3 비록 회개가 죄를 위한 보상으로서 근거나 혹은 죄 용서에 대한 어떤 원인이 아니지만(겔 36:31-32, 16:61-63)—이는 그리스도 안에 있는 하나님이 거저 베푸시는 은혜다(호 14:2, 4; 롬 3:24; 엡 1:7)—모든 죄인에게 회개는 필요하며, 이것이 없이 아무도 용서를 기대할 수 없다(눅 13:3, 5; 행 17:30-31).

• 해설 •

5. 회개는 용서의 원인이 아니다

회개는 우리의 죄에 대하여 하나님을 만족시키는 것이 아니며, 우리의 용서의 원인도 아닙니다. 하나님은 죄인들이 회개했기 때문에 그들을 용서하시는 것이 아닙니다. 회개 자체도 하나님의 선물이지 용서의 원인이 아닙니다(행 11:18). 인간 스스로가 생명 얻는 회개를 할 수 없기 때문입니다. 하나님의 은혜가 원인이 되어서, 회개가 가능하기 때문입니다. 하나님은 그리스도의 속죄에 근거하여 용서하시고, 회개는 그 은혜의 결과이지 원인이 아닙니다.

회개는 죄에 대한 만족이 아닙니다. 회개를 포함한 어떤 인간의 노력도 하나님의 공의를 만족시킬 수 없습니다(사 64:6). 오직 그리스도의 피만이 하나님의 공의를 만족시킵니다. 회개는 용서의 원인이 아닙니다. 죄의 용서는 회개에 대한 보상이 아니라 은혜의 무상 선물입니다. 회개는 하나님의 은혜에 대한 효과로 나타나는 것이지 용서의 원인이 아닙니다. 따라서 생명 얻는 회개는 신자로 겸손하게 하며, 그로 인하여 신자는 하나님의 은혜에 감사하여 죄를 미워하고, 싸우는 것입니다.

30주 | 회개의 방식

15.4 아무리 작은 죄라도 정죄받는다(롬 6:23, 5:12; 마 12:36). 또한 어떤 큰 죄일지라도 진정으로 회개하는 자는 정죄에 이르지 않는다(사 55:7; 롬 8:1; 사 1:16, 18).

• 해설 •

1. 죄의 정도

1) 작은 죄

어떤 의미에서 모든 죄는 하나님 앞에서 죄이지만, 다른 의미에서 어떤 죄는 다른 죄보다 정도와 결과가 더 크거나 작습니다. 우리가 '가장 작은' 죄라고 생각하는 것조차도 하나님의 무한한 거룩함에 대한 범죄입니다. 사람이 계명 하나만 어겨도 하나님 앞에서 죄가 됩니다(약 2:10). 모든 죄는 하나님의 완전한 기준에서 벗어나며, 어긴 것입니다. 그러나 성경에서 어떤 죄는 정도, 죄책감, 결과 면에서 더 크거나 작다고 말합니다.

그 정도가 작다고 여겨지는 경우가 있습니다. 다른 죄보다 인간적인 결과가 작은 경우인데, 이 경우에 하나님의 심판의 경중에 차이가 있습니다. 예수님은 "알지 못하고 맞을 일을 행한 종은 적게 맞으리라"(눅 12:48)라고 말씀하셨는데, 그 죄가 상대적으로 작은 것이라서 적게 맞는 경우를 의미합니다. 성경에서 작은 죄의 경우는 쓸데없는 말과 부주의한 말(마 12:36), 의도치 않은 죄(레 4:2), 감사하지 않는 것(눅 17:17-18), 참을성 없음과 짜증(골 3:12-13), 작은 의무를 소홀히 하는 것(약 4:17)을 들 수 있습니다. 이렇게 작게 보이는 죄도 그 위험성은 큽니다. 작은 죄는 더 큰 죄로 이어지며(아 2:15), 작은 누룩이 온 덩어리를 부풀게 하듯이 죄는 커집니다(갈 5:9). 작은 죄는 마음을 굳게 하고 더 큰 반항으로 이어질 수 있습니다.

신자는 어떤 죄도 작은 죄로 변명해서는 안 되며, 회개하고 우리를 완전히 깨끗하게 하시는 그리스도를 신뢰해야 합니다. 더욱이 아무리 작은 죄라도 하나님이 그들을 지옥으로 보내, 영원한 형벌을 받게 하시는 것에 충분하다는 것을 기억해야 합니다. 왜냐하면 모든 죄는 하나님의 권위에 대항하고, 입법자이시며 심판자이신 하나님을 무시한 것이기 때문입니다.

2) 큰 죄

성경은 모든 죄가 하나님에 대한 반항이라고 가르치지만, 어떤 죄는 다른 죄보다 더 심각합니다. 예수님은 어떤 죄가 다른 죄보다 "더 크다"고 확증하셨습니다(요 19:11). 예수 그리스도를 거부하는 것은 큰 죄입니다. 성부 하나님이 죄인들을 위해 마련하신 유일한 길이기 때문입니다(요 14:6). 불신의 죄는 큰 구원을 등한시하는 것으로 결코 작은 죄가 아닙니다(히 2:3). 하나님의 말씀에 대한 충분한 지식이 있음에도 저지른 죄는 무지의 죄보다 더 큽니다.

유대인들은 율법을 가지고 있었으며, 그 율법을 가르쳤으며, 그 율법을 자랑했습니다. 그러나 그들이 율법을 어김으로 그들의 죄는 더욱 무겁고 큰 죄가 됩니다. 왜냐하면 하나님을 욕되게 했기 때문입니다(롬 2:23). 하나님의 말씀을 증거하고 가르치면서, 도둑질하고 간음하는 자는 하나님의 엄중한 심판 아래 있게 됩니다(시 50:16–21). 그 죄가 크기 때문입니다. 우상숭배하는 죄도 큰 죄입니다. 예수님은 돈을 우상으로 섬기는 부자 청년에게 "간음하지 말라, 살인하지 말라, 도둑질하지 말라, 거짓 증언하지 말라, 네 부모를 공경하라"고 말씀하셨습니다(눅 18:20). 예수님은 재물을 우상으로 섬기는 청년에게 사람에 대한 계명 모두를 거의 다 어기고 있다고 하셨는데, 특별히 그에게 간음죄를 가장 먼저 언급하심으로써, 그 죄가 큰 죄라는 것을 직접 말씀하셨습니다.

성적 부도덕과 더러운 행위는 큰 죄입니다. 사도 바울은 성적 부도덕을 저지르는 사람은 자신의 몸에 죄를 짓는 것이라고 했습니다(고전 6:18). 음행과 간음의 죄는 파괴적인 영적 결과를 가져다줍니다. 예수님이 우상 숭배를 간음죄라고 말씀하신 이유가 있습니다. 그리고 간음죄는 자신만 죄를 짓는 것이 아니라 상대방을 죄에 끌어들이고, 가정을 파괴하며, 사회적으로 부도덕하게 만들기 때문에 큰 죄입니다. 십계명이 주어지기 전 시대의 아비멜렉은 다른 사람의 아내를 취하는 것을 큰 죄라고 했는데, 그 죄는 자기 자신뿐만 아니라 자신의 나라가 큰 죄에 빠지게 하는 것이라고 했습니다(창 20:9). 요셉도 자신을 성적으로 유혹하는 보디발의 아내를 거절하면서, 큰 악을 행하여 하나님께 죄를 지을 수 없다고 단호하게 말했습니다(창 39:9).

다른 사람을 죄로 이끄는 것도 큰 죄입니다. 다른 사람, 특히 약한 신자를 죄짓게 만드는 것은 하나님의 눈에 큰 죄입니다(마 18:6). 거짓 교사, 사기꾼, 다른 사람을 죄로 이끄는 자는 큰 사악함을 저지르는 자들입니다. 다른 사람에게 큰 피해를 입히는 살인은 하나님의 눈에 가장 중대한 죄 중 하나입니다(잠 6:16–19). 거짓말, 특히 영적인 문제에 대한 거짓말은 심각한 범죄입니다(계 21:8). 종교적 위선은 하나님을 속이는 죄로서 큰 죄입니다(마 23:27). 교회와 복음 사역자를 공격하는 큰 죄입니다.

그러나 가장 큰 죄조차도 진정으로 회개하고 그리스도를 믿는 사람들에게는 저주를 가져오지 않을 것입니다. 하나님의 은혜가 모든 죄보다 크며, 아무리 중대한 죄라도 회개하고 예수 그리스도를 믿으면 용서받을 것입니다. 진정한 자백과 회개가 있다면 하나님의 용서에 너무 큰 죄는 없습니다(요일 1:9). 하나님의 자비는 최악의 죄인도 깨끗하게 합니다(사 1:18). 그리스도의 피의 능력은 모든 죄를 덮습니다(요일 2:1-2). 성경은 끔찍한 죄를 지었지만 회개했을 때 완전히 용서받은 사람들의 예를 보여 줍니다. 다윗은 간음과 살인죄를 지었지만 용서받았습니다. 바울은 회심 전에 그리스도인들을 지극히 핍박했으나(딤전 1:15), 그리스도로 용서받았습니다. 십자가 위에서 강도는 자신의 죄를 철저히 인정하고, 오직 그리스도를 믿음으로 구원받기를 원함으로 구원을 받았습니다(눅 23:42-43).

성령을 모독하고, 진리를 아는 지식을 받은 후 짐짓 범하는 죄(막 3:28-29; 히 10:26)를 제외하고는 아무리 큰 죄일지라도 진정으로 회개하는 자는 용서받으며, 정죄에 이르지 않습니다.

15.5 사람들은 일반적 회개로 만족해서는 안 된다. 자신의 특정한 죄들을 각각으로 회개하기를 힘쓰는 것은 모든 사람의 의무다(시 19:13; 눅 19:8; 딤전 1:13, 15).

• 해설 •

2. 일반적 회개, 특정적(구체적) 회개

일반적인 회개는 구체적인 죄에 대한 회개가 아니라 하나님 앞에서 자신의 죄성과 죄책감을 광범위하게 인정하는 것을 말합니다. 이는 자신이 하나님의 자비와 은혜가 필요한 타락한 죄인임을 인정하는 것을 포함합니다. 일반적인 회개는 특정한 죄악적인 행동 때문이 아니라 우리가 본성적으로 죄인임을 인정하는 것입니다(시 51:5).

누가복음 18장 13절 세리의 회개 기도는 일반적인 회개입니다. 일반적인 회개에는 종종 세대적, 국가적 죄악도 인정하는 것이 포함됩니다(레 26:40). 니느웨 사람들 전체가 회개하여 일반적으로 자신의 사악함을 고백했습니다(욘 3:5-10).

이러한 일반적 회개는 그리스도의 구속이 필요한 것을 인정하는 것입니다. 일반적 회개는 하나님의 은혜로 참된 거룩함과 변화를 향한 첫걸음입니다. 따라서 일반적 회개에 머물러 있어서는 안 되며, 반드시 특정적인 회개로 나아가야 합니다. 참된 일반적인 회개는 결국 사람을 특정 죄에 대한 확신과 그 죄를 버리고자 하는 열망으로 이끕니다. 특정적 회개는 특정 죄를 고백하고 버리는 것입니다. 자신의 연약함과 죄를 더욱 절실히 깨닫고, 그 죄와 싸우며, 은혜를 구체적으로 구하게 하며, 죄에 대해 경계하고 영적으로 주의를 더 기울이게 합니다.

15.6 모든 사람은 자신의 죄를 개인적으로 하나님께 고백하고, 용서를 위해 기도해야 한다(시 51:4-5, 7, 9, 14; 시 32:5-6). 그리고 죄들을 버리면 자비를 발견하게 된다(잠 28:13; 요일 1:9). 비슷하게, 자신의 형제에게 혹은 교회에 죄를 지은 자는 사적으로나 혹은 공적으로 기꺼이 고백해야 하며, 자신의 죄를 슬퍼하고, 자신이 잘못한 자들에게 회개를 선언하고(약 5:16; 눅 17:3-4; 수 7:19; 시 51편), 피해자는 회개하는 자와 화해하

고 사랑으로 그를 받아 주어야 한다(고후 2:8).

• 해설 •

3. 개인의 회개 의무

모든 개인은 하나님 앞에서 죄를 인식하고 고백하고 돌이킬 개인적 책임이 있습니다. 이것은 단순한 외적인 의무가 아니라 하나님의 거룩함과 은혜에 대한 내적이고 진심 어린 반응입니다. 개인이 하나님 앞에서 회개할 때, 먼저 자신의 죄를 인정하고 고백해야 합니다(시 32:5). 고백은 참된 회개의 마음으로 하나님께 직접 해야 합니다(잠 28:13). 회개는 죄에 대한 슬픔일 뿐만 아니라 죄에서 돌아서는 것입니다. 죄를 버려야 합니다. 죄를 버리게 되면 하나님의 자비를 발견하게 되는데, 진정으로 회개하는 자를 하나님이 불쌍히 여기시기 때문입니다(사 55:7).

개인적인 회개의 의무를 다하기 위해서는 정기적으로 자신의 마음을 살피는 것이 필요합니다(애 3:40). 개인의 자기 점검은 신자들이 죄악적인 태도, 욕망, 행동을 인식하는 데 도움이 됩니다. 그것은 영적 성장과 하나님과 더 가까운 관계로 이어집니다. 죄를 이기기 위해 하나님의 힘을 구하는 것입니다. 죄를 이기는 것에 있어서는 성령의 능력이 필요하기 때문입니다. 기도하고, 성경을 읽으며, 하나님의 은혜에 의지하는 것은 죄와 싸우는 데 필수적입니다.

4. 형제와 교회에 대해 지은 죄

그리스도인 형제나 교회에 대해서 죄를 지었을 때, 신자는 형제들과 교회에 대해 회개, 화해, 회복을 추구할 의무가 있습니다. 먼저 형제에게 가서 죄를 고백해야 합니다. 자신의 죄로 인하여 형제가 손해를 입고 그것에 대해 불편한 마음을 가지고 있는 것을 무시해서는 안 됩니다. 따라서 죄를 고백하고 용서를 구해야 합니다(약 5:16). 고백은 진실하고 구체적이어야 합니다. 그저 "미안합니다"라고 말하는 것이 아니라 잘못을 진심으로 인정해야 합니다. 고백 후에는 기도해야 하며, 관계를 치유하기 위해 하나님의 도움을 구해야 합니다(눅 17:3-4). 죄를 지은 신자는 진정한 회개와 상황을 바로잡으려는 의지를 보여야 합니다.

그리고 필요한 경우 형제가 손해를 입은 것에 대해 배상해야 합니다(눅 19:8). 진정한 회개에는 손해와 손상을 입힌 것을 회복할 조치를 하는 것이 포함됩니다. 자신의 죄로 인하여 물질적 피해, 부상이 포함되었다면 가해자는 피해를 복구하려고 노력해야 합니다. 배상의 원칙은 성경적이며 정의와 회개를 반영합니다(출 22:1). 손해를 입은 형제는 진정으로 회개하는 형제를 용서해야 합니다. 하나님이 그리스도 안에서 우리를 용서하신 것처럼 우리도 다른 사람을 용서해야 합니다. 용서는 죄를 무시하는 것이 아니라, 원망을 버리고 회복을 추구하는 것을 의미합니다.

그리스도인은 기꺼이 용서해야 하며 원한을 품지 않아야 합니다(골 3:13). 그리고 교회의 연합을 위해 힘써야 합니다. 교회 내의 범죄는 분열과 다툼을 막기 위해 성경적으로 처리해야 합니다(고전 1:10; 갈 6:1-2). 교회 지도자와 성숙한 신자는 필요할 때 갈등을 중재하는 데 도움을 주어야 합니다(마 18:15-17).

5. 공적으로 하는 사죄의 고백

그리스도인은 자신의 죄가 공개적이거나, 그리스도의 몸에 해를 끼치거나, 그리스도의 이름에 불명예를 안겼을 때 교회에 공개적으로 고백해야 합니다. 공개적 회개의 고백의 목표는 하나님과 그분의 백성과의 교제에서 회복, 화해, 갱신입니다.

모든 죄는 하나님께 고백해야 하지만, 모든 죄가 공개적으로 고백되어야 하는 것은 아닙니다. 죄가 공개되어 다른 사람에게 영향을 미쳤을 때 공적 회개 고백이 필요합니다. 공개적으로 고백하기 전에, 신자는 먼저 직접적으로 영향을 받은 사람들에게 사적으로 고백해야 합니다. 죄가 심각하고 교회의 개입이 필요한 경우, 먼저 교회의 지도자들에게 알려야 합니다. 죄가 교회에 공개적인 스캔들 또는 분열을 일으켰다면 공개 고백이 필요합니다(딤전 5:20). 죄가 복음의 증거를 손상시켰을 때, 교회 앞에서 공개적 회개를 해야 합니다. 그리스도인의 죄가 그리스도의 이름에 불명예를 가져왔거나 불신자들을 넘어지게 했다면, 신뢰를 회복하고 복음의 순수성을 유지하기 위해 공개적인 고백이 필요합니다.

신자가 공개적으로 회개의 고백을 할 때, 겸손, 정직, 성실로 해야 합니다. 동정을 구하거나, 자신을 정당화하거나, 변명하기 위해 해서는 안 됩니다. 이때 다른 사람을 비난하거나 변명해서는 안 됩니다. 죄와 회개의 공적 고백은 수치심에 대한 것이 아니라 치유와 회복에 대한 것입니다. 교회는 고백하는 사람에게 은혜, 사랑, 지원으로 응답해야 합니다. 교회는 용서하고 회복을 제공해야 합니다. 교회는 그 사람을 위해 기도하고 그 사람이 믿음 안에서 전진하도록 도와야 합니다. 회개한 신자는 외면당해서는 안 되며 사랑으로 환영받아야 합니다. 공적 고백의 궁극적인 목표는 처벌이 아니라 회복입니다. 그것은 겸손의 아름다운 행위이며 하나님의 자비와 변화시키는 은혜에 대한 증거입니다.

31주 | 믿음의 증거로서의 선행

16.1 선행은 오직 하나님이 자신의 거룩한 말씀에서 명령하신 것들뿐이며(미 6:8; 롬 12:2; 히 13:21), 성경의 근거 없이 맹목적 열심 혹은 선한 의도를 가장하여(마 15:9; 사 29:13; 벧전 1:18; 롬 10:2; 요 16:2; 삼상 15:21-23) 사람이 고안한 것들은 (선행이) 아니다.

• 해 설 •

1. 선행의 의미

성경에서 선한 행위는 하나님의 명령에 순종하여, 그리스도를 믿는 믿음으로, 성령의 능력으로, 그리고 하나님의 영광을 위해 행하는 행위입니다. 이러한 행위는 구원에 공로가 있는 것이 아니라 참된 믿음의 열매이자 증거입니다.

성경에서 선행은 보통 사람들이 착한 일 혹은 선행이라고 하는 것과 차이가 있습니다. 우선 선행은 하나님의 율법을 따라 행하는 것입니다. 하나님이 자신의 백성에게 선한 것이 무엇인지 알려 주셨습니다. 하나님은 신자들에게 선한 행위를 하라고 요구하시는데, 그것은 하나님의 공의를 행하고, 인자를 사랑하며, 겸손히 하나님과 동행하는 것이라고 하셨습니다

(미 6:8). 참된 선행은 인간의 의견이나 전통, 그리고 사회적 공감에 의한 것이 아니라 하나님에 의해 정해진 것입니다. 따라서 선행은 하나님의 말씀과 특별히 계명과 일치해야 합니다. 왜냐하면 하나님의 계명 자체가 선한 것이기 때문입니다(롬 7:12). 성경에서의 선행은 그리스도를 믿는 믿음으로 행해야 하는 것입니다.

그리스도를 믿는 믿음 밖에서 행한 행위는 하나님 앞에서 참으로 선하지 않습니다(히 11:6). 거듭나지 않은 사람들의 도덕적인 행동이 성경적 선행이 될 수 없는 이유는 믿음으로 행한 것이 아니기 때문이며, 이러한 것들은 결코 하나님을 기쁘시게 할 수 없습니다. 성경에서의 선행은 하나님의 영광을 위해 행해져야 하는 것입니다(고전 10:31). 자기의 의로움이나 인간의 칭찬을 위해 행한 것은 선행이 될 수 없습니다(마 6:1-4). 선행은 하나님을 영화롭게 하고 그리스도를 높이는 것을 목표로 해야 합니다. 선행은 성령의 능력으로 행해져야 합니다(갈 5:22-23). 왜냐하면 선행은 인간의 노력만으로는 이루어지지 않기 때문입니다. 선행은 반드시 거듭난 사람이 성령으로 변화된 마음에서 흘러나오는 것이어야 합니다.

성경에서 선행의 예는 하나님과 이웃을 사랑하는 것입니다(마 22:37-39). 하나님과 이웃에 대한 참된 사랑은 모든 선행의 기초입니다. 예수님은 양과 염소의 비유 말씀에서 굶주린 형제에게 먹을 것을 주며, 나그네를 영접하고, 헐벗은 자에게 옷을 입히고, 병든 자를 돌보고, 어려움을 겪고 있는 형제를 돌본 것을 선행의 예로 말씀하셨습니다(마 25:34-36). 야고보서 1장 27절은 "하나님 아버지 앞에서 정결하고 더러움이 없는 경건은 곧 고아와 과부를 그 환난 중에 돌보"는 것이라고 말합니다. 따라서 선행이란 궁핍한 자를 돌보고, 억압받는 자를 도와주고, 힘이 없는 자를 돕는 것입니다. 가난한 자들을 구제하고 나누어 주는 일은 성경에서 중요한 선행 가운데 하나입니다(딤전 6:18). 마게도냐 교회는 기근으로 어려움을 겪고 있는 예루살렘 교회를 도왔습니다. 이는 하나님이 기뻐 받으시는 선행입니다(고후 9:8).

에베소서 4장 32절은 서로 친절하게 대하고, 자비롭게 대하고, 서로 용서하라고 말하는데, 이것은 선행이며, 참된 그리스도인의 품성 표시이기도 합니다. 교회에서 봉사하고 서로의 짐을 지는 것 역시 선행입니다(갈 6:2).

2. 선행이 아닌 것

열심과 선한 의도를 가장해서 한 모든 행위는 선행이 아닙니다. 진리가 없는 열심은 하나님께 받아들여지지 않습니다. 유대인들은 열심이었지만, 그들의 열심은 하나님의 진리에 따른 것이 아니었기 때문에 잘못된 것이었습니다(롬 10:2-3). 선한 의도였을지라도 하나님의 계시된 뜻에 대한 불순종을 정당화하지 못합니다. 예를 들어, 나답과 아비후는 예배에 대한 열심을 가졌을지 모르지만, 하나님의 명령 없이 행동했기 때문에 심판을 받았습니다(레 10:1-2). 하나님의 말씀에 따르지 않은, 인간이 고안해 낸 전통에 따른 행위가 선하게 보여도 그것은 선행이 아닙니다. 바리새인들은 하나님의 율법에 전통을 더하고 자신들이 선을 행하고 있다고 생각했습니다(마 15:9). 그러나 그들의 행위에 아무리 좋은 의도가 있더라도 인간이 만들어 낸 일은 하나님의 명령이 아니라면 헛됩니다.

예수님은 자신들이 진실로 하나님의 일을 많이 했다고 주장하는 자들에게 전혀 그들을 모를 뿐만 아니라, 불법을 행하는 자들이라고 말씀하셨습니다(마 7:22-23). 그들의 행위가 사람들에게 유익을 주어서 선해 보여도 하나님의 말씀과 법에 따른 것이 아니므로 그것은 선행이 아닙니다. 더욱이 그들의 행위는 자기 자신들을 나타내기 위한 것이었기 때문입니다. 겉으로는 선한 행위로 보이지만, 하나님의 눈에 선행이 아닌 것은 그리스도를 믿는 믿음 없이 행한 것과 자기의 의를 위하여 행한 것과 사람들로부터 영광을 얻기 위해 한 것입니다(마 6:1). 외적으로는 선행으로 보일지 모르지만, 그 심령에 하나님의 영광을 위한 것이 없으며, 오직 자기 자신을 나타내고, 자랑하기 위한 것이기 때문에 선행이 아닙니다.

16.2 하나님의 계명들에 대한 순종으로 이루어진 이러한 선행들은 참되고 살아 있는 믿음의(약 2:18, 22) 열매와 증거들이며, 이것으로 신자들은 감사를 나타내며(시 116:12-13; 벧전 2:9), 확신을 강하게 하고(요일 2:3, 5; 벧후 1:5-10), 형제들을 세우며(고후 9:2; 마 5:16), 복음의 고백을 아름답게 장식하고(딛 2:5, 9-12; 딤전 6:1), 대적자들의 입을 막으며(벧전 2:15), 하나님을 영화롭게 한다(벧전 2:12; 빌 1:11; 요 15:8). 그들은 하나님의 만드신 바요, 선행들을 위해 그리스도 예수 안에서 지으심을 받았다(엡 2:10). 그래서 그들은 거룩함에 이르는 열매를 맺고, 마지막에는 영원한 생명을 얻을 것이다(롬 6:22).

• 해설 •

3. 참된 믿음의 증거로서의 선행

하나님의 말씀에 참으로 순종하여 행한 선행은 참된 믿음의 열매와 구원의 증거로 보아야 합니다. 참된 구원의 믿음은 항상 선행을 열매로 맺기 때문입니다(약 2:17). 이러한 행함은 구원의 원인이 아니라 살아 있는 믿음의 필요한 증거입니다. 선행은 그리스도와의 연합에서 흘러나오는데, 마치 건강한 나무에서 열매가 맺히는 것과 같습니다(요 15:5). 따라서 선행은 구원의 증거입니다. 예수님은 신자들의 구원의 은혜를 나무의 뿌리로 확인하는 것이 아니라, 그 열매로 확인하겠다고 말씀하셨습니다(마 7:16-18, 12:33). 따라서 자신이 구원받았다고 하면서, 신자의 행위를 선하게 하는 계명을 지키지 않고, 그것의 효과가 나오지 않는다면, 그 사람은 구원의 은혜가 없는 사람입니다(요일 2:4, 9). 그 사람은 자기 스스로 속이고, 또한 속고 있는 사람입니다. 신자들은 그들이 그리스도께 속해 있음을 보여주는 선행으로 알려집니다. 진정한 구원의 믿음은 그리스도에게 연합되기 때문입니다. 따라서 선행의 증거가 없다면, 그 사람의 신앙고백은 헛된 것입니다.

선행은 하나님이 구원하시는 목적입니다(엡 2:10). 사도 바울은 구원의 은혜가 있는지는 선한 일에 열심히 하는 것을 확인하면 된다고 말했습니다. 그 이유는 하나님이 구원하시는 목적이 선한 일을 열심히 하는 자기 백성이 되게 하시려는 것이기 때문입니다(딛 2:11-14). 하나님이 성령으로 새 마음을 주시고, 그 마음에 율법을 새겨 놓으시며(렘 31:33), 성령이 그 율법을 지키게 하시기 때문에(롬 8:4), 선행이 안 나오려야 안 나올 수 없습니다. 신자의 선행은 하나님이 그들을 구원하신 목적입니다. 신자는 선행을 하도록 구원받았습니다.

4. 구원에 대한 감사의 응답으로서의 선행

선행은 하나님께 대한 감사의 행위입니다. 선행은 하나님의 은총을 얻기 위해 하는 것이 아니라, 그분의 은혜에 대한 감사의 응답으로 합니다(요일 4:19). 참된 신자는 그리스도 안에서 받은 사랑과 자비 때문에 하나님께 순종하기를 원합니다. 사도 바울이 "너희 몸을 하나님이 기뻐하시는 거룩한 산 제물로 드리라"라고 말한 것은 구원의 은혜에 대한 감사로 순종의 삶, 즉 선행을 하라는 것입니다(롬 12:1). 신자가 구원의 은혜에 감사해서 하는 선행은 하나님을 영화롭게 하는 것인데, 다른 사람들을 하나님께로 인도하고 그분의 이름에 영광을 돌리게 하기 때문입니다(마 5:16). 선행은 다른 사람들에게 증거 기능을 합니다. 경건한 삶은 복음의 진리를 증거하고, 진리를 비판하는 자들을 침묵시킵니다(딛 2:7-8). 신자의 선행은 불신자들로 신자들의 순종과 선행을 목격하게 함으로써 그리스도께로 이끌 수 있습니다(벧전 2:12).

5. 장래에 자기를 위한 좋은 터를 쌓는 것

사도 바울은 디모데전서 6장 18-19절에서 신자가 선행을 해야 할 것을 독려하고, 신자의 선행이 "장래에 자기를 위하여 좋은 터를 쌓아 참된 생명을 취하는 것이니라"라고 말했습니다. 이것은 신자가 이 땅에서 선행을 통하여 자신을 위해 하늘에 보물을 쌓아 두라는 것입니다. 신자가 영원히 자신들이 즐길 수 있는 하늘에 보물을 쌓아 두는 것인데, 이것은 이 세상에 보물을 쌓아 두기보다는 선행을 해서 그렇게 하는 것입니다.

바울은 선행이 신자가 장래를 대비한 좋은 기초라고 말하는데, 이는 행복의 기초를 의미하는 것이 아닙니다. 행복은 이미 하나님이 놓아 주셨기 때문입니다. 그리고 선행을 함으로써 그 기초가 놓이는 것은 더더욱 아닙니다. 예수 그리스도 외에 놓을 수 있는 행복, 삶, 구원의 다른 기초는 없습니다.

사도는 여기서 기초를 놓고 그 위에 건축하는 것을 말하는 것이 아니라 하늘에 기초를 쌓는 것을 말하는데, 그는 그 기초로 행복 자체를 의미합니다. 그는 그것을 '기초'라고 부릅니다. 왜냐하면 그것은 견고하고 실질적이며 영구적이고 지속 가능하기 때문입니다. 이 삶의 불확실하고 불안정하며 덧없고 멸시되는 즐거움과 보물과는 대조적입니다. 이 구절은 마태복음 6장 20절, "오직 너희를 위하여 보물을 하늘에 쌓아 두라"라는 말씀과 같은 의미입니다. 따라서 신자의 선행은 영원한 보상으로 가는 길입니다

(계 22:12). 하나님은 신자의 선행에 대해서 영원 속에서 은혜롭게 상을 주실 것입니다(마 25:21).

16.3 선행을 할 수 있는 능력은 결코 그들 자신들로부터 나온 것이 아니라 전적으로 그리스도의 영으로부터 나온다(요 15:4-6; 겔 3:26-27). 그리고 그들로 선행이 가능하게 하기 위해서 그들이 이미 받은 은혜들 외에 그분의 기뻐하시는 것을 작정하고 행하도록 그들 속에서 일하시는 동일한 성령의 실제적 감화가 반드시 요구된다(빌 2:13, 4:13; 고후 3:5). 그러나 이 진리는 마치 성령의 특별한 역사가 없다면 어떤 의무를 행할 의무가 없는 것처럼 신자들로 태만하게 만들지 않는다. 오히려 그들 속에 있는 하나님의 은혜를 활발하게 하는 것에 부지런해야 한다(빌 2:12; 히 6:11-12; 벧후 1:3, 5, 10-11; 사 64:7; 딤후 1:6; 행 26:6-7; 유 1:20-21).

• 해설 •

6. 선행을 가능케 하시는 성령

신자에게 선행의 열매가 맺혔다면, 그것은 신자 자신의 능력으로 된 것이 아니라 전적으로 그 안에서 역사하신 성령에 의한 것입니다. 참된 선행은 인간의 노력으로 이루어지지 않고 신자 안에서 그리고 신자를 통해 일하시는 성령의 능력으로 이루어집니다. 성령은 신자로 거듭나게 할 때, 거룩한 성질을 심어 두셨습니다. 그런데 선행은 심어 둔 그 성질 위에 성령이 은혜를 더하시고, 또한 신자들의 심령을 감화하시고, 힘을 주심으로써 나오는 것입니다.

성령은 신자들에게 옳은 것과 그른 것을 깨닫게 하십니다(요 16:8). 이러한 인도를 통해 신자들은 하나님을 영화롭게 하는 선행으로 인도됩니다. 성령이 신자들의 마음에 선을 행하고자 하는 마음과 소원을 일으키십니다 (빌 2:13). 그리고 성령은 의지를 강화하여 선행을 하도록 신자에게 영향을 주십니다. 성령은 신자들의 마음에 하나님의 계명과 명령을 생각나게 하셔서(요 14:26), 선행을 하게 하십니다. 성령은 신자에게 힘을 주셔서 선행을 하게 하십니다(슥 4:6). 성령은 신자들로 선행하는 것에 지치지 않게 하십니다(사 40:31). 성령은 다른 사람에 대한 사랑을 불러일으켜 선행으로 이끄십니다. 성령은 신자들로 다른 사람을 섬기도록 동기를 부여하시고, 실제 행동으로 이끄십니다. 성령은 신자들에게 은사를 주셔서, 다른 사람을 섬기고, 위로하고, 구제하며, 인도하게 하십니다(롬 12:7-8).

7. 선행에 부지런해야 하는 이유

신자가 하나님의 은혜를 불러일으키는 선행을 부지런히 해야 하는 이유는 믿음이 능동적 순종으로 나타나기 때문입니다. 선행은 참된 믿음의 증거이기 때문이기도 합니다. 신자들은 선행에 부지런을 내야 하는 부름을 받았습니다. 하나님의 은혜는 신자 안에서 그리고 신자를 통해 일하지만, 또한 충실함, 노력, 훈련을 통해 영적 태만에 빠지지 않게 하고, 은혜 가운데 있게 해야 합니다. 신자가 선행에 부지런히 노력하는 것은 그들의 구원의 증거입니다. 신자는 은혜 안에서 성장하기 위해 모든 노력을 기울여야 합니다. 부지런함이 없다면 믿음은 약해지고 열매를 맺지 못합니다(벧후 1:8). 신자가 선행을 소홀히 하면 영적 삶은 차가워집니다. 신자는 선행에 열성을 다해야지, 무관심해서는 안 됩니다. 신자는 선행에 부지런하고 열심을 낼 때, 자신이 능력 없다는 것을 더욱 깨달아 성령의 은혜를 구하게 되고, 이로 인하여 은혜의 증가를 체험하게 됩니다.

신자의 선행은 사탄을 대적하는 것입니다. 사탄은 하나님의 거룩한 것과 경건과 선행에 관해서 신자로 게으름과 무관심을 갖도록 공격하고 유혹합니다. 이러한 유혹에 신자가 져서 선행을 소홀히 하면 영적인 침체로 이어집니다. 따라서 신자가 선행에 적극적으로 임하는 것은 사탄에게 유혹의 기회를 제공하지 않는 것이 됩니다.

32주 | 은혜로 인한 선행

16.4 신자들이 이 세상의 삶에서 가능한 가장 높은 순종을 획득했다 할지라도 하나님이 요구하시는 의무 이상으로 할 수 있는 것이 아니며, 하나님이 요구하시는 것보다 많이 행한 것도 아니다. 그들은 자신들이 해야 할 의무에 한없이 부족하다(눅 17:10; 느 13:22; 욥 9:2-3; 갈 5:17).

• 해설 •

1. 부족한 선행

그리스도인은 은혜로 구원받고 성령으로 능력을 받았지만, 죄의 부패, 인간의 약함, 그리고 불가능할 정도로 높은 신성한 거룩함의 표준 때문에 하나님의 법을 완벽하게 이루는 선행을 할 수 없습니다. 선행에 대한 하나님의 기준은 율법에 있습니다. 예수님은 하늘에 계신 아버지가 온전하신 것과 같이 제자들도 온전해야 한다고 말씀하셨습니다(마 5:48). 예수님이 말씀하신 것을 제자들이 이룰 수 없습니다. 그럼에도 예수님이 이렇게 말씀하신 것은 제자들로 오직 하나님의 은혜만을 의존하게 하신 것입니다. 신자는 자신의 최고 순종으로 최고의 선행을 했다고 말할 수 없습니다. 하나님이 요구하시는 선행의 기준이 완벽한 것이기 때문입니다. 선행 기준의 완벽함은 생각, 말, 행동에서 결코 죄가 없고 흠이 없는 것을 의미하기 때문에 어떤 그리스도인도 이 기준을 충족시킬 수 없습니다.

그리스도인에게는 남은 죄가 있습니다. 이는 선행을 방해할 뿐만 아니라, 신자의 선행 속에도 죄가 포함될 수 있습니다. 때로는 죄의 본성과 새 마음의 본성이 싸우는 가운데, 신자가 선행을 할 수 있습니다. 이런 경우 그 선행이 온전히 거룩한 것이라고 자신 있게 말하기 힘듭니다. 선행 속에 어쩔 수 없이 하는 마음도 있을 수 있으며, 다른 사람을 의식해서 할 수도 있고, 자기 자신을 드러내고자 하는 마음이 조금 들어가 있을 수 있습니다. 따라서 신자의 선행 그 자체를 가지고 완전한 선행이라고 할 수 없습니다.

신자의 약함과 불완전함은 모든 선한 일에 영향을 미칩니다. 신자의 선행도 불완전하고 죄스러운 동기로 더럽혀져 있습니다. 인간의 행동은 마음, 의도, 실행에서 완전히 순수할 수 없습니다. 신자가 기도할 때조차 마땅히 기도해야 할 대로 기도하지 못합니다. 성령이 돕지 않으시면 안 됩니다. 따라서 신자는 자신의 선행이 완전하다고 생각해서는 안 됩니다. 이것은 신자가 자신의 선행을 가지고 자신이 은혜로 부름 받은 것을 잊어버리고, 스스로 의로워지거나 교만해져서는 안 된다는 것을 의미합니다.

2. 신자의 선행에서 겸손해야 하는 이유

신자는 자신의 선행이 부족하다는 것을 깨닫게 되면, 자신의 선행을 자랑할 수 없다는 것을 알게 됩니다. 따라서 그리스도인은 선행에서 겸손해야 합니다. 그 이유는 그들이 이룬 모든 것이 자신의 공로가 아니라 하나님의 은혜이기 때문입니다.

선행에 대한 교만함은 은혜의 본질을 오해하게 하고, 하나님의 영광을 빼앗으며, 영적인 위험으로 이끕니다. 모든 선행은 하나님의 은혜에서 나오는 것이지 신자 자신의 능력이 아닙니다. 구원과 선행을 할 수 있는 능력은 모두 하나님의 은혜에서 옵니다. 신자는 자신의 선행에 대해서 자랑할 이유가 없습니다. 모든 선행은 하나님이 주신 것에서 흘러나오기 때문입니다. 모든 은사, 재능, 선행의 기회는 하나님이 주신 것입니다(고전 4:7). 그리스도의 능력이 믿는 사람 안에서 역사하지 않고서는 어떤 선행도 할 수 없습니다(요 15:5).

선행에 대한 교만은 하나님의 영광을 빼앗는 것으로 매우 위험합니다. 선행의 목적은 신자 자신이 아니라 하나님을 영광스럽게 하는 것입니다(마 5:16). 모든 선행은 하나님으로부터 시작되며, 그것은 하나님의 영광으로 돌아가야 합니다. 그런데 신자가 자신의 선행을 자랑한다면, 다른 사람을 하나님께로 인도하기보다는 자신을 위해 영광을 구하는 것입니다. 이것은 선행에 대한 교만이며, 영적으로 매우 위험한 것입니다(잠 16:18). 자신의 선행을 가지고 교만하고, 자기 스스로 의로움에 빠지게 되면 영적 몰락으로 이어질 수 있습니다.

예수님은 무익한 종의 비유에서 자신의 선행에 대해서 마음에 두는 것조차 해서는 안 될 것임을 말씀하셨습니다(눅 17:10). 신자가 많은 선행을 하더라도, 그들은 단지 의무를 다하고 있는 것이며, 이로써 자랑할 것도 없고, 오직 하나님께 감사할 뿐입니다. 신자의 선행에는 교만이 아닌 겸손이 수반되어야 합니다(미 6:8). 그리스도인은 오직 주님 안에서만 자랑해야 합니다(고전 1:31).

16.5 우리는 우리의 최고 행위로 하나님의 손에 있는 죄의 용서나 영원한 생명을 얻을 만하지 못하다. 그 이유는 우리의 최고 행위와 장차

올 영광 사이의 차이가 너무 크기 때문이며, 그리고 우리와 하나님 사이가 무한한 거리에 있기 때문이다. 우리는 우리의 최고 행위로 하나님께 유익이 되게 할 수 없으며, 과거의 죄의 부채를 갚을 수도 없다(롬 3:20, 4:2, 4, 6; 엡 2:8-9; 딛 3:5-7; 롬 8:18; 시 16:2; 욥 22:2-3, 35:7-8). 우리가 할 수 있는 모든 것을 다 했을 때, 다만 우리의 의무를 행한 것이며, 무익한 종들에 불과하다(눅 17:10). 왜냐하면 행위가 선한 것은 그것이 성령으로부터 나왔기 때문이며(갈 5:22-23) 우리에 의해 행하여진 것은 많은 약점과 불완전한 것이 섞여 있어 오염된 것이다. 그것들은 하나님의 엄중한 심판을 견딜 수 없다(사 64:6; 갈 5:17; 롬 7:15, 18; 시 143:2, 130:3).

• 해설 •

3. 신자의 선행이 구원의 근거가 되지 않음

신자는 한순간도 자신의 선행으로 인하여 하나님으로부터 죄 용서함을 받고, 영생을 얻는다는 것을 생각해서는 안 됩니다. 구원은 행위가 아니라 전적으로 은혜로 이루어진다는 것을 생각해야 합니다. 신자의 가장 좋은 행위조차도 불완전하고 죄로 더럽혀져 있기 때문입니다. 만약 영생이 행위로 말미암는다면 신자는 자랑할 이유가 있겠지만, 죄 용서와 구원은 전적으로 하나님의 은혜입니다.

로마 가톨릭교회에서는 선행이 있어야 구원받는다고 가르칩니다. 로마 교회에서는 믿음에 의한 칭의 교리를 반대합니다. 그들은 개혁교회의 칭의 교리는 저주받은 가르침이라고 가르칩니다. 로마 교회는 칭의 교리를 신자가 아무 선행을 하지 않아도 되는 것으로 오해했습니다. 선행이 나오게 하는 진정한 믿음에 대해 온전히 이해하지 못한 결과로 이렇게 선행이 있어야 구원받는다고 가르치고 있습니다. 현대 복음주의에서도 신자에게 선행이 있어야 구원받는다는 가르침이 있습니다. 믿음으로 교회에 들어가고, 교회에서 율법을 지키고 선행을 해야 최종적으로 의롭다 함을 받을 수 있다고 가르칩니다. 이러한 가르침(바울의 새 관점)은 이 시대에 매우 유행하고 있습니다.

한편으로 칭의는 죄 용서함과 의의 전가로 구성되어 있는데, 칭의 교리를 죄의 용서로만 보고, 의의 전가 교리를 포함시키지 않는 신학적 가르침이 있습니다. 이 가르침은 17세기부터 유행해서 오늘날 알미니안주의 계통의 교회에 널리 퍼져 있습니다. 이 가르침에서는 칭의는 단지 죄 용서함만을 받은 것이기 때문에, 칭의 이후로 선행을 해서 실제적인 의로움이 있어야 최종적으로 구원받는다고 말합니다.

신자가 선행이 있어야 구원받는다고 주장하는 가르침은 세 종류가 있습니다. 이 가르침들은 모두 율법주의 범주에 있습니다. 이 가르침에서의 궁극적인 문제는 신자라 할지라도 그 행위가 완전하지 못하다는 것을 부정하는 것입니다. 더욱이 로마 교회의 문제는 거듭나지 않은 자가 율법을 지켜 의롭다 함을 얻을 수 없다는 것을 인정하지 않는 것에 있습니다.

16.6

그럼에도 불구하고 신자들이 그리스도를 통해서 받아들여졌기 때문에 그들의 선행도 또한 그리스도 안에서 받아들여진다(엡 1:6; 벧전 2:5; 출 28:38; 창 4:4; 히 11:4). 선행이 받아들여지는 것은 신자들이 이 세상에서 하나님 보시기에 흠이 없고 책망받을 것이 없어서가 아니며(욥 9:20; 시 143:2), 하나님이 자신의 아들 안에서 행위들을 보시고 많은 약점과 불완전함을 가지고 있음에도 불구하고(히 13:20-21; 고후 8:12; 히

6:10; 마 25:21, 23), 신실한 행위로 받아 주시고 상 주시기를 기뻐하시기 때문이다.

• 해설 •

4. 부족한 선행이 받아들여지는 이유

믿는 자들의 가장 좋은 행위조차도 불완전합니다. 믿는 자들의 가장 좋은 행위조차도 죄로 더럽혀져 있습니다. 신자의 가장 좋은 선행이라도 불완전하며, 하나님의 기준에 부족합니다. 더욱이 신자의 최선을 다한 순종이 하나님께 공로가 되어 보상을 요구할 수 있는 것이 아닙니다. 그럼에도 불구하고 하나님은 신자의 부족한 선행을 그리스도를 통해서 받아 주십니다. 신자들의 선행은 하나님께 받아들여지지만, 결코 그들의 선행이 탁월해서가 아니라, 그리스도 때문입니다. 그리스도와 신자들 안에서 역사하시는 하나님의 은혜 때문에 받아들여집니다. 하나님은 그리스도, 곧 자신의 '사랑하는 자' 안에서 신자들의 선한 행위를 받아들이십니다(엡 1:6).

신자의 선행이 오직 그리스도를 통해서만 받아들여지는 이유는 그리스도의 희생이 완전하기 때문입니다. 하나님은 신자들의 선한 행위를 그리스도를 통해서 받아들이십니다(히 10:14). 하늘 보좌 우편에서 그리스도가 신자들의 행위를 정화해서 하나님 앞에 바치시기 때문입니다(계 8:3-4). 신자 안에서 일하여 선한 일을 하게 하시는 분은 바로 하나님이시기 때문입니다(히 13:21). 신자에게 있는 선행은 하나님의 은혜가 신자 안에서 행한 결과입니다(빌 2:13). 신자의 선행은 신자 안에서 성령이 역사하신 것의 결과이기 때문에 하나님이 받아 주시는 것입니다. 선행은 순전히 인간의 노력이 아니라 신자 안에 있는 성령의 열매입니다.

5. 하나님의 은혜로 보상

하나님은 신자의 불완전하지만 신실한 봉사와 선행에 대해 은혜롭게 보상하십니다. 그 자체로 공로가 있기 때문이 아니라 그리스도를 통해 드려지고, 성령으로 능력을 얻고, 은혜로 받아들여지기 때문입니다. 우선 하나님은 신자의 선행에 보상하겠다고 약속하셨습니다(히 6:10). 사도 바울은 신자들의 수고가 주 안에서 헛되지 않다고 말했습니다(고전 15:58). 신자의 행위가 불완전하더라도, 하나님은 신실하시므로 그들의 사랑의 수고를 잊지 아니하십니다. 가장 작은 봉사 행위조차도 믿음으로 행할 때 하나님이 알아차리고 보상하십니다(마 10:42). 신자가 무엇을 하든지 주님을 위하여 한 것에 대하여 주께서 상 주실 것이라고 바울은 말했습니다(골 3:23-24).

신자의 선행과 수고에 대한 보상은 그 행위가 공로가 되어서 상 주시는 것이 아니라 은혜로 주어지는 것입니다. 신자의 선행이 불완전하더라도 하나님은 은혜롭게 믿는 자들의 행위를 인정하시고 보상하시는 것입니다(히 6:10). 하나님은 신자들의 불완전함에도 불구하고 그들의 순종을 기뻐하시기 때문에 상을 주십니다. 하나님은 신자의 행위 자체가 완벽하거나 탁월해서 보상하시는 것이 아니라, 부족하지만 신자의 선행은 그리스도와 성령에 의해서 이루어졌기 때문에 은혜롭게 보상하시는 것입니다(마 25:21). 그리고 신자는 하늘에서 온전한 보상을 받게 될 것입니다(고후 5:10). 물론 이때, 주께서 신자들의 선행의 신실함을 판단하실 것입니다(고전 3:12-15).

16.7 거듭나지 않은 사람들의 행위가 비록 하나님이 명령하신 것을 행한 것이며, 다른 사람들에게 유익을 주는 것일지라도(왕하 10:30-

31; 왕상 21:27, 29; 빌 1:15-16, 18) 믿음으로 깨끗해진 마음에서 나온 것이 아니며(창 4:5; 히 11:4, 6) 말씀에 따라 바른 방식으로 행해지지 않았고, 바른 목적, 즉 하나님의 영광을 위해 한 것이 아니기 때문에(마 6:2, 5, 16) 그것들은 죄악이 되고, 하나님을 기쁘시게 할 수 없고, 하나님으로부터 은혜를 받기에 합당한 사람으로 만들 수 없다(학 2:14; 딛 1:15; 암 5:21-22; 호 1:4; 롬 9:16; 딛 3:5). 그러나 선한 행위를 무시하는 것은 더욱 죄악이 되며, 하나님을 불쾌하시게 하는 것이다(시 14:4, 36:3; 욥 21:14-15; 마 25:41-43, 45, 23:23).

• 해설 •

6. 거듭나지 않은 자의 선행

거듭나지 않은 자의 선행, 즉 그리스도 안에서 거듭나지 않은 자의 선행은 겉으로는 하나님의 계명에 따르는 듯하지만, 새롭게 된 마음, 그리스도에 대한 믿음, 올바른 동기, 즉 하나님의 영광을 위한 것이 아니기 때문에 하나님 보시기에 참으로 선하지 않습니다. 거듭나지 않은 자의 겉으로 보이는 선행은 하나님을 기쁘시게 하지 못합니다. 믿음과 거듭난 마음 없이 행하는 선행은 종교적 행위에 불과합니다. 거듭나지 않은 자의 선한 행위는 의롭게 보일지 몰라도 하나님 앞에서는 죄로 더럽혀져 있는 것입니다(사 64:6). 왜냐하면 거듭나지 않아 죄에 얽매인 자들은 하나님을 참으로 기쁘시게 하는 일을 할 수 없기 때문입니다(롬 8:8). 참된 선행은 믿음으로 행해야 합니다. 믿음 가운데 하는 행위가 하나님을 기쁘시게 할 수 있습니다(히 11:6). 믿음에서 나오지 않는 모든 행위는 궁극적으로 죄가 됩니다(롬 14:23).

참된 선행은 하나님의 영광을 위해 행해져야 합니다. 참된 선행은 하나님의 영광을 위해 행해야지, 자기 이익이나 영광을 위해 행해서는 안 됩니다(고전 10:31). 사람들에게 보이기 위한 선행도 성경에서 말하는 선행이 아닙니다(마 6:1–2). 하나님이 기뻐하시는 참으로 선한 유일한 행위는 성령과 그리스도에 대한 믿음으로 새롭게 된 마음에서 나오는 것입니다.

7. 선행을 무시하는 도덕률폐기론주의(Antinomianism)

교회에는 신자의 선행을 무시하게 하는 가르침과 그렇게 행동하는 사람들이 있습니다. 그들은 율법을 지켜서 구원받는 것이 아니라, 하나님의 은혜로 구원받았기 때문에, 신자가 율법을 지킬 필요가 없다고 주장하는 사람들입니다(이들을 도덕률폐기론주의자, 율법폐기론주의자 혹은 반율법주의자라고 부릅니다). 따라서 그들은 신자의 선행을 무시합니다. 그들은 진정한 믿음을 가진 신자가 하나님의 은혜에 감사하여 도덕법과 계명을 지키는 것을 가리켜 율법주의자들이라고 고소합니다. 자신들 스스로 도덕률폐기론주의자인 것을 증명합니다.

이렇게 도덕률폐기론주의자들은 은혜 교리를 오용하여 신자들이 믿음으로만 의롭다고 여겨지기 때문에 하나님의 도덕법을 따르거나 거룩함을 추구할 의무가 없다고 주장합니다(유 1:4). 그들은 구원이 은혜에 의한 것이기 때문에 선행이 불필요하다고 믿습니다. 심지어 죄스러운 삶을 장려하는 수준까지 말입니다. 그리스도인의 삶에서 선행의 필요성을 거부하거나 소홀히 하는 도덕률폐기론주의자들은 심각한 오류를 범하고, 복음을 왜곡하고, 하나님의 은혜를 무법 상태로 바꾸기 때문에 더 죄가 많습니다. 왜냐하면 도덕률폐기론주의자들은 은혜를 왜곡하여 죄악적인 삶으로 이끌고, 그리스도의 참된 주권을 부인하는데, 거룩함에 대한 하나님의 명령을 거부하기 때문입니다. 선행을 불필요하다고 거부하는 것은 구원에 대한 하나님의 목적과 모순됩니다(엡 2:10). 그들은 그리스도의 구속의 목적,

곧 그분의 백성을 정결케 하고 선한 일을 열렬히 하도록 하는 목적을 거부합니다(딛 2:14).

바울은 도덕률폐기론주의적인 사고방식을 직접적으로 책망합니다. 하나님의 은혜는 결코 죄를 지을 수 있는 허가증이 아닙니다(롬 6:1-2). 도덕률폐기론주의자들은 순종 없이도 믿음이 존재할 수 있다고 생각하며 스스로를 속입니다. 사도 요한은 이러한 자들은 구원받은 자가 아니라고 말합니다(요일 2:3-4). 그들은 거짓말쟁이입니다. 도덕률폐기론주의자들의 죄가 더 많은 것은 복음을 왜곡하고 불법을 조장하기 때문입니다. 그들은 그리스도를 구주라고 부르지만, 그리스도의 법을 지키지 않고 구주로 모시지도 않습니다(마 7:21-23). 그들은 그리스도인의 자유라는 이름 아래에서 죄에 대해 방종하는 자들로서, 실제는 죄의 종 된 상태에 있습니다.

그리스도 안에서의 참된 자유는 죄를 지을 수 있는 자유가 아니라 죄로부터의 자유입니다(롬 6:22). 하나님은 신자들 안에서 일하셔서 순종과 선행을 이루게 하십니다. 그러나 도덕률폐기론주의자들은 자기들의 삶에서 하나님의 일 자체를 거부합니다. 그래서 그들의 죄악은 더욱 큽니다.

33주 | 성도의 견인

17.1 하나님이 그분의 사랑하시는 자 안에서 받으신 자들을 유효하게 부르시며, 성령으로 거룩하게 하셨다. 그들은 결코 완전히 혹은 최종적으로 은혜의 상태에서 떨어져 나갈 수 없으며, 그 안에서 마지막까지 확실히 견디고, 영원히 구원받는다(빌 1:6; 벧후 1:10; 요 10:28-29; 요일 3:9; 벧전 1:5, 9).

• 해설 •

1. 성령의 유효한 부르심과 성도의 견인의 관계

성령의 효과적인 부르심과 성도의 견인은 밀접하게 연결되어 있습니다. 성령의 효과적인 부르심은 성도의 견인의 기초이며, 하나님이 구원으로 부르시는 사람들이 믿음 안에 머물고 궁극적으로 영광을 받게 합니다. 성령의 효과적인 부르심은 하나님이 택하신 자들을 그리스도께로 인도하시는 성령의 저항할 수 없는 주권적인 역사입니다(롬 8:30). 이 부르심은 깨질 수 없습니다. 효과적으로 부르심을 받은 자들은 의롭다 함을 받고 궁극적으로 영광을 받게 될 것이기 때문입니다. 더욱이 성령의 유효한 역사로 믿음이 발생되어 그리스도를 믿을 때, 그리스도에게 연합되고, 신자는 그리스도 안에서 구원의 은혜 가운데 하나인 견인의 은혜를 얻게 되기 때문입니다. 효과적인 부르심은 하나님의 '선한 일'의 시작이며, 성도의 견인은 신자의 구원의 완성을 위한 하나님의 일 가운데 있는 것입니다(빌 1:6).

성령의 유효한 부르심에서 성령은 참된 믿음을 얻게 하며, 믿는 사람들을 계속 지탱하여 그들이 최종적인 구원을 얻을 때까지 믿음 안에서 견인할 수 있게 하십니다(살후 2:13-14). 성령이 부르심으로 역사하심으로 참으로 부르심을 받은 사람은 아무도 잃어버리지 않는데(요 6:37, 39), 성도의 견인은 인간의 노력에 근거하지 않고 하나님의 영이 지탱하시는 능력에 근거합니다. 따라서 성도의 견인은 성령의 효과적인 부르심의 증거가 됩니다. 그러므로 성도의 견인의 증거가 아니라 타락하여 영원히 떨어져 나가는 자들은 결코 참으로 성령의 효과적인 부르심을 받지 못한 자들입니다. 참된 신자들은 성령이 그들을 보존하시기 때문에 견인하게 되어 있습니다.

예수님은 "끝까지 견디는 자는 구원을 얻으리라"라고 말씀하셨는데(마 24:13), 성령은 그들을 견디게 하십니다. 성령은 신자들이 넘어지지 않도록 적극적으로 지켜 주십니다(유 1:24). 성령은 믿는 자의 영원한 안전을 보장하는 '인장'과 "보증"이십니다(고후 1:21-22). 효과적으로 부르심을 받은 자들은 성령에 의해 끝까지 보존되기 때문에, 성령의 유효한 부르심과 성도의 견인은 분리될 수 없습니다.

2. 은혜의 상태에서 떨어져 나가는 타락

성도의 견인 교리는 진정으로 구원받은 사람들, 즉 성령에 의해 효과적으로 부르심을 받고, 의롭다 함을 받고, 거듭난 사람들은 결코 은혜의 상태에서 완전히 그리고 최종적으로 떨어져 나갈 수 없다고 가르칩니다(요 10:28-29). 그러나 성경은 또한 믿음을 공언하는 어떤 사람들은 떨어져 나갈 수 있다고 가르치고 있습니다. 이것은 서로 충돌되는 교리처럼 보입니다. 그러면 신앙고백을 하고, 은혜의 수단과 교회에서 신앙생활을 했음에도 불구하고 믿음에서 떨어져 나가는 사람은 누구를 가리키는 것입니까? 신앙을 공언했던 교인들 가운데 믿음에서 떨어져 나가는 사람들이 있습니다. 그런데 그들은 처음부터 진정으로 구원받은 자들이 아닙니다. 즉, 성령의 효과적인 부르심이 그들에게 없었습니다. 그들은 외적으로 은혜가 있어 보입니다. 하나님의 말씀을 듣고 기뻐했으며, 영적 체험도 있었습니다. 그러나 그러한 체험들은 피상적이었으며, 때로는 흥분적이며 환상적인 것들이었습니다(마 13:20-21).

물론 그들 가운데 어떤 이들은 심지어 성령의 은사를 가지고 있었으며, 은사의 체험도 있었습니다(히 6:4-5). 그래서 그들은 그리스도의 이름으로 예언도 하며, 하나님의 말씀을 가르치고, 귀신도 쫓으며, 권능을 행했습니다(마 7:21-23). 구약에서는 사울왕이 대표적인 인물이며, 신약에서는 가룟 유다와 데마를 들 수 있습니다. 유다는 사도였지만 그리스도를 버렸고(마 26:48), 데마는 바울의 동료였지만 세상을 위해 믿음을 버렸습니다(딤후 4:10). 그들은 모두 하나님의 백성, 신자처럼 보였지만 결코 신자가 아니었습니다. 그리스도를 진정으로 알지 못한 자들입니다. 예수님이 그들을 향하여 "전혀 알지 못한다"고 말씀하셨기 때문입니다.

그들은 복음의 외적인 축복을 경험하지만 결코 진정으로 거듭나지 않은 자들입니다. 처음부터 그들에게는 구원의 은혜가 없었습니다. 그래서 그들은 교회에서 신앙생활이 아니라 종교생활을 하다가 은혜가 없기 때문에 어떤 시간에 이르면 종교생활에서 떠나는 것입니다. 그들은 그리스도를 믿는 것처럼 보이지만, 믿음의 깊은 뿌리가 없기 때문에, 어려움이 오면 그리스도를 버립니다. 믿음에서 떠나는 자들을 배교자와 타락한 자라고 부르는데(히 6:4), 그들에게는 처음부터 진정한 믿음이 없었습니다. 그들은 일시적인 믿음과 같은 거짓 믿음을 가지고 있다가 타락하는 것입니다.

따라서 성경에서 성도의 견인의 가르침과 배교자의 타락의 가르침은 충돌되는 것이 아닙니다. 성도의 견인의 교리는 성령의 유효한 부르심에 의한 진정한 신자에게 해당되는 것이며, 타락은 진정한 신자가 믿음에서 떨어져 나가는 것이 아니라 처음부터 믿음이 없었던 거짓 믿음을 가지고 있었던 자에게 해당되는 것입니다.

17.2 성도들의 이러한 견인은 자신들의 자유의지에 달린 것이 아니라, 아버지 하나님의 값없고 변치 않는 사랑으로부터 나오는 불변의 선택의 작정과(딤후 2:18-19; 렘 31:3) 예수 그리스도의 공로의 효력과 중보 사역과(히 10:10, 14, 13:20-21, 9:12-15; 롬 8:33-39; 요 17:11, 24; 눅 22:32; 히 7:25) 계속적인 성령의 임재와 그들 속에 있는 하나님의 씨의 거하심과(요 14:16-17; 요일 2:27, 3:9) 은혜 언약의 본질에 달려 있다(렘 32:40). 이것들은 그들의 견인의 분명함과 절대적 확실성의 근거들이다(요 10:28; 살후 3:3; 요일 2:19).

• 해 설 •

3. 성도의 견인의 근거

신자가 구원의 은혜를 입은 것은 성부의 선택에서부터입니다. 성부는 자신의 선택한 자를 위해 그리스도로 구속 사역을 이루게 하셨습니다. 그리고 성부는 그리스도의 구속을 유효하게 하기 위하여 성령의 유효한 부르심이 자신의 택한 자에게 있게 하셨습니다. 성령의 이러한 사역으로 성부가 택하신 자는 그리스도의 보혈의 은혜가 자신의 죄를 속하고, 하나님 앞에 서게 하는 은혜임을 깨달을 뿐만 아니라 심령으로 체험하게 되어, 그리스도를 믿게 됩니다(벧전 1:2). 성도의 견인 역시 성부, 성자, 성령의 사역에 근거하고 있습니다. 결코 인간의 자유의지와 능력에 달려 있지 않습니다.

1) 성부의 선택과 작정

신자들의 견인의 확실성은 하나님 아버지께 달려 있습니다. 성도의 견인에는 성부의 영원한 작정이 있기 때문입니다. 아버지의 영원한 작정에는 예정(선택)에서 영광으로 이르는 택함받은 자들의 완전한 구원이 포함됩니다(롬 8:29-30). 따라서 성도의 견인의 확실성은 하나님의 사랑과 하나님의 변함없는 목적에 뿌리를 두고 있습니다. 하나님의 선택은 주권적인 것으로서, 실패할 수 없습니다. 더욱이 아버지는 자신의 선택한 사람들을 그리스도에게 주셨으며, 그리스도는 그들 중 아무도 잃어버리지 않으시기 때문에, 아버지의 선택의 작정이 성도의 견인의 근거입니다.

2) 예수 그리스도의 공로와 중보 사역

성도의 견인, 즉 진정으로 거듭나고 의롭게 된 자들이 끝까지 믿음 안에서 계속할 것이라는 교리는 궁극적으로 예수 그리스도의 공로와 중보를 통해 보장됩니다. 그분의 완벽한 삶과 대제사장으로서의 그분의 지속적인 중보 사역은 모두 신자들로 믿음 안에서 견인하게 합니다. 예수 그리스도의 공로는 하나님의 율법에 대한 그분의 완전한 순종과 그분의 백성의 죄를 위한 그분의 희생적 속죄를 말합니다. 이 공로는 그리스도의 의가 신자에게 귀속되어 신자들로 하나님 앞에 계속 나아가게 하며, 그리스도의 속죄가 죄의 죄책감을 제거하므로, 믿는 이들이 평생 죄와 씨름하더라도 그리스도의 공로로 계속해서 죄의 용서를 받고 지속적으로 회복되도록 보장합니다.

예수님은 십자가에서의 자신의 사역을 통해 구원을 보장하실 뿐만 아니라, 대제사장으로서의 지속적인 중보를 통해 구원의 사역을 계속하십니다. 아버지 앞에서 그리스도의 중보는 그분이 성도들을 견인하시는 것의 핵심 수단입니다. 현재 대제사장이신 주 예수께서는 끊임없이 하나님의 백성을 위해 중보하십니다. 그리스도의 중보는 하나님 아버지가 성도들을 보존하여 그들이 끝까지 충실하게 지낼 수 있도록 돕는 수단입니다. 하나님 아버지도 그리스도를 위해서 성도들을 지키시는 것입니다(유 1:1).

그리스도는 믿는 자들의 인내를 위해 기도하시며 아무도 잃어버리지 않도록 하늘 보좌 우편에서 일하고 계십니다. 그리스도의 중보는 정죄를 막습니다. 믿는 자들이 죄에 빠졌을 때에도 아버지 앞에서의 그리스도의 중보는 그들이 정죄받지 않을 것을 보장합니다(롬 8:34). 그분의 지속적인 중재는 하나님 앞에서 성도들의 지위를 유지하게 합니다. 그리스도의 중보는 믿는 이들이 서 있는 근거이며, 이 중보를 통해 그들은 견인하게 됩니다. 그리스도의 중보는 그분을 통해 하나님께 나아가는 모든 사람이 끝까지 보존되도록 보장합니다(히 7:25). 그리스도는 끊임없이 하나님의 백성을 대신하여 아버지 앞에서 간청하십니다. 그리스도는 그들을 보호하시고, 그분의 중보는 그들의 믿음을 위협할 수 있는 시련, 유혹, 투쟁을 극복하도록 도와줍니다.

3) 성령의 임재

성령은 성도의 견인에서 결정적이고 적극적인 역할을 하십니다. 즉, 참된 신자는 믿음 안에서 계속 살아가고 궁극적으로 구원받을 것이라는 말인데, 이를 위하여 성령은 신자를 보존하시는데, 내적인 일과 외적인 일을 모두 하시며, 그들이 끝까지 믿음 안에서 확고하게 서도록 하십니다. 성령은 신자들의 견인의 인장과 보증이십니다(엡 1:13-14). 성령은 신자의 삶에 인장을 찍어 그들을 하나님의 소유로 표시하시고, 신자의 유업(영생)을 보증하여 그들이 구원의 충만함에 이를 수 있도록 하십니다.

성령의 내주하시는 임재는 믿는 자에게 하나님이 약속하신 미래의 성취에 대한 선불금 또는 약속입니다. 성령은 믿는 자의 믿음을 강화하여 견인하게 하십니다. 예수를 죽은 자 가운데서 살리신 성령이 믿는 자의 영적 삶에 생명을 주어 믿음 안에서 계속 살 수 있게 하십니다(롬 8:11). 성령의 생명을 주시는 능력은 어려운 시기에도 믿는 자의 인내심을 강화합니다. 성령은 믿는 이들의 내면을 강화하여 그리스도를 계속 따르도록 힘을 실어 주십니다. 성령의 사역은 믿는 이의 그리스도에 대한 믿음과 사랑을 유지하고 깊게 하는 데 필수적입니다(엡 3:16-17).

성령은 신자들이 의심하는 시기에 책망하고 위로하십니다. 성령은 보혜사로서 신자들이 영적으로 메마르고 유혹을 받거나 의심이 들 때 죄를 책망하시고, 하나님의 약속을 상기시키시며, 하나님의 사랑과 구원에 대한 확신으로 그들을 위로하십니다. 성령은 신자의 삶에서 성령의 열매가 존재하고 증가하고 있는 것을 증거해서 성도들이 믿음 안에서 인내하게 하십니다(갈 5:22-23). 성령은 그리스도와 마찬가지로 신자들을 위해 중보하십니다(롬 8:26-27). 믿는 이들이 약하거나 기도할 수 없다고 느낄 때 성령이 그들을 대신하여 중보하시며, 그들의 기도를 하나님의 뜻에 맞추도록 도와주십니다. 이로써 신자들이 의심과 시련을 견딜 수 있도록 도우십니다.

성령은 믿는 이의 마음에 그들이 실제로 하나님의 자녀인 증거를 보이며 구원의 확신을 제공하십니다(롬 8:16). 이 확신은 견인을 위해 필수적입니다. 왜냐하면 그것은 신자가 하나님의 약속을 더욱 신뢰하고 어려움을 견디게 하기 때문입니다.

17.3 그럼에도 불구하고 그들은 사탄과 세상의 유혹들과 그들 속에 남아 있는 부패성의 우세함과 그들을 보존하는 수단들을 무시함으로 무거운 죄에 빠지며(마 26:70, 72, 74), 한동안 그 가운데 있다(시 51:14). 이렇게 함으로써 그들은 하나님을 불쾌하시게 하고(사 64:5, 7, 9; 삼하 11:27), 그분의 성령을 근심시키고(엡 4:30) 어느 정도의 하나님의 은혜들과 위로들을 빼앗기고(시 51:8, 10, 12; 계 2:4; 아 5:2, 4, 6), 굳어진 마음을 가지게 되며(사 63:17; 막 6:52, 16:14), 그들의 양심들은 부상 입으며(시 32:3-4, 51:8) 상처당하고, 다른 사람들에게 해를 입히고(삼하 12:14) 그들 자신에게 일시적인 심판을 가져온다(시 89:31-32; 고전 11:32).

• 해설 •

4. 신자가 일시적으로 은혜에서 떨어져 나감

진실한 그리스도인은 여러 요인으로 인해 일시적으로 은혜의 상태에서 떨어질 수 있지만, 이것이 그들이 구원을 영구히 잃는다는 것을 의미하지는 않습니다. 진정한 신자라도 죄로 인하여 일시적으로 영적인 건조함의 기간을 가질 수 있습니다. 마치 사망의 음침한 골짜기에 갇혀서, 하나님의 사랑에 대한 의심과 때로는 절망과 한숨 속에서 탄식할 수 있습니다. 이때 신자는 하나님과 거리를 느끼거나 믿음에서 어려움을 겪을 수 있습니다. 그러나 하나님의 은혜는 참된 신자가 궁극적으로 그분께 돌아가 회복될 수 있도록 보장합니다. 진실한 그리스도인이 일시적으로 은혜의 상태에서 떨어질 수 있는 몇 가지 주요 이유는 다음과 같습니다.

우선 그들에게 남아 있는 죄로 인한 것입니다. 회심 후에도 그리스도인은 여전히 삶 속의 죄의 잔재와 씨름합니다. 종종 '육체'라고 불리는 죄의 본성은 신자가 일시적으로 유혹, 불순종 또는 영적 게으름에 빠지게 할 수 있습니다. 신실한 그리스도인조차도 육신의 약함으로 인해 넘어질 수 있습니다. 신자는 때때로 세상에 너무 가까이 가서 세상 쾌락의 유혹과 죄의 유혹을 받아서 하나님과 함께 걷는 길에서 일시적으로 벗어납니다. 이것은 옛 습관으로의 퇴보나 하나님의 일에 대한 집중력 부족으로 나타날 수 있습니다. 세상적인 것에 대한 욕망은 그리스도인을 첫사랑에서 멀어지게 합니다.

사탄은 신자들의 믿음을 없애기 위해 유혹, 비난 또는 거짓말을 통해 공격합니다. 이러한 영적 공격으로 신자들은 일시적으로 영적 방향을 잃어버리기도 하며, 사탄의 공격에 저항하지 못하고 극복하지 못해서 죄에 빠지게 됩니다. 더욱이 사탄이 세상의 화려함과 편안함을 가지고 신자의 남아 있는 부패성에 공격을 가합니다. 이 유혹은 신자가 보다 쉽게 무서운 죄에 빠지게 합니다.

때때로 신자들은 기도, 성경 읽기, 교제와 같은 영적 훈련을 소홀히 할 때 영적 쇠퇴를 경험할 수 있습니다. 이러한 은혜의 수단을 소홀히 하거나 무시하게 되면 그들의 영적 삶은 약해져 죄와 의심에 빠질 수 있습니다(벧전 5:8). 신자들은 고난과 시련 속에서 일시적으로 믿음이 흔들리고 약해져서 죄에 빠지기도 합니다. 이러한 상태에서 신자는 하나님이 자신을 버리신 것과 같은 경험을 합니다. 그래서 때때로 그리스도인은 하나님과 단절되어 있다고 느끼고, 신앙에 대한 의심으로 어려움을 겪는 영적인 건조함을 경험할 수 있습니다. 이는 종종 일시적인 기간이지만, 영적으로 멀어지거나 심지어 떨어져 나간 것처럼 느낄 수 있습니다.

5. 영적 회복을 위한 하나님의 징계

신자가 영적으로 쇠퇴하고 있을 때, 성령은 그들의 죄를 책망하십니다.

그럼에도 불구하고 신자는 영적 퇴보 가운데 계속 있음으로써 성령을 근심하시게 만듭니다(엡 4:30). 하나님은 신자의 이러한 영적 퇴보를 매우 불쾌하게 보십니다. 따라서 하나님은 영적 퇴보 가운데 있는 신자들을 일시적으로 심판하십니다. 이러한 심판은 징계의 부분입니다. 그래서 하나님은 신자들에게 주셨던 은혜를 일시적으로 거두어 가십니다. 성령은 신자에게 보혜사로서 책망하고 위로하시는 분인데, 신자들이 성령을 근심하시게 하기에, 하나님은 성령의 위로를 신자에게서 거두어 가십니다. 때로는 신자들의 굳어진 마음을 회복시키지 않으시고, 그대로 두십니다. 양심은 죄를 억제하는 기능이 있는데, 이것마저 무디게 만드십니다. 이러한 신자들을 영적 비참함 속에서 일정 기간 가두어 두십니다.

하나님이 이렇게 하시는 것은 징계의 방법으로서, 하나님이 은혜를 거두어 가셨을 때의 영적 비참함을 알게 하셔서, 두 번 다시 같은 죄를 짓지 않게 하시기 위한 방법입니다. 이러한 영적 비참함 속에 가두셨다가, 그 고통으로 신자의 심령을 낮추시고, 그리고 하나님이 다시 성령의 은혜를 주심으로 회개하게 하시고, 그 이후로 신자로 더욱 죄에 대해 경계하게 하시고, 영적 주의력을 증가시켜서 신자로 견인의 길 가운데 있게 하십니다.

34주 | 구원의 확신

18.1 비록 위선자들과 다른 거듭나지 못한 자들이, 자신들이 하나님의 은혜와 구원의 상태에 있다는 거짓 소망과 육신적 추정으로 자신들을 헛되이 속일지라도(욥 8:13-14; 미 3:11; 신 29:19; 요 8:41), 이 소망은 소멸될 것이다(마 7:22-23). 그럼에도 불구하고 주 예수를 진실히 믿으며, 신실히 그분을 사랑하고, 주 앞에서 모든 선한 양심 가운데 살아가기를 힘쓰는 자들은 이 세상에서 그들이 은혜의 상태에 있다는 것을 분명히 확신할 수 있으며(요일 2:3, 3:14, 18-19, 21, 24, 5:13), 하나님의 영광의 소망 가운데 기뻐할 수 있는데, 그 소망은 결코 그들을 부끄럽게 만들지 않을 것이다(롬 5:2, 5).

• 해설 •

1. 거짓 구원의 확신

위선자와 거듭나지 않은 사람들이 가질 수 있는 구원에 대한 확신은 참된 구원의 믿음에서 나오지 않는 거짓된 확신입니다. 겉으로는 종교적으로 보이거나 믿음을 고백할 수 있지만, 그들의 확신은 잘못된 곳에 있으며 궁극적으로는 기만적입니다. 성경은 많은 사람이 구원받지 못한 상태에서 구원받았다고 스스로 속인다고 경고합니다. 위선자와 거듭나지 않은 사람들이 가질 수 있는 다양한 종류의 거짓된 확신은 다음과 같습니다.

첫째로, 위선자와 거듭나지 않은 자들은 자신들의 종교적 활동에 근거해서 확신합니다. 그들은 단순히 교회에 다니거나, 종교 의식(예: 세례나 성찬식)에 참여하거나, 외적인 헌신의 행위에 참여하기 때문에 구원받았다고 믿습니다. 그들의 외적인 종교적 행위는 구원을 보장하지 않습니다. 사람은 거듭나지 않은 상태에서도 교회에서 신자의 모습을 가지고 교회의 행사와 봉사에 적극적으로 참여할 수 있습니다. 그들 가운데 어떤 이들은 교회에서 직분을 가지고 있으며, 오랫동안 교회에서 봉사했기 때문에, 마땅히 자신들이 구원받을 것이라고 확신합니다.

둘째로, 위선자와 거듭나지 않은 사람들이 가지는 거짓 구원의 확신은 자신들의 도덕적 행동에 근거를 둡니다. 그들은 자신들이 중대한 죄를 짓지 않았으며, 선하고 도덕적인 사람이기 때문에 구원받았다고 생각합니다. 그들은 선행이 자신을 하나님께 받아들여지게 할 것이라고 생각합니다. 그들은 하나님의 말씀에 비추어 자신들의 부족한 행위를 보지 못하고, 자신들의 행위를 매우 크게 생각하고 그것으로 자신이 구원받았다고 생각합니다(눅 18:11).

셋째로, 위선자와 거듭나지 않은 사람들은 자신들의 강한 감정을 진정한 회심으로 오해합니다(마 13:20-21). 위선자와 거듭나지 않은 사람들은 자신들의 감정을 가지고 환상적 체험을 만들어 내기도 합니다. 그들은 설교에 감정적으로 반응했거나 죄인의 기도를 드렸거나 극적인 삶의 경험을 했지만, 그들에게는 진정한 회개와 믿음이 없습니다. 구원은 감정이 아니라 성령의 진정한 변화에 관한 것입니다.

넷째로, 위선자와 거듭나지 않은 사람들은 하나님의 은혜에 대한 잘못된 관점에서 거짓된 확신을 합니다. 그들은 하나님이 사랑과 자비하심으로 자신들의 죄를 심판하지 않으실 것이라고 믿습니다. 그들은 진정한 회개 없이 하나님의 은혜를 당연하게 여깁니다.

다섯째로, 위선자와 거듭나지 않은 사람들은 자신을 교회 속에서 다른 사람들과 비교하여, 자신들이 더 나은 사람들이라고 생각하고, 그것으로 자신들은 구원받았다고 생각하고 믿고 있습니다. 그들은 더 나아가서 자신들이 더 나은 존재라고 생각하고 스스로 의로워지기도 합니다. 예수님 당시에 바리새인들이 자신들을 스스로 의롭다고 여겼던 방식입니다(눅 18:11).

여섯째로, 위선자들과 거듭나지 않은 사람들도 신학적, 교리적 지식을 많이 가지고 있습니다. 그들은 신학 지식이 뛰어나고, 기독교 교리를 설명할 수 있으며, 다른 사람들을 가르치고 있기 때문에, 자신들이 당연히 구원받았다고 생각합니다. 그러나 참된 믿음 없이, 직업적으로 그렇게 하며, 본성상 배우는 것과 가르치는 것을 좋아해서 그렇게 하는 경우가 많습니다. 마음의 변화가 없는 머리 지식은 구원하지 못합니다.

일곱째로, 위선자와 거듭나지 않은 자들 가운데 한 번 신앙을 고백한 것을 자신의 구원 근거로 확신하는 사람들이 있습니다. 그들 가운데, 전도 집회에서 제단 앞으로 나아가 신앙고백을 하고, 그 집회에서 전도자가 "당신은 구원받았다"고 선언한 것을 자신의 구원 근거로 삼고 확신을 합니다. 잘못된 구원 교리를 자신들의 구원의 근거로 생각하고 있는데, 그들에게는 구원이 없습니다. 왜냐하면 그들에게는 성령의 유효한 부르심이 없으며, 이로 인한 진정한 회개와 믿음도 없고, 성화가 없기 때문입니다.

위선자들과 거듭나지 않은 자들은 구원에 대해 거짓된 확신을 하고 있습니다. 그들은 자신들에게 구원의 효과적인 역사가 있는가를 살피지 않고, 외적 요인에 자신의 구원의 근거를 두고 있습니다. 그래서 그들은 자신을 스스로 속이고 있으며, 주위에 있는 사람들도 속이고, 더 나아가서는 하나님도 속이고 있습니다. 사도 바울은 이러한 자들에게 경고합니다. 그리고 그들에게 스스로 점검하라고 명령합니다. 이 명령이 있음에도 불구하고, 자기 자신을 하나님의 말씀으로 점검하지 않고, 거짓된 확신으로 일관한다면, 그 사람은 자기 스스로 버림받은 자라는 것을 증명합니다(고후 13:5).

2. 참된 구원의 확신

구원의 확신은 우선 진정한 회심을 한 사람들이 얻을 수 있는 것입니다. 그들은 진정한 회심을 체험한 자들로서, 그리스도를 신실히 의지하고 믿고 있으며, 주님을 신실히 사랑하는 자들입니다(요일 5:1). 그리고 구원의 확신을 얻을 수 있는 사람은 주 앞에서 모든 선한 양심 가운데 살아가기를 힘쓰는 자들입니다. 신자가 하나님 앞에서 모든 선한 양심으로 행하려고 노력한다는 것은 모든 일에 하나님께 책임을 져야 한다는 것을 알면서, 깨끗하고 순수한 양심의 인도를 받아 하나님의 뜻에 순종하며 살기 위해 노력한다는 것을 의미합니다. 선한 양심은 순수한 마음, 진실한 믿음, 사랑과 정직한 삶과 관련이 있습니다. 이것은 생각과 행동 모두에서 거룩함, 성실함, 도덕적 정직함, 진지한 헌신을 포함합니다. 바울은 하나님과 사람 앞에서 양심이 깨끗한 방식으로 살려고 노력했습니다(행 24:16).

신자는 회개하지 않은 죄나 위선에 짓눌리지 않은 양심을 유지하기 위해 부지런히 노력합니다. 이것은 하나님의 말씀에 비추어 자신의 행동, 생각, 동기를 정기적으로 검토하는 것을 의미합니다. 하나님 앞에서 선한 양심으로 걷기 위해서 신자들은 하나님의 말씀에 비추어 자신의 생각, 말, 행동을 정기적으로 성찰합니다. 그리고 신자는 매일 회개하고 하나님의 용서를 구함으로써 선한 양심을 유지합니다(요일 1:9). 그리고 하나님의 말씀을 일상생활에 적용합니다(약 1:22).

그리스도인들이 이와 같은 삶을 살 때, 이생에서 구원에 대한 완전한 확신을 얻을 수 있습니다. 이 확신은 모든 그리스도인에게 자동으로 생기는 것은 아닙니다. 주님을 의지하는 믿음, 주님에 대한 사랑, 주님 앞에 깨끗한 양심으로 살아가는 노력, 그것으로부터 나오는 순종, 그리고 성령의 역사를 통해 구원의 확신이 얻어지는 것입니다. 그들은 매일 그리스도를 신뢰하는 것으로부터 확신을 얻게 되며, 매일 읽는 하나님의 말씀에서 영생을 소유하고 있음을 확신하게 됩니다(요일 5:13).

신자의 구원의 확신은 하나님의 명령에 순종하며 살면서 커집니다(벧후 1:10). 순종은 진정한 믿음을 반영하기 때문에 확신을 강화해 줍니다(요일 2:3). 신자들이 믿음 안에서 인내할 때 확신은 강화됩니다(히 6:11-12). 성령이 이같이 경건에 힘쓰는 신자들의 마음에 확신을 주십니다(롬 8:16).

18.2 이 확실성은 단지 추정적이며, 잘못된 소망에 근거한 그럴듯한 신념이 아니라(히 6:11, 19), 확실한 믿음의 확신인데, 구원의 약속들의 신적 진리와(히 6:17-18), 약속된 것에 대한 은혜의 내적 증거들(벧후 1:4-5, 10-11; 요일 2:3, 3:14; 고후 1:12), 우리의 영들과 함께 우리가 하나님의 자녀라는 것에 대한 양자의 영의 증거(롬 8:15-16)에 기초한다. 성령은 우리 유업의 보증이신데, 우리는 구속의 날을 위하여 성령에 의해 인치심을 받았다(엡 1:13-14, 4:30; 고후 1:21-22).

• 해설 •

3. 구원의 확신을 얻는 방법
1) 구원의 약속들의 신적 진리
성경에 나오는 구원의 약속은 하나님의 변함없는 성품, 신실함, 주권적인 은혜에 근거하기 때문에 구원의 확신의 기초가 됩니다. 구원에 대한 신자의 확신은 감정, 행위 또는 개인적 공로에 근거하지 않고 하나님이 그분의 말씀에서 선언하신 거룩한 진리에 근거합니다. 하나님의 구원에 대한 약속은 하나님의 성품에 근거합니다. 하나님은 거짓말을 하실 수 없기 때문에 그분의 약속은 전적으로 신뢰할 수 있습니다(민 23:19). 신자의 구원의 확신은 하나님의 신실함에 근거하며, 개인적 합당성에 근거하지 않습니다. 하나님의 구원에 대한 약속은 그리스도 안에서 보장됩니다. 그리스도의 사역은 하나님의 약속이 성취되었음을 보장합니다(고후 1:20). 하나님의 구원에 대한 약속은 성령으로 인봉되었습니다. 성령은 믿는 이들에게 봉인하여 그들의 구원을 보장하시고 하나님 약속의 진실성을 확증하십니다(엡 1:13-14). 이로써 하나님의 구원 약속을 붙잡고 있는 자들은 확신이 커집니다.

2) 은혜의 내적 증거들

구원의 확신은 하나님의 객관적인 약속에 근거할 뿐만 아니라 믿는 이의 삶 속에 있는 은혜의 내적 증거에도 근거합니다. 이 내적 증거는 성령의 거룩하게 하시는 역사로 구성되어 있으며, 이는 믿는 이에게 그들이 참으로 그리스도 안에 있다는 것을 확증해 주는 의와 거룩함의 열매를 맺게 합니다. 은혜의 내적 증거는 그리스도와의 연합과 관련이 있습니다. 그리스도 안에 마련된 구원의 은혜들은 신자들을 순종하게 하고, 하나님을 사랑하며 거룩함을 추구하게 합니다. 이러한 변화된 삶은 사람이 참으로 구원받았다는 증거인데, 신자 스스로가 맺을 수 없는 것입니다. 성령이 그들의 영혼 위에 일하셔서 맺힌 열매입니다. 따라서 이러한 열매를 보면서, 자신에게 성령의 은혜로운 사역이 있었다는 것을 내적으로 확신하는데, 이것은 구원의 확신을 일으켜 줍니다.

그리스도를 위해 살고자 하는 갈망은 구원의 은혜의 표시입니다. 그런데 성령이 신자의 내면에 역사하시어서, 그리스도를 위해 살려는 갈망이 더욱 커집니다(빌 3:12). 이로써 신자는 구원의 확신을 얻게 됩니다. 그리스도에 대한 영적 지식이 깊이가 깊어지고, 그로 인하여 그리스도를 통한 하나님의 사랑이 큰 것을 신자의 내면에 깨닫고, 그로써 하나님께 찬양합니다(엡 3:18-19). 신자는 자신의 내면에 이러한 은혜의 증가가 있었다는 것을 깨달을 때, 구원의 확신이 강화됩니다.

4. 성령과 구원의 확신

1) 양자의 영과 구원의 확신

양자의 영과 구원의 확신은 신자의 삶에서 깊이 연결되어 있습니다. 양자의 영이신 성령은 그리스도 안에서 신자가 하나님의 아들 됨을 확증하시고 신자가 참으로 하나님의 자녀임을 증명하십니다. 이 증거는 구원의 확신을 낳고, 신자들에게 하나님과의 영원한 안전과 관계에 대한 확신을 줍니다. 양자의 영은 두려움을 제거하시고 신자가 하나님께 속해 있다는 것을 확증하십니다(갈 4:6). 따라서 양자의 영은 신자의 구원을 확신케 하는 일을 하십니다. 양자의 영이신 성령은 믿는 자의 삶을 변화시켜 거룩함, 순종, 사랑을 낳게 하십니다. 이 열매의 존재는 믿는 자에게 그들이 참으로 하나님에게서 태어났음을 확증하여, 신자로 구원의 확신을 얻게 합니다.

양자의 영이신 성령은 신자에게 있는 두려움과 의심을 제거하여, 하나님의 사랑과 구원에 대한 확신을 심어 주십니다. 양자의 영이신 성령은 신자들의 마음에 그들이 참으로 그리스도 안에 있음을 적극적으로 증거하시기 때문에(요일 3:24), 신자들이 구원의 확신을 얻습니다.

2) 유업의 보증이신 성령과 구원의 확신

성령은 신자들의 상속의 '담보'(보증)라고 불리며, 하나님이 구원과 영생에 대한 약속을 이루실 것이라는 보증으로 성령을 주셨다는 것입니다. 따라서 성령의 이 사역은 신자의 구원에 대한 확신과 깊이 연결되어 있습니다. 성령은 신자의 구원에 대한 보증이요, 담보이십니다(엡 1:13-14). 담보증서(ἀρραβών, 아라본)는 고대의 법률 및 금융 용어로서 증서는 미래에 전액 지불을 보장하는 담보 또는 예치금이었습니다. 성령은 신자들에게 그들의 최종 구원과 상속이 확실하다는 하나님의 증서로 주어졌습니다. 신자 안에 거하시는 성령은 영광 안에서의 완전한 상속을 미리 맛보는 것입니다. 선불금이 구매 완료를 보장하는 것처럼, 성령은 신자의 최종 구속과 영광을 보장하십니다. 성령의 보증이 구원의 확신을 제공하는 방식은 양자 됨을 확증하여, 신자가 하나님께 속해 있음을 확신시켜 줍니다.

이 증거는 감정에 근거하지 않고 신자의 삶에서 성령이 행하시는 객관적인 역사에 근거합니다. 구원의 인장으로서의 성령이 신자의 내면에서 구속의 날까지 역사하십니다. 성령이 최종적인 구원을 보장하시기 때문에 신자는 하나님이 자신을 붙들어 주실 것이라는 확신을 가질 수 있습니다.

35주 | 구원의 확신을 얻는 수단

18.3 이 확실한 확신은 믿음의 본질에 속한 것이 아니며, 참된 신자라도 확신에 이르기까지 오래 기다리며, 많은 어려움과 싸울 수 있다(요일 5:13; 사 50:10; 막 9:24; 시 88편; 시 77:1-12). 그러나 성령으로 하나님이 거저 주신 것들을 알게 하심으로 특별한 계시 없이 일반적 수단의 바른 사용으로 이 확신을 얻을 수 있다(고전 2:12; 요일 4:13; 히 6:11-12; 엡 3:17-19). 따라서 부지런하여 자신의 부르심과 선택을 확실히 하는 것은(벧후 1:10) 모든 자의 의무다. 이 같은 부지런함으로 그의 마음은 성령 안에서 평화와 기쁨 가운데, 하나님에 대한 사랑과 감사 가운데, 순종의 의무 가운데 힘과 즐거움으로 넓어진다(롬 5:1-2, 5, 14:17, 15:13; 엡 1:3-4; 시 4:6-7, 119:32). 이것은 확신의 열매들이다. 따라서 이것은 영적 부주의로 기울어지는 것으로부터 먼 것이다(요일 2:1-2; 롬 6:1-2; 딛 2:11-12, 14; 고후 7:1; 롬 8:1, 12; 요일 3:2-3; 시 130:4; 요일 1:6-7).

• 해설 •

1. 믿음의 본질에 속하지 않은 구원의 확신

구원의 확신은 본질적으로 구원하는 믿음의 본질에 속하지 않습니다.

신자는 완전한 확신 없이도 참된 구원하는 믿음을 가질 수 있지만, 확신은 믿음에서 흘러나와 믿음이 성장함에 따라 믿음을 강화합니다. 따라서 구원의 믿음과 구원의 확신은 구별됩니다. 믿음은 뿌리이고, 확신은 열매입니다. 믿음은 구원을 위해 그리스도만을 신뢰하는 행위이지만, 구원의 확신은 신자가 구원받았고 인내할 것이라는 주관적인 확신입니다. 신자는 그리스도인의 생활을 시작할 때 완전한 확신 없이도 참된 믿음을 가질 수 있습니다. 신자는 확신과 씨름하면서도 참된 믿음을 가질 수 있습니다.

구원의 확신은 구원의 믿음의 본질에 속한 것이 아닙니다. 많은 참된 신자들이 의심과 씨름합니다. 다윗은 고난의 시기에 의심했으며, 세례 요한도 그리스도에 대해 의심했습니다(마 11:3). 도마는 그리스도의 부활을 의심했습니다(요 20:25). 믿음의 사람들이 의심했다고, 그들이 믿음이 없는 것은 아니며, 그 의심이 믿음을 무효로 만드는 것도 아닙니다. 어떤 그리스도인들은 진정으로 그리스도께 속해 있음에도 불구하고 상당 기간 의심, 두려움 또는 영적 약함과 씨름합니다. 욥은 상당한 기간 큰 고통을 겪었고 하나님께 버림받았다고 느꼈지만, 그의 믿음은 변함이 없었습니다(욥 23:8-10).

어떤 신자들은 깊은 이해나 영적 성장이 부족하여 믿음이 약할 때 구원의 확신이 없을 수 있습니다. 계속되는 죄, 실패 또는 과거의 죄책감은 구원의 확신을 흐리게 할 수 있습니다. 사탄이 신자들로 두려워하게 하고, 낙담시켜서, 구원에 대해 의심하게 만들 때 구원의 확신이 없어지기도 합니다. 그리스도인이 기도, 성경 공부, 교제를 소홀히 하면 구원의 확신이 약해질 수 있습니다. 신자가 영적 성장이 더디고 부족하면 구원의 확신을 얻기가 쉽지 않습니다. 그러나 믿음이 성숙해짐에 따라 그리고 신앙의 깊이가 깊어짐으로써 구원의 확신이 커집니다. 따라서 참된 신자라 할지라도 구원의 확신을 얻는 데에는 시간이 걸릴 수 있습니다.

구원의 확신 정도는 다양합니다. 신자에게 구원의 확신이 항상 즉각적으로 나타나지는 않지만 경험, 시련, 성령의 역사를 통해 자랄 수 있습니다. 어떤 신자들은 믿음이 약해서 씨름하는 반면, 다른 신자들은 시간이 지남에 따라 강한 확신을 하고 있습니다. 어떤 경건한 신자들은 구원받았지만, 평생 약한 확신으로 살 수도 있습니다.

2. 구원의 확신을 얻는 일반적 수단

신자들이 구원의 확신을 얻는 일반적인 수단은 하나님이 그들의 영적 성장과 인내를 위해 제공하신 것과 동일한 은혜의 수단입니다. 확신은 보통 특별한 계시나 갑작스러운 경험을 통해 주어지지 않고, 하나님이 정해 놓으신 일반적인 은혜의 수단을 충실히 사용함으로써 주어집니다.

구원의 확신은 하나님 말씀의 약속을 통해 얻을 수 있습니다(요일 5:13). 따라서 신자들은 구원의 확신을 위해서 규칙적인 성경 공부, 암기, 묵상을 해야 합니다. 신자는 성령이 내적으로 주시는 구원의 확신을 위해 자기 자신 안에 있는 성령으로 인한 열매를 살펴야 합니다. 신자들이 구원의 믿음에 대한 증거를 찾기 위해 자신의 삶을 살피면 성령이 은혜를 주신 것을 확인함으로써, 구원의 확신이 커집니다. 신자들이 기도로 하나님께 가까이 나아갈 때 확신은 커집니다(유 1:20). 주의 성찬은 믿음을 강화하는 수단이기 때문에 구원의 확신을 얻는 데 중요한 수단이 됩니다.

3. 부르심과 선택을 확실히 하는 것

신자가 자신의 부르심과 택하심을 확실히 하라는 것은 베드로후서 1장 10절에서 언급된 것입니다. 이 구절의 의미를 분명히 알기 위해서는 베드로후서 1장 4절부터 문맥을 통해 파악해야 합니다. 베드로후서 1장 4절은 성령의 유효한 부르심(벧전 1:2)에 의해서 신자가 하나님의 거룩한 성품에 참여하게 된다고 말합니다. 즉, 성령이 거룩한 성질을 신자의 심령에 심어 두셨습니다. 이렇게 신자에게 거룩한 성질이 심겼다면, 성령에 의해서 거룩한 것 혹은 경건에 힘쓰게 되어 있습니다. 그래서 베드로후서 1장 5-8절에서 여덟 가지 경건의 덕목이 나오게 되어 있습니다. 여덟 가지의 열매를 통해서 그가 그리스도인이라는 것이 확인됩니다.

그러나 이러한 경건이 없는 자들은 죄 용서의 은혜를 모르는 자들로서, 그들이 한때 회개한 것처럼 보였을지라도 회개한 자들이 아니며, 결국 그들은 과거의 죄로 돌아가는 자들입니다(벧후 2:20-22). 따라서 베드로 사도는 이렇게 일시적 믿음으로 있다가 죄로 돌아가는 일이 없도록 구원의 시발점을 확인해 보라는 것입니다. 그래서 자신에게 성령의 유효한 부르심이 있는지 확실히 하라고 말합니다. 자신에게서 회심한 증거들을 살피라는 것입니다. 그 증거들이 있다면, 그는 선택된 자라는 것입니다. 진정한 신자는 이렇게 자기 구원의 시발점을 확인합니다.

예수님의 열 처녀 비유에서 어리석은 다섯 처녀는 외형적으로 신랑을 맞이하는 데 문제가 없어 보입니다. 그러나 어리석은 다섯 처녀는 처음부터 은혜가 온전하지 않았습니다. 신랑을 맞이하려고 등을 준비했습니다. 등 안에 기름이 있었지만, 여분의 기름은 없었습니다. 그래서 신랑이 정작 왔을 때 기름이 떨어져서, 기름을 구하러 간 사이에 문은 닫히고, 혼인 잔치에 참석할 수 없었습니다(마 25:10). 어리석은 다섯 처녀는 교회에서 교인으로 있었지만, 구원받지 못한 자들을 나타냅니다. 그들은 자신들의 구원에 대해 기만적이었으며, 영적으로 부주의한 자들입니다.

따라서 베드로후서 1장 10절은 신자들이 자신의 구원을 확증하는 데 진지하고 의도적이어야 함을 가르칩니다. 그것은 우리의 노력이 우리의 택하심을 확실히 한다는 것을 의미하지 않습니다. 왜냐하면 구원은 전적으로 하나님의 은혜에 의한 것이기 때문입니다. 부르심을 굳게 한다는 것은 자신을 거룩하게 하신 성령을 따라 경건한 삶을 살면서 구원의 증거를 보여 주는 것을 의미합니다.

예수님이 열매로 그 신자를 알아본다고 하셨는데(마 12:33), 진정한 신자는 참된 믿음의 열매를 맺어 자신이 하나님으로부터 부르심을 받았다는 것을 증명합니다. 이것은 모든 신자의 의무입니다. 부지런히 이 일을 하는 것은 자기기만을 피하고, 자신의 믿음이 진짜이며 그저 헛된 고백이 아님을 나타내는 것입니다. 이렇게 경건에 힘쓸 때 약속이 있습니다. 베드로후서 1장 10절은 "언제든지 실족하지 아니하리라"라고 약속하며, 11절에는 "구주 예수 그리스도의 영원한 나라에 들어감을 넉넉히 너희에게 주시리라"라고 약속되어 있습니다. 약속이 이중적입니다. 즉, 신자가 구원의 증거들을 나타내기에 부지런히 수고하면, 배도에 빠지지 않을 것이며, 하나님과 그리스도의 견인의 은혜로 보전될 것입니다.

4. 영적 부지런함과 구원의 확신

"너희 부르심과 택하심을 굳게" 하려는 모든 노력이라는 구절(벧후 1:10)은 영적 성장과 순종을 적극적으로 추구하는 것을 강조하기 때문에, 이는 구원에 대한 더 큰 확신으로 이어집니다. 신자의 구원에 대한 확신은 순종 안에서 살고 참된 믿음의 열매를 맺을 때 커집니다. 거룩함에 대한 근면은 확신을 강화합니다. 신자가 경건함에서 성장하고자 적극적으로 노력하면 그의 믿음은 확증되고 강화됩니다. 반면에 영적인 게으름은 확신을 약화시킵니다. 신자가 영적 삶에 부주의하면 고백하지 않은 죄나 성장 부족으로 인해 의심이 생길 수 있습니다. 따라서 구원의 확신을 얻기 원한다면 반드시 영적으로 부지런해야 합니다(히 6:11-12). 그러면 열매를 맺을 것이며, 이는 구원의 확신으로 이어질 것입니다.

18.4 진정한 신자들도 구원의 확신이 여러 방식으로 흔들릴 수 있으며, 감소되며, 다양한 방식에서 일시적으로 잃어버릴 수 있는데, 확신을 유지하는 것을 무시하거나, 양심에 상처를 주고 성령을 근심시키는 어떤 특정한 죄에 빠지거나, 갑작스럽고 격렬한 유혹과 하나님이 자신의 얼굴빛을 거두신 것과 하나님을 경외했던 자로 빛이 없이(아 5:2-3, 6; 시 51:8, 12, 14; 엡 4:30-31; 시 77:1-10; 마 26:69-72; 시 31:22, 88편; 사 50:10) 어두움에 걸어가도록 허용하신 것에 의해서다. 그러나 진정한 신자들은 하나님의 씨와 믿음의 생명과 그리스도와 형제를 사랑하는 것과 신실한 마음과 의무에 관한 양심을 완전히 빼앗기지 않으며, 정한 때에 성령의 사역으로 이 확신은 다시 살아날 것이다(요일 3:9; 눅 22:32; 욥 13:15; 시 73:15, 51:8, 12; 사 50:10). 그리고 그렇게 되기까지 성령의 역사로 완전한 절망에 빠지지 않도록 지원받는다(미 7:7-9; 렘 32:40; 사 54:7-10; 시 22:1, 88편).

• 해설 •

5. 구원의 확신 약화와 일시적 상실

신자에게 있는 구원의 확신은 흔들리고, 약해지고, 중단되어, 일시적으로 상실될 수 있습니다. 신실한 신자조차도 때때로 의심과 두려움에 시달립니다(시 42:5). 신자가 영적 의무를 소홀히 하여, 기도하지 않고, 말씀을 읽지 않으면, 구원의 확신은 사라집니다. 신자가 죄와 불순종 가운데 있으며, 성령을 근심시킬 때, 하나님의 임재를 전혀 느끼지 못합니다. 신자가 사탄의 강력한 유혹에 빠져 경건의 의무에서 떠나고, 은혜의 수단에서 멀어짐으로써 구원의 확신은 일시적으로 상실되기도 합니다. 하나님은 영적으로 퇴보 가운데 있는 신자들에게서 은혜를 일시적으로 거두어 가심으로써, 그들로 영적 황폐함을 경험하게 하십니다. 하나님은 신자들로 영적 침체기 속에 가두어서 고통을 겪게 하십니다.

참된 신자들은 깊은 고통, 의심, 영적 어둠의 계절을 겪을 수 있지만, 완전한 절망의 상태에 이르지는 않습니다. 하나님은 자신의 백성을 붙드시고 절망에 완전히 압도당하는 것을 허락하지 않으십니다. 신자들이 자신들의 죄로 인하여 구원의 확신을 잃어버릴 수 있지만, 그것은 구원을 잃어버린 것은 아닙니다. 신자들의 심령에는 그들을 거듭나게 했던 생명의 말씀의 씨가 그대로 있으며(벧전 1:23), 거듭남으로 인하여 얻은 새 마음이 없어진 것이 아닙니다(겔 36:26). 따라서 이것을 통해 비록 신자들을 일시적으로 영적 감옥에 가두셨지만, 하나님이 정하신 때에 그들을 회복하실 것을 알 수 있습니다.

6. 구원의 확신의 회복

구원의 확신의 회복은 신자 스스로가 일어나서 회복될 수 있는 것이 아닙니다. 참된 신자의 구원에 대한 확신은 약해지거나 일시적으로 상실될 수 있지만, 하나님이 정하신 때와 수단을 통해 하나님의 은혜로 회복될 수 있습니다. 하나님이 신자로 구원의 확신을 회복하게 하시는 것에는 하나님이 정해 놓으신 때가 있습니다(미 7:9). 즉, 영적 어두움에 가두어 두신 하나님은 그들을 철저히 낮추시고, 하나님의 은혜가 없을 때의 비참함을 경험하게 하십니다. 이로 인하여 그들은 비로소 하나님께 나아가 죄를 고백하고, 용서를 구합니다. 신자들이 이렇게 죄를 고백하고, 용서를 구할 때, 하나님은 곧바로 용서하시기보다는 그들이 진정한 회개를 하는지 철저히 살피십니다(호 5:15).

이렇게 구원의 확신을 회복하실 때의 방법은 성령을 통해 하시는데, 이것은 성령이 죄인을 회심시키실 때와 동일한 방식으로 하십니다(시 130편). 성령이 죄를 책망하시고, 온전히 회개케 하십니다. 성령은 하나님의 약속에 대한 새로운 믿음을 일으키십니다. 그리고 신자로 은혜에 수단에 들어가게 하시고, 더욱 기도하게 하십니다. 성령은 이로써 다시 구원의 확신을 일으키려고 하십니다. 신자로 다시 구원의 기쁨 가운데 있게 하시기 위해서입니다.

36주 | 율법

19.1 하나님은 행위 언약의 형태로 아담에게 율법을 주시어 그것으로 아담과 그의 후손에게 개인적으로, 전적으로, 정확하게 영구적인 순종의 의무를 부과하셨다. 하나님은 아담이 율법을 지키면 생명을 주겠다고 약속하셨고, 율법을 어기면 죽게 될 것을 경고하셨다. 더욱이 하나님은 아담에게 율법을 지킬 수 있는 힘과 능력을 부여하셨다(창 1:26-27, 2:17; 롬 2:14-15, 10:5, 5:12, 19; 갈 3:10, 12; 전 7:29; 욥 28:28).

• 해설 •

1. 아담의 심령에 새겨진 율법

하나님은 아담에게 순종의 규칙으로 율법(도덕법)을 주셨습니다. 이 법은 창조 때 그의 마음에 기록되어, 그가 하나님의 의로운 요구 사항을 자연스럽게 알게 했습니다. 게다가 하나님은 그에게 구체적인 긍정적 명령을 주셨습니다. 선악을 알게 하는 나무의 열매를 먹지 말라는 명령은 아담이 심령에 새겨진 하나님의 율법을 잘 지키는지 확인하게 하는 것이었습니다. 아담의 마음에 하나님의 율법이 기록되었는데, 이는 하나님이 자신의 형상으로 만드실 때 하신 일입니다(창 1:26-27).

하나님은 아담에게 율법을 지킬 수 있는 능력도 함께 주셨습니다. 하나님은 아담과 그 후손에게 율법을 심령에 새겨 주셨는데, 이로써 하나님의 도덕법을 자연스럽게 이해할 수 있었으며, 능력도 함께 부여받았기 때문에, 율법을 지킴으로써 하나님을 완벽하게 사랑하고, 예배하며, 순종할 수 있었습니다. 더욱이 하나님은 아담과 행위 언약을 맺으셨는데(창 2:16-17), 이 언약에서 하나님은 명령하시고, 아담은 언약 백성으로 하나님의 권위를 신뢰하고 순종해야 했습니다. 이 언약은 하나님이 아담을 창조하시면서, 그의 심령에 새겨 두신 율법(도덕법)과 연결되어 있었습니다. 특별히 행위 언약은 아담이 하나님의 언약 백성으로 하나님의 도덕법과 명령 모두를 지켜야 하는 것을 더욱 상기시키면서, 순종을 독려했습니다.

하나님이 아담에게 율법을 주시되, 행위 언약과 함께 명령하신 것은 하나님의 언약 백성이 하나님의 주권적 은혜에 감사하고 순종하는 것이 의무인 것을 가르쳐 줍니다. 왜냐하면 아담이 선악을 알게 하는 나무의 열매를 먹었을 때, 그는 단순히 명령 하나를 어긴 것이 아니라, 하나님이 그의 심령에 새겨 두신 율법(도덕법)을 어긴 것이기 때문입니다. 하나님과 같이 되고자 하는 의도는 십계명의 제1계명을 어긴 것이며, 인류에게 죽음을 가져다주었기 때문에 제7명을 어겼으며, 하나님이 주신 복에 만족하지 않고 탐욕에 의한 죄를 지었기 때문에 제10계명을 어긴 것입니다. 하나님 백성의 본분에서 벗어나 창조주 하나님과 같이 되고자 하는 죄는 결코 작지 않은 죄였습니다. 따라서 하나님이 아담에게 주신 율법은 항상 언약 백성에게 행동의 원칙이며, 언약 백성은 언약의 주이신 하나님께 순종해야 하는 것을 가르쳐 줍니다.

2. 모든 사람에게 구속력이 있는 율법

아담에게 주어진 법은 아담에게만 구속력이 있는 것이 아니라 그의 모든 후손에게도 구속력이 있었습니다. 아담은 행위 언약에서 모든 인류의 연방적 수장(federal head)이자 대표로 행동했습니다. 즉, 그의 순종이나 불순종은 자신뿐만 아니라 그의 모든 후손에게도 영향을 미쳤습니다. 아담은 하나님의 도덕법과 선악을 알게 하는 나무의 열매에 대한 구체적인 명령에 순종해야 할 책임이 있었습니다. 아담은 최초의 인간으로서 하나님의 명령에 완벽하게 순종하여 살아야 했습니다. 아담은 단지 개인이 아니라 인류의 연방적 수장이었습니다. 아담이 율법을 어긴 것이 그의 모든 후손에게 죄와 사망을 초래했습니다(롬 5:12). 마찬가지로, 인류의 대표자로서 받은 그 율법은 모든 사람에게 구속력을 지닙니다.

바울은 이방인들이 기록된 율법을 가지고 있지 않지만, 그들의 마음에 기록되었다고 했습니다(롬 2:14-15). 따라서 인류의 모든 사람은 창조주 하나님이 주신 율법을 지켜야 할 의무가 있습니다. 더욱이 하나님은 율법의 제정자이실 뿐만 아니라, 그 율법을 가지고 모든 사람을 판단하시어 심판하시는 분이기 때문에(약 4:12), 율법을 지켜 행하지 않은 것에 대해 공의로운 심판을 하십니다.

19.2 이 법은 아담이 타락 후에도 계속해서 의의 완전한 규칙이었고, 이는 시내산에서 하나님에 의해 두 돌판에 새겨진 십계명으로 주어졌는데(약 1:25, 2:8, 10-12; 롬 13:8-9; 신 5:32, 10:4; 출 34:1) 처음 네 개의 계명은 하나님께 대한 우리의 의무를, 나머지 여섯 개의 계명은 사람에 대한 우리의 의무를 담고 있다(마 22:37-40).

• 해설 •

3. 아담의 타락 이후의 율법

타락 이후에도 율법은 의로움의 완벽한 규칙이었습니다. 왜냐하면 아담의 타락으로써 사람들의 마음에 새겨 두신 율법이 지워지거나 없어지지 않았기 때문이며, 아담에게 율법이 주어졌을 때부터, 율법은 모든 인류의 사람들을 구속하기 때문입니다. 비록 아담의 죄로 인해 사람이 율법을 완벽하게 지킬 수 있는 능력을 잃었지만, 율법 자체는 하나님의 거룩한 성품을 반영하는 의로움의 기준으로서 변함없이 유지되었습니다(롬 7:12). 더욱이 하나님의 도덕법은 하나님의 본성에 근거하고 있기 때문에 영원하고 변할 수 없습니다. 하나님의 의로움은 변하지 않으므로, 그분의 율법은 의로움의 완벽한 기준으로 남아 있습니다. 바울이 명문화된 율법을 가지고 있지 않은 이방인들의 마음에 하나님의 율법이 있다고 말한 이유가 여기에 있습니다(롬 2:14-15). 이 율법은 아담의 심령에 있었던 율법입니다. 그리고 아담이 타락했어도 그 심령에 있었던 율법입니다.

율법은 아담의 타락 이후에 재확인되었습니다. 즉, 아담이 불순종한 이후에도 도덕법은 계속 구속력이 있었습니다. 왜냐하면 가인과 아벨은 죄와 받아들일 만한 예배의 개념을 이해했기 때문입니다(창 4:3-7). 홍수 전 세상의 심판과(창 6:5) 소돔(창 19장)에 대한 하나님의 심판은 도덕법이 여전히 유효했음을 보여 줍니다. 아비멜렉은 간음죄를 알고 있었으며(창 20:9), 요셉도 간음죄가 하나님 앞에 큰 죄악이라는 것을 알고 있었습니다(창 39:9). 따라서 처음 사람인 아담에게 하나님이 율법(도덕법)을 주신 때 이후로부터 그리스도가 다시 오셔서 율법을 가지고 판단과 심판을 하실 때까지 율법은 없어지지 않습니다. 특별히 아담이 타락한 이후로부터 모세가 시내산에서 하나님께 명문화된 율법을 받기까지 율법이 없어지거나 사라지지 않고, 여전히 의의 완전한 규칙이었습니다.

4. 모세에게 주신 십계명(도덕법)

하나님의 율법이 가장 공식적이고 직접적으로 선포된 곳은 시내산입니다. 시내산에서 하나님은 십계명의 형태로 도덕법을 주셨는데, 이는 하나님의 손가락으로 두 개의 돌판에 기록되었습니다(출 31:18). 하나님은 자신의 손가락으로 직접 십계명을 돌판에 새기신 후에 모세에게 주셨습니다. 하나님의 계명을 인간이 수정하거나 없애지 못하며, 그 법이 영원하다는 것을 의미합니다. 이 율법은 모든 사람에 대한 하나님의 도덕적 뜻을 요약한 것으로, 하나님에 대한 의무(처음 네 계명)와 이웃에 대한 의무(마지막 여섯 계명)를 강조했습니다. 이 돌판은 나중에 이스라엘의 죄 때문에 모세에 의해 깨졌지만, 하나님이 다시 기록하여 주셨습니다(출 32:19, 34:1). 이 십계명은 일찍이 아담의 심령에 새겨 두셨으며, 아담의 후손인 인류 모든 사람에게 구속력 있는 그 율법(도덕법)을 명문화한(출판된) 것입니다.

물론 하나님은 십계명과 함께, 이스라엘을 다스리기 위한 시민법과 의식법을 주셨지만, 이 법들은 하나님이 먼저 말씀하시고 모세가 책에 기록했습니다(출 24:3-4). 이것을 언약의 책(출 24:7)이라고 하며 예배, 제사, 사회 정의, 국가 통치에 관한 법을 포함했습니다. 이 율법은 하나님의 위엄을 나타내는 큰 표징과 함께 주어졌으며, 그 신성한 권위를 보여 주었습니다(출 19:16-19).

십계명의 두 돌판은 이스라엘에 대한 증거로 언약궤 안에 넣어졌습니다(신 10:5). 이것은 하나님의 도덕법의 영속성과 거룩함을 상징합니다. 그리고 이것은 이스라엘의 삶에서 십계명이 중심적인 역할을 하는 것을 보여줍니다. 그리고 하나님의 율법이 지닌 구속력 있는 권위와 거룩함을 보여주었습니다. 그래서 구약에서는 율법이 재확인되고, 확장해서 적용되어 이스라엘의 역사가 기록됩니다. 모세는 이스라엘이 약속의 땅에 들어가기 전에 신명기에서 율법을 재확인하고 설명했습니다(신 5, 6, 28장). 시편은 율법을 거룩하고, 정의롭고, 선하다고 찬양합니다(시 19:7-11, 119편). 선지자들은 이스라엘에게 하나님의 율법에 순종하도록 촉구했습니다(렘 31:33).

19.3 보통 도덕법이라고 불리는 이 법 외에, 하나님은 미성숙한 교회로서의 이스라엘 백성에게 몇 가지 모형적 규례들을 담고 있는 의식법들을 주기를 기뻐하셨다. 이 규례들은 부분적으로 예배와 그리스도와 그분의 은혜와 행위와 고난과 유익들을 예표하고(히 9장, 10:1; 갈 4:1-3; 골 2:17) 부분적으로 도덕적 의무들에 대한 여러 가지 교훈으로 구성되어 있다(고전 5:7; 고후 6:17; 유 1:23). 이 모든 의식법은 신약 아래서 지금 폐지되었다(골 2:14, 16-17; 단 9:27; 엡 2:15-16).

• 해설 •

5. 의식법

하나님이 이스라엘에게 의식법을 주신 이유는 그들이 영적으로 미숙했기 때문입니다. 의식법은 그리스도가 오실 때까지 교훈, 징계, 인도의 기능을 했습니다. 의식법은 그리스도와 그분의 구속 사역의 그림자이자 예표였습니다. 따라서 어린아이들에게 기본적인 교육이 필요한 것처럼, 미성숙한 교회인 이스라엘은 영적 진리에 대해서 시각적이고 물리적인 표현이 필요했습니다. 희생 제도를 포함한 의식법은 하나님의 거룩함과 인간의 죄성을 드러냈습니다(레 17:11). 의식법은 그들의 죄성과 희생을 통한 속죄의 필요성을 드러냈습니다.

희생 제사는 하나님의 어린양 예수 그리스도의 궁극적인 희생을 가리켰습니다(요 1:29). 제사, 절기, 정결법은 나중에 예수 안에서 성취된 은혜와 구원의 그림자였습니다(골 2:16-17). 그리스도가 오셨을 때, 실체가 도래했기 때문에 그림자는 더 이상 필요 없게 되었습니다. 의식법은 그리스도가 오실 때까지 복음에 대한 지식을 보존하는 기능을 했습니다. 의식은 눈에 보이는 설교 역할을 하여 죄, 희생, 하나님의 주권, 구속에 대해 가르쳤습니다. 따라서 그리스도가 의식의 율법을 성취하셨으므로 더 이상 구속력이 없지만, 그 중요성은 여전히 남아 있어서 하나님의 거룩함, 속죄의 필요성, 예수 그리스도를 통한 구원의 예시를 보여 주고, 그리스도 예수 안에서 속죄 은혜의 소중함과 신자가 거룩함을 추구해야 하며, 공의와 자비를 실천해야 하는 것에 대해 가르쳐 줍니다.

이스라엘 백성은 의식법을 받을 때 자신들을 하나님이 특별한 목적을 위해 따로 구별하신, 택함받은 언약의 민족으로 여겼습니다. 하나님은 그들에게 의식법을 주시면서, 이스라엘이 거룩하고 독특한 백성으로 부름을 받았으며, 주변 민족의 우상 숭배와 타락으로부터 분리되었다는 것을 가르치셨습니다(레 20:26). 이스라엘은 의식법을 통해서 거룩한 생활과 예배를 통해 다른 민족과 구별되도록 부름을 받았습니다(출 19:5-6).

의식법은 그들의 예배, 식사법, 정결, 제사를 지배하여 이교도 민족과 구별되는 것으로 표시했습니다. 의식법은 구약의 일부였으며, 하나님의 신권 국가인 이스라엘에게 특별히 주어져서, 이스라엘에 대한 하나님의 통치를 주변의 이방 민족들이 알게 하는 기능을 가지고 있었습니다(신 4:7-8). 왜냐하면 의식법은 이스라엘을 이방인과 눈에 띄게 다르게 만들었기 때문입니다. 따라서 신약의 교회 시대에 사는 신자는 의식법을 준수할 필요가 없지만 언약 백성의 구별성을 가지고 있어야 함을 깨닫게 해줍니다(벧전 2:9).

19.4 정치 체제로서의 이스라엘 백성에게 하나님은 여러 가지 사법적인 법을 주셨는데, 이것들은 그들 국가와 함께 종료되어, 지금 어떤 누구에게도 의무로 주어지지 않으나, 정의의 일반 원리를 가지고 있는 것들은 예외다(출 21장, 22:1-29; 창 49:10; 벧전 2:13-14; 마 5:17, 38-39; 고전 9:8-10).

• 해설 •

6. 시민법

하나님은 이스라엘 백성에게 국가 또는 정치적 단체로서 통치할 시민법을 주셨습니다. 이러한 법은 도덕법(십계명)과 의식법과는 달랐지만, 여전히 하나님의 의와 정의에 기초하고 있었습니다. 시민법은 신권 국가로서 이스라엘에게 주어졌습니다. 이스라엘은 하나님이 직접 왕(신권 정치)이셨기 때문에 독특한 국가였습니다(삼상 8:7). 시민법은 보편적인 것이 아니라 가나안 땅에서 이스라엘을 통치하기 위한 구체적인 법이었습니다. 따라서 시민법은 이스라엘 국가 생활의 다양한 측면을 포괄했습니다.

정의와 관련된 형법이 있었는데, 살인, 절도, 거짓 증언과 범죄에 대한 법률이 포함되었습니다. 물론 이러한 시민법은 도덕법과 상당히 연결되어 있으며, 따라서 시민법 규정이라도 그 도덕적 성격 때문에 신약에서도 여전히 적용 가능합니다. 시민법 안에는 재산 및 경제법이 있었습니다. 토지 소유권과 상속과 채무 및 대출 규정도 있습니다. 이러한 시민법 규정을 가지고 신약에서의 사회적 정의 측면에서 적용할 수 있습니다. 시민법 속에는 결혼 및 이혼에 대한 규정이 있으며(신 24:1-4), 과부와 고아 및 가난한 사람들을 보호하는 법률도 포함하고 있습니다(출 22:22-24).

이스라엘의 시민법은 하나님의 공의를 반영했지만 일시적이었습니다. 이러한 법률은 이스라엘에만 적용되었으며 다른 국가에는 구속력이 없었습니다. 이스라엘이 신권 국가가 되지 않게 되면서 만료되었습니다. 예수님과 신약은 오늘날 국가가 이러한 정확한 법률을 따를 것을 요구하지 않지만, 여전히 하나님의 정의, 공정성 및 의로움의 원칙을 보여 줍니다. 시민법은 현대 정부에 직접 적용되지 않지만, 정의와 형평의 원칙은 여전히 공정한 법률을 형성하는 데 가치가 있습니다.

37주 | 도덕법

19.5 도덕법은 모든 사람, 즉 의롭다 함을 받은 자와 못 받은 자에게 영원히 순종을 부과한다(롬 13:8-10; 엡 6:2; 요일 2:3-4, 7-8). 도덕법에 순종할 의무는 그 내용뿐만 아니라 그것을 주시는 창조주 하나님의 권위 때문이다(약 2:10-11). 그리스도도 복음 안에서 결코 이 의무를 폐하지 않으시고, 더욱 강화하셨다(마 5:17-19; 약 2:8; 롬 3:31).

• 해설 •

1. 모든 자를 구속하는 도덕법

십계명에 요약된 하나님의 도덕법은 하나님의 변함없는 본성과 의로움에 기초하고 있기 때문에 모든 사람에게 영원히 구속력이 있습니다. 이스라엘에게 주어진 일시적인 의식법과 민법과 달리 도덕법은 보편적이고 영구적이며 모든 시대의 모든 인류에게 적용됩니다. 왜냐하면 도덕법은 하나님의 변함없는 성품을 반영하기 때문입니다(레 19:2). 하나님의 거룩하심, 의로우심, 선하심은 결코 변하지 않으며, 따라서 하나님의 본성을 반영하는 도덕법은 변하지 않고 영원합니다(롬 7:12).

도덕법은 십계명 이전에 인류에게 주어졌습니다. 율법이 돌판에 기록되기 전에도 하나님의 도덕법은 이미 알려졌고 구속력이 있었습니다. 이것은 하나님의 도덕법이 이스라엘만을 위한 것이 아니라 모든 시대, 모든 사람을 위한 것임을 보여 줍니다. 이러한 도덕법은 시내산에서 모세에게 십계명으로 주어졌습니다. 십계명은 하나님이 직접 돌판에 새기셨고, 언약궤에 넣어짐으로 영속성을 보여 주었습니다(신 10:4-5). 도덕법은 예수 그리스도에 의해 확증되었습니다. 의식법과 시민법은 그리스도와 함께 끝났지만, 도덕법은 여전히 구속력이 있습니다. 도덕법은 신약 교회에도 여전히 적용됩니다. 도덕법은 구원의 수단이 아니라, 신자들에게 의의 기준이 됩니다.

성령은 신약의 신자들에게 도덕법을 마음에 새기셨습니다(히 8:10). 성령의 역사를 통해 신자들은 하나님의 법을 사랑하고 순종할 수 있습니다. 더욱이 도덕법은 심판의 날에 기준이 될 것입니다. 도덕법은 심판에 사용되기 때문에 모든 사람에게 여전히 구속력이 있어야 합니다. 따라서 도덕법은 모든 사람을 영원히 구속합니다.

2. 거듭나지 않은 자에게 도덕법

거듭나지 않은 자들, 즉 구원의 은혜와는 별개로 여전히 본래의 죄악 상태에 있는 자들에게 도덕법은 여러 가지 중요한 방식으로 기능합니다. 도덕법은 거듭나지 않은 자들에게 그들의 죄를 드러내고, 악을 억제하며, 하나님 앞에서 변명의 여지가 없게 합니다. 율법(도덕법)은 죄인들의 죄를 드러내는 기능을 가지고 있습니다. 거듭나지 않은 자들은 본래 자신의 죄를 있는 그대로 보지 못합니다. 율법은 거룩하신 하나님의 속성이 반영되어 있기 때문에 죄인들의 죄를 드러냅니다(롬 3:20).

거듭나지 않은 자들은 자신의 죄를 인정하지 않는 속성이 있는데, 율법은 그들의 죄를 드러내고, 그 죄가 하나님의 율법을 어긴 것임을 알게 합니다(요일 3:4). 죄인들이 하나님의 율법을 어겼다는 것을 알게 되면서, 죄에 대한 하나님의 심판이 있다는 것을 깨닫게 됩니다. 따라서 죄인들은 율법을 통해서 그들에게 죄의 용서와 구원이 필요하다는 것을 확신하게 됩니다(행 2:27). 더욱이 거듭나지 않은 자들은 자신의 죄를 발견한 후에 율법을 지키려고 애를 쓰지만, 결코 율법을 지켜 자신을 구원할 수 없다는 것을 깨닫게 됩니다. 이렇게 율법을 통해 자신의 영적 무능을 온전히 깨달은 자는 구원의 방법을 찾게 되고, 결국 하나님의 용서와 자비를 얻기 위해 그리스도께로 나아갑니다(갈 2:16).

율법이 이러한 기능을 함에도 불구하고, 율법을 통해 죄를 깨닫지만, 그리스도께로 나아가지 않고, 한편으로는 계속해서 자신의 죄 가운데 살아가는 자들에게는 변명의 여지를 남기지 않습니다. 하나님의 도덕법은 모든 사람의 마음에 기록되어 있기 때문에(롬 2:15), 성경을 전혀 읽지 않은 사람도 옳고 그름을 압니다. 따라서 거듭나지 않은 자와 불신자들은 하나님을 몰랐다고 변명하거나 주장할 수 없습니다. 특별히 하나님의 심판 앞에 설 때 무지하다고 주장할 수 없습니다. 따라서 율법(도덕법)은 거듭나지 않은 자와 불신자에게 정죄를 선언하는 기능을 합니다.

19.6 비록 진정한 신자들이 행위 언약으로서의 율법 아래 있지 않으며, 그것으로 의롭다 하심을 얻거나 정죄되는 것이 아니지만(롬 6:14; 갈 2:16, 3:13, 4:4-5; 행 13:39; 롬 8:1) 그럼에도 불구하고 율법은 그들에게와 다른 이들에게 크게 유용하다. 그들에게 삶의 규칙으로서 하나님의 뜻과 그들의 의무를 알려 주며, 그들로 이것을 따라 행하도록 지도하고 명령하며(롬 7:12, 22, 25; 시 119:4-6; 고전 7:19; 갈 5:14, 16, 18-23), 또한 그들

의 본성과 마음과 삶이 죄악으로 부패된 것을 드러내고(롬 7:7, 3:20), 이로써 그들은 죄를 깨닫게 되며, 죄로 인하여 겸비하게 되며, 죄를 미워하게 되고(약 1:23-25; 롬 7:9, 14, 24) 그리스도와 그리스도의 완전한 순종이 필요하다는 것을 분명하게 깨닫는다(갈 3:24; 롬 7:24-25, 8:3-4).

율법은 또한 중생한 자에게 유용한데, 죄를 금하고, 그들의 부패성을 억제한다(약 2:11; 시 119:101, 104, 128). 율법의 경고로서, 율법은 그들의 죄에 대해서 받아야 할 것이 무엇인지를 보여 주고, 비록 그들이 율법에 경고된 저주로부터는 자유로울지라도, 이 세상의 삶에서 죄 때문에 그들이 받을 고통들을 보여 준다(스 9:13-14; 시 89:30-34). 마찬가지로, 율법의 약속은 중생한 자들에게 순종에 대한 하나님의 인정과 그들이 율법에 순종했을 때, 비록 이러한 축복들이 행위 언약으로서 율법에 의해 마땅한 것이 아니지만(갈 2:16; 눅 17:10), 그들이 기대할 수 있는 하나님의 축복을 보여 준다(레 26:1-14; 고후 6:16; 엡 6:2-3; 시 37:11; 마 5:5; 시 19:11).

따라서 사람이 악을 행하기보다는 선을 행하는 것이, 율법이 선을 권장하고 악을 단념시키는 것 때문인데, 이는 그 사람이 율법 아래에 있으며, 복음 아래에 있지 않은 증거는 아니다(롬 6:12, 14; 벧전 3:8-12; 시 34:12-16; 히 12:28-29).

• 해설 •

3. 거듭난 자에게 도덕법의 기능

1) 삶의 규칙

신자들에게 도덕법은 그들의 행동의 규칙이 됩니다. 신자들은 더 이상 율법의 정죄 아래 있지 않지만(그리스도가 율법을 성취하셨기 때문에), 율법은 여전히 그리스도인의 삶과 행동을 위한 지침으로 기능합니다. 율법(도덕법)이 거룩한 삶에 대한 하나님의 뜻을 드러내기 때문입니다. 도덕법은 신자들이 하나님의 백성으로서 어떻게 살아야 하는지에 대한 기준입니다. 신자들이 일상생활에서 하나님께 순종하여 어떻게 행동해야 하는지를 가르쳐 줍니다. 율법은 신자를 거룩함으로 인도하여, 옳고 하나님을 기쁘시게 하는 것에 대해 명확한 길을 제시합니다. 신자들은 하나님의 도덕법을 따름으로써 그리스도의 형상으로 변화되어 매일 더욱 의롭고 거룩해집니다. 율법은 신자들이 행동, 생각, 욕망에서 그리스도와 더욱 닮도록 돕기 때문입니다.

2) 신자의 죄를 깨닫게 하는 기능

신자들이 의롭다 함을 받았다고 해서 죄를 짓지 않는 것이 아닙니다. 신자에게 남아 있는 부패성과 세상과 사탄의 공격으로 죄를 짓습니다. 따라서 신자는 매일 자신의 죄를 깨닫고, 회개해야 합니다(요 13:10). 신자가 회심하는 과정에서 성령이 율법을 가지고 죄를 깨닫게 하시고, 낮추어서 그리스도께로 가도록 했던 기능이, 회심한 이후에도 계속됩니다. 신자는 그리스도의 사역으로 인해 더 이상 그 정죄 아래 있지 않지만, 율법은 여전히 신자들이 죄를 확신하고 회개하게 합니다. 신자들이 의롭다 함을 받고 하나님과 화해하더라도 도덕법은 여전히 그들의 삶에 남아 있는 죄를 확신시킵니다. 율법은 신자들이 자신의 불완전함, 실패, 간과할 수 있는 죄악스러운 욕망을 보도록 돕습니다. 이러한 확신은 그들을 회개로 이끕니다.

3) 죄에 대해 겸비케 함

도덕법은 신자들의 죄악을 드러내고, 한편으로 그들의 무능을 드러내서 신자들로 더욱 겸손하게 만듭니다(롬 7:18-19). 신자가 한순간이라도 교만하고, 자만에 빠지거나, 자신의 능력을 확신하게 되면, 죄에 걸려 넘어지게 되어 있습니다. 따라서 도덕법은 신자의 죄를 드러내고, 반드시 그들의 영적 무능을 알게 해서 더욱 겸손하게 만듭니다. 율법이 가져오는 죄에 대한 확신은 신자들이 겸손하게 자라도록 돕습니다. 왜냐하면 신자가 겸손해야 자신을 의지하는 것을 포기하고 하나님의 은혜에 전적으로 의존하기 때문입니다. 겸손은 신자들이 자신의 힘으로 그리스도인의 삶을 살 수 없고, 끊임없이 하나님의 능력에 의지해야 한다는 것을 깨달을 때 옵니다.

4) 그리스도 안에 머물게 함

도덕법은 신자들에게 죄를 깨닫게 함으로써 그리스도의 소중성을 더욱 알게 합니다. 사도 바울은 자신에게 남아 있는 부패성으로 인하여 매우 갈등했습니다. 그러나 그는 갈등 아래에서 한숨만 쉰 것이 아니라, 감사하게 됩니다(롬 7:25). 그 이유는 자신이 도덕법을 온전히 지키지 못한다 하더라도, 자신은 그리스도 안에 있기 때문에 정죄되지 않는다는 것을 잘 알고 있기 때문입니다(롬 8:1). 따라서 신자에게 율법(도덕법)은 신자로 하여금 그리스도 안에 머물게 합니다.

그리고 신자는 그리스도의 희생에 대한 감사를 더욱 깊게 합니다. 신자들은 율법을 통해서 그리스도의 죽음에서 자신들에게 보여진 은혜의 위대함을 더욱 온전히 이해하게 되며, 이것은 신자들을 그리스도에 대한 더 큰 경배와 그분의 구원 사역에 대한 더 열렬한 감사로 이끕니다.

5) 신자로 부패성을 억제하고, 죄짓지 못하게 함

그리스도를 믿는 이들에게 도덕법은 구원의 수단이 아니라 거룩함, 즉 그리스도와 더욱 닮아 가는 지속적인 과정에서 중요한 역할을 계속합니다. 도덕법은 신자의 죄악적인 욕망과 타락을 억제합니다. 믿는 이의 속사람(거듭난 본성)은 하나님의 법을 기뻐하지만, 그들에게는 그것과 싸우는 부패성(육체)이 남아 있습니다(롬 7:22-23). 이때 도덕법은 믿는 이의 죄악적인 경향과 여전히 자신을 표현하려고 하는 육신을 억제하는 역할을 합니다. 도덕법은 믿는 이의 욕망을 견제하는 역할을 하며, 거룩함에 대한 하나님의 기준을 상기시키고, 그에 따라 살도록 부릅니다. 도덕법은 신자로 죄를 금하게 합니다. 도덕법은 옳고 그름을 분명히 나타내는 기준으로, 모든 죄(거짓말, 도둑질, 탐욕)를 금합니다. 도덕법은 하나님을 기쁘시게 하는 것과 죄스러운 것을 구분하는 지침 역할을 해서, 신자들이 여전히 죄를 짓기 쉬운 곳을 보고 그것을 버리도록 촉구합니다.

한편으로 율법이 가지고 있는 경고의 위협은 신자가 비록 정죄에 이르지 않는다 할지라도, 율법을 어겼을 경우에 하나님의 형벌의 엄중함을 알게 하고, 그것에 대한 혹독한 결과를 깨닫게 해서 죄를 피하고, 멀리하게 하는 기능을 합니다.

6) 거룩함을 더욱 추구하게 함

도덕법은 신자들이 거룩함과 순종을 추구하도록 이끕니다. 이는 성령이 율법을 가지고 행하시는 일입니다(롬 8:4). 신자들은 더 이상 율법의 정죄 아래 있지 않지만, 그리스도의 구속 사역에 대한 감사의 응답으로 여전히 하나님의 명령에 순종하도록 부름을 받습니다(벧전 1:15). 도덕법은 그들이 거룩함을 추구하고, 하나님을 사랑하고, 다른 사람을 사랑하도록 인도합니다(마 22:37-40). 그것은 신자들이 그리스도의 성품을 반영하고 하나님을 영화롭게 하는 방식으로 살도록 지시합니다.

7) 축복의 약속이 붙어 있음

신자들의 순종과 관련된 율법의 약속은 구원을 얻는 측면에서가 아니라 신자들이 하나님의 뜻에 따라 살도록 격려하고 동기를 부여하는 측면에서 중요한 역할을 합니다. 하나님의 계명을 지키는 자들에게 생명, 평화, 번영을 약속하는 것과 같은 율법에 있는 축복의 약속은 신자들이 순종하도록 동기를 부여하는 요인이 됩니다. 신자들은 율법에 순종함으로써 구원받지는 않지만, 여전히 율법과 관련된 약속에 의해 격려를 받습니다(신 28:1-2).

신명기 28장의 이스라엘의 순종에 대한 축복의 약속들은 처음에는 이스라엘에게 주어졌지만, 하나님의 말씀에 순종하는 자들에게 베푸시는 하나님의 은혜의 원칙을 반영합니다. 믿는 자에게 하나님의 약속 성취는 물질적인 것보다 영적인 것이 되며, 순종을 장려하는 역할을 합니다. 율법의 약속은 외적인 축복에 관한 것이 아니라 순종과 함께 오는 거룩함의 증가, 영적 성장, 하나님과의 더 깊은 교제와 같은 영적 혜택에 관한 것입니다(롬 6:22). 이러한 약속은 신자들이 하나님의 뜻에 순종하여 걷는 것의 유익, 예를 들어 더 큰 기쁨, 평화, 하나님과의 친밀함을 인식함에 따라 거룩함을 추구하도록 격려합니다. 순종과 관련된 하나님의 축복에 대한 약속은 신자들에게 하나님이 그들의 신실함을 기뻐하신다는 확신을 제공합니다.

구원의 기초는 아니지만, 하나님의 은총에 대한 약속은 순종이 변화된 마음의 열매이며 신자를 하나님의 뜻에 일치시킨다는 것을 확증합니다. 율법의 약속은 구원의 기초는 아니지만, 신자들이 믿음과 순종 안에서 인내하도록 격려합니다. 그리스도 안에서의 영생과 축복의 보상은 믿음의 경주를 계속하도록 동기를 부여합니다.

19.7 율법의 이 용도들은 복음의 은혜와 상충하지 않고, 완전한 조화를 이룬다(갈 3:21). 그리스도의 영은 사람의 의지를 복종시키시며, 율법에 계시된 하나님의 뜻이 요구하는 것을 자유롭고 즐겁게 행할 수 있게 하신다(겔 36:27; 히 8:10; 렘 31:33).

• 해설 •
4. 복음 아래에서의 율법

은혜의 복음과 율법은 반대되는 것이 아니라, 복음의 은혜의 빛 아래에서 율법의 용도를 보아야 합니다. 율법과 복음은 모두 구주의 필요성을 드러냅니다. 율법의 주된 목적은 죄를 드러내는 것입니다(롬 3:20). 복음의 은혜는 예수 그리스도의 사역을 통해 하나님이 그 죄를 어떻게 다루셨는지 드러냅니다. 율법은 거룩함의 기준을 보여 주지만, 복음의 은혜는 그리스도를 믿는 믿음을 통해 그 기준을 충족하는 방법을 제공합니다. 율법은 우리에게 은혜가 필요하다는 것을 보여 주고, 복음은 율법을 성취할 수 없는 우리의 무능력을 극복하는 데 필요한 은혜를 제공합니다(롬 5:20-21).

율법은 신자들의 의롭다 함을 위해 그리스도께로 인도합니다. 율법은 행위로 구원받을 수 없음을 보여 줌으로써 죄인에게 그리스도를 믿는 믿음으로 의롭게 되는 것이 필요하다는 것을 깨닫게 합니다. 이것이 은혜의 복음의 본질이며, 이는 죄인을 행위가 아닌 하나님의 은혜로 값없이 의롭게 합니다. 복음의 은혜는 율법을 폐지하지 않고, 믿는 자와 율법의 관계를 변화시킵니다. 복음에서 믿는 자는 성령의 권능을 받아 율법의 의로운 요구 사항을 충족시키지만, 자신의 힘으로가 아니라 은혜로 충족시킵니다. 복음에 따라, 신자들은 은혜로 율법에 순종하여 살 수 있는 능력을 얻습니다. 그들은 칭의의 수단이 아니라 그리스도 안에서 지금 가지고 있는 의로운 삶의 표현으로써 그리스도와 성령을 통해 율법을 성취합니다.

율법의 축복에 대한 약속은 그리스도 안에서 실현됩니다. 생명, 평화, 축복과 같은 율법의 약속은 그리스도 안에서 궁극적으로 성취됩니다. 그리스도 안에서 신자는 율법이 약속한 축복의 충만함을 경험합니다. 물질적으로나 외적으로가 아니라, 그리스도와의 연합을 통해 영적으로 경험합니다(고후 1:20). 율법은 여전히 신자들에게 거룩함에 대한 지침으로 기능합니다. 도덕법은 여전히 도덕적 지침으로 은혜 아래에서 기능합니다. 율법은 계속해서 신자들에게 거룩함과 순종을 가리키고 있습니다. 구원의 요구 사항이 아니라 구원의 은혜에 대한 응답입니다.

은혜는 신자들이 하나님을 기쁘시게 하는 방식으로 살도록 훈련시켜 그들의 삶에서 그리스도의 성품을 반영하도록 돕습니다. 율법이 선하고 옳은 것을 가리키는 반면, 은혜는 순종할 수 있는 능력을 제공합니다. 그리스도 안에서 신자들은 성령을 통해 하나님의 명령에 순종하고 그분의 뜻을 이룰 힘을 얻습니다. 이것이 거룩함의 역사이며, 하나님의 은혜가 신자들 안에서 역사하여 그들을 더욱 닮게 만듭니다.

38주 | 그리스도인의 자유

20.1 그리스도가 복음 아래서 신자들을 위해 값 주고 사신 자유는 죄책과 하나님의 정죄하시는 진노와 도덕법의 저주로부터의 자유로운 상태이며(딛 2:14; 살전 1:10; 갈 3:13) 그리고 현재의 악한 세상과 사탄의 속박과 죄의 지배로부터(갈 1:4; 골 1:13; 행 26:18; 롬 6:14), 고통의 악과 사망의 쏘는 것과 무덤의 승리와 영원한 정죄로부터 건짐을 받은 상태에 있는 것이다(롬 8:28; 시 119:71; 고전 15:54-57; 롬 8:1). 또한 이 자유는 하나님께 자유롭게 나아가며(롬 5:1-2), 종의 두려움에서부터가 아니라 아이 같은 사랑과 자발적인 마음에서부터 하나님께 복종하여 순종하게 한다(롬 8:14-15; 요일 4:18). 이 모든 것은 율법 아래 있던 신자들에게도 공통적이었다(갈 3:9, 14).

그러나 신약 아래에서 그리스도인들의 자유는 보다 확대되었다. 그들은 유대 교회가 복종했던 의식법의 멍에로부터 자유로우며(갈 4:1-3, 6-7, 5:1; 행 15:10-11) 은혜의 보좌로 더욱 담대히 나아가며(히 4:14, 16, 10:19-22), 율법 아래에 신자들이 통상적으로 참여했던 것보다 더욱 큰 분량의 하나님의 성령의 은사들을 경험한다(요 7:38-39; 고후 3:13, 17-18).

• 해설 •

1. 그리스도가 사신 자유

그리스도는 신자들을 위해 특별한 자유를 사셨습니다. 이 자유는 여전히 율법 아래 있는 사람들에게는 속하지 않습니다. 예수 그리스도는 자신의 완벽한 삶, 속죄의 죽음, 승리의 부활을 통해 그리스도를 믿는 자들을 위해 자유를 사셨습니다. 이 자유는 죄의 속박, 율법의 저주, 사탄의 권세, 죽음에 대한 두려움으로부터의 영적 자유입니다.

2. 그리스도인의 자유

1) 율법의 정죄로부터 자유

모든 사람은 하나님의 율법을 완벽하게 지킬 수 없기 때문에 율법의 저주 아래 있습니다. 그러나 그리스도는 대속의 죽음을 통해 죄인들이 받아 마땅한 형벌을 짊어지셨고(사 53:5), 신자들을 영원한 형벌에서 해방하셨습니다. 그래서 그리스도를 믿는 신자는 율법의 정죄로부터 자유를 얻게 됩니다(롬 8:1). 그리스도를 믿지 않아서 율법 아래 있는 자들은 율법에 의해 정죄받는 반면, 신자들은 그리스도를 믿는 믿음으로 의롭게 되었으며, 그리스도 안에 있기 때문에 율법은 더 이상 그들을 정죄하지 못합니다.

2) 악한 세상으로부터 자유

그리스도는 자신의 구속 사역을 통해 하나님의 백성을 이 악한 세상에서 건지시고(갈 1:4), 그들을 자신에 속하게 하여 구별하셨습니다(요 15:19). 그리스도가 악한 세상에서 신자들을 건지시고, 구별하셨기 때문에, 신자들은 이 세상의 죄악적인 영향, 정죄, 그리고 궁극적인 운명에서 자유롭게 되었습니다. 악한 세상은 하나님 나라와 반대되는 것이며, 사탄이 자신의 주 무대로 사용하고 있기 때문에, 신자들은 이러한 영역에서 구출되었으며, 그것의 영향으로부터 계속해서 자유롭도록 은혜의 수단 가운데 있게 하셨습니다. 그리스도가 구원하신 백성 가운데, 신자들을 두셔서, 악한 세상의 영향권으로부터 건지고 계십니다.

예수님의 제사장적 기도에서, 예수님은 제자들이 이 세상에 속하지 아니한다고 선언하셨습니다. 그리고 세상에 있는 그들을 위해 하나님 아버지께 그들을 악으로부터 보호해 달라고 기도하셨습니다(요 17:15). 예수님의 중보적 사역은 지금 하늘 보좌 우편에서 신자들을 위해 하고 계시기 때문에, 그리스도인들은 악한 세상의 영향력으로부터 자유롭습니다. 신자들은 육체적으로는 세상에 남아 있지만, 더 이상 세상에 속하지 않습니다. 그들은 다른 기준에 따라, 그리스도의 통치 아래서, 영원한 집을 기다리며 살아갑니다.

3) 사탄의 지배로부터 자유

모든 사람이 본성적으로 죄와 사탄의 속박 아래에 있습니다(요 8:34; 딤후 2:26). 그러나 예수 그리스도를 통해 믿는 사람들은 사탄의 지배에서 해방되어 하나님의 왕국으로 인도됩니다(골 1:13). 이것은 영구적인 변화이며, 사탄은 신자들에게 아무런 권리도 없습니다. 그리스도의 죽음과 부활이 사탄의 권세를 깨뜨렸기 때문입니다(히 2:14-15). 예수님만이 사탄의 지배로부터 참된 자유를 허락하십니다(요 8:32, 36). 신자들은 자신의 힘이 아니라 그리스도의 승리 안에 서 있기 때문에, 더 이상 사탄의 노예가 아닙니다.

이사야 선지자는 원수에 대한 그리스도의 승리를 일찍이 예언했으며, 이로 인하여 그분의 백성이 왕이 탈취한 것을 얻듯이 그리스도인이 자유를 얻을 것을 말했습니다(사 53:12). 따라서 신자들은 더 이상 사탄의 지배에 이끌려 다니지 않으며, 오히려 사탄을 대적하여 물리칠 수 있게 되었습니다(약 4:7).

4) 죄의 속박으로부터 자유

구원 전에 사람들은 죄의 노예였습니다(요 8:34). 그래서 예수님은 믿는 자들을 죄의 형벌에서 해방하셨을 뿐만 아니라, 죄의 속박하는 힘을 깨뜨려 의로움 안에서 행할 수 있게 하셨습니다. 따라서 그리스도의 구속 사역을 통해 믿는 자들은 죄의 권세에서 자유로워지고 의로움 안에서 살 수 있게 되었습니다.

예수님은 하나님의 아들이 제자들을 자유롭게 할 것이라고 말씀하셨습니다(요 8:36). 예수님의 이 말씀은 죄가 더 이상 신자와 제자들을 지배하지 않는다는 것을 의미합니다. 신자들은 실제로 성령으로 죄를 저항하고 거룩함을 추구할 수 있는 능력을 가지고 있습니다. 신자의 참된 자유는 죄를 지을 자유가 아니라 죄로부터의 자유와 기꺼이 그리고 기쁘게 하나님께 순종할 수 있는 능력입니다.

5) 형벌적 고통으로부터 자유

그리스도인은 고난에서 면제되지 않지만, 그리스도를 통해 고난이라는 형벌적 악에서 해방됩니다. 즉, 신자들은 고통을 받을 수 있지만, 그들의 고통은 법적 의미에서 죄에 대한 처벌이 아니라, 오히려 정화, 징계, 성화의 수단이라는 것을 의미합니다. 왜냐하면 그리스도가 죄의 완전한 형벌을 짊어지셨기 때문입니다(사 53:5). 예수님이 죄에 대한 모든 형벌을 짊어지셨으므로, 믿는 자들에게는 하나님의 정죄나 진노로 오는 고난이 없습니다. 신자들에게 있는 고난은 징계를 위한 것이지 형벌을 위한 것이 아닙니다(히 12:6-7). 하나님은 신자들에게 고난을 징계하고 거룩하게 하는 데 사용하시지, 진노로 처벌하는 데 사용하지 않으십니다. 그리스도 때문에 신자에게 있는 모든 고난은 보복적 정의가 아니라 구속적 목적을 위해 사용됩니다(고후 4:17).

6) 죽음과 지옥에 대한 두려움으로부터 자유

율법 아래 있는 자들은 율법이 그들을 정죄하기 때문에 심판을 두려워하며 삽니다. 그러나 그리스도의 부활을 통해 믿는 자들은 죽음의 두려움에서 해방되어 영원한 생명을 얻었다는 것을 알게 되었습니다. 더욱이 그리스도를 믿는 자들은 영원한 생명과 부활의 약속을 가지고 있으며, 이것은 죽음에 대한 두려움을 제거합니다. 죽음, 지옥에 대한 그리스도의 승리는 믿는 자들이 더 이상 하나님의 심판을 두려워할 필요가 없다는 것을 의미합니다. 이제 신자들은 죽음을 저주가 아니라 그리스도의 임재로 들어가는 입구로 여깁니다(고전 15:55-57).

7) 하나님께 자유롭게 나아가는 자유

구약 시대에는 대제사장만이 지성소에 들어갈 수 있었고, 그것도 일 년에 한 번만 가능했습니다. 하지만 그리스도를 통하여 믿는 자들은 이제 하나님께 직접 나아갈 수 있으며 담대하게 하나님께 나아갈 수 있습니다(히 4:16). 이 자유는 믿는 이들이 자유롭게 하나님께 나아가 기도하고, 두려움 없이 예배하고, 예수 그리스도를 통하여 하나님과 친밀한 교제를 즐길 수 있게 해줍니다. 그리스도인의 자유는 성령의 능력을 통해 기쁨과 순종으로 하나님을 섬길 수 있는 자유입니다.

8) 종의 두려움으로부터 자유

그리스도인은 그리스도의 구속과 성령의 역사를 통해 노예적(종의) 두려움에서 해방됩니다. 즉, 그들은 더 이상 두려움, 공포 또는 속박의 영 아래 살지 않고 대신 양자 됨과 하나님에 대한 확신의 영을 갖게 됩니다. 그리스도인은 더 이상 두려움의 노예가 아닙니다. 구원 전에 사람들은 두려움에 얽매여 살았습니다. 심판, 정죄, 죽음에 대한 두려움이었습니다. 성령은 신자들을 하나님의 가족으로 입양시켜 이 노예적 두려움에서 해방시켜 주셨습니다. 그리스도인들은 이제 두려움 대신 하나님과 친밀하고 사랑스러운 관계를 맺고 하나님을 "아바 아버지"라고 부릅니다. 하나님의 완전한 사랑은 믿는 자의 마음에서 두려움을 제거합니다(요일 4:18). 믿는 자들은 그리스도의 사랑에서 평화와 안전을 찾습니다. 더욱이 신자들은 사람에 대한 두려움에서 해방되어, 하나님을 더욱 신뢰합니다. 하나님을 신뢰하면 믿는 사람들은 사람들이 생각하는 것에 대한 두려움에서 자유로워집니다.

20.2 하나님만이 양심의 주이시며(약 4:12; 롬 14:4), 인간의 교리들이나 계명들로 자유롭게 하셨는데(행 4:19, 5:29; 고전 7:23; 마 23:8-10; 고후 1:24; 마 15:9), 이것들은 자신의 말씀에 반대되는 것이며 혹은 예배와 믿음의 문제에 있어서 추가된 것들이다. 따라서 이러한 교리를 믿거나 혹은 양심으로부터 벗어나 이러한 명령에 순종하는 것은 양심으로부터의 참 자유를 저버리는 것이다(골 2:20, 22-23; 갈 1:10, 2:4-5, 5:1). 맹목적인 믿음과 절대적인 맹목적 순종을 요구하는 것은 양심의 자유와 또한 이성을 파괴하는 것이다(롬 10:17, 14:23; 사 8:20; 행 17:11; 요 4:22; 호 5:11; 계 13:12, 16-17; 렘 8:9).

• 해설 •

3. 인간이 만든 종교적 속박(거짓 교리)으로부터 자유

신자들은 하나님이 요구하지 않으시는 인간이 만든 종교적 규칙과 전통에서 자유롭습니다. 갈라디아 교회에는 거짓 교사가 들어와 그리스도의 은혜로는 부족해서, 율법의 의식을 지켜야 구원받는다고 가르쳤습니다. 이것은 사도 바울이 그리스도께 받은 복음과 완전히 다른 가르침이었습니다(갈 1:6). 따라서 바울은 그리스도가 자유롭게 하신 그 자유 안에 굳게 서서 다시는 거짓 가르침의 멍에에 얽매이지 말라고 했습니다(갈 5:1). 이것은 복음을 왜곡하는 가르침과 예배에서 진정한 신자는 자유롭다는 것입니다. 왜냐하면 인간이 만든 규례와 예배 방식이 신자들의 양심을 속박해서, 그것을 지키지 않으면, 하나님의 저주를 받을 것 같은 생각들과 두려움을 주기 때문입니다. 인간이 만든 종교적 규칙에 대해 얽매일 필요가 없습니다. 그것에 대해 노예적 두려움에서 자유롭게 되라는 것입니다.

따라서 신자는 하나님의 말씀과 상치되거나 인간이 만든 교리와 계명을 따를 의무가 없습니다. 성경은 하나님의 말씀이 신앙과 실천에 있어서 궁극적인 권위임을 분명히 밝힙니다. 신자들은 하나님의 진리에 상치되거나 그에 더하는 인간의 교리를 거부해야 합니다. 오직 하나님의 말씀만이 최고와 최종적 권위를 가지고 있기 때문이며, 모든 교리를 판단하는 기준은 오직 성경뿐이기 때문입니다. 더욱이 신자는 사람보다 하나님께 순종해야 합니다(갈 1:10). 인간의 권위가 하나님의 명령과 모순될 때, 신자들은 먼저 하나님께 순종해야 합니다.

거짓 교사들은 성경의 진리 대신 인간이 만든 철학을 퍼뜨려 사람들을 그리스도에게서 멀어지게 합니다. 참된 믿음은 인간의 철학, 문화 또는 종교적 전통이 아니라 오직 그리스도 위에 세워져 있습니다(골 2:8). 더욱이 참된 예배는 하나님의 진리에 기초해야 합니다. 구약에서 여로보암은 자기 마음대로 하나님이 주신 예배의 규칙에서 벗어나되, 비슷하게 만들어 이스라엘 사람들을 미혹했습니다(왕상 13:26-33). 이러한 예배에 대해서 진정한 그리스도인의 자유를 가진 자는 거부해야 합니다. 거짓 교리와 예배를 맹목적으로 순종하라고 요구하는 것은 양심의 자유와 이성을 파괴하는 것입니다.

20.3 그리스도인의 자유를 핑계로 어떤 죄를 행하거나 어떤 정욕을 품으며 행하는 자들은 그리스도인의 자유를 파괴하는 것이다. 우리 원수들의 손에서 구원받은 목적은 우리로 일평생 주님 앞에서 두려움 없이 거룩함과 의로움으로 주를 섬기게 하려는 것이다(갈 5:13; 벧전 2:16; 벧후 2:19; 요 8:34; 눅 1:74-75).

• 해설 •

4. 그리스도인의 자유의 오용

죄악적인 삶을 위한 변명으로 그리스도인의 자유를 남용하는 사람들은 그리스도 안에서 하나님의 은혜와 자유의 참된 본질을 오해하고 있습니다. 그러한 행동은 진정한 그리스도인의 자유가 아니라 자기기만, 반항, 불법의 한 형태입니다. 그리스도인의 자유는 죄에 대한 방종이 아닙니다(롬 6:1-2). 사도 바울은 그리스도인의 자유는 육체로 죄를 짓는 자유가 아니라고 말합니다(갈 5:13). 은혜를 남용하여 죄를 짓는 자들은 하나님의 심판 위험에 처해 있습니다(유 1:4). 어떤 사람들은 하나님의 은혜를 죄를 지을 수 있는 허가증으로 왜곡합니다. 그런 사람들은 행동으로 그리스도를 부인하기 때문에 정죄받습니다.

참된 그리스도인의 자유는 거룩함으로 이끕니다. 은혜는 믿는 사람들에게 죄를 거부하고 거룩한 삶을 살도록 가르칩니다. 은혜를 죄의 변명으로 사용하는 사람은 복음을 진정으로 이해하지 못한 것입니다. 그리스도인의 자유를 구실로 죄 속에 사는 사람은 자신이 참으로 구원받지 못했다는 것을 스스로 증명합니다(요일 3:9). 그리스도 안에서의 자유는 죄로부터의 자유이지 죄를 지을 자유가 아닙니다. 계속 죄를 짓는 자들은 여전히 죄의 노예입니다. 참된 그리스도인의 자유는 순종으로 이어집니다. 그리스도 안에서의 자유는 의로움을 추구하는 것입니다(롬 6:18). 이것은 그리스도인의 자유의 목적입니다.

20.4

하나님이 정하신 권력과 그리스도가 사신 자유는 서로를 파괴하도록 의도되지 않았고, 서로 상호 간 유지하고 보존하도록 의도되어서, 그리스도인의 자유를 핑계로 시민 정부 혹은 교회의 합법적인 권력이나 합법적인 권력의 실행에 반대하는 자들은 하나님의 법령을 반대하는 것이다(마 12:25; 벧전 2:13-14, 16; 롬 13:1-8; 히 13:17).

자연의 빛과 믿음과 예배와 혹은 삶의 방식에 관하여 기독교의 원리로 알려진 것과 혹은 경건의 능력에 반대되는 견해들을 유포하고, 그러한 행위를 유지하며, 그들의 본성에서 오류의 견해와 행위들을 유포하거나 유지하는 것은 그리스도가 교회 안에 세우신 외적 평화와 질서에 대해서 파괴적이어서, 교회의 견책으로써 합법적으로 소환하여 책임을 묻고 고소한다(롬 1:32; 고전 5:1, 5, 11, 13; 요이 1:10-11; 살후 3:14; 딤전 6:3-5; 딛 1:10-11, 13, 3:10; 마 18:15-17; 딤전 1:19-20; 계 2:2, 14-15, 20, 3:9).

*그리고 세속 위정자들의 권세에 의해 합법적으로 소환되고 처벌될 수 있다(신 13:6-12; 롬 13:3-4; 요이 1:10-11; 스 7:23, 25-28; 계 17:12, 16-17;

느 13:15, 17, 21-22, 25, 30; 왕하 23:5-6, 9, 20-21; 대하 34:33, 15:12-13, 16; 단 3:29; 딤전 2:2; 사 49:23; 슥 13:2-3). ※1)

• 해설 •

5. 오류에 대한 교회의 치리

그리스도인의 자유는 사회의 질서와 체계를 무너뜨리는 것에까지 적용되지 않습니다. 더욱이 그리스도인의 자유는 교회의 질서를 무너뜨리는 것에 허용되지 않으며, 특별히 오류의 가르침을 그리스도인의 자유의 권리로 선포하는 자들을 교회가 치리해야 합니다.

이단적 의견을 발표하거나 오류를 교회에 끌어들이며(유 1:4), 죄악적인 관행에 관여하는 사람들에게 교회 징계를 행사하는 것은 그리스도인의 자유에 대한 침해가 아닙니다. 교회 징계는 교회의 순수성을 보존하고, 신자들을 해로운 가르침으로부터 보호하고, 죄인들에게 회개를 촉구하기 위해 그리스도가 정하신 성경적 의무이기 때문입니다. 예수님은 회개하지 않는 죄인을 교회에서 쫓아내라고 명령하셨습니다(마 18:15-17). 이것은 그리스도인의 자유에 대한 공격이 아니라 교회의 거룩함을 보존하기 위한 필요한 조치입니다. 바울은 죄와 거짓 가르침에 대한 교회 징계를 요구했습니다(고전 5:6-7, 13). 오류를 용납하는 것은 온 신자들을 부패시키기 때문입니다.

교회는 이단자들에게 경고해야 하며, 그들이 시정을 거부하면 그들을 배척해야 합니다. 거짓 교사는 교회를 파괴합니다(벧후 2:1-2). 오류와 이단적 가르침은 영혼을 파괴하기 때문에, 반드시 대처해야 합니다(딛 3:10). 교

---

1) 미국 장로교회는 1788년 이 문구(*표시 문구)를 삭제했다.

회는 양 떼를 보호하기 위해 그들을 제거해야 합니다. 교회 규율은 그리스도인의 자유를 침해하지 않습니다. 교회 규율은 그리스도가 명령하셨고 교회가 믿음을 지키기 위한 필요한 조치입니다. 교회의 영적 질서를 유지하는 일은 신자들을 거룩하게 세우기 위한 것입니다. 그리스도 안에서의 자유는 불법이 아니라 거룩함으로의 부르심이기 때문입니다.

39주 | 예배의 방식

21.1 자연의 빛은 모든 것 위에 주권과 통치권을 가지고 계신 하나님이 계시다는 것과 하나님은 선하시며, 모든 자에게 선을 행하신다는 것과 따라서 모든 자는 하나님을 경외하고, 사랑하며, 찬양하고, 하나님께 기도해야 하며, 하나님을 신뢰하고, 마음과 영혼과 힘을 다해 하나님을 섬겨야 하는 것을 보여 주고 있다(롬 1:20; 행 17:24; 시 119:68; 렘 10:7; 시 31:23, 18:3; 롬 10:12; 시 62:8; 수 24:14; 막 12:33). 그러나 참 하나님을 예배하는 합당한 방법은 하나님 자신에 의해 제정되었고, 그 자신의 계시된 뜻에 의해 제한되었으며, 사람들의 상상이나 고안된 것들이나 혹은 사탄의 제안들이나 혹은 눈에 보이는 어떤 형태 아래에서나 혹은 성경 안에서 명령되지 않은 어떤 다른 방식에 따라 하나님을 예배해서는 안 된다(신 12:32; 마 15:9; 행 17:25; 마 4:9-10; 신 4:15-20; 출 20:4-6; 골 2:23).

• 해설 •

1. 모든 사람이 하나님께 예배해야 하는 의무

자연의 빛은 특별 계시와는 별도로 이성, 창조된 세계에 대한 관찰, 인간의 양심을 통해 얻을 수 있는 하나님에 대한 지식을 말합니다. 이것은 종종 자연 계시라고 부릅니다. 자연의 빛은 하나님이 존재하신다는 것을 가르쳐 줍니다(롬 1:19-20). 우주의 질서, 복잡성, 아름다움은 지적인 창조주를 가리킵니다. 사람들은 하나님의 존재를 부인할 변명의 여지가 없습니다. 자연의 빛은 하나님의 권능과 지혜를 선포하며(시 19:1), 하나님이 생명의 유지자이심을 보여 주며(행 17:28), 하나님이 선하시고 그분의 피조물에게 공급하신다는 것을 가르칩니다(행 14:17). 음식, 계절, 생명을 유지하는 조건을 제공하시는 것은 하나님이 자비롭고 보살피시는 분임을 보여 줍니다.

사람들에게 있는 양심은 하나님이 도덕적이신 분임을 증명합니다(롬 2:14-15). 사람들은 보편적으로 신인식을 가지고 있으므로(롬 1:19), 하나님을 예배해야 한다는 것을 인식하고 있습니다. 따라서 자연의 빛은 사람들로 하나님을 찾아 경배하게 만듭니다(행 17:23-27). 더욱이 하나님은 인류의 머리인 아담을 창조하시고, 곧바로 하나님께 예배드리는 날인 안식일을 제정하셨기 때문에, 인류의 모든 사람은 자신들이 하나님을 예배해야 한다는 것을 인식하고 있습니다(창 2:3). 또한 하나님은 자신을 예배하는 자들을 찾고 계시기 때문에(롬 3:11) 모든 사람은 하나님을 예배해야 합니다.

2. 하나님이 제정하신 예배 방식

하나님은 우주 만물을 창조하시면서, 이성적 피조물들이 하나님을 예배하게 하셨는데, 예배의 방식을 하나님 자신이 직접 제정하셨습니다. 따라서 자연의 빛은 하나님께 마땅히 예배드려야 한다는 것을 알려 주지만, 자연의 빛으로는 하나님을 경배하는 합당한 방법을 알 수 없습니다. 따라서 아담이 타락한 이후 사람들은 어두워진 마음으로 자연과 우상을 섬기게 된 것입니다(롬 1:21-23).

성경만이 하나님을 경배하는 올바른 방법을 가르칩니다. 오직 성경에 나타난 하나님의 뜻만이 올바른 경배 방법을 규정합니다. 이것을 "규정된 예배의 원칙"(Regulative Principle of Worship)이라고 부르는데 오직 하나님이 명령하신 대로만 예배하라는 것이며, 오직 하나님이 성경에서 명령하신 것만이 예배에서 받아들여질 수 있다는 것입니다. 하나님은 자신이 제정하고 규정하신 것 외에 다른 방식으로 드려지는 예배를 받지 않으십니다. 인간의 전통이나 개인적 선호도에 따른 예배는 하나님이 받지 않으십니다. 예배에서 하나님의 명령을 더하거나 빼는 것은 헛되고 거짓된 예배를 초래합니다.

하나님은 인간이 고안하여 만들어 낸 예배를 정죄하십니다(왕상 12:26-33). 이러한 거짓 예배는 시각적인 것이 특징인데(예: 로마 가톨릭교회), 인간의 상상력과 사탄의 역사로 인한 것입니다. 인간이 고안하여 만든 예배는 하나님의 명령보다 인간의 욕망을 우선시하기 때문에 하나님을 모독하는 것입니다(출 32:1-7). 그러나 하나님이 제정하신 대로 드려지는 예배는 그리스도 중심이요, 영과 진리로 드려지는 예배이기 때문에(요 4:23-24), 성령의 역사 가운데 말씀을 듣고 깨닫는 속에서(롬 10:17) 하나님께 드려지는 예배이기 때문에 시각적이 될 수 없습니다.

21.2 신앙적 예배는 성부와 성자와 성령이신 하나님 한 분께만 드려져야 하며(마 4:10; 요 5:23; 고후 13:13), 천사들이나 성인들이나 혹은 어떤 다른 피조물에게 드려져서는 안 된다(골 2:18; 계 19:10; 롬 1:25). 타락 이후 중보자 없이 예배가 드려질 수 없으며, 그리스도 외에 어떤 다른 중보자를 통해서 드려질 수 없다(요 14:6; 딤전 2:5; 엡 2:18; 골 3:17).

• 해설 •

3. 예배의 대상

신앙적 예배는 오직 하나님, 곧 성부, 성자, 성령께만 드려야 하며(마 28:19) 다른 누구에게도 드려서는 안 됩니다. 하나님은 오직 자신에게만 예배를 드리라고 명령하십니다(출 20:3). 오직 그분만이 경배와 기도, 예배를 받으실 자격이 있습니다. 사람이나 사물에 대한 예배는 우상 숭배입니다. 예배는 천사, 성인(로마 교회에서 말하는)에게 드려서는 안 됩니다. 우상 숭배와 거짓 예배는 정죄받는 것으로서, 형상을 만들어 예배하는 것(출 20:4-5), 인간이 만든 전통에 의한 것(막 7:7-8), 거짓 신 또는 영을 예배하는 것(신 32:17)을 포함합니다.

4. 중보자를 통한 예배

아담이 타락한 이후 중보자 예수 그리스도 없이는 하나님을 기쁘게 예배할 수 없습니다. 하나님은 완벽하게 거룩하시어서, 누구든지 하나님의 면전에 설 수 없습니다(히 12:29). 그리스도는 하나님과 사람 사이의 유일한 중보자이십니다(딤전 2:5). 어떤 기도, 예배도 그리스도 없이는 하나님이 받아들이실 수 없습니다. 이것은 창세전에 세우신 하나님 아버지의 뜻이기 때문입니다(엡 1:4). 따라서 신자가 드리는 예배는 그리스도의 속죄 사역을 근거로 이루어지는 것입니다(히 10:19-22). 오직 예수의 피에 대한 믿음을 통해서만 신자는 예배를 통해 하나님께 다가갈 수 있습니다. 그리스도 없는 예배는 거부됩니다.

따라서 그리스도 없이 예배하려는 불신자와 위선자들의 예배는 하나님이 거절하십니다. 대제사장이신 예수님이 신자들을 위해 중보하시고 그들의 예배를 하나님께 드리십니다(히 4:14-16). 오직 그리스도의 중보를 통해서만 신자의 예배가 아버지께 받아들여질 수 있습니다.

21.3 신앙적인 예배의 특별한 부분으로서 감사가 있는 기도는(빌 4:6) 하나님이 모든 사람에게 요구하시는 것이며(시 65:2), 이 기도가 받아들여지기 위해서 아들의 이름으로(요 14:13-14; 벧전 2:5), 그분의 영의 도우심으로(롬 8:26) 그분의 뜻에 따라(요일 5:14) 해야 한다. 기도는 이해와 존경과 겸손과 열심과 믿음과 사랑과 인내를 가지고 드려야 한다(시 47:7; 전 5:1-2; 히 12:28; 창 18:27; 약 5:16, 1:6-7; 막 11:24; 마 6:12, 14-15; 골 4:2; 엡 6:18). 그리고 만일 소리 내어 한다면 알려진 언어로 행해져야 한다(고전 14:14).

• 해설 •

5. 하나님이 받으시는 기도

기도는 하나님께 드리는 예배의 일부분입니다. 신자가 오직 삼위 하나님께 예배하는 것으로부터 신자가 드리는 기도도 삼위 하나님과 관련되어 있습니다. 신자가 드리는 기도는 삼위 하나님의 사역과 속성에 맞아야 하나님이 받으실 수 있습니다.

우선 하나님이 받으시는 기도가 되기 위해서는 예수 그리스도의 이름으로 드려야 합니다. 왜냐하면 그리스도는 유일한 중보자이시고, 오직 그리스도를 통해서만 하나님이 받아들이시기 때문입니다. 그리스도의 이름은 그분의 권위, 의로움, 구원의 완성된 사역을 나타내며, 이를 통해 믿는 자들은 아버지께로 나아갈 수 있습니다. 예수님은 그분의 제자들에게 그리스도의 이름으로 기도하라고 명령하셨습니다(요 14:13-14). 예수님의 이름으로 기도하는 것은 그리스도의 의로움을 의존해서 하나님께 드리는 것입니다. 그리스도의 의로움은 신자의 기도를 받아들여지게 합니다.

그리스도인은 기도할 때 성령의 도움이 필요합니다. 왜냐하면 신자의 연약함 속에서는 무엇을 기도해야 할지, 어떻게 올바르게 기도해야 할지 항상 알지 못하기 때문입니다. 성령은 믿는 자들의 기도를 도우시고, 중재하시고, 인도하시어, 기도가 하나님 앞에서 효과적이고 받아들여질 수 있게 하십니다. 성령은 신자의 약함을 도우십니다(롬 8:26-27). 신자는 종종 기도에서 지혜와 명확성이 부족합니다. 성령은 하나님의 뜻에 따라 신자의 마음과 생각을 인도하여 도우십니다. 신자가 심지어 말로 표현할 수 없을 때에도 성령은 깊고 표현할 수 없는 기도로 중재하십니다. 성령은 신자들에게 하나님의 진리에 맞춰 기도하는 방법을 가르치십니다. 성령은 신자의 기도 속에서 성경을 상기시키고 하나님의 약속을 생각나게 하십니다. 성령은 두려움과 의심을 제거하여 신자가 담대하게 기도할 수 있게 하십니다.

그리스도는 제자들에게 기도를 가르치셨을 때, "하늘에 계신 우리 아버지여"로 기도를 시작하고, 기도 마지막에는 "나라와 권세와 영광이 아버지께 영원히 있사옵나이다"로 마무리하라고 하셨습니다(마 6:9, 13). 신자의 기도가 아버지가 받으실 만하기 위해서는 반드시 아버지의 뜻에 맞아야 합니다. 하나님의 뜻에 따라 기도한다는 것은 성경에 계시된 하나님의 성품, 목적, 약속에 맞추는 것을 의미합니다. 신자들이 이런 식으로 기도할 때, 그들은 하나님이 그들의 기도를 들으시고 응답하신다는 확신을 가질 수 있습니다. 따라서 신자 자신의 뜻이 아닌 하나님의 뜻을 위해 기도해야 합니다. 참된 기도는 우리의 욕망을 하나님께 강요하는 것이 아니라, 하나님의 완전한 뜻을 구하는 것입니다(요일 5:14).

6. 기도에 이해력이 필요한 이유

그리스도인은 이해(understanding)를 가지고 기도해야 합니다. 개인적으로 말로 기도할 때에 이해가 되는 말의 구성으로 기도해야 하며, 더욱이 회중 기도에서는 알지 못하는 언어를 사용해서 기도해서는 안 됩니다. 사도 바울은 그리스도인이 기도가 의식적이고 의도적이며 합리적이 되도록 이해력을 가지고 기도하도록 격려합니다(고전 14:15). 신자들이 마음과 정신을 온전히 기도에 참여시키고, 말하는 내용이 하나님의 뜻에 대한 참된 이해를 반영하도록 할 때, 하나님이 영광을 받으십니다.

이해력을 가지고 기도한다는 것은 신자 자신이 무슨 말을 하는지 알고, 기도의 중요성을 알고, 하나님을 영화롭게 하는 방식으로 마음과 정신을 참여시키는 것을 포함합니다. 이해력을 가지고 기도해야 하나님의 뜻과 일치시킬 수 있습니다. 신자들이 기도의 내용을 이해하면서 기도할 때, 그들은 종종 성경을 묵상하고 하나님의 약속을 숙고합니다. 이것은 그들의 하나님에 대한 신뢰를 더욱 깊게 하는데, 왜냐하면 그들은 자신의 요청이 하나님의 말씀과 그분의 성품의 진리에 의해 알려졌음을 알고 확신하며 기도할 수 있기 때문입니다.

신자가 이해력을 가지고 기도하면, 피상적이거나 기계적인 기도를 막을 수 있습니다(마 6:7). 이해력을 가지고 기도하면 피상적인 기도 생활로 이어질 수 있는 공허하고 생각 없는 되뇌임을 피할 수 있습니다. 대신 신자들은 기도의 목적과 의미를 이해하면서 하나님과 진실하게 교제하도록 부름을 받았는데, 이를 통해 기도가 형식적이 아니라 하나님과의 중요한 소통이 됩니다. 신자는 예배에서 정신과 마음을 모두 참여시키기 때문에, 이해력을 가지고 기도해야 합니다. 신자 자신이 기도하는 내용을 이해하면 영과 진리로 하나님을 경배하고, 그분의 위대함, 거룩함, 사랑을 온전히 인식하고 그분께 찬양을 드릴 수 있습니다.

신자들은 자신들의 기도에 오류와 잘못된 지식이 들어오는 것을 막기 위해서 이해력을 가지고 기도해야 합니다. 신자들이 성경을 더 많이 공부할 수록 이해력이 더 커지고, 그러면 그들의 기도가 교리적으로 올바르고, 오류나 거짓된 믿음에 뿌리를 두지 않는다는 것을 보장할 수 있습니다.

21.4 기도는 합법적인 것들과(요일 5:14) 지금 살아 있는 모든 종류의 사람들과 혹은 장차 살아갈 사람들을 위해 드려져야 하며(딤전 2:1-2; 요 17:20; 삼하 7:29; 룻 4:12) 죽은 자들을 위해서나(삼하 12:21-23; 눅 16:25-26; 계 14:13), 사망에 이르는 죄를 지은 자들로 알려진 사람들을 위해서 기도해서는 안 된다(요일 5:16).

• 해설 •

7. 기도의 내용

그리스도인은 하나님의 말씀에 따라 광범위한 것에 대해 기도하도록 권장받으며, 모든 기도는 궁극적으로 하나님의 뜻과 일치해야 합니다. 우선 그리스도인은 하나님의 영광과 그분의 왕국을 위해 기도해야 합니다(마 6:9-10). 그리스도인은 하나님의 이름이 영광을 받고 그분의 왕국이 이 땅에서 진전되기를 기도해야 합니다. 신자 자신의 매일의 필요를 위해 기도해야 합니다(마 6:11). 신자는 죄 사함을 위해 기도하고, 함께 다른 사람을 용서할 수 있는 은혜를 구해야 합니다(마 6:12). 신자는 악으로부터 보호와 구원을 위해 기도하며, 하나님의 인도와 삶의 모든 측면에서 지혜를 위해 기도해야 합니다(약 1:5).

그리스도인은 영적 힘, 믿음의 성장 그리고 경건한 삶을 살 수 있는 성령의 권능을 위해 기도해야 합니다(엡 3:16-17). 그리스도인은 친구, 가족,

지도자, 심지어 원수를 포함하여 다른 사람들의 구원을 위해 기도해야 합니다(딤전 2:1-4). 그리스도인은 교회와 동료 신자들을 위해 기도해야 합니다(엡 6:18). 여기에는 신자들 사이의 영적 성장과 연합 그리고 고난당하고 있는 그리스도인들을 위해 기도하는 것이 포함됩니다. 그리스도인은 그리스도의 재림과 하나님 왕국의 성취를 위해 기도해야 합니다(계 22:20).

40주 | 예배의 구성 요소와 드리는 날

21.5 경건한 두려움을 가지고 성경을 읽는 것과(행 15:21; 계 1:3), 바른 설교를 행하는 것과(딤후 4:2), 하나님께 순종하는 마음과 이해와 믿음과 존경함으로 성실하게 설교를 듣는 것과(약 1:22; 행 10:33; 마 13:19; 히 4:2; 사 66:2), 은혜가 충만한 마음으로 시편을 노래하는 것과(골 3:16; 엡 5:19; 약 5:13), 그리스도가 제정하신 성례들을 올바르게 시행하고 합당하게 받는 것, 이 모두는 하나님께 드리는 통상적 예배의 부분들이다(마 28:19; 고전 11:23-29; 행 2:42). 이것 외에 특별한 경우와(시 107편; 에 9:22) 적절한 때에 예배의 다른 요소들이 있는데, 신앙적 맹세들과(신 6:13; 느 10:29) 서원들과(사 19:21; 전 5:4-5), 엄숙한 금식들과(욜 2:12; 에 4:16; 마 9:15; 고전 7:5) 감사가 있다. 이것들은 거룩하고 경건한 방식으로 사용되어야 한다(히 12:28).

• **해설** •

1. 통상적 예배의 구성 요소

1) 성경을 읽는 것

공예배에서 성경을 읽는다는 것은 예배 중에 성경의 일부를 공개적으로 읽는 것을 말합니다. 공예배에서 회중이 하나님의 말씀을 소리 내어 읽는 것은 예배의 필수적인 부분입니다. 성경을 읽는 것은 하나님이 자신의 뜻을 백성에게 계시하시는 주된 수단입니다. 회중은 성경을 읽는 것을 들음으로써 교훈을 받습니다(딤후 3:16-17). 성경의 공개적 낭독은 회중에게 하나님의 말씀을 선포하는 방법으로, 교회 생활에서 그 말씀의 중요성을 강조합니다. 공개적으로 말씀을 읽는 것은 모든 회중 구성원이 성경을 듣고 받는 공동 예배 행위입니다. 공개적으로 성경을 읽는 행위에서 하나님 말씀의 권위가 인정되고 존경받습니다. 그것은 성경이 예배의 중심이며 다른 모든 관행보다 최고의 권위를 가지고 있음을 보여 줍니다.

2) 바른 설교를 하는 것과 듣는 것

하나님을 경배하는 공적 예배에서 설교를 전하고 듣는 것은 예배의 필수적인 요소입니다. 설교는 설교자가 회중에게 하나님의 말씀을 선포하는 것입니다. 그것은 하나님이 자신의 백성에게 말씀하시고, 그들에게 교훈, 권고, 위로, 교정하시는 수단입니다. 복음은 모든 기독교 설교의 핵심입니다. 설교는 종종 설교자가 성경 본문의 의미를 설명하고 적용하는 강해 설교를 포함합니다. 여기에는 구약과 신약 모두에서 가르치고, 신자들이 역사적, 교리적, 실제적 맥락에서 말씀을 이해하도록 인도하는 것이 포함됩니다.

공예배에서 설교를 듣는 것은 예배의 행위입니다. 그리스도인은 설교되는 하나님의 말씀을 주의 깊게 경청하도록 부름을 받습니다. 여기에는 단순히 말씀을 듣는 것 이상이 포함됩니다. 전달되는 내용에 세심한 주의를 기울이고 그 의미를 이해하려고 노력하는 것이 포함됩니다. 신자들은 믿음과 열린 마음으로 말씀을 받아들이고 하나님이 설교자를 통해 그들에게 말씀하신다는 것을 기억해야 합니다. 설교를 듣는 목적은 진리를 이해하는 것뿐만 아니라 자신의 삶에 적용하는 것입니다. 신자들은 설교에 겸손하게 접근해야 하며, 설교를 통해 확신, 교정, 격려를 받을 준비가 되어 있어야 합니다. 궁극적인 진리의 근원으로 여겨지는 성경의 권위에 복종하는 태도가 있어야 합니다.

설교를 하는 것과 듣는 것은 상호 역할을 합니다. 설교자는 하나님 말씀의 진리를 충실하게 선포하도록 부름을 받고, 회중은 믿음으로 그것을 받아들이도록 부름을 받습니다. 두 역할 모두 공적 예배의 적절한 기능을 위해 필요합니다. 설교와 말씀 듣기는 모두 성령에 의존하여 수행되어야 합니다. 설교자는 지혜, 인도, 진리를 전달하는 능력을 위해 성령에 의지하는 반면, 듣는 사람은 마음을 열고, 죄를 깨닫게 하고, 메시지를 이해하고 적용할 수 있도록 성령에 의지합니다.

3) 시편을 노래하는 것

하나님을 공적으로 예배할 때 시편을 부르는 것은 특별히 개혁교회 역사 속에서 공예배의 중요한 요소로 여겨져 왔습니다. 공적 예배에서 시편을 부르는 것은 성경에 뿌리를 두고 있습니다. 시편은 하나님의 영감을 받은 것으로 여겨졌으며 구약 시대에 이스라엘 사람들이 불렀습니다(시 149:1). 신약에서 사도 바울은 시편, 찬송가, 영적 노래를 부르도록 격려합니다(엡 5:19; 골 3:16). 이는 초기 기독교 교회의 예배에서 시편을 노래했다는 것을 증명합니다.

시편에는 하나님에 대한 경외심, 숭배, 감사의 표현이 담겨 있습니다. 예배에서 시편을 부르면 회중에게 하나님의 위대함과 신실함을 상기시켜 줍니다. 시편은 하나님의 본성, 구원, 정의, 자비에 대한 교리적 진리로 가득 차 있습니다. 시편을 부르는 것은 신자들이 교리적 진리를 묵상하고 마음과 생각을 하나님의 말씀에 맞추는 데 도움이 됩니다.

4) 성례의 시행과 받는 것

그리스도가 제정하신 성례를 하나님께 드리는 공적 예배에서 집행하고 받는 것은 기독교 예배의 핵심적인 측면이며, 신자들이 영적 은혜를 받는 수단을 의미합니다. 성례는 세례와 주의 성찬으로서 그리스도가 제정하신 하나님의 보이지 않는 은혜의 가시적 표징이며, 신자들의 신앙을 강화하는 수단입니다.

2. 특별 예배의 요소들

1) 맹세와 서원

신앙적 맹세와 서약은 하나님 앞에서 하는 엄숙한 약속이나 서약으로, 하나님의 이름을 증인으로 삼아 헌신의 성실성과 진지함을 나타냅니다. 맹세는 사람이 진실을 말하거나, 무언가를 하겠다고 약속하거나, 사실을 확언하고, 하나님을 증인으로 부르는 엄숙한 선언입니다. 서원은 하나님을 섬기는 특정 업무, 활동 또는 행동에 자신을 헌신하겠다는 자발적이고 엄숙한 약속입니다. 그것은 종종 특별한 헌신이나 봉사의 행위를 포함하는 하나님 앞에서 하는 개인적인 약속입니다. 서원은 신앙적 헌신의 특정 수준에 대해 약속하거나 하나님의 복에 대한 보답으로 무언가를 바치는 것과 같이 다양한 상황에서 이루어졌습니다.

2) 금식

특별한 경우에 엄숙한 금식은 개인이나 공동체가 특정하고 중요한 사건이나 필요에 대응하여 지키는 의도적인 금식과 기도 기간을 말합니다. 이러한 경우는 일반적으로 깊은 성찰, 회개, 간구 또는 위기나 중요한 의사결정 시에 하나님의 인도, 개입 또는 자비를 구하는 것을 포함합니다. 성경에서 금식은 종종 하나님의 백성이 독특한 도전에 직면하거나, 하나님의 개입을 구하거나, 영적 쇄신을 원했던 특정 순간과 관련이 있습니다. 이러한 특별한 경우는 엄숙한 기도, 회개 또는 하나님께 의존하는 순간이었으며, 금식은 겸손과 하나님의 뜻을 진지하게 구하는 표시입니다.

3) 감사

특별한 경우에 대한 감사는 특정한 축복, 구원 또는 그분의 섭리의 행위에 대한 하나님께 대한 감사의 표현을 말합니다. 성경에서 하나님의 백성은 종종 하나님이 특별한 자비를 베푸실 때 감사를 드릴 시간을 따로 정해 두었습니다. 이러한 경우에 하나님의 선하심에 대한 응답으로 개인적, 공동체적, 국가적 감사 행위가 포함됩니다.

21.6 복음 아래에서는 기도도, 신앙적 예배의 어떤 다른 부분도, 그것이 행해지는 혹은 그것이 향하고 있는 어떤 장소에 매이지도 않으며, 그 장소에 의해 더욱 수납할 만한 것이 되지 않는다(요 4:21). 그와는 반대로, 하나님은 모든 곳에서(말 1:11; 딤전 2:8) 영과 진리로(요 4:23-24) 예배되어야 한다. 하나님은 개인의 가정에서(렘 10:25; 신 6:6-7; 욥 1:5; 삼하 6:18, 20; 벧전 3:7; 행 10:2) 매일(마 6:11), 각 개인에 의해 은밀하게 예배되어야 하며(마 6:6; 엡 6:18) 또한 공적 집회들 가운데 보다 엄숙히 예배되어야 한다. 하나님의 말씀 혹은 그분의 섭리로 하나님이 그들을 예배로 부르실 때, 이 같은 예배는 부주의하게 드려지거나 혹은 의도적으로 무시되거나, 포기되어서는 안 된다(사 56:6-7; 히 10:25; 잠 1:20-21, 24, 8:34; 행 13:42; 눅 4:16; 행 2:42).

• 해설 •

3. 영과 진리로 예배

영으로 예배한다는 것은 예배가 거듭난 마음에서 나오고 성령의 인도를 받는다는 것을 의미합니다. 참된 예배는 외적인 의식이 아니라 하나님께 대한 내적 헌신입니다. 영으로 예배한다는 것은 마음에서, 진실로, 성령의 인도를 받으며 예배한다는 것을 의미합니다. 따라서 영이 없는 예배는 율법주의와 형식주의의 예배가 되어, 차갑고 기계적이며 생기가 없는 예배가 됩니다. 한편으로 진리로 예배한다는 것은 성경과 예수 그리스도를 통해 하나님이 계시하신 진리에 따라 예배한다는 것을 의미합니다. 진리가 없는 예배는 감정주의와 열광주의, 그리고 주관주의 예배가 됩니다. 따라서 영과 진리의 균형이 있어야 참된 예배가 됩니다.

4. 가정 예배

그리스도인 가정은 한 집안에서 함께 하나님을 경배하도록 부름을 받았습니다. 이것을 가정 예배라고 부르는데, 기도, 성경 읽기, 찬송 부르기, 교리문답과 성경을 가르치는 것을 포함합니다. 가정 예배는 성경적 의무이며 식구들과 함께 신앙을 키우는 수단입니다. 하나님은 부모, 특히 아버지에게 가족을 경배로 인도하고 자녀에게 그분에 대해 가르치라고 부르십니다(신 6:6-7). 가정 예배는 신앙과 제자도를 강화하는 방법입니다. 매일의 가정 예배는 식구들의 믿음을 강화하고, 가정을 연합시킵니다.

5. 보다 엄숙하게 드리는 공적 예배

공적 예배는 하나님의 백성이 하나님을 그분이 정하신 방식으로 영광스럽게 하기 위해 함께하는 모임이기 때문에 신자들은 보다 엄숙하게 예배해야 합니다. 공적 예배는 개인 예배와 가정 예배와 구별되어, 더욱 엄숙하게 거행해야 합니다. 공적 예배는 하나님이 정하신 주일에 드려지기 때문에 보다 엄숙하게 드려집니다. 공적 예배에는 설교를 행하고, 듣는 순서가 있기 때문에 보다 엄숙한 마음으로 예배를 드립니다. 공적 예배에는 성례를 집행하고 받기 때문에 엄숙하게 드려져야 합니다. 공적 예배는 단순히 지역적인 모임이 아니라 하나님 앞에서 보편 교회의 예배의 일부이기 때문입니다. 공적 예배는 하늘의 예배에 엄숙하게 참여하는 것입니다(히 12:22-23).

21.7 일반적으로 자연의 법에 따라서 적당한 시간을 하나님을 예배하기 위해 따로 구별하는 것은 마땅한 것이며, 하나님은 자신의 말씀 안에서, 모든 시대에 모든 사람을 구속하는 적극적이며, 도덕적이고, 영속적인 명령으로서 7일 가운데 하루를 안식일로 자신에게 거룩하게 드려지도록 특별하게 정하셨다(출 20:8, 10-11; 사 56:2, 4, 6-7). 세상의 시작부터 그리스도의 부활 때까지 지정된 안식일은 주간의 마지막 날이었다. 그리스도의 부활과 함께 안식일은 주간의 첫째 날로 변경되었다(창 2:2-3; 고전 16:1-2; 행 20:7). 성경에서 이날을 주일로 부르며(계 1:10), 그리스도인의 안식일로서(출 20:8, 10; 마 5:17-18) 세상의 마지막 때까지 계속된다.

• 해설 •

6. 안식일

안식일 준수는 모세 이전의 창조 시의 계명입니다(창 2:2). 즉, 안식일을 지키라는 명령은 도덕적이고 영구적인 것입니다. 안식일 준수 법령은 죄 이전에 제정되었으므로 모든 인류를 위한 보편적인 법령입니다. 안식일 준수는 십계명의 제4계명으로서 도덕법인 것이 재확인됩니다. 안식일 규정은 도덕법으로서 모든 시대의 모든 사람에게 구속력이 있습니다. 안식일 규정은 하나님이 아담과 맺은 언약과 관련이 있으며, 하나님이 모세와 맺은 언약과도 관계가 있습니다. 즉, 안식일은 하나님과 그분의 백성 사이의 표징으로(출 31:16-17), 하나님 안에서 그리고 하나님을 예배하는 가운데, 하나님의 백성이 영적으로 안식을 갖는다는 것을 가리킵니다. 안식일은 언약의 표징으로(사 56:1-6), 그리스도 안에서 성취되었습니다(히 4:9-10). 안식일은 육체적 휴식이 아닌 거룩한 휴식과 예배의 날입니다.

7. 안식일에서 주일로

예수님은 안식일을 성취하셨고, 일곱째 날에서 주간의 첫날(안식 후 첫날, 요 20:1, 19) 혹은 여덟째 날(요 20:26)로 바꾸셨는데, 이날은 주의 날로 알려지게 되었습니다(계 1:10). 이날은 예수님이 부활하신 날입니다(마 28:1). 그분의 부활은 새로운 창조와 새로운 구원의 시대의 시작을 알렸습니다. 그리스도 부활의 날은 죄와 죽음에 대한 승리의 날입니다. 그리스도의 부활로 안식일은 주일로 대체되었습니다.

안식일의 주인으로서(막 2:28) 그리스도는 자신의 구속 사역에 비추어 그 날을 새롭게 정의하셨습니다. 구약에서 안식일은 창조와 구속을 기념하는 날이었습니다(신 5:12-15). 신약에서 주일은 안식일이 가지고 있는 의미에다가 그리스도의 구속 사역이 완성된 것을 기념합니다. 사도들과 초기 그리스도인들은 주의 날에 모여 예배하고 교제했습니다(행 20:7; 고전 16:2). 주의 날(계 1:10)로 부르는 이유는 그리스도를 위해 따로 구별된 날이라는 것을 가리킵니다. 따라서 안식일이 주일로 대체된 것은 옛 언약에서 새 언약으로의 전환을 나타냅니다. 옛 언약에서 안식일은 그리스도의 구속을 바라보았습니다. 새 언약의 주일은 그리스도 안에서 구원이 성취된 것을 기념합니다.

21.8 이 안식일은 주님께 거룩하게 지켜져야 하며, 사람들은 그들의 마음을 합당하게 준비하고, 그들의 일상적인 일들을 미리 정돈하고, 하루 종일 그들의 매일의 직업과 오락에 관련된 일이나 말 그리고 생각들로부터 거룩한 안식을 가질 뿐만 아니라(출 20:8, 16:23, 25–26, 29–30, 31:15–17; 사 58:13; 느 13:15–19, 21–22) 전체 시간을 공적으로 개인적으로 예배를 드리는 것과 부득이 해야 할 의무와 긍휼을 베풀어야 할 의무에 사용한다(사 58:13; 마 12:1–13).

• 해 설 •

8. 주일 성수

주일에는 모든 불필요한 세상 활동을 피하고 거룩한 예배와 신자와의 경건한 교제 속에서 영적으로 안식을 가집니다. 신자들은 주일에 필요하고 자비로운 일을 제외하고는 일상적인 노동, 사업을 중단합니다. 상거래는 피해야 하며, 하나님의 거룩한 날이 세상적인 거래의 날로 바뀌는 것을 방지해야 합니다(느 13:15–17). 영적 집중을 방해하는 여가 활동(스포츠, 오락, 과도한 사교 모임)은 피해야 합니다. 주일은 개인의 사적 용도로 쓰는 날이 아니라 주님을 위한 날이기 때문입니다. 주일은 예배와 영적 쇄신을 위한 날입니다. 청교도들은 주일을 영혼의 장날이라고 불렀는데, 주일에 공적 예배와 신자와의 교제를 통하여 영적인 것으로 충만케 했습니다.

주일에는 공적 예배 외에도, 개인적인 성경 공부와 기도, 하나님의 말씀에 대해 묵상하고, 가정으로 돌아와서는 가정 예배를 드립니다. 주일에는 자비의 행위와 봉사를 통하여 그리스도의 사랑을 증명합니다. 주일은 영적으로 안식하는 날인데, 세상의 걱정과 염려로부터 벗어나며, 죄를 짓는 것으로부터의 안식이기도 합니다.

41주 | 합당한 맹세와 서원

22.1 합법적인 맹세는 신앙적인 예배의 한 요소이며(신 10:20), 적절한 경우에 예배 가운데 하나님을 부르며 엄중히 맹세하는 사람은 자신이 주장하는 것과 혹은 약속한 것을 증언하는 것이며, 그가 맹세한 것의 진실성이나 허위성에 따라 그를 판단하게 하는 것이다(출 20:7; 레 19:12; 고후 1:23; 대하 6:22-23).

• 해 설 •

1. 합법적 맹세

합법적 맹세는 하나님 앞에서 바르게, 진실, 의로움, 판단으로 행해질 때 예배의 일부로 간주됩니다. 합법적 맹세는 확언된 것의 진실에 대한 증인으로서 하나님을 엄숙하게 부르는 것입니다(신 10:20). 그것은 하나님의 권위와 전지성을 인정하는 경건한 행위입니다. 법적 증언, 언약, 엄숙한 약속과 같은 중요한 문제에 사용됩니다. 맹세는 진실하게 해야 합니다. 거짓 맹세나 부주의한 맹세는 하나님을 모독합니다(레 19:12). 맹세는 성급하거나 가볍게 해서는 안 되며, 심각하고 합법적인 상황에서만 해야 합니다. 마태복음 5장 34-37절과 야고보서 5장 12절은 헛되거나 경솔한 맹세에 대해 경고하지만, 엄숙하고 합법적인 맹세를 금지하지는 않습니다. 합법적인 맹세는 법적 증언, 결혼 서약과 직분 서약과 같은 언약적 계약과 심각한 약속의 경우에 합니다.

22.2 사람들은 하나님의 이름으로만 맹세해야 한다. 그리고 맹세할 때, 하나님의 이름은 모든 거룩한 두려움과 존경함으로 사용되어야 한다(신 6:13). 따라서 하나님의 영광스럽고, 두려운 이름으로 헛되이 맹세하거나 경솔하게 맹세하는 것과 혹은 다른 어떤 것으로 맹세하는 것은 죄악이며, 혐오스러운 것이다(출 20:7; 렘 5:7; 마 5:34, 37; 약 5:12). 그러나 중요한 문제에 있어서 맹세는 신약과 구약 모두 하나님의 말씀에 의해 보증되었으며(히 6:16; 고후 1:23; 사 65:16), 따라서 그러한 문제에 있어서 합법적 맹세는 합법적 권위에 의해 부과되었을 때 행해져야 한다(왕상 8:31; 느 13:25; 스 10:5).

• 해 설 •

2. 하나님의 이름

하나님의 이름으로만 맹세해야 하는데, 하나님의 이름은 경건함, 성실함, 진실함으로 맹세에 사용되어야 합니다. 결코 가볍게, 거짓으로, 악한 목적으로 사용해서는 안 됩니다. 합법적인 맹세는 하나님을 진실과 정의에 대한 최종 증인으로 인정하는 예배 행위입니다. 따라서 맹세는 경건함과 하나님에 대한 두려움으로 해야 합니다. 바울은 자신의 진실성을 확인하기 위해 하나님 앞에서 엄숙하게 맹세했습니다(롬 1:9; 고후 1:23). 가볍게,

거짓 맹세하거나 부주의하게 맹세하는 것은 하나님의 이름을 더럽히는 것입니다. 다른 이름(거짓 신, 우상, 창조물 등)으로 맹세하는 것은 금지되어 있습니다(사 65:16).

3. 신약에서의 맹세

신약은 진실, 의로움 그리고 하나님 앞에서 엄숙하게 하는 한 중요한 문제에 대한 합법적인 맹세를 허용합니다. 예수님은 모든 맹세를 정죄하지 않으셨습니다. 다만 성급하고 거짓된 맹세를 정죄하셨습니다. 거짓되고 기만적인 맹세와 경솔하고 불필요한 맹세 그리고 창조된 것(하늘, 땅, 예루살렘, 자신의 머리)으로 맹세하는 것은 정죄됩니다(마 5:33-37). 바울은 신약에서 합법적으로 맹세했습니다. 바울은 성령의 영감을 받아 중요한 문제에 엄숙한 맹세를 사용했습니다(롬 1:9; 고후 1:23; 갈 1:20). 바울은 하나님의 이름을 불러 자기 진술의 진실성을 확증했습니다. 이것은 심각한 문제에 대한 맹세가 올바르게 행해졌을 때 유효하다는 것을 보여 줍니다. 하나님이 직접 엄숙한 맹세를 하셨습니다. 히브리서 6장 16-17절에서와 같이, 하나님은 약속의 상속자들에게 자기 목적의 변함없는 성격을 더욱 확실하게 보여 주기를 원하셨을 때 맹세로 그것을 보증하셨습니다.

22.3 누구든지 맹세하는 자는 엄숙한 행위의 중요성을 신중하게 생각해야 하며, 자기 자신이 진실이라고 충분히 확신하는 것만 맹세해야 한다(출 20:7; 렘 4:2). 어떤 사람이든지 선하고 올바른 것과 자신이 그렇다고 믿는 것과 자신이 이행하고 해결할 수 있는 것 외의 것을 맹세하여 자신을 속박해서는 안 된다(창 24:2-3, 5-6, 8-9). *그러나 합법적 권

위에 의해 부과된 선한 것과 바른 어떤 것에 대한 맹세를 거부하는 것은 죄가 된다(민 5:19, 21; 느 5:12; 출 22:7-11).*[1]

• 해설 •

4. 맹세해서는 안 되는 경우들

신자는 선하고 정의롭지 않다고 확신하거나 수행할 수 없는 일을 수행하기 위해 맹세로 자신을 구속해서는 안 됩니다. 맹세는 진실, 정의, 판단으로 해야 합니다. 맹세는 깨끗한 양심으로만 해야 하며, 약속하는 것이 진실되고, 정의로우며, 의로운 것이라는 확신이 있어야 합니다. 이것에 대한 확신이 없다면, 그 행동을 하겠다고 맹세해서는 안 됩니다. 죄악적이거나 불가능한 일을 하겠다는 맹세는 금지되어 있습니다. 잘못된 일을 하겠다고 맹세하는 것은 죄로 이어집니다(막 6:22-23). 그 맹세가 자신에게 죄를 지으라고 요구하거나 자신의 능력을 넘어서는 것이라면, 맹세해서는 안 됩니다. 이미 맹세했다면, 죄를 짓기보다는 회개하고 그것을 이행하지 않아야 합니다. 맹세는 그것을 지킬 수 있다는 확신이 있을 때에만 해야 합니다. 불가능한 일을 하겠다고 맹세하면 맹세를 어기는 것으로 이어지며, 그것은 죄입니다. 신자는 하나님의 섭리를 인정해야 하며 자신이 통제할 수 없는 것에 맹세해서는 안 됩니다(약 4:13-15).

22.4 맹세는 모호함이나 감추는 것이 없이 분명하고, 평범한 말로 해

---

1) 미국 장로교회는 1903년에 웨스트민스터 신앙고백서를 개정할 때, 이 부분(*표시 문구)을 삭제했다. 대부분의 현대어판에서도 이 부분이 삭제되어 있다.

야 한다(렘 4:2; 시 24:4). 맹세가 사람으로 죄를 짓게 해서는 안 되며, 죄가 아닌 것을 맹세했다면 자신에게 손해가 될지라도 반드시 실행해야 한다(삼상 25:22, 32-34; 시 15:4). 비록 이단자나 불신자들에게 했을지라도 맹세를 어겨서는 안 된다(겔 17:16, 18-19; 수 9:18-19; 삼하 21:1).

• 해설 •

5. 맹세가 죄를 짓게 하는 경우

어떤 사람이 죄악을 행하겠다고 맹세했다면, 그것을 이행할 의무가 없습니다. 사실, 그는 그러한 맹세를 이행하지 않을 의무가 있습니다. 왜냐하면 죄는 결코 정당화될 수 없기 때문입니다. 죄를 짓겠다고 맹세한 것은 이미 죄를 지은 것입니다. 그런데 그 맹세를 이행하는 것은 죄에 죄를 더하는 것입니다(막 6:26). 누군가가 성급하게 맹세(특히 악을 행하겠다고)한 경우, 그들은 맹세를 이행할 것이 아니라 회개하고 용서를 구해야 합니다. 죄악스러운 맹세는 하나님의 법에 어긋나며 회개해야 합니다. 결코 그 죄 된 맹세를 이행해서는 안 됩니다. 그것을 이행하게 되면 죄는 무거워지고, 죄책감이 더욱 커질 것입니다.

다윗은 분노하여 나발과 그의 부하들을 죽이겠다고 맹세했지만, 아비가일이 지혜롭게 조언하자 죄악스러운 맹세에서 돌아섰습니다(삼상 25:22-33). 다윗이 죄를 지으려는 서원을 버린 것은 옳았습니다. 사람은 결코 죄악스러운 맹세를 실행해서는 안 되며, 맹세한 것을 회개하고 버려야 합니다.

6. 맹세의 이행

맹세가 합법적이고 죄가 아니라면, 개인적 손실이나 고통으로 이어지더라도 지켜야 합니다. 의로운 사람은 무언가가 손해를 보더라도 자신의 말을 지킵니다(시 15:4). 맹세나 서약이 합법적으로 이루어졌다면, 개인적 손실로 이어지더라도 존중하고 이행해야 합니다. 합법적 맹세는 하나님 앞에서의 심각한 약속이므로 어겨서는 안 됩니다(민 30:2). 이스라엘 사람들은 기브온 사람들이 먼 나라에서 왔다고 생각하고 그들과 평화 조약을 맺었습니다. 그러나 그들이 속았다는 것을 알았지만, 주님 앞에서 맹세했기 때문에 여전히 지켰습니다(수 9:15-19).

22.5 서원은 약속의 맹세와 같은 성질을 가지고 있으며, 같은 신앙적 돌봄으로 이루어져야 하며, 같은 성실성을 가지고 이행되어야 한다(사 19:21; 전 5:4-6; 시 61:8, 66:13-14).

• 해설 •

7. 서원의 성질

서원은 하나님께 자발적으로 하는 엄숙한 약속이나 헌신으로, 합법적이고 하나님의 뜻에 맞는 특정한 의무, 봉사 또는 헌신의 행위에 자신을 묶는 것입니다. 서원은 예배 행위로서 하나님께 하는 것입니다. 서원은 강요에 의해서가 아니라 자유롭게 해야 합니다. 서원을 어기는 것은 죄로 간주됩니다. 서원은 성급하게 해서는 안 되며, 한 번 서원하면 반드시 이행해야 합니다(시 76:11). 서원은 자발적이므로 명령받은 것이 아니지만, 한 번 서원하면 하나님 앞에서 구속력이 있습니다(전 5:4-5). 서원하고 이행하지 못하는 것보다 서원하지 않는 것이 낫습니다. 서원은 합법적이어야 하며 하나님의 뜻 안에 있어야 합니다.

이스라엘 사람들은 동물, 재산, 심지어 자신을 하나님께 바치겠다고 서원할 수 있었습니다(레 27:9-10). 바울은 서원을 합법적이고 경건한 방식으로 할 수 있음을 보여 주었습니다(행 18:18). 서원은 더 큰 헌신의 약속입니다. 나실인의 서원은 주님을 향한 특별한 분리와 더 큰 헌신의 서원이었습니다(민 6:2-5).

22.6 서원은 어떤 피조물에 대해서 하는 것이 아니라 하나님께만 하는 것이다(시 76:11; 렘 44:25-26). 그 서원이 받아들여지려면 자발적으로, 믿음으로부터 그리고 의무에 대한 확신으로, 받은 자비에 대한 감사 방법으로 하며 혹은 우리가 원하는 것을 얻기 위해서 해야 한다. 서원함으로써 우리는 해야 할 의무나 혹은 그 밖의 일들을 행하는 데 적절히 공헌할 수 있는 한 우리 자신을 보다 엄격히 구속할 수 있다(신 23:21-13; 시 50:14; 창 28:20-22; 삼상 1:11; 시 66:13-14, 132:2-5).

• 해설 •

8. 서원의 방법

서원이 하나님께 받아들여지려면 오직 하나님께만 해야 합니다(시 76:11). 서원은 기꺼이 자발적으로 그리고 진심으로 해야 합니다. 서원은 강요되거나 강압에 의해 이루어져서는 안 됩니다. 서원은 이기적인 이득이나 다른 사람에게 인상을 주기 위한 것이 아니라, 하나님에 대한 진실한 헌신에서 나와야 합니다. 서원은 믿음과 하나님에 대한 신뢰로 해야 합니다. 서원은 믿음으로 해야 하며, 하나님의 능력을 신뢰해야 합니다.

서원은 자신이 하나님 앞에서 무엇을 해야 할 것인가에 대한 확신에서 해야 합니다. 서원하는 사람은 자신이 무엇을 하기로 했는지를 이해할 뿐만 아니라 그것에 대한 확신을 가지고 있어야 합니다. 서원은 하나님의 자비에 대한 감사의 방법으로 합니다. 한나는 아들 사무엘을 주님의 봉사에 바치겠다고 서원했습니다(삼상 1:11). 서원은 종종 감사, 헌신 또는 하나님의 은총을 구하는 행위로 이루어집니다. 자신의 의무를 보다 적극적으로 이행하기 위해 서원하여, 자신을 그 일을 행하는 것에 구속할 수 있습니다.

22.7 아무도 하나님의 말씀에서 금지하는 일이나 그 안에 명령하신 의무의 실행을 방해하는 것이나 자신이 할 수 없는 어떤 것이나, 하나님으로부터 능력이 약속되지 않은 것을 실행하는 것에 대해서 서원해서는 안 된다(행 23:12, 14; 막 6:26; 민 30:5, 8, 12-13). 이러한 점에서 로마 가톨릭의 영구적인 독신 생활, 청빈의 고백, 규칙적인 순종의 수도원적 서원은 보다 높은 완전의 정도에 이르는 것과는 거리가 멀며, 이것들은 미신적이며, 죄악 된 올무다. 그리스도인들은 이러한 것들에 자신을 얽매이게 해서는 안 된다(마 19:11-12; 고전 7:2, 9; 엡 4:28; 벧전 4:2; 고전 7:23).

• 해설 •

9. 서원해서는 안 되는 경우들

하나님의 말씀에서 금지하고 있는 일에 대해 서원해서는 안 됩니다. 서원의 실행이 하나님이 명령하신 의무의 수행을 막는다면, 그것을 서원해서는 안 됩니다. 개인 자신의 능력 범위를 넘어서는 것에 대해 서원해서는 안 되며, 하나님의 능력이 약속되지 않은 것을 실행하는 것에 대해 서원해서는 안 됩니다. 이러한 서원은 결국 이행하지 못하고, 죄를 짓게 합니다.

42주 | 시민 공직자

23.1 온 세상 최고의 주이시며 왕이신 하나님은 시민의 공직자들을 세우셔서 자기 아래 두시고 자기 자신의 영광과 공공의 유익을 위하여 백성을 다스리게 하셨으며, 이 목적을 위하여 그들에게 검의 권세로 무장시키시어 선한 자들을 보호하고 격려하며, 악을 행하는 자들을 처벌하게 하셨다(롬 13:1-4; 벧전 2:13-14).

• 해설 •

1. 시민 공직자를 세우신 하나님의 목적

하나님은 사회의 이익, 정의의 증진, 악의 억제를 위해 시민 공직자들(정부 당국)을 임명하셨습니다. 시민 공직자들은 정의를 옹호하고, 악을 처벌하고, 무고한 사람들을 보호하기 위해 존재합니다(롬 13:3-4). 정부는 의를 증진하는 법을 시행해야 합니다. 시민 당국은 법을 집행하여 사악함이 퍼지는 것을 억제해야 하며, 또한 선행하는 사람들에게 보상을 주고 보호해야 합니다(벧전 2:13-14).

정의로운 통치자는 사람들이 공정하게 대우받도록 보장하고 억압으로부터 보호합니다(잠 29:4). 부패한 정부는 사회를 파괴하는 반면, 의로운 통치자는 사회를 보존합니다. 잘 통치되는 사회는 혼란에서 자유롭고 평화로운 삶을 가능하게 합니다(딤전 2:1-2). 평화는 사람들이 하나님을 자유롭게 경배하고 자신의 소명을 다할 수 있게 합니다. 따라서 통치자는 하나님의 사역자로 봉사해야 하며, 하나님의 도덕법에 따라 통치해야 합니다(롬 13:1). 그러므로 믿지 않는 통치자조차도 하나님의 권세 아래 있으며, 그들의 행동에 대해 심판을 받을 것입니다.

통치자들이 하나님의 뜻에 반하는 행동을 할 때, 신자들은 사람보다 하나님께 순종해야 합니다(행 5:29). 하나님은 정부를 통해서 복음의 진전이 방해받지 않게 하셨습니다. 즉, 하나님이 정부를 세우신 목적 가운데 하나는 교회를 보호하기 위한 것입니다. 바울은 로마법에 의해 부당한 박해로부터 보호받았습니다(행 18:12-17). 정부가 제대로 기능하면 복음을 자유롭게 전파할 수 있습니다. 시민 당국은 신앙의 자유와 신자들이 자유롭게 예배할 수 있도록 보호해야 합니다.

23.2 그리스도인들이 공직자로 부름을 받았을 때, 공직자의 직무를 받아들이고 시행하는 것은 적법하며(잠 8:15-16; 롬 13:1-2, 4) 이 직무에서 그들은 각 나라의 건전한 법률에 따라 경건과 정의, 평화를 특별히 유지해야 한다(시 2:10-12; 딤전 2:2; 시 82:3-4; 삼하 23:3; 벧전 2:13). 그 목적을 위하여 신약 아래에 있는 그들은 정당하고, 필요한 경우에 이제 합법적으로 전쟁을 수행할 수 있다(눅 3:14; 롬 13:4; 마 8:9-10; 행 10:1-2; 계 17:14, 16).

• 해설 •

2. 그리스도인 시민 공직자

그리스도인 시민 공직자들은 하나님의 종으로서 공의, 지혜, 겸손으로 권위를 행사해야 하며, 공동의 선을 증진하는 동시에 하나님의 도덕법을 옹호해야 합니다. 그들의 역할은 공의롭고 공평하게 그리고 하나님의 뜻에 복종하여 통치하고, 사회가 평화, 질서, 정의 아래 번영하도록 하는 것입니다.

그리스도인 시민 공직자들은 주님을 경외하는 가운데 통치해야 하는데(삼하 23:3), 하나님이 그들을 심판하실 것임을 알아야 합니다. 그들은 의사 결정에서 하나님의 지혜를 구하고, 부패와 이기심을 피해야 합니다. 그리스도인 시민 공직자들은 공정하게 법을 집행하고 편애 없이 악을 처벌해야 합니다(잠 16:12). 정의는 정치적 압력이나 뇌물이 아닌 진실과 의에 기반해야 합니다. 시민 정부의 역할은 사람들이 평화롭게 살 수 있는 안정적인 사회를 만드는 것입니다(딤전 2:2).

그리스도인 시민 공직자들은 개인의 자유를 보호하고 모든 사람에게 평등한 정의를 보장해야 합니다. 그리스도인 통치자는 교회의 자유를 보호해야지 참된 예배를 억압해서는 안 됩니다(시 2:10-12). 정부는 신자들이 하나님을 자유롭게 경배하고 복음을 전파할 수 있도록 해야 합니다. 그리스도인 시민 공직자들은 지혜를 위해 기도하고 자신의 결정에 성경적 지침을 구해야 합니다(약 1:5). 지혜롭고 경건한 상담자들과 함께 있으면 의로운 통치가 보장됩니다. 그리스도인 통치자는 경건한 품성의 모범이 되어야 하며, 정직, 성실, 의로움을 보여야 합니다. 국가의 모범이 되는 경건하고 올바른 삶을 살아야 합니다.

3. 시민 정부와 전쟁

통치자들은 어떤 경우에는 합법적으로 전쟁을 일으킬 수 있지만, 오직 정당하고 필요한 상황에서만 가능합니다. 성경은 정의를 옹호하고 질서를 유지하기 위해 칼을 든 시민 정부의 합법성을 인정합니다. 그러나 전쟁은 결코 탐욕, 공격성 또는 야망에서 추구되어서는 안 되며, 오히려 자기방어, 무고한 사람들의 보호, 정의의 집행을 위한 최후의 수단으로 추구되어야 합니다.

시민 통치자들은 정의를 유지하기 위한 하나님의 사역자이며 필요할 때 무력을 사용할 수 있습니다(롬 13:4). 칼은 국가 방위를 포함하여 악행자를 처벌하는 정부의 권한을 나타냅니다. 무고한 자를 억압, 폭정 또는 불법적인 침략으로부터 보호해야 할 때 전쟁은 정당화됩니다(잠 24:11–12). 다만 전쟁은 결코 첫 번째 선택이 되어서는 안 되며, 다른 모든 평화적 수단(협상, 외교, 조약)이 실패했을 때에만 추구해야 합니다. 탐욕, 정복, 권력 또는 개인적 야망에 의해 주도되는 전쟁은 정죄받습니다. 이기적인 이득이나 정치적 이익을 위해 전쟁을 추구하는 국가와 통치자는 스스로 심판을 초래합니다. 통치자는 전쟁 문제에서 지혜, 정의, 자제력을 행사해야 하며, 궁극적으로 모든 나라의 재판관이신 하나님께 책임을 져야 한다는 것을 알아야 합니다(시 9:19–20).

23.3 시민의 공직자는 스스로 말씀과 성례의 집행하는 권한과 혹은 천국 열쇠의 권세를 취해서는 안 된다(대하 26:18; 마 18:17, 16:19; 고전 12:28–29; 엡 4:1, 12; 고전 4:1–2; 롬 10:15; 히 5:4).[1] 그러나 그는 권위를 가지고 교회 안에서 일치와 평화가 유지되도록 명령할 수 있는데, 이는 그

---

1) 1788년에 미국 장로교회는 개정하여 이 항에 다음의 문구를 추가했다: "그는 믿음의 문제에 있어서 간섭해서도 안 된다."

의 의무다. 이로써 하나님의 진리는 순수하고 온전히 보전되며, 모든 신성 모독과 이단들이 억제되고, 예배와 치리에 있어 모든 부패와 남용이 예방되거나 개혁되며, 하나님이 정하신 모든 의식이 바르게 정해져서 시행되며 준수된다(사 49:23; 시 122:9; 스 7:23, 25-28; 레 24:16; 신 13:5-6, 12; 왕하 18:4; 대상 13:1-9; 왕하 23:1-26; 대하 34:33, 15:12-13).[2] 이러한 것을 보다 효과적으로 이행하기 위해서 그는 대회들을 소집할 권세가 있고, 그들 앞에 나타나서, 하나님의 마음에 따라서 그들 안에서 결정된 것들을 규정해야 한다(대하 19:8-11, 29-30장; 마 2:4-5).[3]

• 해설 •

4. 시민 정부의 교회에 대한 태도

교회와 관련된 시민 통치자들의 역할과 책임은 교회를 영적으로 통치하는 것이 아니라 교회가 자유롭게 하나님을 경배하고 사명을 완수할 수 있도록 보호, 정의, 질서를 제공하는 것입니다. 시민 통치자들은 하나님의 참된 경배를 보호해야 합니다. 시민 통치자들은 교리를 지시하는 것이 아니라 교회가 자유롭게 그리고 박해 없이 하나님을 경배할 수 있도록 보장해야 합니다. 시민 통치자들은 정의를 옹호하기 위해 하나님에 의해 임명되었으며, 여기에는 교회를 박해로부터 보호하는 것이 포함됩니다. 시민

---

[2] 이 부분은 1788년에 다음과 같이 개정되었다: "그러나 양육하는 아버지와 같이 우리의 참된 교회를 보호하는 것은 시민 공직자의 의무이며, 어떤 교파를 다른 교파들보다 우대하지 말고, 같은 방식으로 모든 교역자가 그 거룩한 직책을 폭력 혹은 위험 없이 완전히 자유롭게 수행할 수 있게 해야 한다(사 49:23)."

[3] 이 부분은 1788년에 다음과 같이 개정되었다: "그리고 그리스도가 자기의 교회 안에 규칙적인 정치와 권징법을 제정하셨으므로, 어떤 국가의 법도 그들 자신의 신앙고백과 믿음에 따라서, 어떤 교단의 회원들 가운데 적절히 시행하고 있는 것을 간섭하거나, 억제하거나 방해할 수 없다(시 105:15). 시민 공직자의 의무는 사람들과 자신의 백성의 명예를 보호하고, 신앙의 이름 안에서든 혹은 불신앙이든지 어느 누가 다른 사람에게 모욕이나 폭행이나 학대나 상해를 가하는 것이 허용되지 않도록 효과적으로 처리하는 것이다. 그들은 모든 신앙적인 집회와 교회 집회가 아무 방해나 소란이 없이 열릴 수 있도록 돌보아야 한다(삼하 23:3; 딤전 2:1-2; 롬 13:4)."

통치자들은 종교적 신념을 강요하지 않지만, 사회에서 정의와 도덕적 질서를 유지할 책임이 있습니다.

정부는 의를 증진하고 악을 억제하여 복음이 번성할 수 있는 평화로운 사회로 이끌어야 합니다. 시민 정부가 교회를 지지하는 것은 아니지만, 사회 속에서 미신과 우상 숭배가 확장되지 않게 해야 합니다. 이러한 것들은 영적 부패에서 사회적 부패로 이어지기 때문입니다. 교회와 국가는 분리되어 있습니다. 정부는 교회의 교리, 예배 또는 리더십을 통제하거나 지시해서는 안 됩니다. 만약 시민 통치자들이 하나님의 말씀에 반대한다면, 그리스도인들은 사람보다 하나님께 순종해야 합니다.

23.4 공직자를 위해 기도하고(딤전 2:1-2) 그들의 인격을 존중하며(벧전 2:17), 세금과 그 밖의 공과금을 지불하고(롬 13:6-7) 그들의 합법적인 명령에 순종하고, 양심을 위하여 그들의 권위에 복종하는 것은(롬 13:5; 딛 3:1) 백성의 의무다. (공직자가) 불신자이거나 다른 종교를 가지고 있다고 해서 공직자의 정당하고 합법적인 권위가 무효화될 수 없으며, 그들에 대한 백성의 마땅한 순종이 면제되는 것이 아니며(벧전 2:13-14, 16), 교직자들도 면제되지 않는다(롬 13:1; 왕상 2:35; 행 25:9-11; 벧후 2:1, 10-11; 유 1:8-11). 교황은 시민 공직자들에 대해서 그들이 지배하는 지역과 그들의 백성 위에 어떤 권세나 사법권을 가지지 않으며, 그들을 이단으로 판단하거나 혹은 그 밖의 구실을 세워 그들의 통치권과 생명을 빼앗을 수 없다(살후 2:4; 계 13:15-17).

• 해설 •

5. 그리스도인의 시민 정부에 대한 태도

그리스도인은 하나님의 명령과 모순되지 않는 한, 행정 당국을 존중하고, 순종하고, 기도하도록 부름을 받습니다. 그리스도인은 통치자를 존경해야 합니다(벧전 2:17). 행정 당국은 하나님에 의해 권력을 부여받았으며, 그리스도인은 그들에게 합당한 존경을 표하도록 부름을 받았습니다. 통치자가 불의하더라도 신자는 그 지위를 존중해야 하며, 또한 의를 위해 일해야 합니다. 정부는 질서를 유지하고 악행하는 자를 처벌하기 위해 존재합니다. 따라서 그리스도인은 사회법을 지켜야 합니다. 합법적인 권위에 대한 불순종은 그 권위가 하나님의 말씀과 모순되지 않는 한 하나님께 대한 불순종입니다. 그러나 정부가 죄를 명령한다면, 그리스도인은 사람보다 하나님께 순종해야 합니다. 다니엘은 기도하는 것을 멈추라는 명령을 거부했습니다(단 6:10). 사도들은 전도하지 말라는 명령을 거부했습니다(행 4:19-20).

세금은 질서를 유지하기 위해 하나님이 정하신 시민 정부를 지원하는 데 사용됩니다. 그리스도인은 세금을 내는 의무를 행해야 합니다. 그리스도인은 통치자를 위해 기도해야 합니다(딤전 2:1-2). 그리스도인은 지도자들을 위해 기도하며, 하나님이 그들에게 지혜와 의로움을 주시기를 구해야 합니다. 목표는 정부가 평화와 정의를 증진하여 신자들이 경건하게 살 수 있도록 하는 것입니다. 그리스도인은 사회에서 정의, 평화, 도덕적 정직성을 위해 일해야 합니다.

43주 | 결혼과 이혼

24.1 결혼은 한 남자와 한 여자 사이에 이루어져야 한다. 어떠한 남자가 한 명 이상의 아내를 두는 것이나, 또한 어떠한 여자가 한 명 이상의 남편을 동시에 두는 것은 합법적이지 않다(창 2:24; 마 19:5-6; 잠 2:17).

• 해설 •

1. 일부일처제

한 남자가 두 명 이상의 아내를 두는 것은 합법적이지 않으며, 한 여자가 동시에 두 명 이상의 남편을 두는 것도 합법적이지 않습니다. 성경에 따르면, 결혼에 대한 하나님의 원래 설계는 평생 언약 관계에 있는 한 남자와 한 여자입니다. 하나님의 결혼 제도의 제정에 대한 말씀인 창세기 2장 24절에서 "한 몸"이라는 단어는 여러 배우자를 허용하지 않는 독특하고 독점적 유대감을 나타냅니다. 예수님은 결혼에 대한 하나님의 원래의 설계를 한 남자와 한 여자로 재확인하셨습니다(마 19:4-6). 바울은 각 남자가 한 아내를 두고, 각 여자가 한 남편을 두라고 분명히 명령합니다(고전 7:2).

2. 구약에서의 일부다처제

구약의 일부다처제는 하나님의 이상형이 아니었습니다. 일부 구약 인물들로서 아브라함, 야곱, 다윗, 솔로몬은 여러 아내를 두었지만, 이것은 결코 하나님의 완벽한 설계가 아니었습니다. 일부다처제는 갈등과 문제로 이어졌습니다. 아브라함의 가정에서는 사라와 하갈 사이에 갈등이 있었습니다(창 16장). 야곱의 아내들인 라헬과 레아는 서로 질투했습니다(창 29-30장). 솔로몬의 많은 아내(왕상 11:3-4)는 우상 숭배와 하나님으로부터의 이탈로 이어졌습니다.

일부다처제가 발생했다는 사실이 하나님이 그것을 승인하셨다는 것을 의미하지는 않습니다. 그것은 그들의 죄입니다. 다만 인간의 죄성 때문에 그리고 그 시대의 영적 어두움 때문에, 죄가 더욱 악해지는 것을 막기 위해 일시적으로 그것을 용납하셨을 뿐입니다(행 17:30).

24.2 결혼은 남편과 아내가 서로 돕도록 제정되었으며(창 2:18), 합법적인 자손들을 통해 인류가 번성하고, 경건한 자손을 통하여 교회가 번성하고(말 2:15), 성적인 부정을 막기 위하여 제정되었다(고전 7:2, 9).

• 해설 •

3. 결혼 제도 제정의 목적

결혼은 하나님이 특정한 목적을 위해 세우신 제도입니다. 성경은 결혼이 단순히 인간의 결합이 아니라 하나님이 자신의 영광과 인류의 선을 위해 정하신 거룩한 언약이라고 밝힙니다. 하나님이 아담의 동반자로 하와를 창조하셨는데, 이는 결혼이 깊은 동반자 관계와 관계적 성취감을 제공한다는 것을 보여 줍니다(창 2:18). 결혼은 삶의 여정에서 지원, 격려, 힘을 제공합니다(전 4:9-10). 남편과 아내는 영적으로, 정서적으로, 육체적으로 서로를 돕도록 부름을 받았습니다. 결혼은 단순한 계약이 아니라 하나님 앞에서의 거룩한 언약입니다(말 2:14). 여기에는 헌신, 충실함 그리고 지속적인 사랑이 포함됩니다.

결혼은 열매를 맺기 위해 고안되었습니다. 경건한 환경에서 자녀를 낳고 양육하는 것입니다(말 2:15). 하나님은 경건한 자손을 찾으시며, 결혼이 하나님의 방식으로 자녀를 양육하는 수단임을 보여 주십니다. 결혼은 성적 순결을 위한 하나님의 설계입니다(고전 7:2). 그것은 친밀함을 위한 거룩하고 명예로운 길을 제공합니다. 결혼은 성적 죄로부터 보호하고 충실함과 자제력을 증진합니다(히 13:4). 결혼은 그리스도와 그분의 교회 사이의 관계에 대한 살아 있는 그림 역할을 합니다. 남편이 아내를 위해 희생적인 사랑을 보이는 것은 그리스도의 교회에 대한 사랑을 반영합니다(엡 5:31-32). 결혼의 궁극적인 목적은 하나님을 영화롭게 하는 것입니다. 경건한 결혼은 그분의 성품, 그분의 사랑 그리고 세상에 대한 그분의 충실함을 반영합니다.

24.3 판단할 수 있으며, 서로 합의할 수 있는 모든 사람의 결혼은 합법적이다(히 13:4; 딤전 4:3; 고전 7:36-38; 창 24:57-58). 그러나 그리스도인들이 오직 주 안에서만 결혼하는 것은 의무다(고전 7:39). 따라서 참된 개혁신앙을 고백하는 자는 불신자와 로마 가톨릭 교인과 다른 우상 숭배자들과 결혼해서는 안 되며, 그리스도인들은 생활에 있어 악명 높은

악한 자들이나 혹은 저주받을 이단 사상을 주장하는 자들과 결혼하여 감당할 수 없는 멍에를 지워서는 안 된다(창 34:14; 출 34:16; 신 7:3-4; 왕상 11:4; 느 13:25-27; 말 2:11-12; 고후 6:14).

• 해설 •
4. 주 안에서 결혼

그리스도인은 신자와만 결혼하라는 명령을 받았습니다. 사도 바울은 그리스도인들은 "주 안에서" 결혼해야 한다고 말했습니다(고전 7:39). 그리스도인이 주 안에서 결혼해야 하는 이유는 하나님의 명령에 순종하기 위해서입니다. 바울은 믿지 않는 자와 멍에를 같이 메지 말라고 했는데(고후 6:14), 신앙을 공유하지 않는 사람과 결혼하게 되면, 신앙의 가치와 신념의 갈등으로 이어질 수 있기 때문입니다. 하나님께 나아가는 예배를 위해서입니다.

그리스도인의 결혼은 하나님을 영화롭게 하는 것을 의미하는데, 한 배우자가 불신자라면 신앙과 예배의 연합이 깨집니다. 그리스도인 부부는 함께 기도하고, 함께 주님을 섬기고, 자녀를 신앙 안에서 양육해야 합니다. 불신자와 결혼하면 신앙이 약해지고 영적 타협으로 이어질 수 있습니다(신 7:3-4). 불신자와 결혼하는 많은 신자는 배우자를 수용하기 위해 교회, 기도 또는 성경적 원칙을 소홀히 하려는 유혹을 받습니다. 그리스도인의 결혼은 그리스도를 따르는 경건한 자녀를 양육하도록 설계되었습니다. 한쪽 부모가 믿지 않는 사람이라면, 자녀를 성경적 가치관으로 양육하기가 훨씬 더 어려워집니다.

결혼은 그리스도와 교회의 그림입니다. 믿는 남편은 그리스도가 교회를 사랑하시는 것처럼 아내를 사랑하라는 부르심을 받고, 믿는 아내는 주님 안에서 남편을 존중하라는 부르심을 받습니다(엡 5:22-24). 그러나 한쪽 배우자가 믿지 않는 사람이라면, 이 거룩한 그림은 깨집니다.

5. 우상 숭배자와 거짓 신앙의 고백자와의 결혼

기독교 신앙을 고백하는 사람들은 우상 숭배자와 이단 사상을 가진 자와 결혼할 수 없습니다. 성경적 원칙은 그리스도인은 오직 신자와만 결혼해야 한다는 것입니다. 이는 영적 연합을 유지하고 믿음의 공유된 기초를 보장하는 데 필수적이기 때문입니다. 그리스도인이 우상 숭배자와 이단 사상을 가진 자와 결혼하게 되면 심각한 영적 갈등으로 이어지게 되며, 자신의 교리적 신념에서 이탈하여 영적 타협 가운데 살아가게 됩니다.

솔로몬은 성전을 지으면서 오직 하나님의 영광을 생각했고, 하나님의 영광이 모든 민족에게 증거되기를 원했습니다(왕상 8장). 그러나 그는 이방 여인들과 함께함으로, 영적으로 쇠락하여 타락의 지경에까지 이르렀습니다(왕상 11:1-13). 구약성경에서 하나님은 이스라엘에게 다른 나라 사람들과 결혼하지 말라고 특별히 경고하셨습니다(신 7:3-4). 왜냐하면 그들은 하나님의 백성을 우상 숭배로 이끌고 하나님에게서 멀어지게 할 수 있기 때문입니다.

이 말씀은 이스라엘에게 향한 것이지만, 영적 원리는 오늘날 신자들에게도 여전히 적용됩니다. 즉, 신앙 밖에서 결혼하는 것은 하나님과의 관계를 위태롭게 할 수 있습니다. 바르고 참된 신앙을 공유하지 않는 사람과 결혼하면 결혼 생활에서 영적 갈등, 타협, 갈등이 생길 수 있습니다. 그리스도인은 연합, 평화, 신앙 안에서 함께 성장할 수 있는 능력을 보장하기 위해 그리스도에 대한 헌신을 공유하는 배우자를 찾아야 합니다.

24.4 말씀에서 금하고 있는 혈족이나 친족 안에서의 결혼은 안 된다 (레 18장; 고전 5:1; 암 2:7). 이 같은 근친결혼이 사람의 법에 의해 합법적이며, 서로 동의했어도, 이 같은 사람들은 남편과 아내로 함께 살 수 없다(막 6:18; 레 18:24-28). *남자는 자기 아내의 골육지친뿐만 아니라 자기 자신의 골육지친 중의 아무와도 결혼해서는 안 되고, 여자도 자기 남편의 골육지친뿐만 아니라, 자기 자신의 골육지친과 결혼해서는 안 된다(레 20:19-21).*[1]

• 해설 •

6. 근친결혼

근친결혼은 도덕적 순수성, 가족의 성실성 보존, 인간관계의 거룩성과 관련하여 성경에서 금지되어 있습니다. 이 금지 사항은 구약과 신약 모두에 명확하게 언급되어 있으며, 깊은 신학적, 사회적, 실제적 의미를 담고 있습니다. 근친결혼이 금지되는 이유는 도덕적 순수성과 거룩함 때문입니다. 이스라엘에게 주어진 도덕법에는 근친상간을 금지하는 내용이 포함되어 있었습니다(레 18:6). 그러한 관계는 하나님이 인간 행동에 대해 정하신 자연적 경계를 위반했기 때문입니다.

근친상간은 도덕적으로 불순한 것으로 여겨지며 하나님의 창조 질서의 거룩함에 어긋납니다. 하나님의 법은 인간관계에서 순수함이 필요함을 강조합니다. 가족 단위의 신성함 때문에 근친결혼을 금하고 있습니다(레 18:7-18). 가족 단위는 하나님이 양육과 보호를 위해 설계하셨으며, 근친상

---

1) 이 문구(*표시 문구)는 1887년 개정되면서 삭제되었다. 따라서 현대판에서도 삭제되었다.

간 관계는 그 단위의 성실성을 훼손합니다. 가족에 대한 하나님의 의도는 역할과 관계가 명확하게 정의된 안전, 사랑, 존중의 장소로 남아 있기를 바라시는 것입니다. 근친결혼은 이러한 자연스러운 가족 역할과 책임을 왜곡하고 혼란스럽게 만들어 감정적, 심리적, 영적 피해를 초래합니다.

사도 바울은 고린도 교회가 근친상간 관계(남자와 계모 사이)를 용인한 것을 질책합니다(고전 5:1-2). 기독교 공동체의 도덕적 증거의 역할이 걸려 있습니다. 근친상간은 그리스도와 교회 사이의 관계의 순수함과 충실함을 반영하려는 기독교의 결혼에 대한 이해와 상치됩니다. 성경에서 근친결혼과 근친상간은 하나님의 도덕법을 어기고, 가족 단위의 성실성을 해치고, 신체적, 정서적 해를 입힐 수 있으며, 결혼의 신성함을 왜곡하기 때문에 금지되어 있습니다.

24.5 약혼 후에 저지른 간음이나 음행이 결혼 전에 드러났을 경우에 잘못이 없는 당사자에게 약혼을 파기할 수 있는 정당한 이유가 주어진다(마 1:18-20). 결혼 후에 간음의 경우에 잘못이 없는 당사자가 이혼을 청구할 수 있고(마 5:31-32), 이혼한 뒤에는 마치 잘못을 범한 당사자가 죽은 것같이 다른 사람과 결혼할 수 있다(마 19:9; 롬 7:2-3).

• 해설 •

7. 이혼이 허락되는 경우

성경은 구약과 신약 모두에서 이혼에 대한 구체적인 지침을 제공합니다. 그러나 이혼은 권장되지 않으며 인간 마음의 완악함으로 인한 하나님의 허용으로 간주됩니다. 이혼에 대한 가르침은 충실함, 화해, 결혼의 신성함을 강조합니다. 사람이 이혼할 자격이 있는 상황은 매우 제한적입니다. 예수님은 성적 불륜(음행이나 간음)이 이혼의 합법적인 근거라고 가르치십니다(마 19:9). 간통은 결혼 언약을 심각하게 위반하는 것이며, 남편과 아내 사이에 존재해야 할 서로에 대한 독점적 관계를 깨는 것입니다. 이 경우, 무고한 당사자는 결혼에 구속되지 않으며 이혼할 수 있으며, 재혼할 수 있습니다.

고린도전서 7장 12-15절에서 사도 바울은 이혼에 대한 또 다른 예외를 제공하는데, 그것은 불신자 배우자가 결혼을 버리기로 선택할 때입니다. 한 배우자가 불신자이고 다른 배우자가 신자인 경우, 불신자 배우자가 결혼을 떠나기로 선택하면, 믿는 배우자는 더 이상 결혼에 구속되지 않습니다. 버림은 불신자의 행동으로 간주됩니다. 이것은 믿는 사람이 단순히 믿음이 다르다는 이유로 배우자와 이혼해야 한다는 것을 의미하지 않습니다.

24.6 인간의 부패성으로 하나님이 결혼을 통해 하나로 합해 주신 관계를 깨뜨리기 위해 여러 가지 논리를 찾는 경향이 있다. 그러나 교회나 시민 공직자들로 해결할 수 없는 간음이나 완고하게 배우자를 버리는 것은 결혼 관계를 파기할 만한 충분한 사유가 된다(마 19:8-9; 고전 7:15; 마 19:6) 이러한 경우 공적이며 질서 있는 과정이 준수되어야 하며, 그들 자신들의 경우에서 관련된 사람들의 의지와 분별력에 맡겨서는 안 된다(신 24:1-4).

• 해설 •

8. 완고하게 배우자를 버리는 것

교회가 어떻게든 시정할 수 없고, 결혼의 관계를 고의적으로 버리는 것은 이혼의 사유가 됩니다. 한 배우자가 정당한 이유 없이 고의적이고 지속적으로 다른 배우자를 버리고 화해나 해결을 위한 모든 노력이 소진된 상황을 말합니다. 배우자를 고의적으로 버리는 것은 한 배우자가 복귀나 화해의 의도 없이 장기간 신체적 또는 정서적으로 결혼 생활을 포기할 때 발생할 수 있습니다.

여기에는 버림받은 배우자가 연락 수단이 없고, 결혼 생활을 부양할 수단이 없거나, 지원이나 화해 시도 없이 완전히 홀로 남겨지는 상황이 포함됩니다. 배우자가 집을 떠나 의사소통이나 화해를 거부하고 복귀나 보상의 의도를 보이지 않는 경우가 해당됩니다. 버림은 단순히 육체적 버림에 관한 것이 아니라 감정적, 신체적 또는 재정적 책임을 포함한 결혼의 의무를 이행하지 않는 지속적인 거부를 포함합니다. 배우자가 고의로 사랑, 보살핌 또는 지원을 거부하고 화해를 위한 반복적인 시도에도 불구하고 관계를 유지하기를 거부하는 경우, 이것도 버림으로 볼 수 있습니다. 한 배우자가 정서적으로나 육체적으로 다른 배우자를 부양하기를 거부하면, 결혼 생활이 상호 보살핌과 사랑의 언약으로 기능하지 못하게 되므로 더 넓은 의미에서 버림으로 이어질 수 있습니다.

버림이 지속적으로 회개하지 않는 죄나 학대(신체적, 정서적 또는 언어적)와 관련이 있고, 죄를 해결하고 화해하려는 모든 노력이 실패한 경우, 교회는 그가 배우자를 버렸다고 판단할 수 있습니다. 교회가 화해를 위한 모든 노력을 다했지만 실패하고, 학대하는 배우자가 계속 죄를 지으면, 피해 당사자가 이혼하는 것은 정당화됩니다. 이 모든 경우에, 교회의 화해 및 회복 노력이 고갈되고 배우자가 지속적으로 결혼 생활을 이행하지 않거나 관계를 유지하기를 거부하는 경우, 고의적인 버림은 이혼의 충분한 근거로 볼 수 있습니다.

여기에서의 핵심은 배우자를 버린 것이 지속적이고, 고의적이며, 화해 의도가 없어서 결혼 생활을 지속하는 것이 불가능하고, 버림받은 배우자는 더 이상 결혼 언약을 적절하게 이행할 수 없는 버림받은 상황에 처하게 된다는 것입니다.

44주 | 교회

25.1 보편적 교회 혹은 우주적인 교회는 무형 교회이며, 선택된 자들의 전체 수효이고, 머리이신 그리스도 아래에서 하나로 모이고 있으며, 모일 것이다. 교회는 그리스도의 신부이며, 그분의 몸이요, 만물 안에서 만물을 충만케 하시는 자의 충만이다(엡 1:10, 22-23, 5:23, 27, 32; 골 1:18).

• 해설 •

1. 무형 교회

보편적이고 우주적인 보이지 않는 교회는 모든 시대와 장소에서, 교파적 경계나 지리적 경계에 관계없이, 예수 그리스도를 믿는 모든 참된 신자들로 구성되어 있으며, 영원한 삶으로 선택되어 있습니다. 그것은 지상의 기관이 아니라 그리스도에 대한 믿음으로 연합된 영적인 몸입니다. 이 보편적 교회는 그리스도를 믿고 그분에 의해 의롭다고 여겨지는 지상에 있는 참된 신자와 죽어서 지금 하늘에 있는 성도들을 포함합니다.

보편적 교회가 보이지 않는 이유는 성령에 의해 마음이 변화되고 그리스도에 대한 진정한 믿음으로 표시된 신자들의 참되고 영적인 공동체를 의미하기 때문입니다. 그것은 겉으로 드러나는 그리스도인 모임(회중)을 의미하는 보이는 교회와 대조됩니다. 오직 하나님만이 그리스도를 믿는 참 신자들을 아십니다. 보이지 않는 교회는 겉모습이 아니라 믿음과 그리스도와의 영적 연합으로 알려지기 때문입니다. 보편적 교회에 속해 있는 진정한 신자들은 하나님의 선택받은 자들입니다. 보편적 교회는 하나님이 세상 창조 전에 자신의 백성이 되고 영생을 상속받도록 택하신 자들로서 구성됩니다.

지상에 있는 보이는 교회에는 진정으로 구원받지 못한 사람들이 있지만, 보이지 않는 교회는 어린양의 생명책에 이름이 기록된 사람들로만 구성됩니다. 보이지 않는 교회는 역사를 통틀어 모든 신자를 포함합니다. 구약 시대와 신약 시대의 참된 구원 백성 모두를 포함합니다. 모든 참된 신자는 언제 살았는지와 관계없이 보편적 교회에 속해 있습니다. 히브리서 12장 22-23절은 살아 있는 자와 죽은 자로 구성된 보편적이고 영원한 교회에 대해 말하고 있습니다.

2. 그리스도의 몸

교회는 머리이신 그리스도와 관련하여 성경에서 여러 가지 중요한 이름으로 불립니다. 그리스도의 몸으로 불리는 것은 교회와 그리스도 사이의 관계를 설명하는 데 사용되는 가장 두드러진 은유 중 하나입니다. 몸이 머리에 연결되어 있고 머리에 의해 지시되는 것처럼, 교회는 머리이시고 교회를 다스리시는 그리스도께 연합되어 있습니다. 따라서 교회는 그리스도의 충만함과 그리스도가 모든 은혜를 충만케 하시는 것이 나타나서, 그리스도 자신의 영광이 나타나게 됩니다(엡 1:22-23).

교회는 그리스도의 신부로 묘사되는데, 상호 사랑과 헌신에 기반한 그리스도와 그분의 백성 사이의 사랑스럽고 친밀한 관계를 의미합니다. 에베소서 5장 25-27절에서는 그리스도의 교회에 대한 희생적인 사랑이 강조되어, 남편과 아내 사이의 사랑과 매우 흡사한, 그분과 교회 사이의 깊고 친밀한 관계를 보여 줍니다. 교회는 또한 선한 목자이신 그리스도의 보살핌을 받는 양 떼로 묘사됩니다. 이것은 그리스도가 그분의 백성을 인도하시고, 보호하시고, 돌보시는 역할을 강조합니다(요 10:14-15). 선한 목자로서 그리스도는 그분의 양 떼인 교회를 돌보시고 희생하십니다.

교회는 하나님이 자신의 영으로 거하시는 성전으로 언급되며, 자신의 백성 가운데 거하시는 신성한 현존을 강조합니다. 교회는 또한 새 예루살렘으로 묘사되며, 영원 속에서 완전해진 상태에 있는 하나님의 백성을 상징하며, 그리스도와 연합되어 있습니다. 새 예루살렘은 그리스도와 그분의 교회의 궁극적인 결합을 나타내며, 영원 속에서 완벽한 조화를 이룹니다(계 21:2). 교회에 대한 이러한 각각의 이름은 교회와 그리스도 사이의 연합, 사랑, 보살핌, 거룩함을 강조합니다.

25.2 유형 교회는 또한 복음 아래에서 보편적이거나 혹은 우주적인데, 전에 율법 아래에 있었던 것과 같이 한 나라에 국한되어 있지 않고, 전 세계에서 참된 신앙을 고백하는 자들과(시 2:8; 롬 15:9-12; 고전 1:2, 12:12-13; 계 7:9) 그들의 자녀들로 구성되어 있다(행 2:39; 창 3:15, 17:7; 겔 16:20-21; 롬 11:16; 고전 7:14). 이는 주 예수 그리스도의 왕국이며(사 9:7; 마 13:47), 하나님의 집과 가족이며(엡 2:19, 3:15), 유형 교회 밖에서는 통상적으로 구원의 가능성이 없다(행 2:47).

• 해설 •

3. 유형 교회

눈에 보이는 교회는 복음 아래에서 보편적인데, 모든 민족의 사람들과 전 세계의 지역을 포함하기 때문입니다. 따라서 유형 교회는 전 세계적으로 예수 그리스도를 믿는다고 공언하는 모든 사람과 그들의 자녀로 구성되어 있습니다. 여기에는 겉으로는 기독교 신앙과 어울리고, 의식에 참여하고, 복음 전파를 받는 모든 사람이 포함됩니다. 눈에 보이는 교회는 겉으로는 예수를 믿는다고 공언하는 모든 사람을 포함합니다. 이는 눈에 보이는 교회 내의 어떤 사람들 중에는 진정으로 구원받지 못한 사람들이 있음을 보여 줍니다(마 7:21).

눈에 보이는 교회에는 세례를 받고 주의 성찬에 참여하는 사람들이 포함됩니다. 여기서 교회는 세례를 받고 예배에 참여하는 사람들을 통해 눈에 보이게 성장합니다(행 2:41-42). 눈에 보이는 교회에는 신자들의 자녀도 포함됩니다. 왜냐하면 그들은 언약 공동체의 일부이기 때문입니다(행 2:39). 따라서 눈에 보이는 교회에는 참 신자와 겉으로는 그리스도인이지만 진정으로 구원받지 못한 사람들이 모두 포함됩니다(마 13:24-30). 눈에 보이는 교회는 혼합된 몸으로, 거듭난 사람과 거듭나지 않은 사람을 모두 포함합니다. 눈에 보이는 교회인 유형 교회와 눈에 보이지 않는 무형 교회의 차이는, 유형 교회에는 거짓 신자들이 있지만, 무형 교회는 진정한 신자들로만 구성된 것에 있습니다.

4. 구원을 위한 교회의 필요성

교회 밖에서의 구원은 통상적으로 없습니다. 이는 구원을 위한 교회의 필요성을 말하는 것입니다. 교회는 하나님이 복음, 성례전, 은혜의 수단을 집행하시는 수단이기 때문입니다. 그리스도가 복음을 선포하고 제자를 만드는 도구로 교회를 세우셨습니다. 구원은 하나님이 정해 놓으신 은혜의 수단이 있는 교회에서 일어납니다.

한편으로 눈에 보이는 교회는 하나님이 일하시는 일반적인 수단이지만, 구원 자체는 궁극적으로 그리스도께 달려 있으며, 단순히 공식적인 교회 회원 자격에 달려 있지 않습니다. 구원은 그리스도를 믿는 믿음을 통해 이루어지며, 눈에 보이는 교회의 회원 자격에 달려 있지 않습니다. 구원은 궁극적으로 그리스도 안에 있지만, 교회에 접근할 수 있을 때 교회를 거부하는 것은 그리스도가 정하신 은혜의 수단을 거부하는 것으로 위험한 일입니다. 또한 신자가 보이는 교회에서 분리되는 것은 영적으로 위험합니다.

25.3 이 보편적 유형 교회에 그리스도가 성도들을 모으고 완전하게 하기 위해서 이 세상이 끝날 때까지 사역과 하나님의 말씀과 규례를 주셨다. 이 목적을 위해서 그리스도는 자신의 약속에 따라서 자신과 성령의 임재로써 이 수단들을 효과 있게 하신다(사 59:21; 마 28:19-20; 고전 12:28; 엡 4:11-13).

• 해설 •

5. 교회의 사역

주 예수께서는 성도들을 모으고(죄인들을 구원으로 인도함) 세상 끝 날까지 온전케 하기(거룩하게 하고 성숙시킴) 위해 교회에 여러 가지 수단을 정하셨습니다. 먼저 하나님의 말씀(전도와 가르침)입니다. 말씀의 전파는 사람들이 믿음으로 부름을 받고 교회가 거룩함 안에서 세워지는 주된 수단입니다. 주님은 성령으로 신자를 교회에 들어가게 하시고(고전 12:13), 성례를 통해서 신자들을 양육하고 강화하시며, 은혜 안에서 성장하게 하십니다. 교회에는 예배와 기도가 있습니다(행 2:42). 신자들의 성화를 위해서는 공동 예배와 기도가 필수적입니다. 그리스도는 목사들과 교사들을 주셔서 신자들을 영적 성숙으로 인도하고 지도하게 하셨습니다(엡 4:11-13).

교회에는 규칙과 교제가 있습니다. 교회 규칙은 신자들을 바로잡고 회복시키는 데 필요합니다. 교제와 상호 권면은 성도를 강화하는 수단입니다(히 10:24-25). 예수님은 부활하신 후에 제자들에게 전도 대명령을 주셨습니다. 이것은 전도와 선교를 통해서 하나님 나라가 완성되기까지 계속 진전하는 것을 보여 주며, 이를 위해서는 교회가 계속해서 사역해야 하는 것을 알게 합니다.

6. 수단을 유효하게 하시는 그리스도와 성령

교회 사역의 효과는 인간의 지혜나 노력에만 달려 있지 않고, 그리스도의 임재와 성령의 능력에 달려 있습니다. 그것들이 없다면 사역은 무력할 것이지만, 그것들이 있으면 성도들을 모으고, 교화하고, 온전케 하시려는 하나님의 목적을 성취합니다.

그리스도는 교회와 함께 적극적으로 임재하시어 사역을 열매 맺고 강력하게 만드십니다. 그리스도의 임재는 복음의 사역자들을 인도하고, 보호하고, 능력을 줍니다. 그리스도는 교회의 머리로서 교회의 사역을 지시하고 가능하게 하십니다. 그리스도는 임명된 복음 사역자들로 복음을 전파하고, 가르치고, 일하게 하십니다(고후 5:20). 성령은 교회 사역의 모든 측면, 즉 전파, 가르침, 예배, 봉사에 힘을 주어 영적 열매를 맺게 하십니다. 성령은 사역에 능력을 주십니다. 성령이 없다면 설교와 가르침은 사람들의 마음에 아무런 영향을 미치지 못할 것입니다(고전 2:4).

예수님과 성령은 교회를 통해 하나님의 뜻을 이루기 위해 완벽한 조화를 이루며 일하십니다. 예수님은 성령으로 교회를 세우시고, 성령은 교회에서 그리스도를 영광스럽게 하십니다.

25.4 이 보편적 교회는 때로는 보다 분명하게 보이고, 어떤 때에는 덜 분명하게 보인다(롬 11:3-4; 계 12:6, 14). 각 교회들은 이 보편적 교회의 회원인데, 가르쳐지며 받아들이고 있는 복음의 교리와 의식의 집행과 공예배의 시행에 있어 보다 순수하거나 혹은 덜 순수한 것에 따라서 보다 순수한 교회이거나 혹은 덜 순수한 교회다(고전 5:6-7; 계 2-3장).

• 해설 •

7. 특정 교회의 가시성에서의 정도의 차이

특정 교회가 항상 똑같이 눈에 띄거나 순수한 것은 아닙니다. 역사를 통틀어 그리고 오늘날에도 교회는 가시성(참 교회로 얼마나 분명하게 드러나는지)과 순수성(성경 교리와 실행을 얼마나 밀접하게 고수하는지)의 정도가 다릅니다. 교회의 가시성은 참된 기독교 교회로 얼마나 분명하게 드러나는지에 대한 것입니다.

어떤 교회는 교리와 실행에 충실한 반면, 어떤 교회는 타협하거나 타락했습니다. 참된 교회는 그리스도를 증거하면서 눈에 띄어야 합니다(마 5:14-16). 물론 일부 교회는 박해나 배교로 인해 눈에 띄지 않게 될 수 있습니다. 요한계시록 2-3장의 일곱 교회에 보내신 메시지에서 어떤 교회는 충실하고 눈에 띄었지만, 어떤 교회는 등잔대가 제거될 위기에 처해 있었음을 보여 줍니다. 서머나 교회(계 2:8-11)는 고난에도 불구하고 충성했습니다. 라오디게아 교회(계 3:14-22)는 영적으로 미지근하고 세상과 거의 구별할 수 없었습니다.

특정 교회들이 가시성에서 차이가 나는 이유는 박해받는 지하 교회는 박해로 인해 비밀리에 예배를 드려야 하기 때문이며, 세상과 타협하여 교회의 영적 독특성을 잃어버렸기 때문입니다. 그러나 복음에 대해 충실하고, 바른 교리를 고수하는 교회는 그리스도의 참된 증인으로서 더 눈에 띄게 됩니다.

특정 교회의 순수성은 교리, 예배, 실행에서 성경의 가르침을 얼마나 충실하게 따르는지에 달려 있습니다. 지상의 어떤 교회도 완벽하지 않지만, 어떤 교회는 다른 교회보다 더 충실합니다. 죄와 거짓된 가르침은 교회를 타락시켜 순수함에 영향을 미칩니다. 하나님의 말씀에 대해 충실하여, 성경적 교리를 고수하는 교회는 더욱 순수함을 유지합니다. 죄와 거짓된 가르침을 바로잡는 교회는 순수함을 유지합니다(고전 5:1-7). 그러나 교회에 들어온 오류와 부도덕한 행위들을 용인하게 되면 교회는 순수함을 잃어버릴 뿐만 아니라 그로 인하여 문제가 많이 발생합니다.

고린도 교회는 분열, 부도덕, 거짓 가르침으로 혼동 가운데 있었으며, 갈라디아 교회(갈 1:6-9)에는 다른 복음이 들어와서, 교인들로 율법주의에 빠지게 했습니다. 그런데 이러한 오류와 부도덕한 행위들이 누룩이 반죽 덩어리를 완전히 부풀리듯이(갈 5:9) 교회로 가시성을 잃어버리게 할 수 있습니다.

그리스도는 교회들이 회개하지 않으면 참된 교회가 되지 못할 수 있다고 경고하셨습니다(계 2:5). 버가모 교회는 거짓 교리를 용인했고(계 2:12-17), 두아디라 교회는 부도덕과 거짓 가르침을 허용했습니다(계 2:18-29). 사데 교회는 살아 있다는 평판이 있었지만, 영적으로는 죽었습니다(계 3:1-6).

교회는 가시성과 순수성이 다양할 수 있으므로, 신자들은 부패를 막고 충실함을 위해 노력하여 가시성과 순수성을 유지하라는 부르심을 받습니다. 특별히 교회는 교리적 순수성을 위해 싸워야 하며 거짓 가르침을 거부해야 합니다(유 1:3).

25.5 지상에서 가장 순수한 교회라도 (잘못된 교리의) 혼합과 오류에 빠질 수 있으며(마 13:24-30, 47; 고전 13:12; 계 2-3장). 어떤 교회는 타락하여 그리스도의 교회가 결코 아니며 사탄의 회중이 되기도 한다(롬 11:18-22; 계 18:2). 그럼에도 불구하고 지상에는 하나님의 뜻에 따라 예배하는 교회가 항상 있다(시 72:17, 102:28; 마 16:18, 28:19-20).

• 해설 •

8. 타락한 교회

특정 교회는 너무 타락해서 더 이상 참된 교회가 아니며 대신 "사탄의 회중"이 됩니다. 이는 교회가 참된 복음을 버리고 거짓 가르침을 받아들이고 오히려 참된 복음을 공격하고, 바른 가르침을 비난할 때 발생합니다. 거짓 복음을 전하는 교회는 하나님의 심판을 받습니다(갈 1:6-9). 교회가 은혜를 율법주의로 대체하거나 믿음을 행위의 의로움으로 대체하면 그리스도를 부인하는 것입니다. 교회가 거짓 교리(이단, 율법주의, 번영 복음 등)를 받아들일 때, 그것은 더 이상 참된 교회가 아닙니다(딤전 4:1).

어떤 교회는 성경의 권위를 거부하고, 그리스도의 신성을 부인하거나,

죄를 용납할 수 있는 것으로 받아들입니다. 어떤 교회는 율법을 지켜야 최종적으로 구원받는다고 가르치며, 또 다른 교회는 죄를 아무리 지어도, 은혜로 구원받기 때문에 문제가 없다고 가르칩니다. 이러한 교회들은 더 이상 참된 복음을 전파하지 않고, 성경적 교리를 반대하는 교회들입니다. 따라서 참 신자는 그런 교회를 떠나야 하며, 성경에 충실한 교회를 찾아야 합니다.

9. 참된 교회는 항상 있다

하나님이 세상이 끝날 때까지 교회를 보존하겠다고 약속하셨기 때문에 지상에 항상 참된 교회가 있습니다. 교회는 모든 시대에 항상 존재했습니다. 예수님은 자신의 교회가 결코 파괴되지 않을 것이라고 말씀하셨고(마 16:18), 예수님은 교회와 함께 계속 함께할 것을 약속하셨기 때문에(마 28:18-20) 박해, 배도, 쇠퇴의 때가 있을지라도 참된 교회는 항상 존재합니다. 심지어 큰 어둠의 시대와 큰 배교의 시대에도 하나님은 항상 충실한 남은 자들을 보존해 오셨습니다(롬 11:5). 일부 눈에 보이는 교회가 오류에 빠질 수 있지만, 하나님은 항상 충실한 남은 자들을 보존하십니다. 박해나 배도가 최악인 시기에도 복음은 계속 전파될 것입니다. 교회는 모든 세대에서 하나님께 영광을 돌릴 것입니다(엡 3:21). 참 교회는 그리스도의 약속에 기초하고 있기 때문에 항상 존재할 것입니다. 신자들은 그리스도의 교회가 결코 실패하지 않을 것이라는 하나님의 약속을 신뢰해야 합니다.

25.6 주 예수 그리스도 외에 교회의 다른 머리는 없다(엡 1:22; 골 1:18). 로마의 교황은 어떤 의미에서든지 교회의 머리가 아니다. *그는 적그

리스도이며, 죄악의 사람이며, 저주의 아들이며, 교회 안에서 스스로를 하나님으로 높이며, 그리스도를 대적한다(마 23:8-10; 살후 2:3-4, 8-9; 계 13:6).*1)

• 해설 •

10. 오직 그리스도만이 교회의 머리이시다

주 예수 그리스도만이 교회의 유일한 머리이십니다. 그리스도만이 그분의 교회에 대한 최고 권위를 가지고 계십니다(골 1:18). 하나님 아버지는 그리스도께 교회에 대한 절대적인 통치권을 주셨습니다(엡 1:22-23). 그리스도는 궁극적인 권위를 가지고 계시며, 어떤 인간 지도자도 그분을 대신할 수 없습니다. 교황, 감독, 목사 또는 지상의 통치자가 교회의 머리로서 그리스도를 대신할 수 없습니다. 로마 가톨릭교회는 교황이 지상 교회의 머리라고 주장하지만, 이는 성경과 모순됩니다. 교회는 그리스도께 속하며, 그리스도만이 교회의 왕이자 주님이십니다.

---

1) 1903년의 개정판에서 이 부분(*표시 문구)을 삭제했다. 1936년의 개정판과 현대어판에서도 이 부분을 삭제했다.

45주 | 성도의 교통

26.1 모든 성도는 그의 성령에 의해서, 그리고 믿음으로 그들의 머리이신 그리스도께 연합되어 있으며, 그분의 은혜와 고통과 죽음과 부활과 영광 안에서 그리스도와 교제를 갖는다(요일 1:3; 엡 3:16-19; 요 1:16; 엡 2:5-6; 빌 3:10; 롬 6:5-6; 딤후 2:12). 그리고 모든 성도는 사랑 안에서 서로 연합되어서 각각 가지고 있는 은사와 은혜 안에서 교제를 가지며(엡 4:15-16; 고전 12:7, 3:21-23; 골 2:19), 공적으로나 사적으로 의무를 이행하여, 내적으로나 외적으로 피차간에 유익이 되게 한다(살전 5:11, 14; 롬 1:11-12, 14; 요일 3:16-18; 갈 6:10).

• 해설 •

1. 그리스도와의 교제

성도들은 그리스도께 연합되어, 그리스도의 인격 안에서 교제합니다. 신자들의 그리스도와의 교제는 매우 포괄적입니다. 신자들은 그리스도와 교제하도록 부르심을 받았습니다(고전 1:9). 그리스도는 영적 생명의 근원이시며, 믿는 자들은 포도나무에 연결된 가지로서 그리스도와 교제합니다(요 15:5). 신자들은 그리스도의 은혜 안에서 그리스도와 교제합니다. 모든 영적 축복은 그리스도로부터 믿는 자들에게 흘러갑니다(요 1:16).

신자들은 그리스도의 고난 속에서의 교제를 하는데, 그리스도를 위해 고난을 겪고 그분의 고난에 참여하도록 부름을 받습니다(빌 3:10). 그리스도와 함께 고난을 겪음은 그분과 함께 영광을 얻는 데로 이어집니다(롬 8:17). 신자들은 그리스도의 죽음과 부활 속에서의 교제를 하는데, 이로써 신자들은 죄에 대해 죽고, 의로움 안에서 삽니다(롬 6:4-5). 신자들은 그리스도의 영광 안에서 그리스도와 교제합니다. 즉, 신자들은 그리스도의 영원한 영광에 참여할 것입니다(골 3:4).

2. 성도 간의 교제

신자들은 예배와 기도 속에서 서로 교제합니다. 초대 교회는 예배, 교제, 기도를 위해 정기적으로 모였습니다(행 2:42). 공적 예배는 신자들을 서로 격려합니다. 신자들은 사랑과 봉사를 통해서 교제합니다. 신자들은 어려움과 고난 속에서 서로를 돕습니다(갈 6:2). 성도 간의 참된 교제는 서로를 실질적으로 돌보는 것을 포함합니다(요일 3:17-18). 신자들은 같은 신앙과 가르침 속에서 교제합니다. 신자들은 공통된 신앙을 공유하고 성경적 진리를 함께 지지하면서 교제합니다(유 1:3). 성도 간의 참된 교제는 바른 교리와 그리스도 안에서의 연합에 뿌리를 두고 있습니다(고전 1:10). 주의 성찬은 그리스도인의 연합을 상징하고 강화합니다(고전 10:16-17).

신자들은 고난 속에서 서로를 위로하면서 교제합니다(고후 1:6-7). 신자들은 교제 속에서 슬픔과 기쁨을 공유합니다(고전 12:26). 성령의 은사를 사용하여 성도들을 세움으로써, 성도의 교제를 합니다. 영적 은사는 교회의 유익과 상호 격려를 위한 것입니다(벧전 4:10).

성도 간의 교제는 단순한 사회적 상호 작용이 아니라 그리스도를 통한 깊고 영적인 연결로 인한 것입니다. 신자들 사이의 진정한 교제는 자신들이 그리스도에게 연합된 것의 효과입니다.

3. 성도 간의 교제 속에서의 의무

성도 간의 교제 속에서 의무를 이행해야 합니다. 서로 사랑하고 돌보아야 합니다. 사랑은 그리스도인의 교제의 기초입니다(요 13:34-35). 사랑은 동료 신자들을 위한 희생적인 돌봄과 봉사를 요구합니다(요일 3:16-18). 신자들은 서로를 위해 기도해야 합니다. 성도들이 서로를 위하여 하는 기도는 그들의 교제를 강화합니다(약 5:16). 기도는 하나님의 뜻을 구하는 교회를 하나로 묶습니다(엡 6:18). 신자들은 서로의 짐을 져야 합니다. 신자들은 서로를 격려하고 세웁니다. 성도의 교제는 적극적인 격려와 상호 성장을 요구합니다(히 10:24-25). 신자들은 말과 행동을 통해 서로의 믿음을 강화해야 합니다(살전 5:11). 믿음이 강한 자는 연약한 자의 어려움을 도와야 합니다(롬 15:1). 서로 관대하고, 환대해야 합니다. 이것은 교회 내에서 사랑과 교제를 촉진시킵니다. 성도 간의 용서와 화해는 교회 내에서 평화를 유지합니다(골 3:13-14). 그리스도인들은 사랑으로 서로를 바로잡아야 합니다(갈 6:1).

성도 간의 교제는 교리일 뿐만 아니라 살아 있는 경험입니다. 각각의 성도들이 의무를 이행해야 합니다. 사랑, 기도, 봉사, 연합, 격려, 관대함, 책임감이 필요합니다. 성도 간의 교제를 통해 그리스도의 사랑을 반영하고 교회를 세웁니다.

26.2 신앙고백으로 성도들은 거룩한 교제를 유지해야 하며, 하나님의 예배 가운데 교통을 유지시켜야 하고, 다른 영적인 봉사를 실행하

여 도와 서로를 세워야 한다(히 10:24-25; 행 2:42, 46; 사 2:3; 고전 11:20). 각자의 여러 능력과 필요에 따라서 물질적인 것들을 가지고 서로를 돕는 것은 성도들의 의무다. 하나님이 기회를 주실 때, 이 교통은 주 예수의 이름을 부르는 모든 곳의 사람들에게 확대되어야 한다(행 2:44-45; 요일 3:17; 고후 8-9장; 행 11:29-30).

• 해설 •

4. 신앙고백과 거룩한 교제

신앙고백과 성도 간의 교제는 깊은 관련이 있습니다. 왜냐하면 진정한 그리스도인의 교제는 그리스도에 대한 공유된 신앙에 기반을 두고 있기 때문입니다. 신앙고백이 같고, 그들이 믿는 교리의 내용이 같으며, 구원의 체험이 같아야 성도들은 거룩한 교제가 가능합니다. 왜냐하면 구원의 도가 하나이며, 성령으로 인한 구원의 체험도 같기 때문입니다(유 1:3). 모든 참된 신자는 성령의 거듭나게 하심으로 새 생명을 얻었습니다. 그 성령은 신자들을 하나로 묶으십니다(엡 4:3). 더욱이 성령이 일으키신 믿음도 같습니다(엡 4:4-5). '하나의 믿음'은 모든 신자를 하나로 묶습니다. 그들에게는 하나의 신앙고백만이 있을 뿐이며, 이것은 그들로 거룩한 교제가 가능하게 하며, 유지되게 합니다. 같은 신앙고백과 같은 참된 믿음은 신자들과 함께 걷게 하며, 교제하게 합니다. 따라서 참된 믿음은 고립되지 않고 그리스도인 공동체에서 번성합니다(히 10:23-25). 또한 참된 믿음 안에서 행하면 참된 사귐으로 이어집니다(요일 1:7).

한편으로 신앙고백이 다르고, 믿는 교리의 가르침이 다르고, 구원의 체험이 다르면, 교제가 될 수 없습니다. 더욱이 거짓된 신앙고백은 교제를 깨뜨립니다. 따라서 교회는 회원들의 신앙고백과 그들의 삶을 항상 점검

할 필요가 있으며, 신자들의 믿음의 순수성을 보호할 책임이 있습니다. 거짓된 신앙고백자들은 결국 교회를 분열시키고, 영적으로 큰 상처를 입히게 되어 있습니다(요일 2:19).

5. 성도 간의 교제에서 구제의 중요성

구제 혹은 자선의 행위는 성도 간의 교제에서 필수적입니다. 왜냐하면 그것은 하나님의 사랑을 반영하고, 신자들의 연합을 강화하며, 세상에 대한 증거 역할을 하기 때문입니다. 성경은 행함이 없는 믿음은 죽은 것이라고 강조합니다(약 2:17). 신자의 구제는 그리스도의 사랑을 반영합니다. 사랑은 말뿐만 아니라 행동으로 나타나야 하는데, 궁핍한 사람을 돕는 것은 참된 믿음의 표시입니다(요일 3:17-18).

구제 혹은 자선은 그리스도의 사랑이 신자들을 통해 일한다는 것을 보여줍니다. 다른 사람을 돕는 것은 그리스도를 섬기는 것입니다(마 25:35-40). 구제는 교회의 연합을 강화하는데, 초대 교회는 서로를 돌보기 위해 물질적 자원을 공유했습니다(행 2:44-45). 진정한 성도 간의 교제는 영적인 것일 뿐만 아니라 실제적인 것입니다. 구제와 자선은 교회 안에서 시작하지만, 모든 사람에게까지 확대됩니다(갈 6:10). 구제와 자선은 세상에 대한 증거입니다. 구제와 자선은 교회가 세상과 다르며 신자들이 그리스도의 사랑으로 사는 것을 증명합니다(요 13:35).

참된 그리스도인의 삶에는 자비와 정의의 행위가 포함됩니다. 교회는 가장 취약한 사람들을 돌보도록 부름을 받았습니다(약 1:27). 구제와 자선은 참된 믿음의 열매입니다. 참된 믿음은 행동을 낳습니다. 도움이 필요한 사람을 돕는 것은 진정한 믿음의 표시입니다. 관대한 구제는 하늘에 보물을 쌓고 하나님의 마음을 반영합니다(딤전 6:18-19).

6. 성도 간의 교제는 선교에까지 확장되어야 한다

성도의 교제는 이 땅에서 그리스도를 믿는 모든 참된 신자에게까지 확장됩니다. 초대 교회의 시작인 예루살렘 교회는 빌립 집사로 인하여 사마리아에 믿는 자들이 일어났을 때, 베드로와 요한을 보내서 신자들을 돌보게 했습니다(행 8:14). 안디옥에서 믿는 자들이 일어났을 때에도 예루살렘 교회는 바나바를 보내서, 그들을 가르치고 돌보게 했습니다(행 11:22). 한편으로 안디옥에서 믿는 성도들은 유대 땅에 있는 성도들이 흉년으로 어렵다는 소식을 듣고 부조금을 모아서 바나바와 사울을 통해 보냈습니다(행 11:28-29). 마게도냐 교회는 자신들도 형편이 어려움에도 불구하고 흉년으로 어려운 예루살렘 교회에 구제금을 보냈습니다(고후 8:1-2).

모든 신자는 위치, 문화에 관계없이 그리스도 안에서 연합되어 있습니다. 보이는 교회는 예수 그리스도를 믿는다고 공언하고 그분께 순종하며 사는 사람들로 구성되어 있습니다. 따라서 성도 간의 교제는 다른 지역의 특정한 교회와 다른 민족의 특정한 교회에까지 확장됩니다. 다른 민족에게 선교사를 보내서, 그 민족의 사람들을 전도하고, 그곳의 신자를 양육하는 선교는 성도 간의 교제의 확장으로서, 진정한 교회의 표시이기도 합니다.

26.3 성도들이 그리스도와 갖는 교통은 그들로 신성의 본질에 참여하게 만들거나 혹은 어떤 면에서 그리스도와 동등하게 만드는 것이 결코 아니다. 이것 가운데 어느 하나라도 동의하는 것은 불경하고, 신성 모독적인 것이 된다(골 1:18-19; 고전 8:6; 사 42:8; 딤전 6:15-16; 시 45:7; 히 1:8-9). 성도들로서 서로 갖는 교통은 각 사람의 권리 또는 자기 자신

의 물건이나 소유에 대한 권리를 빼앗거나 침해하지 않는다(출 20:15; 엡 4:28; 행 5:4).

• 해설 •

7. 그리스도와의 교제가 그리스도의 신적 본질에 참여하는 것은 아니다

성도들이 그리스도와 교제하는 것은 그들을 그분의 신성한 본질에 참여하게 하거나 어떤 면에서든 그분과 동등하게 만들지 않습니다. 하나님은 그분의 신성한 본성에서 독특하십니다. 창조된 존재는 그분의 신격을 공유할 수 없습니다(사 42:8). 그리스도는 영원히 하나님이시며, 신자들은 하나님이 되거나 그분의 신성한 본질을 공유하지 않습니다(요 1:1, 14). 신자들은 그리스도와 영적으로 연합되어 그분의 은혜와 생명을 받지만, 그것으로 신적 본질에 참여한 것이 아닙니다. 베드로후서 1장 4절 말씀은 신자들이 하나님이 된다는 것을 의미하는 것이 아닙니다. 교회는 그리스도의 몸이지만, 그리스도는 머리로 남아 계십니다. 성도들이 신성해진 것이 아닙니다. 그리스도와 교제하는 신자들은 여전히 피조물입니다. 그리스도와 결코 동등해질 수 없습니다.

8. 성도 간의 교제와 소유에 대한 권리

성도의 교제는 그들의 재산과 소유물에 대한 개인으로서의 권리를 방해하지 않습니다. 그리스도인은 서로를 사랑하고, 나누고, 지원하도록 부름을 받았지만, 이는 개인 소유가 폐지된다는 것을 의미하지 않습니다. 초대교회에서 은혜를 받은 신자들이 자신의 재산을 교회에 드려 구제하게 했는데, 이것은 자발적인 것이지 강요된 것이 아닙니다(행 2:44–45). 십계명의 제8계명은 "도둑질하지 말라"입니다(출 20:15; 신 5:19). 성경은 재산에 대한 권리가 개인에게 있음을 분명하게 말하고 있습니다. 신자의 개인 소유에 대해서 권리가 있습니다. 따라서 교회는 강제적인 부의 재분배가 아니라 관대함을 장려합니다.

신자들은 다른 사람을 도와야 하지만, 베푸는 것은 사랑에서 나와야지 강요에서 나와서는 안 됩니다. 더욱이 신자들은 구제와 자선을 인색하게, 억지로 해서는 안 되며, 즐거운 심령을 가지고 관대하게 해야 합니다(고후 9:7). 신자의 재산은 하나님이 주신 선물입니다. 따라서 하나님의 영광을 위해 부를 사용해야 합니다(딤전 6:17-18).

46주 | 성례

27.1 성례는 은혜 언약의 거룩한 표시이며 인증이다(롬 4:11; 창 17:7, 10). 그것은 하나님이 직접 제정하셨으며(마 28:19; 고전 11:23), 그리스도와 그분의 은덕들을 나타내고, 그 안에서 우리가 받는 유익을 확증하며(고전 10:16, 11:25-26; 갈 3:17, 27), 또한 교회에 속한 사람들과 세상에 속한 나머지 사람들을 볼 수 있게 구별하며(롬 15:8; 출 12:48; 창 34:14), 그리스도인들로 하나님의 말씀을 따라, 그리스도 안에서 하나님을 예배하는 것에 엄숙하게 참여하게 한다(롬 6:3-4; 고전 10:16, 21).

• 해설 •

1. 은혜 언약의 거룩한 표시

성례는 은혜 언약의 거룩한 표시와 인증입니다. 왜냐하면 그것은 하나님이 제정하시어서 자신의 백성에게 하신 약속을 나타내고 확인하는 의식이기 때문입니다. 그것들은 복음의 가시적이고 구체적인 표현으로 사용되어 믿음을 강화하고 믿는 자와 그리스도와의 연합을 나타냅니다. 성례에서 하나님은 가시적인 요소(물, 떡, 포도주)를 사용하여 그리스도 안에서의 구원에 대한 영적 진리를 나타내십니다. 따라서 세례와 주의 성찬은 그리스도 안에서의 새 언약의 표징입니다.

성례는 은혜 언약의 내용인 그리스도와 그분의 은덕들과 그것의 혜택을 신자들에게 표현, 확인, 적용하도록 설계되었습니다. 성례는 복음과 그리스도의 사역을 표현합니다. 세례는 그리스도의 죽음과 그리스도의 피를 통한 죄의 씻김을 나타냅니다(행 22:16). 그리스도께 연합된 것을 나타냅니다(갈 3:27). 주의 성찬은 그리스도의 찢긴 몸과 죄 사함을 위해 흘린 피를 나타냅니다(마 26:26-28). 주의 성찬은 그리스도의 희생을 선포하는 눈에 보이는 설교입니다. 그리고 영적 영양을 위해 그리스도에 대한 지속적인 의존이 필요함을 나타냅니다(요 6:53-56).

성례는 그리스도의 희생을 증거하고, 신자들로 계속 기억하게 하여 오직 그리스도의 은덕으로 살아가는 것을 감사하게 합니다. 따라서 성례는 그리스도의 은혜를 믿는 자들에게 적용합니다. 성례는 믿음을 더욱 깊게 하고 강화하는 은혜의 수단으로 작용합니다. 왜냐하면 믿는 자들에게 그리스도 안에서의 구원, 양자 됨, 성화를 확신시켜 주기 때문입니다. 성례는 하나님이 자신의 백성에게 복음을 눈에 보이는 형태로 전하는 데 정하신 방법입니다.

2. 구별의 기능

성례는 신자와 불신자를 구별하는, 은혜의 언약과 눈에 보이는 교회의 일원임을 표시하는, 하나님이 정하신 표시와 인증입니다. 성례는 그리스도께 속하고 그리스도의 구속 사역에 참여하는 사람들을 외부적으로 식별하는 역할을 합니다. 세례는 신자들을 눈에 보이는 교회의 일원으로 구별합니다. 불신자들은 하나님의 언약 백성에 속한다는 이 눈에 보이는 표시 밖에 있습니다. 세례는 그리스도를 입은 자로서의 신자를 구별합니다(갈 3:27). 주의 성찬은 오직 믿는 자만이 그리스도와의 교제의 표시로 참여할 수 있습니다(고전 10:16-17).

　불신자들은 그리스도의 몸을 분별하지 못하기 때문에 주의 성찬에 참여하지 못하는 것은 당연합니다. 신자들이 주의 성찬에 참여함으로써, 그들은 그리스도께 연합되었으며, 그리스도와 교제하는 것을 외적으로 나타냅니다. 따라서 성례는 단순한 의식이 아닙니다. 그것은 하나님이 자신의 백성을 세상과 분리하시는 눈에 보이는 수단입니다(요 15:19).

27.2 모든 성례에는 보이는 표시와 그것이 나타내는 실체 사이에 영적 관계 혹은 성례적 연합이 있다. 그래서 표시의 명칭들과 효과들은 실체에 기인한다(창 17:10; 마 26:27-28; 딛 3:5).

• 해설 •

3. 성례적 연합

　성례적 연합은 성례에서 사용되는 외적인 표징과 그것이 나타내는 영적 실체 사이의 영적 관계를 말합니다. 표시 자체가 실체는 아니지만, 둘은 매우 밀접하게 연결되어 있어 영적 기능을 합니다. 로마서 4장 11절은 할례가 의로움 자체가 아니라 그것의 표시이자 인증임을 보여 줍니다. 외적인 표시와 내적인 은혜는 구별되지만 하나님이 정하신 것에 의하여 분리할 수 없이 연결되어 있습니다. 표시는 자동적으로 은혜를 전달하지 않지만, 하나님이 믿음으로 믿는 사람들에게 은혜를 베푸시는 수단으로 사용됩니다. 주의 성찬에서 떡과 포도주는 여전히 떡과 포도주이지만, 신자들은 그것을 통해 영적으로 그리스도와 진정으로 교제합니다. 따라서 세례에서의 물은 죄를 씻어 내고, 거듭난 것을 표시합니다(딛 3:5).

주의 성찬에서 떡과 포도주는 그리스도의 몸과 피를 상징합니다. 따라서 성례에서 표시하는 것들이 실제적으로 혹은 물리적으로 변화되어 효력을 미치는 것이 아닙니다. 그 표시하는 것들은 신자들이 믿음을 통해 그리스도의 혜택에 진정으로 참여하는 영적 관계에 의해 영적 효과를 미치는 것입니다. 성례의 효과는 표시 자체에 있는 것이 아니라 그것을 통해 역사하시는 성령에 있습니다. 따라서 성례의 진정한 혜택을 받으려면 믿음이 필요합니다. 성례적 연합은 성례의 요소들이 본질이 변한다는 것을 의미하지 않으며, 믿음으로 신자들은 그 표시들이 나타내는 영적 축복을 진정으로 받는다는 것을 의미합니다.

27.3 성례가 올바르게 집행될 때, 나타나는 은혜는 그것들 안에 있는 어떤 힘에 의해서 주어진 것이 아니다. 성례의 효력은 그것을 집행하는 자의 경건이나 혹은 의도에 달려 있는 것이 아니라(롬 2:28-29; 벧전 3:21), 성령의 사역과(마 3:11; 고전 12:13), 성례의 제정의 말씀에 달려 있으며, 이는 성례를 집행하는 것에 권한을 부여하는 계명과 함께 합당하게 받는 자들에 대해 유익의 약속을 포함한다(마 26:27-28, 28:19-20).

• 해설 •

4. 성례의 효력

성례에서 나타나는 은혜는 성례전 자체의 어떤 권능에 의해 주어지는 것이 아닙니다. 씨앗이 스스로 자라지 않고 하나님의 권능에 의해 자라는 것처럼, 성례전은 그 자체의 권능에 의해 은혜를 부여하지 않고 하나님이 일하시는 수단으로 사용됩니다(고전 3:7). 성례는 은혜 언약의 표시와 인증으로서 그 자체로 은혜를 생산할 능력이 없습니다. 할례가 의로움을 만들어 내는 것이 아니라, 다만 그것을 확인하고 인증하는 것입니다. 더욱이 성례의 효능은 그것을 집행하는 목사의 경건함이나 의도에 달려 있지 않습니다. 교회사 속에서 어거스틴은 죄 많은 목사가 집행하면 성찬이 무효하다고 주장한 도나투스파에 반대했습니다. 칼빈은 성례가 목사의 성격 때문이 아니라 하나님의 약속 때문에 유효하다고 강조했습니다.

성례의 효능, 즉 영적 은혜를 진정으로 전달하는 능력은 성령의 역사에 전적으로 달려 있으며, 단순한 외적인 행동이나 성례를 집행하는 목사에게 달려 있지 않습니다. 성령은 그리스도의 은혜를 신자들에게 적용하여 성례를 효과적으로 만드십니다. 성례의 외적인 표시만으로는 생명을 얻을 수 없습니다. 성령이 표시들을 통해 일하셔야 합니다. 성례는 자동적으로 작용하지 않습니다(마치 그 자체에 능력이 있는 것처럼). 그러나 성령이 그리스도의 일을 믿는 사람들에게 적용하여 그 효과가 있게 하십니다. 성령이 믿음을 통해 믿는 자의 마음속에서 역사하십니다. 성례가 효과적이려면 믿음이 필요합니다. 그러나 성령이 믿음을 일으켜 믿는 자들이 영적 유익을 받게 하십니다.

27.4 복음에서 그리스도 우리 주께서 정하신 성례는 오직 두 가지인데, 세례와 주의 성찬이다. 성례는 합법적으로 안수를 받은 말씀의 사역자 외에 어떤 자도 집행할 수 없다(마 28:19; 고전 11:20, 23, 4:1; 히 5:4).

• 해설 •

5. 오직 두 개의 성례

복음에서 그리스도가 제정하신 성례는 오직 두 가지로서, 세례와 주의 성찬입니다. 그러나 로마 가톨릭교회는 일곱 개의 성례를 주장합니다. 로마 가톨릭의 성례에 대해서 종교개혁자인 루터와 칼빈은 매우 반대했습니다.

로마 교회가 주장하는 7성례는 세 가지 범주로 나눌 수 있는데, 사람을 신앙으로 인도하는 성례들로서, 세례 성사(원죄를 씻어 내어 그 사람을 교회의 일원으로 만듦), 견진 성사(세례에서 받은 은혜를 강화시킴), 성체 성사(가톨릭 신자들이 그리스도의 실제 몸과 피를 받는다고 믿는 중심 성사)가 있습니다. 두 번째 범주의 성례로는 영혼과 육체의 회복을 위한 성사들로서, 고해 성사(사제가 죄를 사해 주는 용서의 성사), 병자 성사(중병에 걸렸거나 죽음이 임박한 사람에게 영적, 때로는 신체적 치유를 위해 주어짐)가 있습니다. 세 번째 범주의 성례로는 봉사의 성사들로서, 성품 성사(성직자가 되는 성사), 혼인 성사가 있습니다. 로마 교회가 주장하는 성례는 성례 자체가 능력과 효력을 발휘한다고 생각하고 있으며, 일곱 개 가운데 다섯 개는 그리스도의 모든 성도에게 해당되지 않아서 성례라 할 수 없습니다.

6. 성례의 집행자

성례는 그리스도가 교회를 위해 제정하신 의식입니다. 그리스도는 먼저 사도들에게 모든 민족을 제자로 삼아 아버지와 아들과 성령의 이름으로 세례를 주라고 말씀하셨습니다(마 28:19-20). 예수님은 사도들에게 죄를 묶고 풀어 주는 권한을 주셨습니다(요 20:21-23). 예수님은 사도들에게 특별한 권한을 부여하셨습니다. 그리고 예수님이 승천하신 후에 사도들은 직무자들을 세웠습니다. 따라서 사도 바울은 초대 교회의 직무자들로서 사도, 선지자, 복음 전도자, 목사, 교사가 있음을 말했습니다(엡 4:11).

디모데는 장로회에서 안수를 받았습니다(딤전 4:14). 따라서 초대 교회는 교회의 지도자로서 장로를 세웠고, 장로는 지도자로서 교회를 이끌었으며, 그 직무를 바르게 수행해야 하고(벧전 5:1–4), 그 직무를 수행하기 위해서는 영적 자질이 요구되었습니다(딛 1:5–6). 또한 교회가 확장되면서, 각 지역의 교회에 장로를 세워서 교회를 이끌게 했고, 그들에게는 교회의 질서와 말씀 선포를 위해 권한이 부여되었습니다(행 20:17). 따라서 초대 교회는 누구나 성례를 집행하도록 허용하지 않았습니다. 분명히 안수받은 장로(목사)에 의해 성례가 집행되었습니다. 왜냐하면 성례는 개인의 사적인 행위가 아니라 교회에 주어진 언약의 표시이기 때문입니다.

성례는 교회 안에서 하나님의 은혜를 상징하기 때문에 교회가 인정하고 구별한 사람들이 집행해야 합니다. 더욱이 성례는 하나님 말씀의 설교와 직접적 관계를 가지고 있기 때문에 목사에 의해 집행됩니다. 목사는 교회에 무질서와 거짓 교리가 들어오지 못하게 하는 중요한 직무를 가지고 있기 때문에 성례는 안수받은 목사에 의해 집행되는 것입니다. 성례는 이미 고린도 교회에서 남용된 사례들이 있기 때문에(고전 14:40), 주께서 정하신 성례가 부패되지 않게 안수받은 목사가 집행해야 합니다.

27.5 영적 실체와 나타내는 것과 관련하여, 구약의 성례는 신약의 성례와 동일하다(고전 10:1–4).

• 해설 •

7. 구약과 신약의 성례

구약과 신약의 성례는 둘 다 은혜 언약의 표시와 인증으로 사용되어 그리스도 안에서의 구원을 가리켰다는 점에서 동일합니다. 형태는 달랐지만 동일한 영적 의미와 목적을 가지고 있기 때문입니다. 구약 성례(할례와 유월절)는 그리스도를 가리켰으며, 신약 성례(세례와 주의 성찬)는 그리스도를 가리킵니다. 둘 다 은혜 언약의 표시와 인증이었습니다. 구약과 신약의 성례 둘 다 동일한 영적 실체를 나타냅니다. 할례(구약)와 세례(신약)는 영적 정화와 하나님의 언약 백성으로의 진입을 상징합니다. 유월절(구약)과 주의 만찬(신약)은 어린양(예수 그리스도)의 피를 통한 하나님의 구원 공급을 상징합니다. 바울은 이스라엘이 성례(홍해에서의 세례, 영적 음식과 음료)를 경험한 것이 모두 그리스도를 가리킨다고 설명합니다(고전 10:1-4).

구약이나 신약의 성례는 자동적으로 은혜가 부여되는 것은 아니었으며, 하나님의 약속에 대한 믿음이 요구되었습니다. 구약의 성례는 하나님이 택하신 백성인 이스라엘에게 주어졌으며, 신약의 성례는 그리스도로 말미암아 구속의 은혜를 입은 교회에 주어졌습니다.

47주 | 세례

28.1 세례는 예수 그리스도가 제정하신 신약의 성례로서(마 28:19), 세례받은 자를 유형 교회로 엄숙히 받아들이는 것일 뿐만 아니라(고전 12:13), 그에게 은혜 언약과(롬 4:11; 골 2:11-12), 그리스도께 접붙임된 것과(갈 3:27; 롬 6:5) 중생과(딛 3:5) 죄 사함과(막 1:4) 그리스도를 통해서 하나님께 굴복되어 새 생명 가운데 행하는 것의(롬 6:3-4) 표시이며, 인증이다. 이 성례는 그리스도 자신이 친히 정하신 것으로서 그분의 교회 안에서 세상 끝 날까지 계속 집행되어야 한다(마 28:19-20).

• 해설 •

1. 세례가 표시하는 것

세례는 신자가 가견적 교회에 엄숙하게 들어간다는 표시와 인증의 역할을 합니다. 가견적 교회는 신앙을 고백하는 사람들의 공동체입니다. 따라서 세례는 그리스도에 대한 신앙을 공개적으로 선언하는 것을 의미하며, 그 사람을 하나님의 주권 아래 살도록 부름받은 사람들 가운데 두는 것입니다. 그것은 가시적 교회의 일부가 되는 첫 번째 공개 단계입니다.

세례는 단순한 개인적 행위가 아니라 언약적 행위입니다. 그리스도와 함께 죄에 대해 죽었으며, 그리스도의 부활에 참여하여 의에 대해 사는 것을 나타냅니다(롬 6:3-4; 골 2:11-12). 세례의 이러한 언약적 측면은 하나님과 새 언약을 맺은 신자들의 공동체에 공식적으로 입문하는 것을 의미한다는 것을 보여 줍니다. 세례는 내적 변화의 외적인 표시이며, 그 사람이 하나님과 교회에 속해 있음을 표시합니다. 세례는 그리스도에 대한 사람의 믿음에 대한 공개적 증거로 사용되며, 교회가 증명합니다. 이것은 신앙 공동체에 참여하는 시작입니다. 신약성경에서 세례는 눈에 보이는 교회의 회원 자격과 긴밀하게 연결되어 있습니다. 세례를 받은 사람들은 신자 공동체에 공식적으로 환영받고, 하나님 백성의 일원으로 확인되며, 믿음 안에서 걷고, 함께 예배하고, 하나님의 명령에 순종하도록 부름을 받습니다(행 2:41).

세례는 은혜 언약의 표시이자 인증입니다. 은혜 언약은 예수 그리스도를 믿는 믿음을 통해 구원을 약속하신 하나님의 약속을 말합니다. 그리스도가 제정하신 세례는 이 언약을 가시적으로 표현한 것이며, 세례는 신자가 하나님의 은혜에 들어가는 것을 표시하는 수단으로 사용됩니다. 세례는 영적으로 씻음을 받고, 그리스도께 연합되었으며, 이로써 신자들의 공동체에 들어가는 것을 나타내는 것입니다. 세례는 믿는 사람들이 그리스도와 언약 공동체에 속한다는 것을 표시합니다. 세례는 그 사람이 은혜 언약에 있음을 보여 줍니다. 세례는 성령의 내주와 함께 믿는 이의 언약 회원 자격과 하나님과 함께하는 영원한 삶의 확실성을 인증합니다(엡 1:13-14).

세례는 그 신자가 성령에 의하여 거듭났으며, 성령의 역사로 인하여 발생된 믿음을 가지고 그리스도를 믿어, 그리스도께 연합되어, 칭의와 양자됨과 성화의 은혜 가운데 있는 것을 외적으로 표시하는 것입니다. 세례를 받는 자들은 진정한 구원의 믿음이 있으며, 구원의 여러 은덕으로 인하여 자신의 삶에서 죄와 싸우고, 자신의 의지를 하나님께 굴복하고, 거룩한 삶을 추구하기 때문에 삶의 변화가 분명히 나타날 수밖에 없으며, 이것을 교회 앞에서 세례의 의식으로 증거를 보여 주는 것입니다.

따라서 회심의 은혜가 불분명하거나 의심스러운 사람은 성급하게 세례를 받기보다는 성령의 유효한 역사가 자신에게 보다 분명해지기까지 은혜의 수단 아래에서 성령의 역사를 구하는 것이 합당합니다(눅 11:13). 왜냐하면 교회가 이 부분에서 느슨하게 되며, 교회에는 세례를 받았을지라도 회심한 자들이 아닌 사람들이 많아지게 되며, 이는 교회로 경건의 능력을 상실하게 만들기 때문입니다. 이것은 교회가 세상의 빛으로서 역할을 하지 못하게 하는 원인이 됩니다.

28.2 이 성례에서 사용되는 외형적 요소는 물이며, (세례받을) 당사자는 성부와 성자와 성령의 이름으로, 합법적으로 부르심을 받은 복음의 사역자에 의해 물로 세례받는다(마 3:11; 요 1:33; 마 28:19-20).

• 해설 •

2. 세례와 삼위 하나님

세례에서 삼위 하나님의 각 위이신 성부, 성자, 성령을 사용하는 것은 세 위격 모두 신자의 구원에 동등하게 관여하시기 때문입니다. 그래서 예수님은 제자들에게 세례를 베푸실 때에 삼위 하나님의 이름으로 행해져서, 구원에서 각 위의 역할을 인정해야 한다는 것을 강조하셨습니다(마 28:19). 세례를 받은 자는 자신의 구원이 삼위 하나님의 사역으로 인한 것임을 분명히 깨닫고, 각 위가 어떻게 사역하셔서 자신이 구원받았다는 것을 인정하고, 선언하는 것입니다. 즉, 신자가 구원받는 것은 하나님 아버지가 그를 선택하셨기 때문이며, 하나님 아버지는 그를 구원하시기 위해 그리스도로 구속 사역을 하게 하셨고, 성령을 보내셔서 실제로 믿을 수 있게 하셨기 때문에, 아버지의 이름으로 세례를 베풀어야 합니다.

세례에서 그리스도의 이름의 사용은 예수님이 자신의 삶, 죽음, 부활을 통해 구속의 사역을 성취하셨기 때문입니다. 그리고 예수님이 아버지와 함께 택하신 자에게 구원을 적용하기 위해서 성령을 보내셨기 때문입니다. 세례에서 성령을 부르는 이유는 성령이 택한 자에게 그리스도의 구속 사역을 적용하시기 때문입니다. 성령은 거듭나게 하시고, 믿음을 일으키시어, 그리스도께 연합되게 하시기 때문입니다.

따라서 믿는 자들이 삼위 하나님의 이름으로 세례를 받을 때, 그것은 아버지가 아들을 통해 성취하시고 성령이 적용하시는 구원의 충만하고 완전한 역사를 의미하고, 세례를 받음으로써 신자는 그리스도인으로서의 새로운 정체성이 삼위의 각 위와 관계를 맺고 있다는 것을 인정합니다. 신자의 새로운 삶은 오직 삼위 하나님의 사역을 통해 가능하기 때문에, 세례를 받은 이후에 삼위 하나님의 각 위가 하시는 일에 굴복할 뿐만 아니라 각 위의 사역에 의존해야 그리스도인의 삶이 가능하다는 것을 깨닫게 합니다.

28.3 사람을 물에 잠기게 하는 것이 필요한 것은 아니며, 세례는 사람 위에 물을 붓거나 뿌려지는 것으로 바르게 집행되어야 한다(히 9:10, 19-22; 행 2:41, 16:33; 막 7:4).

• 해설 •

3. 세례의 방식

개혁교회에서는 세례를 받는 사람에게 물을 뿌리거나 붓습니다. 물론 개혁교회 가운데 침례교회(Particular Baptist Church)에서는 세례의 방식으로 침수를 행합니다. 그러나 대부분 개혁교회에서 가장 널리 행해지는 방식은 뿌리거나 붓는 것입니다. 개혁교회에서는 세례 방식이 성례 자체의 중요성보다 덜 중요하다고 (혹은 부차적인 것이라고) 강조합니다. 세례는 내적 은혜의 외적인 표시이며, 개인에게 물을 뿌리는 행위는 죄에서 깨끗해지고, 그리스도와 연합하며, 성령을 부어 주는 것을 의미합니다. 물을 뿌리거나 붓는 것은 성령이 신자의 삶에서 역사하시는 것을 상징하는 것으로 여겨지는데, 성령은 종종 물로 상징되기 때문입니다(요 7:37-39).

물을 뿌리거나 붓는 방식은 히브리서 10장 22절에서 "맑은 물로 씻음을 받았으니"와 에스겔 36장 25절의 "맑은 물을 너희에게 뿌려서"라는 말씀으로부터 옵니다. 사도행전 2장 17-18절과 디도서 3장 6절은 성령이 부어지시는 것에 대해 말하는데, 이 구절들로 세례 때 물을 붓는 방식을 사용했습니다. 교회사적으로 볼 때, 교부들의 저술과 같은 초기 기독교 저술은 세례 방식에 대한 통일된 이해를 제공하지 않습니다. 그러나 뿌리기와 붓기는 일반적인 관행이었으며, 특히 침수가 비실용적인 경우(예: 추운 기후 또는 많은 사람이 세례를 받아야 할 때)에 그러했습니다. 『디다케』(1세기 기독교 문헌)에서는 물을 붓는 것을 세례 방식으로 언급합니다.

28.4 그리스도에 대한 믿음과 순종을 개인적으로 고백할 뿐만 아니라(막 16:15-16; 행 8:37-38), 부모 모두 믿거나 혹은 한 편만 믿는 자의 유

아들은 세례를 받아야 한다(창 17:7, 9; 갈 3:9, 14; 골 2:11-12; 행 2:38-39; 롬 4:11-12; 고전 7:14; 마 28:19; 막 10:13-16; 눅 18:15).

• 해설 •

4. 유아 세례

구약에서 할례는 믿는 사람과 그들의 자녀 모두에게 언약의 표지로 주어졌습니다(창 17:7). 신약에서 세례는 구약에서의 할례를 대체한 것으로 바울이 설명한 것을 통해서(골 2:11-14), 할례가 자녀들에게 행해졌던 것과 같이 세례가 신자의 자녀들에게 행해져야 하는 것을 추론할 수 있습니다. 이스라엘의 자녀들이 언약의 가족으로 태어났다는 이유로 언약의 약속에 포함되었던 것처럼, 그리스도인 부모의 자녀들도 새 언약에 포함되는 것입니다.

더욱이 사도행전 2장 39절은 복음의 약속이 성인과 그들의 자녀 모두를 위한 것임을 보여 주며, 고린도전서 7장 14절은 믿는 자의 자녀가 거룩(따로 구별됨)한 것으로 여겨지고, 따라서 세례의 언약 표시에 포함되어야 함을 나타냅니다. 예수님이 아이들을 축복하고자 하신 것은 하나님의 언약의 축복에 아이들이 포함되었다는 것을 반영합니다(마 19:14). 유아 세례는 하나님의 주권적 은혜를 강조하는데, 하나님이 부모를 부르실 때에 자녀들을 함께 부르신 것으로 보고 행하는 것입니다.

유아 세례는 기독교 교회에서 오랜 역사를 가지고 있으며, 이레니우스와 어거스틴과 같은 초기 교부들은 유아 세례를 사도적 전통의 일부로 확언했습니다. 유아 세례는 초대 교회에서 행해졌으며, 교부들의 글과 초기 기독교 문헌에서 입증됩니다. 다만 유아 세례는 믿는 부모의 자녀에게만 해당됩니다.

28.5 이 의식을 모독하거나 무시하는 것이 큰 죄일지라도(눅 7:30; 출 4:24-26) 그럼에도 불구하고 은혜와 구원이 세례와 분리될 수 없도록 병합된 것이 아니어서, 세례 없이 중생할 수 없다거나 구원받을 수 없는 것은 아니며(롬 4:11; 행 10:2, 4, 22, 31, 45, 47), 또는 세례받은 모든 사람이 의심 없이 중생된 것은 아니다(행 8:13, 23).

• 해설 •

5. 세례와 중생의 관계

세례는 거듭남과 밀접한 관련이 있지만, 세례와 동일하지는 않습니다. 세례는 거듭남의 표시이지, 세례가 자동으로 거듭남을 일으키는 것은 아닙니다(로마 가톨릭교회는 세례가 중생을 일으킨다고 믿습니다). 거듭남은 성령의 주권적인 역사(요 3:5-8; 딛 3:5)이며, 세례는 그 내적 은혜의 외적인 표시입니다.

따라서 사람은 거듭나지 않고도 세례를 받을 수 있습니다. 시몬 마구스 같은 경우는 거듭나지 않았음에도 세례를 받았습니다(행 8:13). 시몬 마구스는 흥분적이며 환상적 믿음을 가지고 세례를 받았습니다. 그는 세례를 받았지만, 은혜 언약에 속한 내적 증거는 전혀 없었습니다. 베드로는 그를 향하여 악독이 가득하고 불의에 매인 자라고 책망했습니다(행 8:23). 구원의 믿음이 없이 세례를 받았던 것입니다. 교회가 세례 후보자에 대한 철저한 영적 검증이 없이, 간단한 고백 하나와 결단 하나로 믿음이 있다고 세례를 베풀게 되면, 교회에 회심하지 않은 명목적 신자들이 넘치게 됩니다.

한편으로, 거듭났지만 세례를 못 받은 경우가 있습니다. 이런 경우에는 세례를 받지 않았기 때문에 구원이 없다고 말할 수 없습니다. 누가복음 23장 39-43절의 십자가 위에서 구원받은 강도에게는 진정한 회개와 구원의 믿음이 있었습니다. 그는 그리스도의 나라에 들어가기를 간절히 구했고, 예수님은 허락해 주셨습니다. 그는 십자가에서 죽음을 당했기 때문에, 세례를 받지 못했습니다. 그러나 그는 세례를 받지 못했다 하더라도 분명히 구원받았습니다. 거듭남은 실제로 영적 생명을 가져다주고, 세례는 이 새로운 탄생의 외적인 표지입니다. 따라서 논리상으로는 그리고 실제로는 거듭남이 먼저이며, 교회는 세례 후보자가 진정으로 회심했는지 확인하고, 세례를 베풀어야 합니다.

28.6
세례의 효력이 세례가 집행되는 그 순간에 묶여 있는 것은 아니며(요 3:5, 8), 그럼에도 불구하고 이 의식을 바르게 집행함으로써 약속된 은혜가 제공될 뿐만 아니라, 하나님이 정하신 때에 하나님 자신의 뜻에 따라서 은혜에 속한 이들에게(그들이 성인이든 혹은 유아든) 성령에 의해 은혜가 실제로 나타나고 수여된다(갈 3:27; 딛 3:5; 엡 5:25-26; 행 2:38, 41).

• 해설 •

6. 세례의 효력

세례에서 상징되는 은혜는 실제로 성령에 의해 하나님이 정하신 시간에 확인되는데, 그 시간은 하나님의 주권적 뜻에 따라 다릅니다. 세례의 외적인 표시가 자동으로 은혜를 부여하는 것이 아니라 성령이 하나님의 계획에 따라 영적 실체를 적용하신다는 것을 의미합니다. 세례의 은혜(그리스도와의 연합, 죄로부터의 정화, 거듭남)는 반드시 세례 순간에 부여되는 것이 아닙니다. 실제적으로는 세례를 받기 이전에, 성령의 유효한 역사가 있어야 하는 것입니다. 그러나 유아 세례의 경우에는 성령의 주권적 시간에 그 영혼을 거듭나게 하실 때, 세례의 효과가 나타나는 것입니다. 따라서 성령의 주권적 타이밍은 세례의 시점과 상관이 없는 것입니다. 실제적으로는 세례 이전에 성령의 유효한 부르심의 사역이 있어야 하는 것이며, 유아 세례의 경우에는 세례를 받은 후 시간이 지나서, 성령이 실제로 그 영혼을 거듭나게 하실 때, 효력이 나타나는 것입니다.

28.7 세례의 성례는 어떤 사람에게나 오직 한 번만 시행되어야 한다 (딛 3:5).

• 해설 •

7. 한 번만 시행

세례는 하나님의 은혜 언약의 표시이자 인증이며, 하나님의 언약은 변하지 않으므로 세례는 한 번만 집행됩니다. 사도 바울은 세례가 하나라고 말했는데(엡 4:5), 세례는 한 번뿐인 사건으로 언약 공동체에 들어가는 것을 상징합니다. 누군가가 죄에 빠졌더라도, 그들은 재세례가 아니라 회개로 부름을 받습니다.

48주 | 주의 성찬

29.1 우리 주 예수께서는 그분이 잡히시던 날 밤에 주의 성찬이라고 부르는 자신의 몸과 피의 성례를 제정하시어, 자신의 교회에서 세상 끝 날까지 지키게 하셨는데, 이는 그분이 죽으심으로 자신을 친히 희생 제물로 드린 것을 영원히 기억하게 하고, 진정한 신자들에게 그분의 죽음의 모든 은덕을 보증하기 위한 것이며, 그리스도 안에서 영적 공급과 성장을 위하고, 그리스도께 마땅히 드려야 할 모든 의무의 실행에 헌신의 증가를 위해서, 그리고 그분의 신비적 몸의 지체로서 그리스도와 서로(신자들) 간의 교제의 결속과 서약을 위한 것이다(고전 11:23-26, 10:16-17, 21, 12:13).

• 해설 •

1. 주의 성찬의 제정 목적

그리스도가 주의 성찬을 제정하시어, 자신의 교회에서 세상 끝 날까지 지키게 하신 것에는 핵심적인 목적이 있습니다. 주의 성찬은 택하신 백성의 죄를 위해 십자가에서 그리스도가 희생적으로 죽으셨다는 것을 기념하는 것입니다(눅 22:19). 그것은 믿는 사람들에게 그분의 몸이 찢기고 우리의 구원을 위해 피를 흘리셨다는 것을 상기시켜 줍니다. 즉, 신자들이 주의 성찬에 참여할 때마다 그들은 구원이 그분의 희생적 죽음을 통해 온다는 복음의 진리를 확인합니다.

주의 성찬은 믿는 사람들에게 그리스도의 죽음의 은덕들을 보증하고, 확신시켜 주기 위한 것입니다. 그리스도의 죽음의 은덕들은 칭의, 양자 됨, 성화입니다. 신자들이 주의 성찬에 참여함으로써 그리스도 구원의 은덕들이 그들에게 있음이 인증된 표시를 보고, 확신하게 됩니다(마 26:28). 주의 성찬은 죄 사함과 그리스도의 피에 있는 새 언약에 대한 그들의 믿음을 인봉하고 강화합니다. 주의 성찬은 신자들의 영적 삶을 강화하기 위해 제정되었습니다. 주의 만찬은 신자들이 그리스도를 영적으로 먹는 은혜의 수단입니다(요 6:53-56). 음식이 몸을 강화하듯이 주의 성찬은 믿음을 강화 시켜서 영혼을 양육하고 거룩하게 합니다.

주의 성찬을 통해 신자들은 그리스도와 영적 교제를 합니다. 그것은 살아 있는 떡이신 그분과 연합하고 교제하는 행위입니다. 주의 성찬은 그리스도의 몸인 교회의 연합을 표현합니다(고전 10:17). 그것은 신자들에게 그리스도 안에서의 공유된 믿음과 상호 사랑을 상기시킵니다. 주의 성찬은 하나님과의 언약을 새롭게 합니다. 주의 성찬은 구약 시대의 유월절과 마찬가지로 언약의 식사입니다. 그것은 그리스도와 그분의 계명에 순종하여 걷는 데 대한 헌신을 의미합니다. 따라서 주의 성찬은 주 예수 그리스도에 대한 헌신을 증가시킵니다.

그리스도는 주의 성찬을 자신이 다시 올 때까지 시행하도록 명령하셨습니다(고전 11:26). 그리스도가 오실 때까지 그리스도의 복음을 선포하라는 명령이 주의 성찬에 담겨 있습니다. 왜냐하면 주의 성찬은 그리스도의 속죄 희생에 대한 눈에 보이는 복음 선포이기 때문입니다. 주의 성찬은 그리스도의 완성된 사역과 재림에 대한 소망을 세상에 증거합니다. 주의 성찬 구원을 위해 피를 흘리셨다는 것을 상기시켜 줍니다. 즉, 신자들이 주의 성찬에 참여할 때마다 그들은 구원이 그분의 희생적 죽음을 통해 온다는 복음의 진리를 확인합니다.

주의 성찬은 믿는 사람들에게 그리스도의 죽음의 은덕들을 보증하고, 확신시켜 주기 위한 것입니다. 그리스도의 죽음의 은덕들은 칭의, 양자 됨, 성화입니다. 신자들이 주의 성찬에 참여함으로써 그리스도 구원의 은덕들이 그들에게 있음이 인증된 표시를 보고, 확신하게 됩니다(마 26:0. 주의 성찬은 죄 사함과 그리스도의 피에 있는 새 언약에 대한 그들의 믿음을 인봉하고 강화합니다. 주의 성찬은 신자들의 영적 삶을 강화하기 위해 제정되었습니다. 주의 만찬은 신자들이 그리스도를 영적으로 먹는 은혜의 수단입니다(요 6:53-56). 음식이 몸을 강화하듯이 주의 성찬은 믿음을 강화시켜서 영혼을 양육하고 거룩하게 합니다.

주의 성찬을 통해 신자들은 그리스도와 영적 교제를 합니다. 그것은 살아 있는 떡이신 그분과 연합하고 교제하는 행위입니다. 주의 성찬은 그리스도의 몸인 교회의 연합을 표현합니다(고전 10:17). 그것은 신자들에게 그리스도 안에서의 공유된 믿음과 상호 사랑을 상기시킵니다. 주의 성찬은 하나님과의 언약을 새롭게 합니다. 주의 성찬은 구약 시대의 유월절과 마찬가지로 언약의 식사입니다. 그것은 그리스도와 그분의 계명에 순종하여 걷는 데 대한 헌신을 의미합니다. 따라서 주의 성찬은 주 예수 그리스도에 대한 헌신을 증가시킵니다.

그리스도는 주의 성찬을 자신이 다시 올 때까지 시행하도록 명령하셨습니다(고전 11:26). 그리스도가 오실 때까지 그리스도의 복음을 선포하라는 명령이 주의 성찬에 담겨 있습니다. 왜냐하면 주의 성찬은 그리스도의 속죄 희생에 대한 눈에 보이는 복음 선포이기 때문입니다. 주의 성찬은 그리스도의 완성된 사역과 재림에 대한 소망을 세상에 증거합니다. 주의 성찬은 단순한 의식이 아니라 여러 목적을 가진 깊은 영적 의식입니다.

29. 이 성례에서 그리스도가 성부에게 바쳐지시는 것이 아니며, 산 자와 죽은 자의 죄의 용서를 위해 실제로 희생되시는 것이 전혀 아니다(히 9:22, 25-26, 28). 대신에 이 성례는 오직 그리스도가 자신을 십자가에서 단번에 드리신 희생을 기념하는 것이며, 하나님에 대한 가능한 모든 찬양의 영적 봉헌이다(고전 11:24-26; 마 26:26-27). 그러므로 로마가톨릭교회의 미사의 희생은 선택받은 자들의 모든 죄를 위한 유일한 속죄인 그리스도의 단 한 번의 희생 제사를 가장 혐오스럽게 손상시키는 것이다(히 7:23-24, 27, 10:11-12, 14, 18).

• 해설 •

2. 그리스도의 희생을 기념

주의 성찬은 십자가에서 한 번뿐인 그리스도의 희생을 기념하는 것입니다. 그것은 그리스도가 어떤 식으로든 재희생되신다는 것을 의미하지 않습니다(히 10:10-12). 주의 성찬은 그리스도의 희생에 대한 물리적 참여(로마가톨릭)가 아니라 영적 참여입니다. 그리스도의 속죄적 죽음의 혜택이 믿는 자들이 믿음으로 주의 성찬에 참여할 때 적용되고 확인된다는 것을 의미합니다.

3. 로마 교회의 미사

종교개혁자들은 로마 가톨릭의 미사 희생을 성경적이지 않고 불필요하며 심지어 신성모독적이라고 강력히 거부합니다. 그리스도의 희생은 단 한 번이었습니다(히 9:26-28, 10:10-12). 그러나 미사는 그리스도의 몸과 피를 하나님께 실제로 지속적으로 드리는 것이라고 가르칩니다. 성경에서는 그리스도의 희생이 십자가에서 완성되었으며 반복이 필요하지 않다고 가르치고 있습니다. 로마 가톨릭의 미사는 지속적인 희생을 나타내어 그리스도 속죄의 충분성을 부인합니다. 그러나 그리스도의 희생 제사는 영원한 효력을 가지고 있기 때문에, 단 한 번의 희생으로 충분합니다. 로마 가톨릭은 미사에서 성체 변화를 가르칩니다. 즉, 떡과 포도주가 문자 그대로 그리스도의 몸과 피가 된다는 것입니다. 이것은 그리스도의 현존에 대한 거짓 교리입니다. 주의 성찬에서 주님은 육체적이 아니라 영적으로 임재하시는 것입니다. 고린도전서 10장 16절은 문자 그대로의 육체적 현존이 아니라 영적 참여에 대해 말합니다.

로마 가톨릭의 미사는 하나님이 규정하신 것에 더하는 인간의 고안된 예배입니다. 예배는 교회 전통이 아닌 성경에 따라서만 이루어져야 합니다. 미사는 서품된 사제가 하나님과 사람 사이를 중재하는 계층적 신권을 지지합니다. 그러나 성경은 모든 신자가 그리스도를 통해서 하나님께 직접 접근할 수 있다고 가르칩니다(벧전 2:9). 따라서 로마 가톨릭의 미사는 유일한 참된 중보자이신 예수 그리스도를 훼손합니다.

29.3 주 예수께서는 이 의식에서 자신의 사역자들로 자신이 제정하신 (성찬의) 말씀을 백성에게 선포하게 하시고, 기도하며, 떡과 포도주를 축복하여 일반 용도에서 거룩한 용도로 구별하게 하셨고, 떡을 취하여 떼어 내며, 잔을 들어 (자신들도 나누며) 성찬에 참여한 자들에게 나

누어 주게 하셨다(마 26:26-28; 막 14:22-24; 눅 22:19-20; 고전 11:23-26). 그러나 회중 가운데 있지 않은 자들에게는 줄 수 없게 하셨다(행 20:7; 고전 11:20).

• 해설 •

4. 말씀 선포

주의 성찬을 거행하는 것에 있어 안수받은 목사가 가장 먼저 해야 하는 일은 말씀을 선포하는 것입니다. 이것은 주의 성찬에서 가장 중요한 것이기 때문입니다. 주의 성찬에서 말씀의 성찬을 올바르게 이해하고 믿음으로 받아들이는 것을 보장하기 때문에 성찬의 필수적인 부분입니다. 주의 성찬은 복음에 있어 눈에 보이는 표시와 인증으로서, 올바르게 이해하고 적용하려면 설교된 말씀이 함께 있어야 합니다. 성찬은 영적 식사이며 설교는 신자들이 이해와 믿음으로 참여할 수 있도록 필요한 지침을 제공합니다.

주의 성찬은 단순한 의식이 아닙니다. 그리스도의 죽음과 그 중요성을 선포하는 것이기 때문에, 설교를 통해서 그리스도의 속죄, 그리스도 희생의 본질, 성찬을 통해 받는 영적 혜택을 가르쳐야 합니다. 설교 없이 어떤 사람들은 무지하게 또는 미신적으로 참여하여 성찬 자체가 믿음과 별개로 은혜를 전달한다고 생각할 수 있습니다. 주의 성찬에서 설교가 가장 먼저 있는 이유는 신자들로 참여하기 전에 마음을 살피게 하려는 것입니다. 성경은 합당하지 않은 방식으로 주의 성찬을 취하는 것에 대해 경고합니다(고전 11:27-29). 설교는 신자들이 자기를 살피고, 죄를 회개하고, 겸손하고 믿는 마음으로 식탁에 오도록 돕습니다.

주의 성찬은 신앙을 강화하기 위한 것입니다. 잘 전해진 설교는 신자들이 그리스도를 신뢰하고, 그분의 사랑을 묵상하고, 복음을 기뻐하도록 격려합니다. 설교는 기쁨과 구원의 확신으로 성찬에 참여할 수 있게 합니다. 주의 성찬에서 설교는 잘못된 성찬의 이해로부터 보호하기 위한 것입니다. 설교는 오해를 바로잡고 성찬이 성경적으로 지켜지도록 합니다.

29.4 사적(私的)인 미사, 즉 성례를 한 사제나 혹은 어떤 다른 사람에 의해 혼자 받는 것이나(고전 10:6), 비슷하게, 잔을 회중에게 나누어 주는 것을 거부하거나(막 14:23; 고전 11:25-29), 떡과 포도주를 예배하거나, 경배의 목적으로 높이 들거나, 혹은 가지고 돌아다닌다거나, 거짓의 종교적인 용도를 위하여 그것들을 남겨 두는 것은 이 성례의 성질과 그리스도의 제정하신 것에 모두 반대된다(마 15:9).

• 해설 •

5. 미사의 문제점

로마 가톨릭 미사의 문제점은 사적인 미사를 허용하는 것입니다. 그러나 주의 성찬은 회중이 있는 가운데 시행되는데, 그것이 공적인 예배의 중요한 요소이기 때문입니다. 미사의 또 다른 문제는 떡을 교인들에게 주지만, 잔을 제공하지 않는 것입니다. 이는 과거 중세 교회 시대로부터 잘못된 전통입니다. 더욱이 로마 가톨릭교회는 사제가 떡과 포도주를 예배합니다. 왜냐하면 떡과 포도주가 실제로 그리스도의 몸으로 변화되었다고 믿기 때문입니다. 이러한 의식은 지극히 미신적이며 우상적입니다.

29.5 이 성례에서 외형적 요소들은 그리스도가 정하신 용도로 마땅히 구별되어, 십자가에 못 박히신 그리스도와 관계가 있다. 그것들은 오로지 성례적으로, 그들이 나타내는 것들의 이름으로서, 즉 그리스도의 몸과 피로 때때로 불린다(마 26:26-28). 그렇다고 해도 그 실체와 성질은 전과 같이 오직 떡과 포도주로 남아 있다(고전 11:26-28; 마 26:29).

29.6 사제의 축사 혹은 다른 방식에 의해서 떡과 포도주의 실체가 그리스도의 몸과 피의 실체로 바뀐다는 교리는(일반적으로 화체설로 부른다) 성경뿐만 아니라 일반 상식과 이성에 대해 혐오스러운 것이다. 이러한 교리는 성례의 본질을 내던지는 것이며, 많은 미신과 역겨운 우상 숭배의 원인이었으며, 지금도 원인이다(행 3:21; 고전 11:24-26; 눅 24:6, 39).

29.7 이 성례를 합당하게 받는 자들은 보이는 요소들에 외적으로 참여하면서(고전 11:28) 내적으로는 믿음으로 참여하는데, 이는 진정으로 물리적인 것이 아니라 영적인 것으로 십자가에 못 박히신 그리스도와 그분의 죽음의 모든 은덕을 받아들이며 먹는 것이다. 그리스도의 몸과 피는 물리적으로 떡과 포도주 안에 함께 혹은 아래에 있는 것이 아니다. 그러나 이 의식에서 그리스도의 몸과 피는 떡과 포도주가 물리적으로 인식되듯이 실제적인 영적 인식으로 믿음의 신자들에게 주어진다(고전 10:16).

• 해설 •

6. 그리스도의 몸과 피

주의 성찬에서 예수님은 떡을 자신의 몸이라고 부르셨고, 포도주를 자신의 피라고 부르셨습니다(마 26:26-28; 눅 22:19-20). 그리스도의 이 말씀은 문자적인 것이 아니라 상징적이고 영적인 것입니다. 예수님이 "이것은 내 몸이다"라고 말씀하셨을 때, 떡이 물리적으로 자신의 살이 되었다고 가르치신 것이 아닙니다. 왜냐하면 예수님은 종종 은유를 사용하셨기 때문입니다(예: "나는 문이요"[요 10:9]; "나는 포도나무요"[요 15:1]). 떡과 포도주는 그리스도의 몸과 피를 상징하는 것으로, 그 본질은 변하지 않습니다. 떡과 포도주는 그리스도의 희생의 표시와 인증입니다. 그리스도의 영화스럽게 된 인간 몸은 하늘에 있습니다(히 9:24). 떡과 포도주는 그대로이지만 믿음을 통한 은혜의 수단으로 사용됩니다. 그리스도는 영적으로 주의 성찬에 임재하시는 것이지, 물리적으로 요소에 임재하시는 것이 아닙니다.

29.8 비록 무지한 자와 악한 자가 이 성례의 외적 요소를 받았다 할지라도 그들은 그 요소가 의미하는 것들을 받지 못했다. 오히려 그 성례에 합당치 못하게 참예함으로써 그들은 주의 몸과 피를 범하는 죄를 지어 자신들을 스스로 정죄했다. 따라서 모든 무지한 자와 불경건한 자들은, 주와 교제를 즐기기에 적합하지 않기 때문에, 주의 성찬에 참여할 자격이 없다. 그들이 자격이 없는 한, 그리스도에 대하여 큰 죄를 범하는 것 없이, 이 거룩한 신비에 참여할 수 없으며(고전 11:27-29; 고후 6:14-16), 주의 성찬에 허락될 수 없다(고전 5:6-7, 13; 살후 3:6, 14-15; 마 7:6).

• 해설 •

7. 잘못된 수찬

무지하고 경건치 않은 사람들이 주님의 만찬에 합당하지 않게 참여하는 것은 심각한 죄입니다. 성경은 이에 대해 강력히 경고합니다. 합당치 않은 성찬의 참여는 주님의 만찬을 더럽히는 것으로서 그리스도의 희생을 무시하는 죄이기 때문입니다. 바울은 고린도 교회에서 어떤 사람들이 불경건함으로 주의 성찬에 참여해서 병들고 심지어 죽었다고 경고합니다(고전 11:30). 주의 성찬에 오기 전에 반드시 자기 성찰이 필요합니다. 그리고 주의 성찬에 참여해서는 안 되는 사람들이 있습니다. 그리스도의 희생 또는 성찬의 의미를 이해하지 못하는 무지한 사람들은 성찬에서 제외되어야 합니다. 그리스도의 주권을 거부하면서도 믿는 사람인 척하며 공개적인 죄 속에 사는 사람들은 주의 성찬에 참여할 수 없습니다. 회개하지 않고 죄를 고집하는 사람들은 주의 성찬에서 제외됩니다(고전 5:11).

주의 성찬은 그리스도를 신뢰하고 순종 안에서 걷고자 하는 참된 신자들을 위한 것입니다. 교회는 주의 성찬이 바르게 거행되도록 해야 합니다(딛 1:9; 히 13:17). 주의 성찬이 더럽혀지지 않도록 영적으로 살펴야 합니다.

49주 | 교회의 권징

30.1 교회의 왕이요 머리이신 주 예수께서 교회 안에 정치를 제정하셨는데, 이는 시민 공직자로부터 구별되는 교회의 직원들에 의해 시행된다(사 9:6-7; 딤전 5:17; 살전 5:12; 행 20:17-18; 히 13:7, 17, 24; 고전 12:28; 마 28:18-20).

• 해설 •

1. 교회의 왕과 머리이신 그리스도

예수 그리스도는 신성한 권위로 교회를 다스리시고, 보호하시고, 그분의 영과 말씀을 통해 그분의 백성에게 생명을 주시기 때문에 교회의 왕이자 머리라고 불리십니다. 성부는 친히 그리스도를 왕이라고 부르셨으며, 모든 민족의 왕들이 그리스도께 굴복하고 경배하라고 하셨습니다(시 2:6, 12). 그리스도는 만왕의 왕이시며, 만주의 주이십니다(계 19:6). 그리스도는 교회의 왕이십니다. 그리스도는 모든 권위로 통치하시되(마 28:18), 교회를 적들로부터 방어하시고 그 필요를 돌보십니다.

그리스도의 왕국은 지상적인 것이 아니라 영적인 것입니다(요 18:36). 예수님은 구속받은 백성을 의와 권능으로 다스리시기 때문에 교회의 왕이십니다. 그리스도는 교회의 머리가 되십니다(엡 5:23; 골 1:18). 그리스도만이 그분의 백성을 인도하고 지탱하시기 때문입니다. 교회는 그리스도의 몸으로서, 머리이신 그리스도로부터 모든 생명을 공급받고, 지시를 받습니다. 그리스도는 교회의 예배, 교리, 규율을 명령하십니다. 그분의 말씀은 교회가 어떻게 기능해야 하는지 지시합니다(마 28:19-20). 그리스도는 교회를 인도하고, 양육하고, 보호하십니다. 그리스도가 왕이시며, 그리스도의 왕권과 수장권으로부터 그리스도는 자신의 말씀과 성령으로 통치하십니다. 그리스도가 보내신 성령은 그리스도의 통치를 신자들의 마음에 적용하십니다. 그리스도의 왕권은 그리스도가 모든 적을 물리치시고 교회를 영광으로 이끄실 것을 보장합니다(고전 15:24-25).

2. 교회 정치

예수 그리스도는 교회의 왕이자 머리로서 자신의 백성을 다스리고 징계하기 위한 틀을 세우셨습니다. 이 조치는 그분의 교회가 거룩하고, 연합되어 있고, 복음에 충실하게 하시기 위한 것입니다. 그리스도는 교회를 이끌 목사, 장로, 집사를 임명하셨고, 또한 순수함을 유지하고 방황하는 신자들을 회복하기 위한 징계 원칙을 제시하셨습니다. 예수 그리스도는 교회를 감독하고 다스리기 위해 직분과 권위를 임명하셨습니다. 이러한 직분은 하나님의 말씀에 근거하며, 그들의 역할은 예수님이 그분의 교회를 위해 제시하신 원칙에 따라 이루어집니다.

목사(가르치는 장로)는 말씀을 전파하고, 교리를 가르치고, 성례전을 집행하고, 양 떼를 돌보는 주된 책임을 집니다(엡 4:11-12). 장로(다스리는 장로)는 경건하여야 하며, 믿음이 성숙해야 하고, 회중을 잘 돌볼 수 있어야 합니다. 집사는 가난한 사람들을 돌보고, 자원을 관리하고, 사역을 돕는 것과 같이 교회의 실제적이고 봉사적인 측면을 감당합니다(행 6:3-6). 집사의 역할은 장로들의 일을 지원하고 교회의 물리적 필요가 충족되도록 하여 장로들이 영적 감독에 집중할 수 있도록 합니다.

그리스도는 교회에서 거룩함을 유지하고, 타락한 신자들을 회복시키고, 교회를 죄와 거짓 교리로부터 보호하기 위해 징계를 제정하셨습니다. 교회의 징계는 단계별로 이루어져야 하는데, 개인의 사적인 책망으로 시작해서, 두세 명의 증인 그리고 교회의 징계로 이어집니다. 예수님은 교리, 규율, 삶의 문제에 대해 교회에 묶고 푸는 권위를 주셨습니다. 이 권위는 자의적으로 행사해서는 안 되며 하나님의 말씀에 따라 행사해야 합니다.

30.2 이 직원들에게 천국의 열쇠가 맡겨져 있다. 이로 인하여 그들은 죄를 보류시키며, 죄를 용서하는 권한을 가지고 있어서, 회개하지 않는 자에 대해서는 말씀과 권징으로 천국 문을 닫고, 회개하는 죄인에게는 복음의 사역과 경우에 따라서 권징의 사면으로써 천국 문을 연다

(마 16:19, 18:17-18; 요 20:21-23; 고후 2:6-8).

• 해설 •

3. 교회 직원의 권한

교회 직원들에게는 천국의 열쇠가 맡겨져 있습니다. 교회 직원들에게 맡겨진 열쇠 덕분에 그들은 묶고 푸는 권한을 부여받았습니다. 즉, 그들은 징계를 행사하고, 용서를 선언하고, 교회 내에서 교리와 행동을 감독할 책임과 권한을 가지고 있습니다. 이 권한은 예수 그리스도의 가르침, 특히 마태복음 16장 19절과 마태복음 18장 18절과 같은 구절에서 비롯된 것입

니다. 그 구절에서 그리스도는 교회에 천국의 열쇠를 주셨습니다.

천국의 열쇠는 근본적으로 예수 그리스도의 복음을 선포하는 것과 연결되어 있습니다. 교회 직원은 교회가 복음에 충실하고 성경에 충실하게 해야 할 책임이 있습니다. 이것을 위해서 목사는 설교하고, 올바른 교리를 가르치고 거짓 가르침으로부터 교회를 보호하는 임무를 다해야 합니다. 교회 직원은 예배의 순수성을 지켜서 예배, 성례, 기도를 성경대로 하여야 합니다. 이런 의미에서 교회 직원은 거짓을 '묶고' 진실을 '풀어' 하나님의 말씀에 따라 무엇이 있는지 선언합니다. 목사는 죄, 불신 또는 거짓 가르침이 교인들을 미혹할 때, 그 해당되는 자를 하나님과 교회와의 교제에서 분리한다고 선언할 수 있습니다. 또한 목사는 그 해당되는 자가 회개했을 때에 그를 하나님과 교회와의 교제로 회복시킨다고 선언할 수 있습니다.

열쇠의 중심 기능 중 하나는, 특히 마태복음 18장 15-18절에 설명된 대로, 예수님의 가르침에 따라 교회 징계를 행사하는 것입니다. 신자가 죄를 지으면 교회 직원은 그 사람을 회개로 인도하는 임무를 맡습니다. 먼저 비공개로, 그다음에는 증인과 함께, 마지막으로 필요한 경우 교회로 인도합니다. 그 사람이 회복을 위한 모든 노력에도 불구하고 회개하지 않으면 교회 직원은 그 사람을 징계하여 회개가 이루어질 때까지 "묶여 있다"고 선언할 권한이 있습니다. 또한 그 사람이 회개하면, 직원은 그 사람을 교회의 교제에 회복시켜 징계 상태에서 벗어나게 할 권한을 갖습니다.

묶고 푸는 능력은 독립적이거나 개인적인 권위가 아니라 그리스도의 청지기로서 주어집니다. 교회 직원은 그리스도의 종으로서 행동하며, 그리스도의 교회를 다스리는 데 있어서 그리스도의 뜻을 수행해야 합니다. 교회 직원들은 겸손, 지혜, 그리고 성경에 대한 충실함으로 이 권위를 행사해야 합니다. 교회 직원들은 그들이 열쇠를 행사하는 방식에 대해 그리스도로부터 책임을 져야 합니다. 그들은 개인적인 이득이나 가혹함 때문에 이 권위를 행사해서는 안 되며, 교회의 선을 위해 그리스도의 권위에 대한 충실한 청지기가 되도록 부름을 받았습니다.

30.3 교회의 권징이 필요한 것은 범죄한 형제들을 되찾아 얻기 위함이요, 다른 사람들로 비슷한 죄를 짓지 않게 하며, 전체 덩어리를 오염시킬 수 있는 누룩을 제거하기 위한 것이고, 그리스도의 명예와 복음의 거룩한 고백을 옹호하기 위함이다. 악명이 높으며, 완고한 범죄자에 의해 그분의 언약과 언약의 인 침이 더럽혀짐으로 교회에 임할 하나님의 진노를 피하기 위함이다(고전 5장; 딤전 5:20; 마 7:6; 딤전 1:20; 고전 11:27-34; 유 1:23).

• 해설 •

4. 권징의 목적

교회가 순수함과 거룩함을 유지하기 위해 행사하는 규율을 포함하는 교회 징계는 몇 가지 구체적인 목적을 달성하는 것을 목표로 합니다. 교회 징계의 주요 목적은 하나님께 영광을 돌리는 것입니다. 교회 내의 죄는 하나님을 모독하고, 개인의 의로움으로의 회복은 그분께 영광을 돌립니다. 사람이 징계받을 때, 그것은 공동체 내에서 하나님의 이름의 거룩함과 명예를 옹호하는 것을 목표로 합니다. 징계는 교회가 죄를 심각하게 여기고 하나님의 명령에 따라 사는 것의 중요성을 보여 줍니다. 교회의 징계 과정은 궁극적으로 하나님의 영광을 위해 죄인을 회복시키기 위해 고안되었습니다(마 18:15-17).

징계는 교회의 순수성을 유지하고 죄가 퍼지고 그리스도의 몸이 타락하는 것을 막는 데 필수적입니다. 교회 회원들이 회개하지 않는 죄 속에서 살면 다른 사람들을 그릇된 길로 인도하고 세상에 대한 교회의 증거를 약화시킬 수 있습니다. 따라서 견책의 목표는 죄악의 영향을 제거하고 회개를 장려하며 기독교 공동체의 성실성을 보호하는 것입니다. 교회 징계의 중요한 목적은 죄에 빠진 개인을 회복하는 것입니다. 목적은 처벌을 위해 처벌하는 것이 아니라 죄인을 회개하도록 촉구하고 하나님과 교회와의 교제를 회복시키는 것입니다. 교회 징계의 절차가 있는 것은 개인이 자기 죄의 심각성을 깨닫고 회개하고 화해한 상태로 공동체로 돌아오도록 이끄는 것을 의미합니다(고후 2:6-8).

교회 징계의 또 다른 목적은 개인의 삶과 더 넓은 공동체에서 추가 죄를 예방하는 것입니다. 죄가 지속되도록 방치하면, 죄가 퍼져 더 심각한 반항으로 이어지거나 교회의 증거를 손상시키는 스캔들을 만들 수 있습니다(고전 5:6). 교회의 징계는 죄가 퍼지는 것을 막고 다른 사람들에게 억제력이 됩니다.

5. 교회에 대한 하나님의 진노

하나님의 진노는 교회가 하나님의 언약을 저버리고 그 언약의 인장인 성례와 권징을 존중하지 않을 때, 특히 불순종, 죄, 불충실이 있을 때, 실제로 교회에 떨어질 수 있습니다. 이것은 구약과 신약에서 모두 발견되는 주제이며, 하나님의 언약 약속과 그분이 정하신 의식을 소홀히 할 때의 결과에 대해 하나님의 백성에게 심각한 경고 역할을 합니다. 교회나 그 구성원이 하나님의 언약을 저버릴 때, 하나님의 임재가 없고, 영적 활력이 상실되고, 하나님의 은혜가 부족한 영적 쇠퇴가 나타납니다. 교회에서 구원의 기쁨이 상실되고, 영적 건조함이 생기고, 하나님의 임재와 은혜가 약해지는 것으로 나타날 수 있습니다(계 2:5).

    교회가 하나님께 불순종하고 언약을 어길 때, 그들은 하나님의 보호와 축복을 상실할 수 있습니다. 이것은 하나님의 백성이 하나님의 보살핌에서 벗어나면서 외부적인 재난, 박해, 고통으로 이어질 수 있습니다(겔 39:23-24). 하나님의 진노는 심판으로 부어질 수도 있습니다. 여기에는 하나님이 교회가 그들의 죄에 대한 결과를 경험하도록 허락하실 때, 징계 조치를 취하시는 것이 포함될 수 있습니다. 그러한 징계는 이스라엘의 역사와 교회에 대한 신약의 경고에서 볼 수 있듯이 심각할 수 있습니다(고전 11:29-32).

    교회가 하나님의 언약을 저버리고 성례와 권징을 소홀히 할 때, 은혜의 수단이 제거되거나 효과가 없게 될 수 있습니다. 이러한 수단이 없다면 교회는 믿음 안에서 제대로 성장할 수 없고, 개인은 경건한 삶을 사는 데 필요한 영양분을 박탈당하게 될 것입니다(마 5:13; 계 3:16). 교회가 하나님의 경고를 경청하고 회개하지 않으면, 하나님의 진노가 영적 파괴로 이어질 수 있으며, 개인과 심지어 전체 회중이 죄와 회개하지 않는 상태에 빠지고 더 이상 교회가 아닌 모습으로 나타날 수 있습니다.

    하나님의 언약을 버리고 그 언약의 인증을 모독한 것에 대한 반응으로 하나님이 교회에 대해 진노하시는 것은 심각한 것입니다. 따라서 하나님의 거룩함과 의로움이 교회 안에서 유지되어야 합니다. 주님은 인내심이 많고 자비로우시지만, 불순종과 죄를 간과하지 않으십니다. 교회나 신자 개인이 하나님과의 언약을 소홀히 할 때, 그들은 하나님의 보호를 잃고, 그분의 심판에 직면하고, 궁극적으로 하나님의 길을 버린 영적 결과를 겪을 위험이 있습니다. 이것이 신자들이 충실함을 유지하고, 성례와 권징을 올바르게 지키고, 하나님의 명령에 따라 사는 것이 중요한 이유입니다.

30.4 이러한 목적들을 보다 효과적으로 얻기 위해서, 교회의 직원들은 당사자의 범죄의 성질과 정도에 따라서 권고, 한시적인 수찬 정지, 그리고 출교로 진행할 수 있다(살전 5:12; 살후 3:6, 14-15; 고전 5:4-5, 13; 마 18:17; 딛 3:10).

• 해설 •

6. 징계의 정도

교회의 징계는 교회가 죄나 교리적 오류를 고집하는 회원을 시정하고, 훈계하고, 필요한 경우 회중에서 제외하기 위해 취하는 징계 조치입니다. 이러한 징계는 개인적인 복수 행위가 아니라 죄인을 회복하고, 교회의 순수성을 보존하고, 그리스도의 명예를 옹호하는 수단입니다. 징계는 범죄의 성질과 정도에 따라 행해집니다.

가장 온화한 형태의 징계로서 권고 혹은 훈계, 책망이 있습니다. 그 해당되는 사람은 공개적으로나 사적으로 자신의 죄에 대해 경고를 받고 회개하도록 권고받습니다(살전 5:14). 그다음으로 개인이 회개를 거부하거나 혹은 죄가 더욱 중하다면 주의 성찬에 참여할 수 없도록 일시적으로 징계합니다. 그다음으로 더 무거운 징계는 직무 정지입니다. 장로, 집사 또는 목사가 심각한 죄에 빠지거나 거짓 교리를 가르치는 경우, 진정한 회개와 회복이 이루어질 때까지 직위에서 정지됩니다. 교회의 징계 가운데 가장 무거운 것은 출교입니다. 회개하지 않는 무거운 죄를 지었거나 교회를 분열시키며(딛 3:10-11) 이단의 가르침으로 빠져 다른 성도들을 미혹하는 경우에는 교회에서 해당되는 자를 출교합니다.

50주 | 대회와 총회

31.1 보다 나은 교회의 정치와 교회 건덕을 위해서 보통 대회 혹은 총회라고 부르는 모임들이 있어야 한다(행 15:2, 4, 6). *교회의 감독자들이나 개교회의 치리자들은 교회를 파괴하는 것이 아니라 굳게 세우기 위해서 그리스도가 주신 직무와 권한으로 이런 모임들을 지정하고(행 15장), 교회의 선을 위해서 필요하다고 판단되는 대로 자주 모임들을 소집할 권한이 있다(행 15:22-23, 25).*[1]

• 해 설 •

1. 대회와 총회의 목적

총회 또는 대회(교회 공의회)는 교리, 규칙, 예배, 정치 문제를 논의하기 위해 소집된 교회 지도자들의 모임입니다. 그 목적은 교회가 성경에 충실하고, 연합을 유지하며, 교회 내에서 발생하는 문제를 효과적으로 해결하도록 하는 것입니다. 총회와 대회는 이단과 교리적 오류에 맞서 성경적 진리를 명확히 하고, 옹호하기 위해 존재합니다. 초대 교회의 예루살렘 공의회는 이방

---

1) 1788년의 개정판에서 이 부분(*표시 문구)이 추가 삽입되었다.

인 신자들과 모세의 율법에 대한 분쟁을 해결하기 위해 모여 논의했고, 결정을 내렸습니다(행 15:6, 28-29). 역사적으로는 니케아 공의회(325년)에서 아리우스주의에 대항하여 그리스도의 신성을 확인했습니다. 바른 신앙고백과 교리문답과 예배 모범을 위해서 웨스트민스터 총회(1643-1649년)가 모였습니다.

총회와 대회는 교회 내의 무질서, 거짓 가르침, 부정행위 사례를 다룹니다. 그들은 교회 규율이 공정하고 성경적으로 적용되도록 합니다. 총회와 대회는 교회 정책과 관련된 교회 간의 분쟁을 다룰 수 있습니다. 총회와 대회는 교리 분쟁을 해결하고 교회 간의 협력을 촉진함으로써 신자들 간의 연합을 유지하는 데 도움이 됩니다. 교회 역사 속에서 도르트 총회(1618-1619년)는 알미니안주의에 대항하여 구원 교리를 명확히 한 도르트 신조를 만들어 냈습니다. 이로써 개혁교회의 연합을 가져왔습니다. 총회와 대회는 하나님의 말씀에서 벗어나는 부패와 혁신을 방지하기 위해 예배에 대한 성경적 기준을 수립합니다. 웨스트민스터 예배 모범(*The Directory for Public Worship*, 1645년)은 개혁교회의 예배에 대한 지침을 제공하여 성경적이지 않은 관행에 반대했습니다.

총회는 새로운 찬송가 또는 관행이 성경과 일치하는지 결정할 수 있습니다. 총회와 대회는 교회의 구조와 리더십을 감독하여 성경적 정치를 이끄는 기능을 합니다. 총회와 대회는 성경적 진리를 유지하고, 교회의 연합을 강화하며, 예배와 정치에서 적절한 질서를 확립하여 그리스도의 왕국을 위해 봉사합니다.

31.2 공직자들은 합법적으로 목회자들의 대회와 그 외 적합한 사람들을 불러서 신앙의 문제에 대해서 상의하게 하고, 조언하게 할 수 있

다(사 49:23; 딤전 2:1-2; 대하 19:8-11, 29-30장; 마 2:4-5; 잠 11:4). 만약에 공직자가 교회에 대해서 공개적으로 원수가 된다면, 그리스도의 사역자들과 자신들에게 속한 자들은 자신들의 직무에 의해 교회가 파견한 다른 적합한 사람들과 이러한 회의에서 함께 만나 (논의할) 수 있다(행 15:2, 4, 22-23, 25).[2]

31.3 대회와 총회는 목회적으로 신앙에 대한 논쟁과 양심의 경우들을 결정하고, 하나님께 드리는 공예배와 교회 정치에서 보다 나은 질서를 위해 규칙과 지침을 마련하고, 잘못된 행정에 대한 불평을 접수하여 권위 있게 결정한다. 대회와 총회의 법령과 결정이 하나님의 말씀에 일치하는 경우에, 그것들은 존경과 복종으로 받아들여져야 하는데, 하나님의 말씀에 일치하기 때문일 뿐만 아니라, 하나님이 자신의 말씀에서 정하신 규례로써 만들어진 권위 때문이다(행 15:15, 19, 24, 27-31, 16:4; 마 18:17-20).[3]

• 해설 •

2. 대회와 총회의 권한

총회와 대회는 하나님의 말씀에 따라 교회를 인도하고 통치하기 위해 영적 권위를 행사합니다. 총회와 대회는 신학적 논쟁과 이단에 대응하여 성경적 교리를 정의하고, 옹호하고, 명확히 합니다. 교회 지도자들은 '성도들을 준비'시키고 '교리의 모든 바람에 이리저리 밀려다니지 않도록' 해야 합니다. 총회는 새로운 교리를 만드는 것이 아니라 성경에 이미 계시된 것을 확

---

2) 1788년의 개정판에서 이 항목을 삭제했다. 따라서 현대판에도 이 부분은 없다.
3) 1788년의 개정판과 현대어판에서는 2항에 해당된다.

인하는 것입니다. 총회와 대회는 교회 규칙과 도덕적 부정행위 문제를 처리함으로써 영적 권위를 행사합니다. 총회와 대회는 거짓 교리를 가르치는 목사나 회원을 징계할 수 있으며, 심각한 죄에 연루된 교회 직원을 직위에서 해임할 수 있습니다. 총회와 대회는 교회 관행을 규제하는 권한으로 교회 예배가 성경적으로 유지되게 하며, 부패하지 않도록 감독합니다.

총회와 대회는 교회 행정을 감독할 권한을 가지고 있습니다. 총회는 목사, 장로, 집사에 대한 규칙을 수립하여 교회 지도부의 질서를 유지하게 합니다. 총회와 대회는 목사의 자격을 결정하고, 목회 후보자를 심사합니다. 교회의 분쟁을 해결하여, 지역 교회 또는 지도자 간의 갈등을 처리합니다. 총회는 지역 교회 내에서 분쟁이 발생할 때 항소 법원 역할을 합니다. 총회와 대회는 교리, 예배, 선교 사업에서 협력을 촉진하여 교회 간의 연합을 증진합니다. 총회와 대회는 선교 활동과 교회 개척을 장려하며, 회중 간의 교제와 지원을 독려합니다. 그러나 총회와 대회는 권한에 한계가 있습니다. 총회와 대회는 항상 성경에만 복종해야 합니다(*Sola Scriptura*). 총회와 대회의 권력은 영적인 것입니다.

31.4 사도 시대 이후로 모든 대회나 총회는 일반적이거나, 특별하거나 실수를 범할 수가 있으며 그리고 많이 실수했다. 따라서 그 회의들이 믿음 혹은 실천의 규칙이 되어서는 안 되며, 믿음 혹은 실천에 관하여 도움을 주는 (수단)으로 사용되어야 한다(엡 2:20; 행 17:11; 고전 2:5; 고후 1:24).[4]

---

4) 1788년의 개정판과 현대어판에서는 3항에 해당된다.

• 해설 •

3. 대회와 총회의 한계성

모든 대회와 총회는 교회를 인도하는 데 유용하지만, 신앙과 실천의 궁극적인 규칙이 될 수는 없습니다. 신앙과 실천의 궁극적 규칙은 오직 성경만이 될 수 있습니다. 대회와 총회는 교회에 도움이 되는 역할을 할 뿐입니다. 성경은 신앙과 실천에 대해 유일하게 신적으로 영감을 받은 무오하고 충분한 규칙입니다(딤후 3:16-17). 더욱이 대회와 총회는 오류의 가능성이 있으며, 실제로 교회 역사 속에서 그러했습니다. 가장 훌륭한 대회와 총회조차도 오류를 범할 수 있는 사람들로 구성되어 있습니다. 대회와 총회는 역사 전반에 걸쳐 의견이 달랐으며, 이것은 무오하지 않다는 것을 증명합니다. 심지어 대회와 총회는 서로 모순되기까지 했습니다. 교회의 여러 공의회에서 상충되는 교리를 발표했습니다. 니케아 공의회(325년)는 그리스도의 신성을 확증했지만, 리미니 공의회(359년)는 아리우스주의에 기울었습니다. 콘스탄츠 공의회(1414-1418년)는 존 후스를 이단자로 비난했지만, 후대의 종교개혁자들은 그의 가르침을 지지했습니다. 트렌트 공의회(1545-1563년)는 개혁신학에서 가르치는 교리들이 이단으로서 저주를 받아야 한다고 선언했습니다.

따라서 모든 교회의 결정은 가장 우선적으로 하나님의 말씀에 따라 시험되어야 합니다. 교회의 많은 공의회가 서로 충돌되는 이유는 그 시대에 정치적, 문화적 압력에 영향을 받았기 때문입니다. 그러나 하나님의 진리는 정치적 또는 문화적 추세에 따라 변하지 않습니다. 따라서 어떤 공의회도 새로운 교리를 만들어 내어 그리스도의 권위를 찬탈해서는 안 됩니다. 대회와 총회는 성경적 교리를 명확히 하고 옹호하는 역할을 하여 교회에 도움이 되지만, 최종적 권위를 가지고 있지 않습니다. 대회와 총회는 항상 성경에 따라야 하는 이유입니다.

31.5 대회와 총회들은 교회에 관한 것만 다루거나 혹은 결론 내려야 하며, 국가와 관련이 있는 사회 문제에 간섭해서는 안 된다. 예외로, 특별한 경우에 겸손한 청원의 방식이나 혹은 시민 공직자가 조언해 주기를 요청했다면 양심의 충족을 위해 조언의 방식으로 할 수 있다(눅 12:13-14; 요 18:36).[5]

• 해설 •

4. 사회 문제에 대한 대회와 총회의 역할

대회와 총회는 교회에 관한 것만 다루거나 혹은 결론을 내려야 합니다. 사회 문제에 대해서 직접적으로 간섭해서는 안 됩니다. 다만 시민 공직자가 청원이나 조언해 주기를 요청했다면, 대회와 총회는 조언할 수 있습니다. 대회와 총회는 도덕 및 윤리적 문제에 관해 권위자들에게 조언할 수 있습니다. 대회와 총회는 불의, 부패, 불경건한 법률에 반대하여 사회의 도덕적 양심이 될 의무가 있습니다. 대회와 총회는 민사 권위자들이 하나님의 도덕법을 위반할 때 조언할 수 있습니다. 도덕적 지침을 제공할 수 있습니다. 그러나 대회와 총회는 시민 정부의 적절한 역할을 방해해서는 안 됩니다. 교회와 국가는 서로 다른 역할을 하기 때문입니다. 정부는 시민 정의를 시행하는 반면, 교회는 영적 진리를 전파합니다. 대회와 총회는 신앙적 자유를 수호하고 의로운 법을 옹호할 수 있습니다. 그들은 하나님의 도덕적 기준에 맞는 법을 청원하고 옹호할 권리가 있습니다.

---

5) 1788년의 개정판과 현대어판에서는 4항에 해당된다.

51주 | 사후 상태와 죽은 자의 부활

32.1 사람의 육체는 사후에 흙으로 돌아가 썩게 되지만(창 3:19; 행 13:36) 영혼(결코 죽거나 잠들지 않는)은 불멸하는 존재여서 그것들을 주신 하나님께 즉시 돌아간다(눅 23:43; 전 12:7). 의인의 영혼은 거룩함으로 완전하게 되고, 지극히 높은 하늘로 영접되어, 그곳에서 빛과 영광 가운데 하나님의 얼굴을 바라보며, 그들 몸의 완전한 구속을 기다린다(히 12:23; 고후 5:1, 6, 8; 빌 1:23; 행 3:21; 엡 4:10). 악인의 영혼은 지옥으로 내던져져, 고통과 완전한 어두움 속에서 지내며, 큰 날의 심판을 위해 갇혀 지낸다(눅 16:23-24; 행 1:25; 유 1:6-7; 벧전 3:19). 성경은 그들의 몸으로부터 분리된 영혼이 갈 곳으로 이 두 장소 외에 다른 어떤 곳도 인정하지 않는다.

• 해설 •

1. 죽음 이후 심판

전도서 12장 7절은 "흙은 여전히 땅으로 돌아가고 영은 그것을 주신 하나님께 돌아"간다고 말합니다. 사람이 죽으면 몸은 흙으로 돌아가지만, 영혼은 죽지 않고 하나님께 간다고 말합니다. 그런데 히브리서 9장 27절은

"한번 죽는 것은 사람에게 정해진 것이요 그 후에는 심판이 있으리니"라고 합니다. 이 구절은 죽음 직후에 내리는 특별한 심판으로서, 이 심판에 따라 사람들의 영혼은 각자의 합당한 행복이나 불행의 상태로 정죄받습니다. 따라서 이 두 구절을 연결하여 볼 때, 모든 사람이 죽을 때, 영혼은 육체를 떠나 즉시 하나님 앞으로 인도되어 심판을 받게 되며, 신자의 경우에는 천국으로 들어가며, 불신자의 경우에는 지옥으로 떨어진다는 것을 의미합니다.

2. 죽음으로 인한 영원 세계

사람이 이 땅에서 살 때에 가질 수 있는 지식은 유한합니다. 그러나 사람이 죽어 몸은 흙으로 돌아가고 영혼은 천국이든, 지옥이든 영원 세계로 들어갑니다. 죽음 이후 영혼이 영원한 세계로 들어가는 순간 돌이킬 수 없는 상태로 들어갑니다. 그 영혼을 지으신 하나님이 심판하시기 때문입니다. 그 영혼이 하나님 앞에 가는 것은 영혼을 창조하신 하나님이 심판하시기 위한 것입니다. 그 영혼이 지상에서 어떠한 삶을 살았는지 확인하시고 심판하시는 것입니다.

예수님이 말씀하신 부자와 나사로의 비유에서, 천국에 들어간 나사로와 부자가 지옥에 떨어진 이유와 근거에 대해 아브라함이 말했습니다. 그것은 지상에서 그들이 어떤 삶을 살았느냐에 따라서 결정되었습니다(눅 16:25). 죽음 이후의 영혼은 영원한 복락과 영원한 비참함을 분명히 알게 됩니다. 그 영혼은 확실한 의식을 가지고 있는 불멸하는 인격체로 존재하는 것입니다(고전 13:12).

3. 신자의 죽음

신자가 죽으면 그들의 영혼은 즉시 거룩함에서 완전해지고 하나님의 면전에 들어갑니다. 신자들은 지상에 있는 동안 남은 육[...]지만(롬 7:23-25), 죽음 후에 그들의 영혼은 죄 많은 육[...]든 죄의 잔재는 완전히 제거됩니다. 이것은 하나님의 [...]로, 그들을 거룩함에서 완전하게 만들어서 그분 앞에 [...]입니다(히 12:23). 즉, 신자가 지상에서 거룩해지는 과정[...]즉시 완료되고, 영화되어서 하나님에 대한 예배에서 영[...]다. 영혼은 이제 거룩해졌으므로 하나님의 임재에 즉시 [...]더 이상 의심, 죄, 고통 또는 두려움과의 싸움이 없습니[...]배와 기쁨만 있습니다.

신자가 죽으면 그들의 영혼은 즉시 가장 높은 천국, [...]로 영접됩니다. 이것은 의로운 자의 영혼이 죽으면 잠들거나 [...]로 들어가지 않고 영광 가운데서 그리스도와 함께하기 위해 직접 [...]것입니다. 바울은 믿는 자가 죽는 순간 그들의 영혼이 몸을 떠나 하나님의 임재로 들어간다는 것을 말했습니다(고후 5:8). 예수님은 십자가상에서 구원받은 강도에게 "오늘 네가 나와 함께 낙원에 있으리라"라고 말씀하셨는데(눅 23:43), 영혼이 어디에 머물거나 '영혼의 잠' 상태에 들어가지 않고 즉시 천국으로 받아들여진다는 것을 확증합니다. 스데반이 죽으면서 예수님께 "내 영혼을 받으시옵소서"라고 기도한 것은(행 7:55-59), 믿는 자들이 죽음 이후에 그리스도 자신에 의해 개인적으로 받아들여진다는 것을 보여 줍니다. 따라서 신자의 영혼이 가장 높은 하늘로 받아들여져서(요 14:2-3), 그 영혼이 완전히 의식이 있어서, 기쁨으로 경배하는 것입니다.

신자가 죽는 순간, 그들의 영혼은 하나님의 직접적인 면전으로 들어가 빛과 영광 속에서 하나님을 바라봅니다. 이것은 죽음의 순간에 신자의 영혼이 잠들거나 기다리는 장소에 들어가지 않고 하늘에 있는 하나님의 임재로 직접 들어간다는 것을 의미합니다. 그 영혼이 하나님의 얼굴을 보는

교제하고 완벽하게 교제하는 것에 대한 성경적 표현입
   에서 신자들은 더 이상 죄나 약함에 방해받지 않고 영광
    싸이지 않은 방식으로 이것을 경험합니다. 그 영혼은 빛과
    합니다.
   에서 정화된 신자의 영혼은 그리스도의 빛으로 빛나며, 그분의
   에서 완벽하게 거룩하고 빛납니다. 더 이상 죄가 없고, 더 이상 어
  습니다. 오직 하나님 영광의 순수한 빛만이 영혼을 채웁니다. 그
   은 완벽한 기쁨과 교제를 경험합니다. 믿는 자의 영혼은 더 이상 고
 , 슬픔, 죄 없이 하나님의 완전한 사랑과 교제를 기뻐합니다(계 7:16-17).
이것은 그리스도와 함께하려는 믿는 자의 갈망의 궁극적인 성취입니다.
마침내 그리스도를 직접 보고 영광 가운데서 영원히 그분을 경배하는 것
입니다.

믿는 이의 영혼은 죽으면 즉시 하나님의 임재에 들어가지만, 그들은 여전히 그들의 몸이 구원받고 영광스럽게 될 최후의 부활을 기다리고 있습니다. 이 '기다리는 기간'은 중간 상태라고 불립니다. 육체적 죽음과 그리스도의 재림 시의 최후의 부활 사이의 영혼 상태입니다. 이 상태에서 영혼은 의식적으로 살아 있고 그리스도와 함께 완전한 기쁨을 누립니다. 그러나 신자들은 여전히 부활한 몸을 갈망합니다. 신자들은 하늘에 있는 것을 즐기지만, 여전히 최후의 영광을 기다립니다. 그리스도의 재림 때, 믿는 자들의 영혼은 영광스러운 몸과 재결합할 것입니다(고전 15:52-53).

4. 불신자의 죽음

악인이 죽음을 맞이하고, 그 영혼은 하나님께로 인도되어 심판받은 후 즉시로 지옥에 던져지게 됩니다. 악인의 영혼은 의식적인 고통 상태에 들어갑니다. 이것은 최후의 심판 전의 처벌입니다. 악인의 영혼은 악인들이 최

후의 심판을 받기 전까지 형벌의 장소에 갇히게 됩니다(벧후 2:9). 악인들의 영혼은 지옥(Ἅδης, 하데스)으로 가는데, 이곳은 실제로 고통받는 곳입니다. 예수님은 지옥을 불길, 고뇌, 하나님과의 분리의 장소로 묘사하셨습니다(눅 16:23-26). 이곳에서 악인들의 영혼은 완전한 어둠 속에 머물러 있습니다. 어둠, 절망, 고통의 장소입니다(유 1:13; 마 8:12). 이 어둠은 하나님의 은혜로부터 완전히 분리된 것을 상징합니다. 후회, 두려움, 절망의 장소입니다.

악인의 영혼은 누가복음 16장 24절에서 부자가 외치는 것처럼 자신의 고통을 온전히 알고 있습니다. 휴식도 없고, 구제도 없고, 두 번째 기회도 없습니다. 그들은 위로를 갈구하지만, 아무것도 주어지지 않습니다. 악한 자의 영혼은 이러한 끔찍한 고통 속에서 최후의 심판을 기다립니다. 이미 고통 속에 있지만, 그들의 고통은 아직 끝나지 않았습니다. 그리스도의 재림 때, 그들의 몸은 부활하여 그들의 영혼과 재결합하고, 영원한 형벌을 위해 불 못에 던져질 것입니다.

32.2 마지막 날에 살아 있는 자들은 죽지 않고 변화될 것이며(살전 4:17; 고전 15:51-52), 죽은 모든 자는 전과 동일한 몸으로 부활될 것이며, 비록 다른 특성을 가졌지만, 그들의 영혼과 영원히 다시 결합될 것이다(욥 19:26-27; 고전 15:42-44).

• 해설 •

5. 살아 있는 자의 부활

그리스도가 돌아오실 마지막 날에 아직 살아 있는 사람들은 즉각적인 변화를 경험할 것입니다. 예수님이 돌아오실 때 살아 있는 그리스도인들의 몸은 육체적 죽음을 경험하지 않고 즉시 영광스러운 몸으로 변화될 것입니다(고전 15:51-52). 이것은 그리스도의 재림 때 아직 살아 있는 그리스도인들이 죽지 않고 즉시 영광을 얻어 부활한 신자들과 함께 그리스도를 만날 것이라는 사실을 의미합니다. 그리스도의 재림 때 살아 있는 불신자들 역시 즉각적인 변화를 받으며, 그들은 최종 선고를 위해 즉시 그리스도 앞에 끌려갈 것입니다.

6. 죽은 자의 부활

예수님이 재림하실 때 죽은 자들이 부활할 것입니다. 이 사건은 종종 죽은 자의 부활이라고 불리며, 이것은 신자의 부활과 악인의 부활로 구성됩니다. 그리스도 안에서 죽은 신자가 먼저 부활합니다(살전 4:16-17). 그들의 몸은 변형되어 그들의 영혼과 재결합될 것입니다. 하나님을 거부한 자들이 부활하여, 그들의 영혼과 재결합될 것입니다. 의로운 자와 악한 자 모두 육체적 부활을 경험할 것입니다. 부활의 몸은 썩지 않는 상태의 몸입니다. 부활의 몸은 죽은 자의 동일한 몸입니다(고전 15:42-44).

32.3 불의한 자들의 몸은 그리스도의 능력으로 부활하여 수치를 당하게 될 것이며, 의로운 자들의 몸은 그리스도의 영에 의해 부활하여 영광에 이르며 그리스도 자신의 영화로운 몸에 따르는 것이 될 것이다
(행 24:15; 요 5:28-29; 고전 15:43; 빌 3:21).

• 해설 •

7. 불의한 자의 부활의 몸

악한 자의 몸도 예수님의 재림 때 부활할 것이지만, 의로운 자와는 달리 그들의 부활은 심판과 하나님과의 영원한 분리로 이어질 것입니다. 악한 자도 부활로 몸을 입는데, 그들의 행동 결과에 따라 심판을 받아야 하는 몸입니다. 그들의 몸은 영원한 심판을 받기 위해 부활된 것입니다. 이 몸의 물리적 상태에 대해 자세히 알 수 없지만, 분명히 물리적인 몸입니다. 악인들의 부활의 몸은 영원한 형벌과 수치를 당해야 하는 몸입니다.

8. 의로운 자의 부활의 몸

예수님의 재림 때, 의로운 자들의 몸은 지상의 몸의 부패, 쇠퇴, 한계에서 벗어난 영광스러운 상태로 부활할 것입니다. 이 영광스러운 상태는 썩지 않을 것이므로 더 이상 쇠퇴, 노화 또는 죽음에 굴복하지 않을 것입니다. 의로운 자들의 몸은 하나님의 완전함과 아름다움을 반영하는 방식으로 빛나고 변형될 것입니다(고전 15:42-44). 신자의 부활한 몸은 하나님의 뜻과 영과 완벽하게 일치하여 영원히 그분의 임재 안에서 살 것입니다. 영광스러운 몸은 고통, 죽음을 포함한 죄의 영향으로부터 자유로울 것입니다. 영광스러운 몸은 하나님의 면전에서 영생에 완벽하게 적합할 것입니다.

52주 | 최후 심판

33.1 하나님은 예수 그리스도로 말미암아 의로써 세상을 심판하실 한 날을 정하셨다(행 17:31). 예수 그리스도께 모든 심판하는 권세가 성부로부터 주어졌다(요 5:22, 27). 그날에 타락한 천사들이 심판을 받을 뿐만 아니라(고전 6:3; 유 1:6; 벧후 2:4), 이 땅에 살았던 모든 사람이 그리스도의 심판대 앞에 서서 자기들의 생각과 말과 행위들을 설명해야 하며, 그들이 선악 간에 몸으로 행한 것에 따라서 심판을 받을 것이다(고후 5:10; 전 12:14; 롬 2:16, 14:10, 12; 마 12:36-37).

• 해설 •

1. 심판날

하나님은 그리스도가 재림하시어서 최후의 심판을 하도록 날을 정해 놓으셨습니다(행 17:31). 모든 민족, 모든 사람이 심판을 위해 모일 것입니다. 최후의 심판은 살아 있는 사람, 죽은 사람들의 모든 행위가 밝혀지는 보편적이고, 일반적인 심판입니다(계 20:12). 최후의 심판날을 정하시고 심판하시는 목적은 하나님의 공의와 자비를 공개적으로 드러내시기 위해서이며, 의로운 자를 옹호하고 악한 자를 영원히 정죄하시기 위해서입니다. 구원받은 자와 구원이 없는 자를 최종적으로 분리하시기 위해서입니다(마 25:46).

최후의 심판은 보편적 심판으로서 각 사람의 죽음의 순간에서 일어나는 개별 심판과 구별됩니다. 보편적 심판은 세상의 마지막에 일어나며, 모든 영혼과 부활한 몸이 함께 심판받고, 하나님의 공의가 모든 피조물에게 공개적으로 드러날 것입니다.

2. 심판주

예수 그리스도가 최후의 심판의 날에 심판주가 되실 것입니다. 원래 심판주는 하나님 아버지이십니다. 왜냐하면 하나님 아버지가 율법을 제정하셨으며, 그 율법을 가지고 심판하시기 때문입니다(약 4:12). 그런데 성부 하나님이 모든 심판을 집행할 권한을 아들에게 주셨습니다(요 5:22, 27). 베드로 사도는 복음 전도에서 하나님이 살아 있는 자와 죽은 자의 재판장으로 그리스도를 정해 놓으신 것을 증언하라고 말했습니다(행 10:42). 사도 바울은 그리스도의 부활이, 하나님이 모든 사람을 심판하기 위해 심판날을 정하셨을 뿐만 아니라 그리스도가 심판주가 되시는 것을 증언하는 것이라고 했습니다(행 17:31). 사도 바울은 디모데에게 엄히 명령할 때, 하나님과 심판주 그리스도 예수의 이름으로 했습니다(딤후 4:1).

그리스도가 심판주이신 이유는 그리스도가 하나님과 인간 사이의 유일한 중보자이시기 때문입니다. 그리스도가 심판주가 되시어서 죄를 처벌하시는 하나님의 공의와 십자가에서의 속죄 사역을 통해 죄인을 구원하시는 하나님의 자비를 공개적으로 보여 주실 것입니다. 그리스도가 심판주가 되신 것은 부활과 승천 이후에 선언된 것으로서, 그리스도가 자신을 낮추어 구속 사역을 이루신 것에 대해 하나님이 그분을 높이신 것(승귀)입니다. 하나님이 그리스도를 영화롭게 하신 것입니다(요 17:5). 그리스도는 하나님 보좌 우편에 등극하시어서, 주로서 하나님 나라를 진전시키시고, 완성시키시는 분으로서 심판주가 되시어(딤후 4:1), 모든 사람을 심판하신 후에 "모든 통치와 모든 권세와 능력을 멸하시고 나라를 아버지 하나님께" 바치시기 때문에, 반드시 심판주가 되셔야 합니다(고전 15:24).

3. 심판의 대상자

모든 사람은 최후의 심판 때 심판을 받을 것입니다. 여기에는 신자와 불신자와 천사가 포함됩니다. 지금까지 살았던 모든 사람(그리스도의 재림 때 살아 있든 오래전에 죽었든)은 심판을 위해 그리스도 앞에 설 것입니다. 신자들은 심판을 받을 것입니다(롬 14:10). 신자들은 믿음으로 의롭다 함을 얻었지만(롬 5:1), 그들의 구원을 결정하기 위해서가 아니라, 하나님의 은혜와 정의를 공개적으로 선포하고 나타내기 위해서, 그리고 신자들의 충실한 봉사에 대한 보상을 받기 위해서 그리스도의 심판대 앞에 서게 될 것입니다(고후 5:10). 신자에 대한 심판은 처벌이 아니라 보상을 위한 것이며, 신자들의 진정한 믿음과 충성을 모든 사람 앞에서 그리스도가 증명하시기 위한 것입니다.

경건치 않은 자, 즉 그리스도를 거부하고 하나님께 반역하며 살았던 자들은 심판을 받을 것입니다. 그들에 대한 심판은 그들의 악한 행위와 불신에 근거한 정죄를 위한 것입니다. 그리고 천사들이 심판받을 것입니다. 타락한 천사들이 심판받을 것입니다(유 1:6). 타락한 천사들은 영원한 형벌을 받기 위해서 심판을 받습니다.

4. 심판의 내용

최후의 심판은 모든 사람과 그들의 삶 전체, 즉 그들의 생각, 말, 행동과 예수 그리스도와의 관계에 관한 포괄적인 것입니다. 심판은 하나님의 정의와 자비를 공개적으로 드러내어 의로운 자에게 상을 주고 악한 자를 정죄하는 역할을 할 것입니다. 사람들의 삶의 모든 부분, 즉 비밀스러운 생각, 공개적인 행동, 했던 말들이 심판받을 것입니다(마 12:36). 심판에서 신자들은 그들의 믿음의 진정성 여부가 확인될 것입니다(요 5:24). 믿음에서 나온 선행들이 확인될 것이며, 불신과 하나님을 거부하고 대적했던 악행들이 심판에서 드러나 그것에 대한 마땅한 선언이 나올 것입니다.

주님으로부터 받은 은혜와 모든 재능과 선물의 정도에 따라서 청지기 역할을 했는지 혹은 남용하고 오용했는지 심판을 받을 것입니다. 왜냐하면 게으른 자와 착하고 충성했는지가 주님의 판단 가운데 하나이기 때문입니다(마 25:14-30). 사람들은 그들이 가진 빛(하나님에 대한 지식)에 따라 심판을 받을 것입니다(눅 12:47-48; 롬 1:32).

33.2 하나님이 이날을 정하신 목적은 선택받은 자들의 영원한 구원 속에서 자신의 자비의 영광을 나타내시고, 악하며 불순종하는 유기된 자들의 정죄 속에서 자신의 공의의 영광을 나타내시는 것이다. 그날에 의로운 자들은 영원한 생명으로 들어갈 것이며 주의 임재로부터 나오는 충만한 기쁨과 새롭게 함을 받을 것이다. 그러나 하나님을 모르고, 예수 그리스도의 복음에 순종하지 않은 악인들은 영원한 고통 가운데로 던져질 것이며, 주의 임재와 그분의 권세의 영광으로부터 오는 영원한 멸망으로 심판받게 될 것이다(마 25:31-46; 롬 2:5-6, 9:22-23; 마 25:41; 행 3:19; 살후 1:7-10).

• 해설 •

5. 심판의 목적

하나님은 구체적이고 심오한 목적을 위해 최후의 심판을 정하셨습니다. 하나님은 택함받은 자의 구원에서 하나님의 자비의 영광을 드러내기 위해 최후의 심판을 정하셨습니다. 최후의 심판으로 그리스도를 믿는 자신의 백성을 향한 하나님의 자비는 공개적으로 드러날 것입니다. 최후의 심판날 예수 그리스도를 통해 죄인을 구원하시는 하나님의 은혜와 신실함이 공개적으로 입증될 것입니다. 택함받은 자는 모든 피조물 앞에서 공개적으로 드러나, 그들이 오직 하나님의 은혜로만 구원받았음을 보여 줄 것입니다(마 25:34).

최후의 심판으로 하나님은 악인을 정죄하심으로써 하나님의 공의의 영광을 나타내실 것입니다. 하나님의 완벽한 공의는 하나님과 그리스도를 거부하고 불신과 죄를 고집하는 자들을 심판하고 정죄하심으로써 드러날 것입니다. 최후의 심판은 하나님의 공의를 입증하여, 하나님이 악인들을 처벌하심으로써 자신이 의롭고 거룩하심을 보여 주실 것입니다. 아무도 하나님을 불공평하다고 비난할 수 없을 것입니다. 모든 사람이 그분의 심판이 참되고 의롭다는 것을 알게 될 것입니다(계 19:2).

최후의 심판은 예수 그리스도를 모든 사람의 왕이자 심판자로 드러내어 그리스도의 영광을 나타낼 것입니다. 그분의 원수를 포함한 모든 사람이 그분의 주권을 인정할 것입니다. 그리스도가 죄, 죽음, 사탄을 이기신 승리는 완전하고 최종적으로 나타날 것입니다(빌 2:10-11). 최후의 심판에서 신자들은 믿음의 증거로써 행한 선행에 따라 상을 받을 것입니다. 그러나 불신자들은 죄와 하나님을 거부한 것에 따라 공정한 벌을 받을 것입니다. 따라서 최후의 심판은 하나님의 완전한 의로움을 보여 줄 것입니다. 최후의 심판으로 의인은 새 하늘과 새 땅에서 영생을 누릴 것입니다

(계 21:1-4). 그러나 불신자와 악인은 불과 유황으로 타는 못에 던져질 것입니다(계 21:8). 최후의 심판은 의인과 악인의 영원한 분리를 위해 있습니다(마 25:46).

6. 의로운 자들의 최후 상태

최후의 심판 이후, 의로운 자들, 즉 그리스도를 믿는 믿음으로 의롭다고 여겨지는 자들은 영원한 영광과 축복의 상태로 들어갈 것입니다. 이것은 종종 새 하늘과 새 땅에서의 영원한 삶이라고 불립니다. 의로운 자들은 하나님의 직접적인 면전으로 인도되어 죄, 슬픔, 죽음 없이 영원히 하나님으로 즐거워할 것입니다. 그들은 하나님을 직접 보고 그분의 영광스러운 면전에서 살 것입니다(계 21:3). 의로운 자들은 그리스도의 영광스러운 몸과 같이 되어 영원한 삶에 적합한 영광스럽고 썩지 않는 몸을 가지고 하나님을 온전히 누릴 것입니다. 의로운 자들은 하나님을 있는 그대로 보고, 그분 안에서 영원한 기쁨과 만족으로 충만해질 것입니다.

7. 악인들의 최후 상태

최후의 심판 후에 악한 자들, 즉 믿음으로 그리스도와 연합되지 않은 모든 자는 복음을 거부한 자들을 포함하여 영원한 형벌 상태에 던져질 것입니다. 악한 자들은 하나님의 은혜로운 임재에서 영원히 분리될 것입니다(살후 1:9). 악인들은 영원한 형벌과 고통 속에 있게 될 것인데, 이는 의식적이고, 끝이 없습니다. 종종 영원한 불, 어둠, 울부짖음과 이를 가는 것으로 묘사되는데(계 20:10; 마 24:51), 이는 실제적이고 심각한 고통을 가리키는 표현입니다. 영원한 고통의 장소에서 악인들은 죄에 대한 하나님의 거룩한 진노의 충만한 분량을 경험하게 될 것입니다. 이는 그들의 반역, 불신, 사악함에 대한 정당한 형벌입니다. 그들은 이 형벌에서 벗어날 수 있는 기대와 소망을 가질 수 없이, 절망의 연속 상태에 있습니다(마 13:42).

33.3 그리스도가 장차 심판날이 있을 것을 우리로 절대적으로 확신시켜 주심으로써, 모든 사람으로 죄를 짓지 못하게 하시고, 역경 가운데 있는 경건한 자들에게 큰 위로를 주신다(벧후 3:11, 14; 고후 5:10-11; 살후 1:5-7; 눅 21:27-28; 롬 8:23-25). 또한 그리스도는 그날을 사람들에게 알려지지 않게 하셔서, 그들로 모든 육적인 안전보장을 떨쳐 버리게 하시고, 항상 깨어 있게 하시는데, 그들이 주께서 오실 날을 알지 못하기 때문이며, "주 예수여, 속히 오시옵소서. 아멘."이라고 말할 수 있는 준비가 항상 되어 있게 하신다(마 24:36, 42-44; 막 13:35-37; 눅 12:35-36; 계 22:20).

• 해설 •

8. 최후 심판 교리의 유용성

미래의 최후 심판 교리는 추상적인 진리가 아니라, 일상적인 그리스도인의 삶에 깊은 실제적 의미를 갖는 교리입니다. 그것은 신자들이 어떻게 살고, 생각하고, 소망하는지를 형성하기 위한 것이며, 회개하지 않는 사람들에게 냉정한 경고 역할을 합니다. 최후 심판 교리는 신자의 거룩함과 경건한 삶을 증진시킵니다. 사도 바울은 부활에 이어지는 최후 심판으로 인하여 "하나님과 사람에 대하여 항상 양심에 거리낌이 없기를 힘쓰나이다"라고 말했습니다(행 24:16).

최후 심판 교리는 신자들이 거룩하고, 정직하며, 주님을 기쁘시게 하는 삶을 살도록 격려합니다. 이는 그리스도인들이 죄를 피하고 의를 추구하도록 상기시키며, 하나님께 아무것도 감출 수 없으며 하나님이 모든 행위를 심판하실 것임을 알기 때문입니다. 최후 심판 교리는 신자들로 시련 속에서 인내와 끈기를 강화합니다. 최후 심판에 대한 약속은 믿는 자들이 하나님이 언젠가 모든 것을 바로잡으실 것이라는 것을 알고 고통을 인내심 있게 견디도록 격려합니다. 믿는 자들은 하나님이 갚으시고 공의롭게 심판하실 것이기 때문에 개인적으로 보복해서는 안 됩니다(롬 12:19; 약 5:7-8).

한편으로 하나님이 자신의 백성을 옹호하시고 완전한 정의가 이루어질 것임을 아는 것은 특히 불의, 박해 또는 고통에 직면했을 때 깊은 위로를 줍니다. 그것은 신자들에게 그리스도와 함께하는 영광스러운 미래를 확신시켜 줍니다. 최후 심판은 신자들에게 그리스도를 위해 행한 모든 믿음과 사랑의 행위를 드러내고 보상할 것입니다. 이것은 신자들이 하나님을 충실하게 섬기도록 동기를 부여합니다. 신자들의 작은 친절 행위조차도 하나님은 잊지 않으시고 그날에 인정하실 것입니다(마 16:27; 고전 15:58).

최후 심판 교리는 전도와 불신 영혼에 대한 복음적 연민을 증진시킵니다. 그리스도 밖에 있는 사람들이 영원한 심판을 받는다는 사실은 신자들이 복음을 선포하고 다른 사람들의 구원을 위해 기도하도록 만듭니다. 최후 심판 교리는 선교와 전도에 대한 열망을 조성합니다. 더욱이 베드로 사도는 복음을 전할 때, 반드시 최후 심판에 대해 메시지를 전해야 한다고 했습니다(행 10:42). 최후 심판 교리는 하나님에 대한 경외심과 두려움을 증진합니다. 거룩하고 의로운 재판관 앞에 서야 한다는 생각은 하나님에 대한 경외심을 키웁니다(히 10:31). 그것은 신자들에게 죄의 심각성과 그리스도에 대한 참된 회개와 믿음의 필요성을 상기시킵니다.

9. 최후의 심판날을 알 수 없음

하나님은 중요한 영적, 실제적 이유로 최후의 심판의 날과 시간을 의도적으로 감추셨습니다. 이러한 불확실성은 신자들의 삶과 교회에 특정한 효과를 내시기 위한 것입니다. 모든 사람을 육신적인 안전보장과 거짓된 자신감에서 벗어나게 하시기 위해서입니다. 그리스도가 언제 돌아오시고 언제 심판이 일어날지 모르는 것은 사람들이 자만심이나 거짓된 안전에 빠져 회개할 시간이 충분하다고 생각하는 것을 막기 위한 것입니다. 하나님이 최후 심판의 날을 알려 주지 않으신 것은 사람들을 영적 게으름과 자기기만에서 벗어나게 하고 지금 당장 하나님을 간절히 찾도록 촉구합니다(마 24:42-44). 신자들을 끊임없이 경계하고 준비된 상태로 유지하도록 하나님은 최후 심판의 시간을 알려 주지 않으셨습니다.

이러한 불확실성은 신자들이 영적으로 준비된 상태에서 살도록 이끌며, 항상 주님을 만날 준비를 하게 합니다. 이것은 지속적인 회개, 믿음, 순종의 삶을 장려합니다(눅 12:35-36). 최후 심판의 시간이 고지되지 않은 이유는 신자로 의무에 대해 근면함과 충실함을 북돋아 주시기 위한 것입니다. 시간이 알려지지 않았기 때문에 신자들은 하나님이 그들에게 맡기신 시간, 은사, 책임에 대한 충실한 청지기가 되도록 권고받습니다. 주인이 언제든지 돌아올 수 있다는 것을 알기 때문에 선행을 미루는 것을 방지합니다(마 24:45-46).

최후 심판날을 하나님이 알려 주지 않으신 이유는 신자들로 끊임없는 기도와 하나님께 대한 의존을 격려하시기 위해서입니다. 그리스도가 언제든지 돌아오실 수 있다는 것을 아는 것은 신자들로 기도하고 의존적으로 살며, 일상생활을 위한 하나님의 은혜와 힘을 구하도록 움직이게 합니다. 신자들이 영적으로 깨어 있고 냉정하게 지내도록 돕습니다(막 13:33). 그리스도가 다시 오시는 날이 공지되지 않았기 때문에, 그리스도인들은 그리스도가 언제든지 돌아오실 수 있다는 사실을 압니다. 이것은 믿는 사람들에게 희망과 위로를 가져다주는데, 특히 고통 속에 있는 자들에게 하나님의 구원과 공의가 가까이 있다는 것을 알게 하기 때문입니다. 비록 신자들이 정확한 시간을 알지 못하더라도, 그들은 그리스도 재림의 확실성을 신뢰할 수 있습니다(약 5:8).

사명선언문

너희가 흠이 없고 순전하여……세상에서 그들 가운데 빛들로
나타내며 생명의 말씀을 밝혀 _ 빌 2:15-16

1. 생명을 담겠습니다
만드는 책에 주님 주신 생명을 담겠습니다.
그 책으로 복음을 선포하겠습니다.

2. 말씀을 밝히겠습니다
생명의 근본은 말씀입니다.
말씀을 밝혀 성도와 교회의 성장을 돕겠습니다.

3. 빛이 되겠습니다
시대와 영혼의 어두움을 밝혀 주님 앞으로 이끄는
빛이 되는 책을 만들겠습니다.

4. 순전히 행하겠습니다
책을 만들고 전하는 일과 경영하는 일에 부끄러움이 없는
정직함으로 행하겠습니다.

5. 끝까지 전파하겠습니다
모든 사람에게, 땅 끝까지, 주님 오시는 그날까지
복음을 전하는 사명을 다하겠습니다.

서점 안내

광화문점 서울시 종로구 새문안로 69 구세군회관 1층
02)737-2288 / 02)737-4623(F)

강남점 서울시 서초구 신반포로 177 반포쇼핑타운 3동 2층
02)595-1211 / 02)595-3549(F)

구로점 서울시 동작구 시흥대로 602, 3층 302호
02)858-8744 / 02)838-0653(F)

노원점 서울시 노원구 동일로 1366 삼봉빌딩 지하 1층
02)938-7979 / 02)3391-6169(F)

일산점 경기도 고양시 일산서구 중앙로 1391 레이크타운 지하 1층
031)916-8787 / 031)916-8788(F)

의정부점 경기도 의정부시 청사로47번길 12 성산타워 3층
031)845-0600 / 031)852-6930(F)

인터넷서점 www.lifebook.co.kr